인공지능
바이블

인공지능 바이블

초판 1쇄 인쇄 | 2022년 6월 25일
초판 1쇄 발행 | 2022년 6월 30일

지 은 이 | 조민호
발 행 인 | 이상만
발 행 처 | 정보문화사

책 임 편 집 | 노미라
교정·교열 | 안종군

주   소 | 서울시 종로구 동숭길 113 (정보빌딩)
전   화 | (02)3673 - 0037(편집부) / (02)3673 - 0114(代)
팩   스 | (02)3673 - 0260
등   록 | 1990년 2월 14일 제1 - 1013호
홈 페 이 지 | www.infopub.co.kr

I S B N | 978-89-5674-916-7

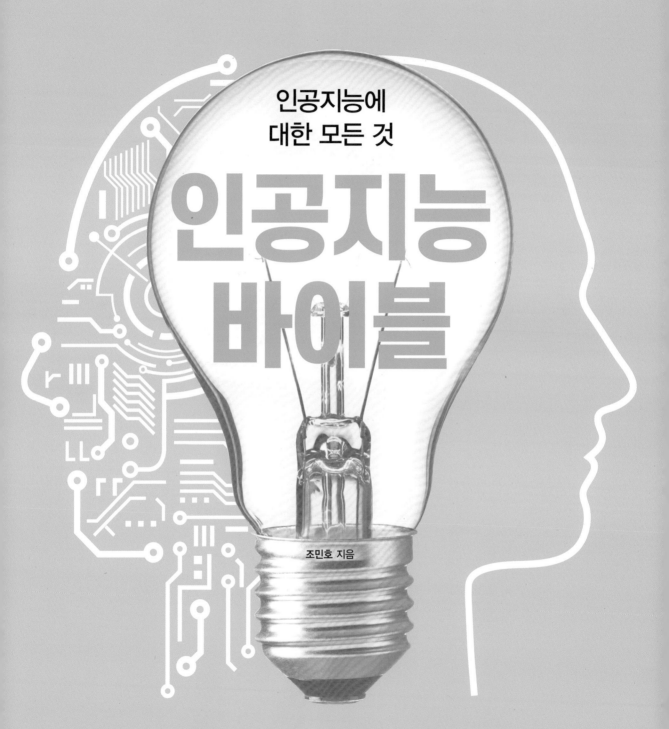

ARTIFICIAL INTELLIGENCE BIBLE

인공지능에
대한 모든 것

인공지능
바이블

조민호 지음

정보문화사
Information Publishing Group

머리말

이 책을 펴서 머리말을 읽는 독자 여러분과 인연을 맺게 되어 매우 기쁩니다. 이 책은 '인공지능'이라는 분야에 대한 전체 모습을 보여 주기 위하여 기획되었습니다. 당연히 '인공지능'에 대하여 알지 못하거나 혼란을 겪고 있는 독자를 대상으로 합니다.

어떤 분야를 공부할 때는 순서가 있습니다. 첫 번째 단계는 이것이 왜 필요하고 어떤 식으로 사용되며, 문제의 해결을 위한 아이디어가 무엇인지를 확인하는 단계입니다. 두 번째 단계는 특정 주제에 대한 알고리즘을 정리하고, 다른 사람과 공유하기 위하여 수학식이나 정해진 방법(프로그램, 알고리즘)으로 표현하고 공유하는 단계입니다. 마지막 단계는 본인이 관심을 갖는 특정 분야에 대한 알고리즘을 실무에서 사용할 수 있도록 특화된 프로그램으로 제작, 활용하고 이를 기반으로 응용하는 단계입니다.

이 책은 첫 번째 단계를 목표로 합니다. 기존의 인공지능 관련 도서들은 지나치게 많은 용어를 사용하고, 어렵고 복잡한 수학식과 프로그램 코드를 제시하기 때문에 초보자들이 접근하기 어렵고, 수학을 반드시 알아야 하는 분야로 인식하게 되는 원인을 제공했습니다. 하지만 이것은 진실이 아닙니다. 인공지능에서 사용하는 알고리즘이나 아이디어는 지극히 평범하고 깜찍한 것이 많습니다. 그리고 이것을 이해할 때 수학이나 프로그램 코드는 필요하지 않습니다.

이 책은 초보자들이 인공지능에 대해 흥미를 느낄 수 있도록 딥러닝을 포함한 다양한 주제에 대하여 예제 위주로 쉽게 설명했습니다. 그러므로 이 책을 통해서 인공지능에 대한 폭넓은 식견을 얻을 수 있고, 인공지능을 구성하는 많은 개념과 알고리즘에 대하여 정확한 이해와 자신감을 가질 수 있게 될 것입니다. 이 책을 공부한 후에 관심이 있는 주제가 생긴다면 수학식으로 표현해보고, 프로그램 언어를 이용하여 구현하고 변형해봄으로써 전문가로 성장할 수 있습니다.

지난 7년간 인공지능 분야에서 일 해오면서 꼭 써보고 싶었던 책입니다. 이 책은 그림을 이용한 쉬운 설명, 복잡한 단어나 수식을 사용하지 않는 친근함과 간결한 해설로 광범위한 인공지능의 거의 모든 분야를 다루고 있다는 특징을 지니고 있습니다.

이왕 이 책을 집고 여기까지 읽었다면 아무 쪽이나 펴서 내용을 확인해보기 바랍니다. 기존의 책과는 다른 쉬운 설명과 멋진 그림, 친절하고 자세한 예제가 독자 여러분에게 인공지능의 속살을 새롭게 보여줄 것입니다.

마지막으로 述而不作이라는 말을 하고 싶습니다. 이 책에서 다루는 다양한 알고리즘의 개념과 개발 원리를 이해할 수 있도록 많은 자료를 제작해준 선배와 동료, 후배들에게 감사드립니다. 저는 단지 그것을 모아 설명했을 뿐입니다. 감사합니다.

조민호

이 책은 인공지능을 처음 배우는 학습자에게 인공지능의 전체적인 모습을 보여 주고, 인공지능이 어떤 식으로 발전해 왔는지 이해시키는 것에 목적이 있다. 이 책을 통해 인공지능 전체를 보는 시각을 가지게 되면, 딥러닝 기반의 영상처리, 자연어 인식 등 다양한 분야를 공부 또는 연구할 때 이해의 폭이 넓어져서 효과적인 연구가 가능해진다. 즉, 단순한 기술자가 아니라 연구자가 되는 것이다.

이 책을 교재로 사용할 때는 파트별로 내용이 분리되어 있으므로, 강의 구성상의 편의에 따라 필요한 내용을 선택하여 진행할 수 있다. 기본적으로 목차에 따라 진행하면 전체적인 그림을 완성하는 데 도움이 된다. 이 책을 한 학기용으로 사용할 때는 '기본 원리'를 다루는 Part1, Part2를 강의로 구성하는 것이 가장 좋으며, Part3만으로 강의할 수도 있다. 독학하는 학습자는 목차 순서대로 학습을 진행하는 것이 가장 좋다.

강의 계획 참고 자료

이 책을 교재로 사용하는 경우 다음과 같이 2학기 정도가 적당하다. 다만 한 학기 동안 사용할 경우 '기본 원리' 부분을 추천한다. 물론 '응용 및 활용' 부분을 강의해도 큰 무리는 없다.

기본 원리 부분	Part 1	인공지능 기술의 개요	역사와 개념 및 응용 분야
	Part 2	인공지능의 핵심 기술	지식의 표현과 추론, 오토마톤과 인공 생명, 탐색과 최적화 기법
응용 및 활용 부분	Part 3	기계 학습	베이지안, 지도학습/비지도학습, 강화학습, 딥러닝(CNN, RNN...)
	Part 4	인공지능 기술의 응용	이미지와 음성 처리, 자연어 처리, 지능 로봇, 인공지능 도구의 소개

이 책은 다음의 순서에 따라 인공지능 관련 기술을 설명했다. 수학 공식이나 프로그램을 언급하는 것은 최소화하고 해당 항목의 역할과 기능, 원리를 예제 중심으로 풀어 서술했다. 그러므로 인공지능 기술을 전반적으로 이해하고자 하는 독자들에게 좋은 가이드가 될 것이다.

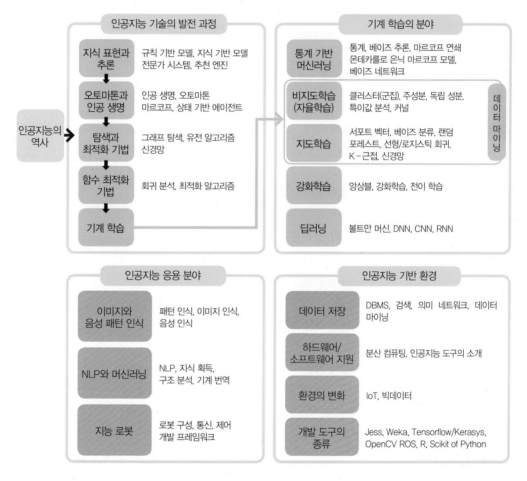

인공지능에 대한 공부는 이제 필수적인 과정으로 인식되고 있다. 이 책은 인공지능의 원리를 가장 쉽게 설명하는 책이 될 것이다. 이 책을 통해 인공지능이라는 숲을 이해하게 되었다면, 자신이 관심을 갖고 있는 분야에 대해 좀 더 깊이 있게 공부하면 된다. 이때는 수학 공식도, 컴퓨터 프로그램도 필요할 것이다.

이제, 인공지능 숲으로 즐거운 여행을 시작해 보자!

목차

PART 01 인공지능 기술의 개요

PART 02 인공지능의 핵심 기술

PART 04 인공지능 기술의 응용

PART 01
인공지능 기술의 개요

01 인공지능의 소개

1장에서는 인공지능(Artificial Intelligent)에 대한 정의와 관련 용어를 설명하고 1950년 이후 시작된 인공지능의 역사를 기술적인 관점에서 정리한다. 인공지능의 역사를 기술적인 관점에서 정리하면 인공지능 전체를 이해할 수 있고, 향후 공부의 방향을 결정하는 데도 도움이 된다. 이 밖에 인공지능의 활용 분야에 대해서도 간단하게 정리한다.

1.1 정의

인공지능은 '인공'과 '지능'으로 구성된 단어이다. 지능은 '본능이나 기계적인 반복 처리를 하지 않은 상태에서 생각하고 이해해 의식적으로 어떤 것을 하는 능력'을 말한다. 여기서 생각(Thinking)은 '문제를 해결하거나 아이디어를 만들기 위해 두뇌를 사용하는 것'을 말하고, 이해(Understanding)는 '어떤 것의 의미 또는 일에 대해 아는 것'을 말한다.

인공지능은 '인간의 지능을 만들고 싶다'라는 욕구에서 시작된 학문이다. 위키백과의 정의에 따르면, '인공지능은 인간의 학습 능력, 추론 능력, 지각 능력, 자연어의 이해 능력 등을 컴퓨터 프로그램으로 실현하는 것'이다.

인공지능 기술은 인지 과학, 로보틱스(Robotics), 기계 학습(Machine Learning), 최적화 이론, 패턴 인식 기술, 자연어 처리 등과 같은 다양한 분야에 적용되고 있다. 개발자의 관점에서 보면 인공지능은 '사람처럼 행동하도록 만들어진 장치 또는 소프트웨어'를 말한다. 초기 컴퓨터에서 인공지능은 '단순 조건 분기를 활용한 자동 제어'라는 개념이 큰 비중을 차지했지만, 최근 퍼지(Fuzzy) 이론, 베이지안(Bayesian) 모델, 패턴 인식, 자동 번역, 로보틱스, 웨어러블(Wearable) 등을 포함하는 개념으로 확장됐다.

인공지능은 사람과 같은 지능을 지닌 '강한 인공지능(Strong AI)'과 특정 문제를 해결할 수 있는 수준의 지능을 갖는 '약한 인공지능(Weak AI)'으로 분류할 수 있다. 스튜어트 러셀(Stuart Russell)은 인공지능을 정의할 때 사고와 행동으로 분리해 4가지 측면을 강조했다.

- 인간처럼 사고하기(Thinking Humanly)
- 합리적으로 사고하기(Thinking Rationally)
- 인간처럼 행동하기(Acting Humanly)
- 합리적으로 행동하기(Acting Rationally)

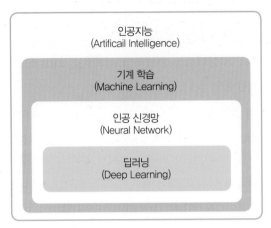

[그림 1-1] 인공지능 관련 용어의 정리

[그림 1-1]은 인공지능과 관련된 용어의 관계를 정리한 것이다. **인공지능**은 가장 큰 범위를 포괄하는 개념이다. **기계 학습**은 인공지능의 한 분야로, 컴퓨터가 데이터를 통해 학습할 수 있도록 하는 알고리즘과 기술을 개발하는 것을 말한다. 지도학습(Supervised Learning), 비지도학습(Unsupervised Learning), 강화학습(Reinforcement Learning) 등으로 분류할 수 있다. **인공 신경망**은 기계 학습의 한 분야로, 인공 뉴런(퍼셉트론)이 학습을 통해 시냅스의 결합 세기(가중치)를 변화시켜 문제 해결 능력을 갖추는 모델을 총칭하는 개념이다. **딥러닝**은 인공 신경망을 '복합적으로', '깊게' 또는 '넓게' 쌓아 학습을 수행하는 방식을 가리키며, 최근 인공지능 분야에서 가장 많이 연구되고 있다. 영상 인식을 위한 CNN 모델, 언어 번역을 위한 RNN 그리고 DQN 등 다양한 모델이 개발돼 적용되고 있다.

1.2 역사

▌여명기(1950~1960년)

1956년 다트머스 회의(Dartmouth Conference)에서 존 매카시(John McCarthy)가 인공지능이라는 용어를 처음으로 사용했다. 다트머스 회의는 존 매카시, 마빈 민스키(Marvin Minsky), 클로드 섀넌(Claude Shannon) 등과 같은 저명한 학자가 함께 개최했다. 특히 클로드 섀넌은 암호학과 부울대수를 이용한 디지털 논리 회로의 기반을 개척한 학자이다. 존 매카시는 1958년 인공지능을 구현하기 위한 LISP 언어를 만들고, 논리(Logic)를 이용해 지식을 표현하고, 상식에 대한 추론 방법을 제안했다.

앨런 튜링(Alan Turing)은 튜링 테스트와 튜링 기계의 개념을 고안했고, 인공지능과 관련된 논의에 초점을 맞춘 최초의 논문인 「Computing Machinery and Intelligence」(1950)를 발표했다. 튜링 테스트는 기계인지, 사람인지를 판별하는 시험으로, 대표적인 사례로는 ELIZA(1966), PARRY(1972), Jugene(2014) 등이 있다.

튜링 기계는 튜링이 독일의 수학자 데이비드 힐버트(David Hilbert)가 제기한 "모든 수학 문제를 풀 수 있는 알고리즘이 있는가?"라는 질문에 답하기 위해 1936년에 소개한 개념이다. 튜링은 모든 수학 문제는 기계로 형상화할 수 있고, 가장 기본적인 동작의 합으로 표현할 수 있다고 생각했다. 튜링 기계의 원리는 입출력 장치가 제어 장치의 지시에 따라 테이프나 메모리에서 데이터를 읽고 이에 따라 지정된 동작을 수행 과정을 반복하는 것으로, 현재의 컴퓨터와 같은 개념이다.

이때는 'GOFAI(Good Old Fashioned AI)'라고 불리는 시기로, 인공지능 연구의 방향은 물리 기호 시스템 가설(Physical Symbol System Hypothesis)이 중심이 됐다. 물리 기호 시스템 가설은 세계에서 벌어지는 모든 일은 기호로 치환될 수 있으며, 지능은 기호의 조작 형태에서 찾을 수 있다는 내용이다(R. Pfeifer, C. Scheier. Understanding Intelligence, 1999). 그래서 인공지능 연구가 다수의 조건 분기를 사용하는 규칙 기반 자동 판정 프로그램을 중심으로 발전하기 시작했다.

알렌 뉴월(Allen Newell)과 허버트 사이먼(Herbert Simon)은 인간의 문제 해결 방식을 모방한 수단-목표 분석(Mean-Ends Analysis)을 제안했다. 이는 현상태와 목표 상태 간의 차이를 계산하고, 그 차이를 줄이는 조작자를 찾아 적용하는 과정을 반복함으로써 문제를 해결하는 방법을 말한다. [그림 1-2]는 현상태와 목표 상태가 정해져 있고, Move라는 과정을 사용할 수 있다. 현상태와 목표 상태의 차이를 극복하기 위해 On(A, B)와 On(B, C)를 수행함으로써 목표 상태에 도달할 수 있다는 것을 확인할 수 있다.

[그림 1-2] 수단-목표 분석의 개념 요약

생리학적인 측면에서는 생리학, 기계 공학, 제어 공학을 융합하는 사이버네틱스(Cybernetics)와 신경망(Neural Network)에 대한 연구가 진행됐다. **1943년 워런 맥컬록(Warren McCulloch)과 월터 피츠(Walter Pitts)는 뉴런의 네트워크가 간단한 논리 기능을 수행할 수 있다는 것을 보여 줬다.** 퍼셉트론(Perceptron)은 신경 세포(Neuron)를 계산적 모델로 표현한 최초의 신경망이다. 뉴런, 퍼셉트론에 대한 자세한 내용은 Chapter 3의 8. 딥러닝에서 다룬다.

▌전문가 시스템과 1차 인공지능 붐(1960~1980년)

1950년대 이후 다수의 **조건 분기를 사용하는 '규칙 기반 자동 판정 시스템'이 발전했다.** 이때 개발된 것은 프로그램의 규칙을 이용해 새로운 사실을 탐색하는 '추론 엔진'과 일반인도 기계가 판단한 지시 탐구의 결과를 참조할 수 있는 '전문가 시스템'이다. 대표적인 예로는 1965년 스탠퍼드대학교의 에드워드 파이겐바움(Edward Feigenbaum)이 개발한 전문가 시스템인 덴드럴(Dendral), 1970년 전문가 시스템과 사용 시스템이 통합돼 만들어진 마이신(Mycin), 광물 탐사 데이터 분석 시스템인 PROSPECTOR 등을 들 수 있다.

다수의 조건 분기를 사용하는 시스템의 발전과 함께 '사고 범위 문제(Frame Problem)'가 제시됐다. 사고 범위 문제는 1969년 존 매카시와 패트릭 헤이즈(Patrick Hayes)가 제시한 것으로, 인공지능은 제한된 범위에서만 정보를 처리하므로 실제로 발생하는 모든 문제를 처리할 수 없다는 한계점을 지적한 것이다. 즉, 모든 상황을 고려한 조건 분기 시스템의 구성은 불가능하다는 것이다. 현재까지도 이 문제에 대해서는 해결책이 없다.

1973년 알랭 콜메르(Alan Colmerauer)는 논리 기반 언어인 프롤로그(Prolog)를 개발했다.

1958년 프랭크 로젠블랏(Frank Rosenblatt)은 퍼셉트론을 제안해 1960년대 인공지능 연구의 첫 번째 부흥기를 이끌었다(1차 인공지능 붐). 퍼셉트론은 많은 관심을 끌었지만, XOR 문제를 해결하지 못해 관련 연구가 침체기에 빠지게 됐다. 퍼셉트론은 AND, OR, NOT, XOR 문제를 해결해야 주어진 입력에 대해 가능한 모든 출력을 발생시킬 수 있다. 그래서 XOR 문제의 해결이 중요하다. **이후 다중 퍼셉트론을 이용하면 XOR 문제를 해결할 수 있다는 사실을 알게 됐지만, 이를 학습시키는 방법은 알지 못했다.**

이 당시에는 컴퓨터 처리 속도가 데이터보다 상대적으로 느려 규칙 기반 외에 신경망을 포함한 **다양한 형태의 인공지능 시스템 개발에 제한이 있었다. 이에 따라 인공지능에 관련된 연구가 침체기에 들어가게 됐다.**

▌2차 인공지능 붐과 신경망의 암흑기(1981~2000년)

1986년 데이비드 루멀하트(David Rumelhart), 제프리 힌튼(Geoffrey Hinton), 로널드 윌리엄스(Ronald Williams)는 오차 역전파(Error Backpropagation) 알고리즘으로 다중 퍼셉트론을 효과적으로 학습시킬 수 있다는 것을 보여줌으로써 신경망 연구의 침체기를 종식시켰다. 이후 인공지능의 2차 붐이 시작됐고, 퍼셉트론을 보다 구체적으로 활용한 패턴 인식 알고리즘 등이 이 시기에 개발됐다. 하지만 신경망의 깊이가 깊어질수록 학습 효과가 떨어지는 문제가 발생해 신경망 분야는 다시 침체되기 시작했다.

이후 언어로 표현되는 애매한 정보를 정량화해 표현하는 **퍼지 이론(Fuzzy Theory)**이 발전했다. 진화 개념을 문제 해결에 도입한 **유전 알고리즘(Genetic Algorithm)**을 비롯한 여러 진화 연산(Evolutionary Computation) 기법이 개발돼 복잡한 최적화 문제들의 해결에 도움을 줬다.

1990년대에 그래프 이론과 확률론을 결합한 여러 가지 확률 그래프 모델(Probability Graphical Model)이 개발되면서 컴퓨터 비전, 로보틱스, 자연어 처리(Natural Language Processing, NLP), 진단 분야에서 중요 기술로 자리잡았다.

1990년 이후에는 물리 기호 시스템 가설이나 규칙 기반 판정 시스템에서 사용하는 방법인 지식을 기호로 표현해 지능을 구현하는 '기호적 인공지능(Symbolic AI) 기술'보다 **수치 계산 위주의 비기호적 인공지능(SubSymbolic AI) 기술'이 더 발전했다.** 대표적인 예로는 1990년대 후반, 패턴 인식 분야에서 많은 관심을 끌었던 기계 학습 모델 중 하나인 **서포트 벡터 머신(Support Vector Machine)**을 들 수 있다. 서포트 벡터 머신은 원래 1970년 후반 러시아 과학자 블라디미르 바프닉(Vladimir Vapnik)이 제안했지만, 그 당시에는 관심을 받지 못했다.

그리고 지능을 만드는 것이 아니라 더 원초적인 생명을 만들겠다는 것을 목표로 하는 '**인공 생명**'이라는 학문이 생겨났다. 인공 생명, 카오스, 프랙털, 네트워크 과학을 바탕으로 하는 '**복잡계(Complex System)**'라는 학문이 생겨났으며, 인공지능과 인접 영역을 형성했다. 복잡계는 시스템 다이내믹스를 모델링하기 위한 벤심(Vensim) 프로그램과 독립적인 에이전트(Agent) 기반의 모델링을 지원하는 넷로고(NetLogo)를 이용해 접근할 수 있다.

▌통계 기반 기계 학습과 분산 처리 기술의 발전(2001~2010년)

인공지능 연구는 전문가 시스템과 퍼셉트론을 이용한 신경망 외에도 통계 모델링을 중심으로 한 기계 학습 알고리즘이 있다. 통계 기반 기계 학습은 데이터를 분류(Classification)하는 분야와 데이터를 예측(Prediction)하는 분야로 나눌 수 있다. 대표적인 예로는 분류를 활용한 '추천 엔진'과 예측을 적용한 '로그나 온라인 데이터 기반의 이상 탐지 시스템' 등을 들 수 있다. **1990년 후반 서포트 벡터 머신의 가치가 입증된 후 2000년부터 앙상블 기법, 의사결정 트리 군집 분석, 랜덤 포레스트 등과 같은 수많은 기법이 개발, 적용돼 '수치 계산 위주의 비기호적 인공지능 기술'의 발전에 기여했다.** 통계 기반 기계 학습 연구가 활발해지면서 베이즈 통계학의 가치가 재조명됐다. 베이즈 통계학에 기반을 둔 베이지안 필터를 이용한 기계 학습 시스템이 도입돼 '이메일 스팸 판정', '음성 입력 시 잡음 줄이기', '발음 식별 처리' 등의 기술에 개발, 적용됐다.

▌딥러닝 기반 3차 인공지능 붐(2010~)

딥러닝(Deep Learning)은 제프리 힌튼 교수가 처음 사용한 용어로, '심층 신경망(Deep Neural Network, DNN)을 사용하는 기계 학습'을 말한다. 분산 처리 기술의 등장으로 환경에 대한 제한이 사라지고, DNN을 학습할 수 있는 방법(LeLU 함수, 가중치, 초기화)이 개발되면서 신경망을 5층 이상 구성하는 DNN을 사용하기 시작했다. 이로써 딥러닝을 바탕으로 한 인공지능의 3차 붐이 시작됐다.

이전까지 이미지 인식의 정확도는 통계 기반 기계 학습이 신경망 기반 기계 학습보다 좋다고 알려져 있었다. 그러나 **2010년 이후, 분산 처리 기술과 딥러닝이 도입되면서 신경망 기반 기계 학습 시스템의 이미지 인식 정확도가 통계 기반 기계 학습은 물론, 인간의 인식을 넘어서게 됐다.** 2012년 ILSVRC(Imagenet Large Scale Visual Recognition Challenge)에서 캐나다 토론토대학교 팀의 딥러닝 이미지 인식 프로그램이 성능 평가에서 1위를 차지했다. 특히 충격적인 결과는 이미지 인식 오류율이 통계 기반 기계 학습을 사용한 도쿄대학교 팀의 프로그램보다 10% 낮았다는 점이다. 이를 계기로 딥러닝을 바탕으로 한 인공지능 연구 개발 붐이 일어났다.

이후 딥러닝 기반 이미지 인식 프로그램은 다양한 분야에서 활용되고 있다. 대표적인 사례로는 자동차용 이미지 인식 엔진, 음성 인식(Speech Recognition), 구글(Google)과 네이버(Naver)의 번역 서비스 등을 들 수 있다. 3차 부흥기를 맞이한 인공지능 연구는 통계 기반 기계 학습과 딥러닝 기반 기계 학습으로 분리돼 발전하고 있다. 딥러닝 기반 기계 학습은 통계 기반 기계 학습보다 정확성은 높지만, 많은 데이터와 적절한 학습이 필요한 모델이므로 적용 범위가 제한적이다. 이와 달리 통계 기반 기계 학습은 간단하면서도 정확도가 높아 많은 곳에 활용되고 있다. 특히 사물 인터넷(Internet of Things, IoT)과 빅데이터를 바탕으로 하는 통계 기반 기계 학습의 활용도가 점차 높아지고 있다. 이와 관련해 R, 사이킷런(Scikit Learn), SPSS, SAS 등과 같은 도구가 많이 사용되고 있다.

[그림 1 – 3]은 앞서 설명한 인공지능의 발전 과정을 요약해 정리한 연표이다.

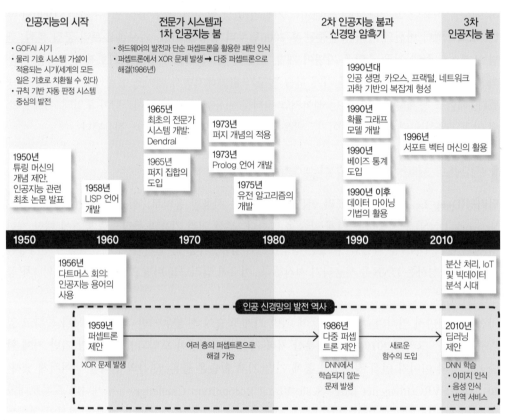

[그림 1-3] 인공지능 발전의 역사 요약

1.3 활용 분야

인공지능의 활용 분야를 산업계를 중심으로 정리하면 다음과 같다.

- 자동차 업계: 자동차의 자율주행 분야
- 광고 업계: 사용자에게 맞는 광고나 뉴스의 추천 시스템 분야
- 기업 경영자: 경영 전략에 필요한 데이터 분석 기술
- 구글, 네이버에서 제공하는 자동 번역 시스템
- 의료 업계: IBM의 왓슨(Watson) 시스템 기반 원격 진료 시스템
- 보험, 콜센터 업계: 대화형 프로그램을 이용한 시스템
- 제조 업계: 로봇 팔이나 기계를 이용한 단순, 반복 제조 공정의 자동화
- 생활 가전 업계: 로봇 청소기를 포함한 가전 기기 분야

02 인공지능의 연구 분야

인공지능을 구성하는 기술에는 신경망이나 퍼셉트론만 있는 것이 아니다. 정보를 탐색하고, 지식을 컴퓨터가 이해할 수 있도록 표현하고, 추론과 학습을 하는 과정들 또한 인공지능에서 중요한 역할을 하고 있다. 그리고 인공지능은 번역이나 영상 인식 외에도 전문가 시스템, 데이터 마이닝, 음성 인식, 영상 처리 등과 같은 다양한 분야에서 활용되고 있다.

2.1 요소 기술

이번에는 인공지능 연구에 사용하는 각 요소 기술 용어의 의미와 구체적인 활용 예시를 살펴본다. 이 책에서는 각 요소 기술의 원리에 대해 해당 파트에서 자세히 다루고 있다.

▌ 탐색

탐색(Search)은 문제의 답이 될 수 있는 것들의 집합을 공간(Space)으로 간주하고, 문제에 대한 최적해(最適解)를 찾기 위해 공간을 체계적으로 찾는 것을 말한다. 탐색의 다양한 예를 살펴보면 다음과 같다(**Part 2의 3. 탐색과 최적화 기법 참조**).

- 탐색 공간의 정보를 그래프 자료 구조로 만든 후 '너비우선 탐색', '깊이우선 탐색', 'A* 알고리즘' 등을 사용해 최적의 답을 찾는 방법
- 주어진 정보를 이용하는 방법
- 체스와 같은 보드 게임에서 미니맥스 게임 트리(Minimax Game Tree)를 구성하면서 알파베타 가지치기(Alpha – Beta Pruning)를 하는 방법
- 몬테카를로 트리 탐색(Monte Carlo Tree Search)과 같이 탐색 시간을 줄이기 위한 방법
- 제약 조건을 만족하는 것을 찾는 방법
- 주어진 환경을 최적화하는 것을 찾는 방법

지식 표현

지식 표현(Knowledge Representation)은 컴퓨터를 이용해 문제를 해결하거나 심층적인 추론에 사용할 수 있도록 인간의 지식을 효과적으로 표현하는 방법을 말한다(**Part 2의 1. 지식 표현과 추론 참조**). 지식 표현의 예는 다음과 같다.

- If~Then 형식의 규칙을 이용하는 방법
- 관련 정보를 슬롯(Slot)과 데몬 프로시저(Demon Procedure)들로 구성하는 프레임(Frame)을 이용하는 방법
- 네트워크 형태로 관련 지식을 표현하는 의미망(Semantic Network)을 이용하는 방법
- 논리로 지식을 표현하는 형식 언어인 명제 논리(Propositional Logic)와 술어 논리(Predicate Logic)를 이용하는 방법
- 절차적 지식을 표현하는 스크립트(Script)를 사용하는 방법
- 애매한 지식을 표현하는 퍼지 논리(Fuzzy Logic)를 사용하는 방법
- 불확실한 지식을 표현하는 확률적 방법(Probability Method)을 활용하는 방법
- 웹에 있는 정보 자원을 표현하는 방법인 RDF(Resource Description Framework)를 사용하는 방법
- 특정 영역의 지식을 표현하기 위한 온톨로지(Ontology) 언어인 OWL(Ontology Web Language)을 이용하는 방법

추론

추론(Inference)은 가정(Hypothesis)이나 전제(Premise)로부터 결론을 도출하는 것을 말한다(**Part 3의 2. 베이지안 추론, 3. 마르코프 연쇄 참조**). 추론의 종류는 다음과 같다.

- **전향 추론(Forward Inference)**: 지식이 규칙으로 표현되고 규칙의 조건부를 만족하는 입력이 주어지면 결론부의 내용이 추론의 결과로 얻어지는 것을 말한다.
- **후향 추론(Backward Inference)**: 어떤 결론이나 결과의 원인을 확인할 때 해당 내용과 부합되는 결론부를 갖는 규칙의 조건부 내용이 원인에 대응되는 것을 말한다.

▌학습

학습(Learning)은 경험을 통해 같은 문제나 유사한 문제를 더 잘 해결할 수 있도록 시스템의 구조나 파라미터를 바꾸는 것으로, 컴퓨터가 학습하는 방법을 다루는 분야를 '**기계 학습**'이라고 한다. 기계 학습의 종류에는 지도학습, 비지도학습 그리고 강화학습이 있다(**Part 3. 기계 학습 참조**).

- 지도학습: 입력과 대응되는 출력을 데이터로 제공하고, 대응 관계의 함수를 찾는 법을 말하며, 분류와 예측에서 주로 사용한다.
- 비지도학습: 데이터만 주어진 상태에서 유사한 것을 서로 묶어 군집을 찾거나 중요 요인을 식별, 재구성하는 것을 말한다. 군집화(Clustering)와 데이터에서 유용한 주제를 찾아 내고 데이터를 다루는 주제를 식별하는 토픽 모델링(Topic Modeling)에서 주로 사용한다.
- 강화학습: 상황별 행동에 따른 시스템의 보상값(Reward Value)만을 이용해 시스템에 대한 바람직한 행동 정책을 찾는 것을 말한다. 로봇과 같은 에이전트의 행동 학습, 제어 문제, 금융 공학에서 주로 사용한다.

▌딥러닝

딥러닝은 인공 신경망(Artificial Neural Networks)을 활용하는 개념으로, 여러 계층의 신경망을 구성해 학습을 효과적으로 수행하는 것을 말한다(**Part 3의 8. 딥러닝 참조**). 인공 신경망을 여러 층 쌓아 모델을 만들고 학습해 원하는 결과를 얻는 방법으로, 자동 음성 인식, 영상 인식, NLP, 약물 발견과 독성학, 고객 관계 처리 등과 같은 다양한 분야에서 사용한다.

▌계획 수립

계획 수립(Planning)은 현상태에서 목표 상태에 도달하기 위해 수행해야 하는 일련의 행동 순서를 찾는 것을 말한다. 계획 수립도 많은 계획 중 최선의 계획을 찾는 일이므로 탐색 문제의 특수한 경우라고 볼 수 있다(Part 4의 3. 지능 로봇 참조). 대표적인 예로는 로봇이 움직일 경로를 계획하는 것을 들 수 있다.

2.2 응용 분야

인공지능을 위해 개발됐던 다양한 요소 기술을 활용하는 분야를 소개한다. 요소 기술과 응용 분야의 연관성을 고려하면서 공부하면 인공지능 기술에 대한 이해도와 공부의 방향을 정확히 잡을 수 있다.

▌전문가 시스템

전문가 시스템(Expert System)은 특정 문제 영역에 대해 전문가 수준의 해법을 제공하고자 하는 시스템을 말한다. 간단한 제어 시스템에서 복잡한 계산과 추론을 요구하는 의료 진단 및 고장 진단 시스템에 이르기까지 광범위하게 사용한다. 전문가 시스템은 크게 '지식을 표현하는 부분'과 '지식을 추론하는 부분'으로 나뉜다. 대표적인 전문가 시스템의 구현 방법은 '규칙 기반 시스템'으로, 최초로 인공지능 기술의 발전을 이끌었다.

▌데이터 마이닝

데이터 마이닝(Data Mining)은 특정 목표를 갖고 수집된 데이터로부터 유용한 지식을 추출하는 것을 말한다. 전체 데이터를 대상으로 분석을 수행한다는 점에서 표본을 바탕으로 분석하는 통계 분석과 구별된다. 데이터 마이닝을 통해 추출하려는 지식의 형태는 '데이터 안에 숨겨진 의미'이다. 예를 들어, 편의점 매출 데이터를 분석해 껌을 사는 사람은 다른 것을 사지 않는다는 것을 발견해 껌을 계산대에 배열한다거나 음료를 사는 사람은 과자를 사는 경우가 많다는 것을 발견해 음료수 진열대를 가게의 안쪽에 배치하는 등 데이터의 의미를 찾아 내 문제를 해결하는 데 활용된다.

최근 IoT 환경에서 생성되는 데이터인 빅데이터 분석에 데이터 마이닝에서 개발된 기술을 적용하는 경우가 많다. 통계 기반 기계 학습에 속하는 기법은 대부분 데이터 마이닝에서 개발된 기법이다(**Part 3의 5. 지도학습과 6. 비지도학습 참조**).

▌패턴 인식

패턴 인식(Pattern Recognition)은 데이터에 있는 패턴이나 규칙성을 찾는 것을 말하며, 딥러닝, 기계 학습, 컴퓨터 비전, 확률 모델 등의 기술을 사용한다(**Part 4. 1. 이미지와 음성 패턴 인식 참조**). 패턴 인식의 예로는 다음과 같은 것들이 있다.

- 문자 인식: 인쇄된 문자 외에 필기체 문자를 인식하는 기술
- 음성 인식: 전화 자동 응답 서비스, 학습 지원 서비스를 포함한 서비스에 사용하는 기술

- 영상 인식: 정지 영상이나 동영상을 대상으로 하며, 특정 객체의 식별, 인식, 조작을 수행하는 기술
- 신호 인식: 레이더(Radar), 라이다(Lidar), 소나(Sonar) 등 다양한 센서에서 측정된 신호를 인식하고 처리하는 기술
- 텍스트 데이터에서 의미 있는 패턴을 추출하고 식별하는 기술
- 일반 데이터를 대상으로 패턴을 찾아 이상치(Outlier)를 발견하는 기술

자연어 처리

자연어 처리(NPL)는 사람이 사용하는 일반 언어로 작성된 문서의 문장을 분석해 의미를 파악하는 분야이다. 개인 비서 역할을 하는 에이전트 시스템을 구현하는 핵심 기술이다(**Part 4의 2. 자연어 처리 참조**). 문서를 읽고 요약하거나, 주제별로 정리하거나, 새로운 주제를 식별해 알려 주는 기능, 질문에 대한 자동 응답 기능, 자동 번역 기능 등에 활용된다.

컴퓨터 비전

컴퓨터 비전(Computer Vision)은 컴퓨터를 이용해 시각 기능을 지닌 기계 장치를 만드는 분야로, 컴퓨터 비전을 위한 대표적인 개발 도구로는 OpenCV가 있다. 딥러닝 기술이 적용되면서 컴퓨터 비전을 위한 3단계 처리 과정 가운데 1, 2단계를 생략해도 좋은 성능을 보인다(**Part 4의 1.2 이미지 인식 참조**).

컴퓨터 비전을 처리하는 단계

- 1단계: 영상 처리(Image Processing) 단계로, 카메라를 통해 들어온 원래 영상을 사용 목적에 맞게 가공하는 단계이다. '전처리 단계'라고도 한다.
- 2단계: 특징 추출 단계로, 영상에서 원, 선분, 에지(Edge), 코너(Corner), 텍스처(Texture)와 같은 특징이나 SIFT, SURF와 같은 개선된 지역 특성(Local Feature)을 추출한다.
- 3단계: 정보를 분석하고 목적에 맞게 해석하는 단계이다.

음성 인식

음성 인식은 음성을 입력받아 문장으로 변환하는 것으로, 스마트폰 개인 비서 서비스의 핵심 기술이다. 최근 딥러닝 기술이 적용되면서 HMM(Hidden Markov Model)을 능가하는 서비스가 개발되고 있다(**Part 4의 1. 이미지와 음성 패턴 인식 참조**).

> **음성 인식의 발전 역사**
>
> - 1952년 미국 벨 연구소에서 숫자 음을 인식하는 오드리(Audrey) 시스템 개발
> - 1970년 미국 카네기멜론대학에서 1,011개 단어를 인식하는 하피(Harpy) 시스템 개발
> - 1980년대에는 음성 길이 차이의 문제점을 해결할 수 있는 확률 모델인 HMM이 개발되면서 새로운 기술적 도약을 이룸
> - 1990년대에는 휴대폰 등의 제품에 전화번호 찾기 등을 수행하는 음성 서비스 탑재(1분에 100단어 처리 수준)
> - 2000년 이후 많은 어휘를 처리할 수 있는 시스템 개발, 2011년 애플 시리 상용화
> - 최근 음성 인식 및 번역 기능을 제공하는 다양한 제품 출시[예 구글의 픽셀 버드(Pixel Buds)]

▎로보틱스

로보틱스는 로봇과 관련된 기술 분야로, 기계 공학, 센서 공학, 마이크로 일렉트로닉스(Micro Electronics) 그리고 인공지능 기술을 종합적으로 활용한다(**Part 4의 3. 지능 로봇 참조**).

로보틱스에 필요한 기능 및 기술은 다음과 같다.

- 인지를 위한 컴퓨터 비전 기술
- 판단하기 위한 추론 기능
- 어떤 행동을 어떻게 할지 결정하기 위한 계획 수립 기능
- 친근한 인터페이스를 위한 NLP 및 음성 인식 기술
- 사용하면서 더 똑똑해지도록 만들기 위한 학습 기능

▎에이전트

에이전트는 사용자에게 위임받은 일을 자율적으로 수행하는 시스템을 말한다. 에이전트의 종류는 다음과 같다.

- **반응형 에이전트(Reactive Agent)**: 단순한 입력에 대해 정해진 반응만을 하는 것
- **숙고형 에이전트(Deliberate Agent)**: 자신의 지식을 활용해 목표를 달성하기 위한 계획을 수립하고 수행하는 것
- **학습 에이전트(Learn Agent)**: 경험이 누적됨에 따라 점점 똑똑해지도록 학습하는 것

이 밖에 소프트웨어 에이전트(순수하게 소프트웨어로 구성된 것)와 물리적 에이전트(지능 로봇)로 분리해 생각해 볼 수 있다.

03 인공지능의 적용 사례

인공지능의 요소 기술과 응용 분야가 실생활에서 어떻게 활용되고 있는지 간단하게 살펴보자. 사람들이 가장 흔히 접할 수 있는 상용화된 인공지능 서비스로는 스마트폰을 들 수 있다. **스마트폰**은 통신 단말(Communication Terminal)에서 정보 단말(Information Terminal)로 휴대전화의 위상을 바꿔놓았을 뿐만 아니라 시리, 영상 처리를 포함한 인공지능 서비스가 탑재돼 널리 활용되고 있다. 이 밖에 인공지능이 탑재된 상용 서비스는 다음과 같다.

IBM의 왓슨, 한국전자통신연구원의 엑소브레인(Exobrain)의 자동 응답 기능

자연어로 주어진 질문에 답변하는 인공지능 시스템

자율주행 자동차(Autonomous Car)

- 1단계: 차선 유지, 자동 크루즈, 자동 주차 등 운전자 보조 수준
- 2단계: 특정 조건에서의 자율주행이 가능하지만, 운전자가 주목해야 하는 자동화 수준
- 3단계: 특정 조건에서 자율주행이 되는 조건부 자율주행 수준
- 4단계: 고도 자동화 수준
- 5단계: 완전 자동화 수준

로봇 분야

- 미국의 보스턴 다이내믹스(Boston Dynamics): 2006년 군사용 로봇인 빅독(Big Dog) 개발
- 카이스트(KAIST): 2015년에 개발된 휴보(Hubo)가 로봇 대회에서 우승

클라우드 서버 서비스

- 스마트폰이 단말기의 역할을 하고, 클라우드를 서버로 활용하는 서비스 도입
- 스마트폰으로 사진을 찍으면 장소를 검색하고, 관련 정보를 제시

기계 번역 서비스의 확대

구글의 번역 서비스, 네이버의 파파고

딥러닝 기반의 컴퓨터 비전 기술 발전

- **영상 분류(Image Classification)**: 사진 속 객체의 종류를 판단하는 기술
- **객체 인식(Object Recognition) 및 객체 위치 검출(Object Localization)**: 사진 속 객체의 종류와 영역을 식별하는 기술
- **의미적 영역 분할(Semantic Segmentation)**: 영상 속 객체의 윤곽을 식별하고, 종류를 결정하는 기술
- **초해상도 복원(Superresolution Restoration)**: 저해상도 영상을 선명한 고해상도 영상으로 복원하는 기술

04 인공지능의 영향

인공지능이 우리에게 영향을 미칠 것으로 예상되는 대표적인 문제는 다음과 같다.

- **인공지능의 적용이 금융 및 법률 분야, 언론 분야로 확대**되면서 간단한 세무나 법률 상담 등의 일자리가 축소될 것이다. 다만, 단순 반복이 아닌 전략적인 업무는 여전히 인간의 영역으로 남을 것이다.
- **인공지능은 사생활 침해와 인간의 존엄성에 대한 새로운 도전을 일으킬 것이다.**
- **군사 분야에서 살상용 자율 무기 체계(Lethal Autonomous Weapon System, LAWS)의 도입이 가속화될 것이다.** 이를 통해 사람의 개입 없이 스스로 표적을 찾아 내고, 제거하는 역할이 수행될 것이다.
- 자율주행 자동차가 사고를 내야 하는 상황이 됐을 때 운전자를 보호하느냐, 행인을 보호하느냐에 대한 윤리적 문제가 대두될 것이다.
- **의료 분야에서 생명의 존엄성에 대한 문제가 대두될 것이다.**

튜링 기계

튜링 기계(Turing Machine)는 앨런 튜링이 독일의 수학자 데이비드 힐버트가 제기한 "모든 수학 문제를 풀 수 있는 알고리즘이 있는가?"라는 질문에 답하기 위해 1936년에 소개한 개념이다. 튜링은 모든 수학 문제는 기계로 형상화할 수 있고, 가장 기본적인 동작의 합으로 표현할 수 있다고 생각했다. 즉, **입력값(테이프), 제어 장치, 입출력 장치의 3개 요소와 현상태, 읽은 기호, 다음 상태, 쓸 기호, 움직일 방향의 5가지 요소로 구성된 기계에 의해 수학 문제를 풀 수 있다고 생각했다.**

튜링은 이런 구조를 갖고 "모든 수학 문제를 풀 수 있는 알고리즘은 없다"라는 결론을 내렸다. 즉, 튜링이 고안한 튜링 기계는 컴퓨터와는 아무 상관없이 개발된 것이었다. 그런데 튜링이 제안한 튜링 기계의 구성 개념, 즉 입력값, 제어 장치, 입출력 장치는 실제 컴퓨터를 구성하는 3대 요소이다. 즉, 튜링의 의도와는 무관하게 튜링 기계의 구성 개념이 오늘날 우리가 사용하는 컴퓨터의 모습을 만든 것이다.

튜링 기계의 기본 원리

튜링 기계는 입출력 장치가 제어 장치의 지시에 따라 테이프나 메모리에서 데이터를 읽고, 읽은 값에 따라 지정된 동작을 수행하는 과정을 반복하는 것이다. [그림 1-4]는 튜링 기계를 구성하는 3개의 구성 요소인 입력값, 입출력 장치, 제어 장치를 표시하는 기호와 이것의 동작을 요약해 정리한 것이다. 튜링 기계의 구성 요소들이 어떻게 작동하는지 이해하려면 '튜링 기계의 작동 단계 설명'의 내용을 참고하기 바란다.

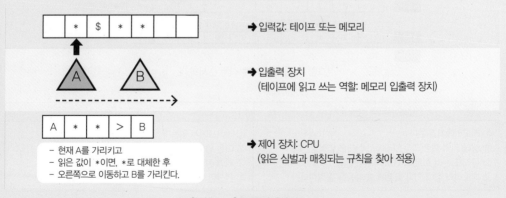

→ 입력값: 테이프 또는 메모리

→ 입출력 장치
   (테이프에 읽고 쓰는 역할: 메모리 입출력 장치)

- 현재 A를 가리키고
- 읽은 값이 *이면, *로 대체한 후
- 오른쪽으로 이동하고 B를 가리킨다.

→ 제어 장치: CPU
   (읽은 심벌과 매칭되는 규칙을 찾아 적용)

[그림 1-4] 튜링 기계의 3요소

튜링 기계의 작동 단계

튜링 기계는 입력값, 제어 장치, 입출력 장치로 구성된다. 튜링은 튜링 기계의 작동 과정을 통해 사람이 가진 모든 문제가 단순한 작업의 반복으로 해결될 수 있다는 것을 보이고자 했다. 이러한 튜링의 구상이 오늘날의 컴퓨터를 탄생시켰다. 컴퓨터는 실제로 간단한 사칙연산만을 수행할 수 있지만, 사람이 필요로 하는 거의 모든 작업을 수행할 수 있다. 대표적인 예로는 영화 보기, 재고 관리, 웹, 음악 재생 등을 들 수 있다. 다음은 튜링 기계의 구성과 제어 장치(프로그램)에 따라 상태가 바뀌고, 종료되는 과정을 간단하게 정리한 것이다.

- **제어 장치 제작 과정: 제어 장치는 사용자가 넣은 정보를 표현하는 것으로, 프로그램의 시작이다. 다음 작동 단계 예시와 튜링 기계의 작동 단계 그림을 참고해** 제어 장치를 제작하는 과정을 살펴보자.
  - '헤드의 상태가 A이고 테이프의 숫자가 1이면 오른쪽으로 움직이고, 헤드 상태는 B'라면 'A 1 1 〉 B'라고 표현한다(튜링 기계의 작동 단계 [1] 참조).
  - '헤드의 상태가 B이고 테이프의 숫자가 3이면 테이프의 숫자를 2로 바꾼 후 오른쪽으로 움직이고 헤드 상태는 B'라면 'B 3 2 〉 B'라고 표현한다(튜링 기계의 작동 단계 [2] 참조).
  - 헤드의 상태가 B이고 테이프의 숫자가 2이면 움직이지 않고 헤드 상태는 C이다.
  - 헤드의 상태가 C이면 종료된다.

- **튜링 기계의 작동 단계: 제어 장치에 따라 작동된다.**

[그림 1-5] 튜링 기계 작동 순서의 예

현대 컴퓨터의 작동 순서	튜링 기계의 작동 순서
① 메모리에서 읽는다.	① 테이프에서 읽는다.
② 상태 기억 회로(레지스터)에서 상태를 입력받는다.	② 이전 입출력 장치의 값을 읽는다.
③ 규칙표 논리 회로(CPU)에서 연산한다.	③ 제어 장치의 규칙에 따라 연산한다.
④ 메모리와 상태 기억 회로에 쓸 내용을 출력한다.	④ 연산한 내용이 테이프와 입출력 장치에 영향을 미친다.

[표 1-1] 튜링 기계와 현대 컴퓨터의 작동 순서 비교

[그림 1-6]을 보면서 인공지능 기술이 어떠한 단계를 거치면서 발전해 왔고, 단계별로 어떤 특별한 기술적 도약이 있었는지 정리해 보자.

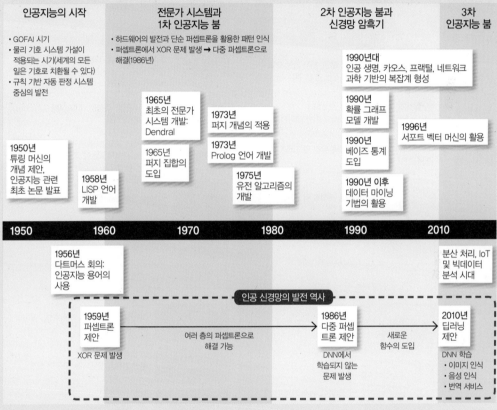

[그림 1-6] 인공지능 발전의 역사 요약

지금까지 [그림 1 - 6]의 인공지능 로드맵에서 빨간색 점선으로 표시된 '인공지능의 역사'를 공부했다. 인공지능의 단계별 중요 발전 사항과 한계를 설명하고, 인공지능을 구성하는 요소 기술에는 무엇이 있는지 정리해 보자. 인공지능이 응용되는 분야에는 무엇이 있는지도 적어 보자.

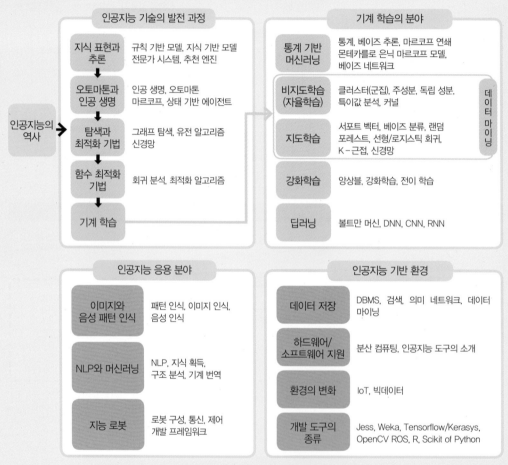

[그림 1-7] 인공지능 공부 지도

연습 문제

1. 인공지능에 대해 정의하시오.

2. 인공지능, 기계 학습, 인공 신경망, 딥러닝을 구별하시오.

3. 인공지능의 각 발전 단계에서 가장 중요한 활동은 무엇인지 서술하시오.

4. 인공지능의 요소 기술을 쓰시오.

5. 인공지능을 응용한 대표적인 분야를 쓰시오.

6. 인공지능 기술을 활용하는 예를 쓰시오.

PART 02
인공지능의 핵심 기술

01 지식 표현과 추론

인공지능의 가장 중요한 과제는 지능을 인공적으로 구현하는 것이다. 인간이 가진 지식을 컴퓨터가 이해할 수 있도록 만들어야 이를 이용해 지능을 구현할 수 있다. 1장에서는 인간의 지식을 컴퓨터가 이해할 수 있도록 표현하는 방법을 정리한다. 구체적인 방법은 규칙, 프레임, 논리, 의미망, 스크립트, 온톨로지, 함수, 퍼지 등이 될 것이다. 이 밖에 표현된 지식을 활용하는 예로 규칙 기반 시스템에 대해 설명한다. 각 주제를 쉽게 이해할 수 있도록 너무 깊이 다루지 않고, 예를 살펴보면서 전체적인 내용을 정리한다.

1.1 지식의 정의 및 표현 방법

인간의 지능은 데이터, 정보, 지식, 지혜로 분류할 수 있다. 먼저 **외부에서 접근할 수 있는 형태로 만들어진 자료를 '데이터(Data)'라고 한다.** 데이터는 일반적으로 컴퓨터에 파일이나 데이터베이스의 형태로 저장, 관리된다. 그리고 **필요한 시기에 제공되는 데이터를 '정보(Information)'라고 한다.** 예를 들어, 지난달의 매출액을 컴퓨터나 친구를 통해 알아 냈다면, 매출액 데이터가 매출액 정보로 변환된 것이다. 그다음, **정보에 경험이 추가되면 '지식(Knowledge)'이라고 한다.** 예를 들어, '연말 매출 데이터는 30% 정도 부풀려 있어서 숫자 그대로 믿으면 안 된다'라는 것은 정보에 경험이 추가돼 지식이 된 경우라고 할 수 있다. **마지막으로 지식이 유용하게 사용되면 '지혜(Wiseness)'가 된다.** 예를 들어, 연말의 매출액 정보가 부풀려져 있다는 것을 알고, 이 점을 고려해 내년의 예상 매출액을 계산하고 예측한다면, 지식이 지혜로 사용된 경우라고 할 수 있다.

[그림 2-1] 인간 지능의 분류

인공지능은 [그림 2 - 1]에 표현된 인간 지능 중 지식에 관련된 부분을 대상으로 한다. 인간 지능 중 데이터와 정보의 관리는 기존의 컴퓨터 환경에서 성공적으로 수행돼 왔다. 따라서 **오랫동안 인공지능의 핵심 주제는 '인간 지식을 컴퓨터가 활용할 수 있도록 정리할 수 있는 방법은 무엇인 가?'이다.** 이를 위해 개발된 방법에는 규칙, 프레임, 논리, 의미망, 스크립트, 온톨로지, 함수, 퍼 지 등이 있다. 이 방법들은 모두 복잡하고 정교한 문법 체계를 가진다. 하지만 여기서는 인간의 지식을 표현할 수 있는 다양한 기법의 이해에 집중해 간단히 정리한다.

1.2 규칙

인간의 컴퓨터가 이해할 수 있도록 고안된 방법 중 가장 오래된 것은 '규칙을 사용한 인간 지식의 표현'이다. 여기서는 규칙의 작성 방법이나 원리 등에 대한 자세한 설명은 생략하고, 규칙이 무엇 이며, 인간의 어떠한 모습으로 표현하는지를 간단히 정리한다.

▌규칙의 정의

'~이면, ~이다' 또는 '~하면, ~한다'와 같은 조건적인 지식을 표현한 IF~THEN~ 형태의 문장을 '**규칙(Rule)**'이라고 한다. 규칙은 조건부(Conditional Part)와 결론부(Consequent Part)로 나뉜다.

▌규칙 표현의 종류와 예

- 인과 관계에 대한 지식의 표현(예 IF 연료가 없다 THEN 차가 멈춘다)
- 추천 관계에 대한 지식의 표현(예 IF 바람이 분다 AND 날이 흐리다 THEN 우산을 갖고 가라)
- 전략 관계에 대한 지식의 표현(예 IF 차가 멈췄다 THEN 연료통을 확인한다 AND 단계 1을 마 친다 IF 단계 1을 수행했다 AND 연료통에 기름이 있다 / THEN 타이어를 확인한다 AND 단 계 2를 마친다)
- 휴리스틱(Heuristic) 관계에 대한 지식의 표현(예 IF 대상이 흰색이다 AND 대상이 짠맛이 난 다 AND 대상이 작은 알갱이로 돼 있다 THEN 대상은 소금이다)

규칙은 인간의 지식 중 조건과 결론으로 이뤄지는 지식에 대한 부분을 표현하기 위해 도입된 방 법이다. **규칙은 프로그램 언어와 밀접한 관계가 있으므로 대부분의 규칙은 프로그램 언어로 쉽 게 표현할 수 있다.** 다만, 규칙은 과거의 결과를 기억하지 못하고, 불확실한 자료의 표현(지식의 전제, 사용 환경, 예외 상황이 고려되지 않기 때문)과 표현된 지식에 대한 조작이나 처리가 어려 운 한계가 있다. 또한 관련된 지식을 전문가에게 얻기 어렵다는 문제가 있다.

초기의 인공지능 시스템은 규칙에 정의된 내용을 바탕으로 의사결정을 수행하는 시스템이었다. 보통 규칙 기반 전문가 시스템은 1,000개 정도의 규칙을 사용하는데, 규칙의 개수가 증가하면 성능이 느려지는 문제가 생긴다(1.10 규칙 기반 시스템 참조). 규칙 기반 전문가 시스템의 대표적인 예로는 'The MYCIN Experiments of the Stanford Heuristic Programming Project'를 들 수 있다.

1.3　프레임

프레임은 인공지능 개념을 수립한 마빈 민스키 교수가 제안한 지식 표현 방법이다.

▎프레임의 정의

프레임은 분류를 나타내는 클래스(Class) 프레임과 분류에 속한 특정 객체를 나타내는 인스턴스(Instance) 프레임으로 분리한다. 이때 클래스나 인스턴스 프레임에 표현되는 각 속성의 값을 '슬롯 값(Slot Value)'이라고 한다. 특정 객체 또는 개념에 대한 지식을 슬롯의 집합으로 표현한다. 슬롯 값은 복수의 패싯(Facet)이나 데몬(Demon)으로 표현된다. 슬롯은 슬롯 이름(Slot Name)과 슬롯 값으로 구성된다.

패싯

속성에 대한 부가적인 정보를 저장하기 위해 사용한다. 패싯 이름으로는 value, data-type, default, require를 사용한다.

- value: 속성값을 나타낸다.
- data-type: 속성값의 자료형을 나타낸다.
- default: 기본값을 나타낸다.
- require: 값이 만족해야 하는 제약 조건을 나타낸다.

데몬

지정된 조건을 만족할 때 실행할 절차적 지식을 기술한다. 데몬의 종류는 다음과 같다.

- If_needed: 슬롯 값을 알아야 할 때
- If_added: 슬롯 값이 추가될 때
- If_removed: 슬롯 값이 제거될 때
- If_modified: 슬롯 값이 수정될 때

▌프레임의 예

클래스형과 인스턴트형으로 나눠 실제로 프레임을 작성한 사례를 살펴본다. 작성된 프레임은 컴퓨터에 대한 인간의 지식을 클래스 프레임과 객체 프레임으로 정리한 것이다. 다시 말해, **컴퓨터라는 지식을 구성하는 항목을 식별(Slot)하고, 컴퓨터라는 지식이 어떤 항목으로 구성돼 있는지를 정리한 '클래스 프레임([그림 2-2] 참조)'과 '클래스 프레임을 따르는 구체적인 예를 정의하는 객체 프레임([그림 2-3] 참조)'을 정의한다.**

하나의 클래스 프레임에는 수십, 수백 개의 객체 프레임이 존재한다. 예를 들어, 컴퓨터, 노트북, 스마트폰이 있다고 가정해 보자. 이때 컴퓨터는 '클래스 프레임', 노트북과 스마트폰은 '객체 프레임'이 된다. 클래스 프레임은 각 항목별로 필요한 값이나 속성의 형태를 정하고, 객체 프레임은 해당하는 항목별로 실제 값을 가진다. 그러므로 **클래스 프레임은 지식의 유형, 객체 프레임은 실질적인 지식을 표현한다**(이는 개인적인 의견으로, 객체지향의 개념과 유사한 듯하다).

```
( frame
    (frame-name Computer)
    (frame-type class)
    (CPU  (default intel)
          (data-type string)
          (require (Intel, ARM)))
    (OS   (default Window)
          (data-type string))
    (memory (data-type integer))
    (guarantee (default 3years))
    (HDD (default 1TB))
    (price  (data-type integer))
    (stock  (default in-stock)))
```

frame-nam	Computer	
frame-type	Class	
CPU	default	intel
	data-type	string
	require	Intel, ARM
OS	default	Window
	data-type	string
memory	data-type	integer
guarantee	default	3years
HDD	default	1TB
price	dat-type	integer
stock	default	in-stock

프레임의 이름은 Computer, 프레임은 Class 유형

컴퓨터의 CPU는 기본적으로 Intel, 모델명은 문자열이며, Intel 또는 ARM을 사용한다.

컴퓨터의 memory는 기본적으로 숫자이다(크기를 의미).

컴퓨터의 stock은 기본적으로 in-stock 모듈에서 확인

[그림 2-2] 컴퓨터의 클래스 프레임 구현 예

```
( frame
    (frame-name Notebook)
    (frame-type instance
        class Computer))
    (CPU (value  ARM))
    (OS   (value Android))
    (memory (value 4G))
    (guarantee (value 3years))
    (HDD (value 512G))
    (price  (if-needed look-list))
    (stock  (if-needed ask-
Vendor))
```

frame-nam	Notebook	
frame-type	instance(class Computer)	
CPU	value	ARM
OS	value	Android
memory	value	4G
guarantee	value	3years
HDD	value	512G
price	if-needed	look-list
stock	if-needed	ask-Vendor

프레임의 이름은 Notebook, 프레임의 유형은 Computer, 클래스의 인스턴스

OS는 Android 값을 가진다.

price가 필요하면 look-list에서 확인

[그림 2-3] 노트북의 객체 프레임 구현 예

[그림 2 – 2]와 [그림 2 – 3]에서는 클래스 프레임과 객체 프레임을 어떻게 표현하고, 이때 표현된 것이 실제로 어떤 의미를 지니는지 확인할 수 있다. [그림 2 – 2]에서 왼쪽의 코드는 오른쪽의 의미이다. 이를 보면 프레임을 구성하는 항목의 패싯이나 데몬이 무엇이고, 어떻게 사용되는지 이해할 수 있다. [그림 2 – 2]의 클래스 프레임에서 컴퓨터에는 CPU 슬롯이 있고, CPU 슬롯에는 default, data – type, require 패싯이 있으며, 각 패싯은 intel, string, intel/ARM의 슬롯 값을 가진다.

앞서 확인한 바와 같이 **프레임은 '어떤 대상, 객체에 대한 여러 개의 상황 정보를 하나의 구조화된 틀로 표현할 수 있는 자료 구조'이다.** 프레임을 이용하는 데이터의 표현 기법은 향후 객체지향 환경으로 발전한다. 프레임에는 대상의 특징에 대한 기술적인 정보 외에 정보 추출 방식까지도 규정돼 있다. 이 점은 패싯과 데몬에서 확인할 수 있다. 하지만 **프레임에 따른 지식의 표현은 관점과 필요에 따라 다양한 형태를 띠게 되므로 제한된 환경에서 적용할 수 있을 것으로 여겨진다.** 즉, 모든 환경과 관점을 고려한 프레임을 만드는 것은 어렵다는 의미이다. 예를 들어 컴퓨터 프레임을 만들 때 CPU의 속도, 재질, 컴퓨터의 크기, 마더보드의 형태, 메모리의 속도 등 [그림 2 – 2]에서 다루지 않은 많은 속성이 존재한다. 이것들은 사용자의 관점에서는 필요 없지만, 컴퓨터 제작자의 관점에서는 필요한 항목이다.

1.4 논리

논리는 인간의 지식을 표현하기 위해 명제 논리와 술어 논리로 나눠 표현한다.

▌논리의 정의

'논리'는 말로 표현된 문장들의 타당성을 추론하기 위해 기호를 사용해 문장을 표현하고, 기호를 조작해 문장의 참 또는 거짓을 판정하는 분야이다. 조지 부울(George Boule)은 명제 논리의 이론, 고틀로프 프리게(Gottlob Frege)는 술어 논리의 이론을 확립했다. 그리고 클로드 섀넌은 전기 회로를 표현하는 데 부울의 명제 논리에 사용하는 부울대수를 사용할 것을 제안했다.

클로드 섀넌의 아이디어 덕분에 전기 회로를 기호로 표시하고, 기호로 표시된 전기 회로를 연산할 수 있게 됐다. 이를 바탕으로 복잡한 전기 회로를 직접 만들지 않고 연산을 통해 설계, 테스트, 개발이 가능해졌고, 이것은 디지털 논리 회로의 발전에 이바지했다. 이런 점이 서양 학문의 장점이다. 수학도 Σ, $\int$, lim 등과 같은 기호를 통해 추상화해 복잡한 계산이나 개념의 표현이 가능해지면서 비약적으로 발전하게 됐다.

▎명제 논리

명제는 참, 거짓을 분명하게 판정할 수 있는 문장을 말한다. 명제 논리는 기본 명제를 이용해 복합 명제를 표현하는 것이다. 예를 들어 1 + 1 = 3은 참, 거짓을 분명하게 판정할 수 있는 문장이므로 명제이다. 그러나 '일요일에는 등산 가자'는 참, 거짓을 분명하게 판정할 수 없기 때문에 명제가 아니다.

명제 논리의 예

- 기본 명제: 귤은 시다. → P
- 기본 명제: 바나나는 길다. → Q

위와 같은 기본 명제를 정의한 경우, 기본 명제에 기호를 적용해 다양한 지식(복합 명제)을 표현할 수 있다.

- $\sim p$: "귤은 시지 않다"라는 의미를 표현한다.
- $P^\wedge Q$: "귤은 시다. 그리고 바나나는 길다"라는 의미를 표현한다.
- $P \vee Q$: "귤은 시다. 또는 바나나는 길다"라는 의미를 표현한다.
- $P \rightarrow Q$: "만약 귤이 시면, 바나나는 길다"라는 의미를 표현한다.

기타 명제 논리

명제 논리는 앞서 설명한 것 외에 $\sim p$, $P^\wedge Q$, $P \vee Q$, $P \rightarrow Q$에 P, Q의 T(True), F(False)에 따른 진리표 연산을 하는 방법도 제공한다. 이 책의 목적은 명제 논리가 지식을 어떻게 표현하는지에 대해 이해하는 것이므로 설명은 여기서 마친다.

▎술어 논리

술어 논리는 각 명제의 내용을 다루기 위해 함수와 변수를 도입하고, 이들의 값에 따라 참 또는 거짓을 결정하게 하는 것이다. 대표적인 예로 $\forall$(모든), $\exists$(어떤), $\sim$(아니다) 등을 이용해 표현한다.

술어 논리의 예

- Student(John) → 'John은 학생이다'를 표현하는 술어
- Friend(John, Mary) → 'John과 Mary는 친구다'를 표현하는 술어
- Friend(John, x) → 'John의 친구인 어떤 x'를 나타내는 술어
- $\forall$(College Student(x) → Student(x)) → '모든 대학생은 학생이다'를 나타내는 술어

Prolog 프로그램의 예(Part 2의 [참고 자료] 참조)

술어 논리를 표현하는 방법은 매우 다양하다. 술어 논리로 새로운 지식을 찾는 경우를 Prolog 프로그램을 이용해 간단히 살펴보자.

```
father(noah, shem)                        // "noah는 shem의 아버지"를 술어 논리로 표현한 것
father(noah, ham)
father(shem, elam)
father(shem, arphaxad)
father(arphaxad, caina)                   // 여기까지 술어 논리를 이용해 사실을 정리했다.

grandfather(X, Y) :-father(X, Z), father(Z,Y)  // grandfather 관계를 서술했다.

: -grandfather(X, Y)                      // grandfather 관계를 찾으라는 명령어
```

결과는 (noah, elam), (noah, arphaxad), (shem, caina)가 출력된다. 즉, 술어 논리에서 조건에 맞는 관계를 추론한 것을 확인할 수 있다(새로운 지식을 찾음). 프로그램의 수행 결과가 이해되지 않으면, 술어 논리를 정리한 다음 그림을 살펴보자. 여기서 할아버지 관계는 3개가 존재한다.

```
noah --- shem        — elan
                 --- arphaxad --- caina
          --- ham
```

논리는 명제 논리와 술어 논리로 나눌 수 있고, 기본 명제나 기본 술어를 바탕으로 복잡하거나 새로운 지식을 정의하고 찾아 낼 수 있는 기반을 제공한다.

1.5 의미망

인간의 지식을 표현하는 방법의 하나로 '의미망 기법'이 있다. 많이 사용되지는 않지만, 인간의 지식을 표현하는 방법으로 개발된 사례이기 때문에 소개한다.

▌의미망의 정의

의미망은 인간의 지식을 이항 관계(Binary Relationship)의 집합으로 표현하는데, 노드(Node)와 방향을 갖는 간선(Directed Edge)으로 구성되는 그래프를 사용해 지식을 시각적으로 표현한다.

▌의미망의 예

[그림 2 - 4]는 다음 2가지 지식을 의미망으로 표현한 것이다.

- 사람 1이 사람 2에게 사물 1을 선물로 줬다.
- 사람 2는 사물 1을 소유한다.

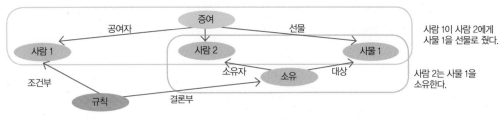

[그림 2-4] 인간의 지식을 표현하는 의미망의 예

1.6 스크립트

인간의 지식은 다양하다. 스크립트는 앞서 설명한 것과 다른 형태의 지식을 다루기 위해 개발됐다.

▌스크립트의 정의

프레임, 의미망, 논리, 규칙 등은 특정 대상의 성질, 특성 또는 관계를 표현하는 데 유용하다. 하지만 **문제 해결 과정이나 절차적 지식을 표현하기에는 부족한 점이 많다.** 이러한 점을 보완하기 위해 개발된 것이 '스크립트'이다. 스크립트는 어떤 상황에서 일어나는 일련의 사건을 시간적 순서를 고려해 기술하는 것으로, 프레임은 특정 대상을 표현하지만, 스크립트는 발생하는 일을 순차적으로 표현한다.

▌스크립트의 예

[표 2-1]은 패스트푸드 식당에서 일어나는 일련의 사건을 스크립트 문법을 이용해 서술한 것이다. 대부분 여러 스크립트가 연계돼 일련의 사건을 기술한다.

스크립트 이름	식당	
트랙(Track)	패스트푸드 식당	
역할자(Roles)	고객, 점원	
자산(Properties)	카운터, 쟁반, 음식, 돈, 냅킨, 소금, 후추, 시럽, 빨대	
진입 조건(Entry Condition)	고객이 배가 고프고, 돈이 있다.	
장면(Scenes)	장면 1: 입장	단위 작업을 각 장면별로 나눌 수 있다.
	장면 2: 주문	예 입장의 경우
	장면 3: 식사	• 식당에 들어선다.
		• 자리를 잡고 앉는다.
	장면 4: 퇴장	• 메뉴를 보고, 주문할 것을 결정한다.
결과 조건(Result)	고객이 배고프지 않고, 돈이 줄었다.	

[표 2-1] 인간의 지식을 표현하는 스크립트의 예

컴퓨터가 특정 지식을 표현하려면 문장에서 사용하는 단어나 구절이 같은 의미인지, 다른 의미
인지를 식별해야 한다. 예를 들면, '파리는 아름다운 도시이다'와 '파리의 아름다운 비행'이라는
지식을 고려할 때, 같은 모양의 단어인 '파리'와 '아름다운'은 다른 의미로 사용되고 있다. 즉, 하
나는 '프랑스의 수도', 또 다른 하나는 '날아다니는 파리'를 말한다. '아름다운'의 의미도 '모양의
아름다움'과 '동작의 아름다움'은 다르다. 사람은 이를 그냥 알 수 있지만, 컴퓨터에게는 이것이
다른 단어, 다른 의미라는 것을 알려 줘야 한다. 이를 위해 개발된 것이 '온톨로지'이다.

▌온톨로지의 정의

공식적인 온톨로지의 정의는 다음과 같다.

> "구축된 지식 베이스(Knowledge Base)의 공유와 재사용을 목적으로 도입된 것으로, 특정 영
> 역의 지식을 공유하고 재사용할 수 있도록 해당 영역의 개념(Concept)과 관계(Relationship)를
> 나타내는 어휘를 정의하고, 이를 이용해 지식을 표현한 것이다."

▌온톨로지 구현의 예

온톨로지는 특정 영역을 대상으로 정의되는 것이기 때문에 종류가 많다. 다양한 온톨로지가 전
세계에 걸쳐 개발되고 있으며, 앞으로도 계속 확대될 것이다.

- WordNet: 프린스턴대학교(Princeton University)에서 개발한 것으로, 영어 단어의 어휘 목록
  과 어휘 사이의 다양한 의미 관계를 기록하고 있다.
- UMLS(Unified Medical Language System): 미국 국립보건원(National Institutes of Health,
  NIH)에서 개발한 것으로, 의료 영역의 여러 용어 체계를 정리한 것이다.
- UNSPSC(United Nations Standards Products and Service Code): UNDP(United Nations
  Development Program)의 서비스 및 제품 용어에 관련된 것을 정리한 것이다.
- SNOMED – CT(Systematized Nomenclature of Medicine – Clinical Terms): 의료 분야의 온
  톨로지이다.
- LOINC(Logical Observation Identifiers Names and Codes): 병원 검사 명칭 및 임상 용어 표
  준 체계에 대한 온톨로지이다.
- GO(Gene Ontology): 유전자와 유전자 산물에 대한 표준 온톨로지 체계이다.
- FOAF(Friend of a Friend): 개인의 활동 및 다른 사람과의 관계에 대한 온톨로지이다.
- SIOC(Semantically – Interlinked Online Communities): 블로그, 메일 리스트, 포럼을 연결하
  는 정보 기술에 관련된 온톨로지이다.

웹에서의 지식 표현 기술

온톨로지 응용의 예로, 웹에서 온톨로지가 어떻게 사용되는지에 대해 설명한다. HTML 기반의 웹 환경에서는 원하는 정보의 검색이 키워드 바탕으로 수행될 수밖에 없다. 하지만 키워드 기반의 검색은 웹 환경이 커지면서 검색의 정확성이 떨어지고, 시간이 많이 필요한 문제점이 있다. 그래서 차세대 웹 환경으로 고려되는 것이 XML 기반의 '시맨틱 웹(Semantic Web)'이다. 시맨틱 웹에서 인간이 지닌 지식의 표현을 위해 다양한 기술이 개발됐다.

시맨틱 웹으로 표현된 환경에서는 특정 조건에 맞는 정보의 검색이 가능하다. 예를 들어 '2박3일의 국내 여행, 50만 원 이하의 경비, 3명 참여'와 같은 조건을 주면 해당하는 여행 프로그램에 대한 문서를 찾을 수 있는데, 이것이 바로 온톨로지이기 때문이다. [그림 2-5]는 시맨틱 웹에 관련된 기술을 연관성을 중심으로 정리한 것이다. 이에 대한 설명도 함께 살펴보자.

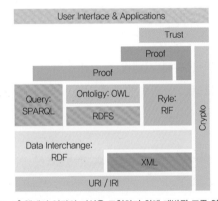

[그림 2-5] 웹에서 인간의 지식을 표현하기 위해 개발된 표준 연관성

- 웹상의 데이터는 URI/IRI로 유일하게 식별될 수 있다. URI는 'Uniform Resource Identifier', IRI는 'Internationalized Resource Identifier'의 약자이다.
- 조건에 따른 검색을 위해서는 웹의 데이터가 HTML이 아니라 데이터의 성격을 서술하는 XML을 이용해 제작돼야 한다.
- XML로 서술된 데이터에 대한 메타 데이터를 기술하기 위해 RDF를 사용한다.
- RDFS(Resource Definition Framework Schema)는 메타 데이터를 RDF로 표현할 때 사용하는 어휘를 정의하는 언어이다.
- SPARQL은 RFD를 사용해 저장된 데이터에 대해 질의하는 기법이다.
- RIF(Rule Interchange Format)는 지식 표현에 사용하는 규칙을 정의하고 전달하기 위한 표준이다.

- **OWL은** 웹상의 자원과 이들의 속성에 대한 지식을 표현하기 위한 온톨로지 언어이다. RDFS 로 특정 단어에 대한 의미를 정의하고, 이를 RDF에 사용해 XML에서 사용하는 데이터의 메 타 데이터를 기술할 수 있지만, 특정 단어 간의 관계는 기술할 수 없다. 이때 사용하는 것이 OWL이다. 예를 들어 '모든 교수는 학생을 가르친다'라는 문장에서 '교수'와 '학생'이라는 단어 는 RDFS에서 정의하지만, '교수'와 '학생' 사이의 '가르친다'라는 관계는 표현할 수 없다. 이를 OWL로 표현하면 다음과 같다.

```
⟨owl: ObjectProperty rdf: ID = "Teach"⟩
   ⟨rdfa : domain rdf : resource = "#Professor" /⟩
   ⟨rdfa : range rdf : resource = "#Student" /⟩
⟨/owl: ObjectProperty⟩
```

Unifying Logic, Proof, Trust, Crypto는 데이터의 활용에 대한 것으로, 표준화가 진행 중이기 때문에 설명을 생략한다. XML, RDF, RDFS, RIF, SPARQL, OWL을 활용하면 웹상에서 지식을 표현할 수 있는 전체 구조가 완성된다. 이후에는 이를 어떻게 활용할 것인지에 대한 내용이다.

[그림 2 - 5]에 표현된 환경을 통칭해 '시멘틱 웹'이라고 하며, 키워드 검색이 아닌, 조건에 맞는 데이터 검색을 지원한다. HTML5는 기존의 웹에 시멘틱 웹의 개념을 많이 포함한 새로운 웹 표준이다.

1.8 함수에 의한 지식 표현

인간의 지식을 기호나 규칙으로 표현하는 대신, 수치값과 함수를 이용해 표현하는 방법이 있다.

- **퍼셉트론**: 인간 뇌를 구성하는 뉴런을 바탕으로 만들어진 것으로, 입력값에 대한 가중치를 계 산한 후 전달 함수(Transfer Function)를 적용해 출력값을 결정한다. 퍼셉트론을 층으로 쌓아 놓은 것을 '다층 퍼셉트론(Multi Layer Perceptron, MLP)', 다층 퍼셉트론보다 많은 층으로 구 성된 것을 '딥러닝'이라고 한다.
- **통계적 학습 모델**: 의사결정 트리, 서포트 벡터 머신, 랜덤 포레스트 등의 모델은 통계에 기반 을 둔 함수 모델로, 인간의 지식을 표현한다. 표현된 함수 모델을 이용해 특정 입력에 대한 출 력을 예측할 수 있다.
- **회귀 모델(Regression Model)**: 시계열 분석, 회귀 모델도 데이터 전체를 표현하는 함수식을 찾는 것으로, 학습을 통한 지식의 최종적인 형태는 함수로 표현한다.

함수에 따른 지식 표현은 1990년대 이후 인공지능 연구의 대표 기법으로 부상했다. 특히, 서포트 벡터 머신과 회귀 분석이 높은 예측력을 바탕으로 자주 사용되고 있고, 퍼셉트론에 기반을 둔 딥러닝은 이미지 인식과 번역 분야 등에서 탁월한 결과를 보이고 있다. 이에 대해서는 Part 3에서 자세하게 살펴본다.

1.9 불확실한 지식 표현

인간의 지식이 명확하지 않을 때, 이를 표현하기 위해 고안된 지식 표현 기법은 다음과 같다.

• 확신도(Certainty Factor)를 이용한 규칙의 불확실성 표현
• 확률(Probability)을 이용한 규칙의 불확실성 표현(확률, 조건부 확률)
• 퍼지 이론을 이용한 불확실성 표현
• 확률 그래프 모델을 이용한 불확실성 표현

▌확신도를 이용한 규칙의 불확실성 표현

규칙과 사실에 따른 지식 표현으로, 이들의 신뢰 정도를 구간 $[-1, 1]$상의 값으로 표현한다.

```
규칙(r) IF  A  THEN B        --> cf(r) //cf(r)은 Certain Factor의 약어로, 확신도
사실      A                  --> cf(A)
- - - - - - - - - - - - - - - - - - - - - - - - - - - - - - - - - - - - - - - -
추론 결과         B          --> cf(B)
그러므로  cf(B) = cf(r) * cf(A)              // B가 나올 신뢰 정도를 구할 수 있다.


규칙(r) IF  A  AND  B THEN  C --> cf(r)
사실      A                  --> cf(A)
사실             B           --> cf(B)
- - - - - - - - - - - - - - - - - - - - - - - - - - - - - - - - - - - - - - - -
추론 결과                C   --> cf(C)
그러므로  cf(C) = cf(r) * min { cf(A), cf(B) }


규칙(r) IF  A  OR  B THEN   C --> cf(r)
사실      A                  --> cf(A)
사실             B           --> cf(B)
- - - - - - - - - - - - - - - - - - - - - - - - - - - - - - - - - - - - - - - -
추론 결과                C   --> cf(C)
그러므로  cf(C) = cf(r) * max { cf(A), cf(B) }
```

이와 같은 방식으로 규칙과 사실에 근거해 추론 결과에 대한 신뢰 정도를 구할 수 있다. 추가로 결합 신뢰도는 다음 공식에 따라 구한다.

```
결합 신뢰도(cf(cf1, cf2))
= cf1 + cf2 * (1-cf1)           // cf1 >= 0 and cf2 >= 0인 경우에 적용
= (cf1 + cf2) / (1-min{ |cf1|, |cf2| }   // cf1, cf2 중 하나가 음수인 경우에 적용
= cf1 + cf2 * (1 + cf1)          // cf1 < 0 and cf2 < 0인 경우에 적용
예) cf1 = 0.8,  cf2 = -0.60이면 결합 신뢰도 cf(cf1, cf2)는
        = (0.8 - 0.6) / (1-min(0.8, 0.6)) = 0.5
```

확률을 이용한 규칙의 불확실성 표현(확률, 조건부 확률)

불확실성을 표현하기 위해 어떤 사건이 일어날 가능성을 값으로 표현하는 방식으로, '확률'이라고 한다.

확률의 종류

- **빈도주의적 확률(Prequentist Probability)**: 반복된 실험에서 관심 대상이 되는 사건의 상대적인 빈도를 표현한다.
- **주관적 확률(Subjective Probability)**: 주관적인 확신, 믿음의 정도를 나타내기 위해 사용한다.
- **결합 확률(Joint Probability)**: 2개 이상의 사건에 대한 확률을 가리킨다.
- **조건부 확률(Conditional Probability)**: 어떤 사건 A가 일어났을 때 다른 사건 B가 일어날 확률을 가리킨다. 대표적인 예로는 '베이지안 정리(Bayesian Theorem)'를 들 수 있다.

```
베이지안 정리: P(A|B)=P(B|A) P(A)/P(B)
            P(A): 사전 확률(Prior Probability)
            P(B): 증거(Evidence)
            P(B|A): 가능도(Likelihood) 또는 조건부 확률
```

확률을 이용한 규칙의 불확실성 표현의 예

```
"IF A THEN B"라는 규칙이 있다면,
충분 가능도(Likelihood of Sufficiency, LS) = P(A|B) / P(A|~B)
필요 가능도(Likelihood of necessity, LN) = P(~A|B) / P(~A|~B)이다.
LS, LN은 확률이 아니므로 1보다 큰 값을 가질 수 있다.
LS, LN과 사전 확률값을 갖고 사전 승률(Prior odds)과 사후 승률(Posterior odds)을 계산할 수 있다.
사전 승률(O(B)) = P(B) / (1-P(B))
사후 승률(O(B|A)) = LS * O(B)
사후 승률(O(B|~A)) = LN * O(B)
이제 사후 확률(P(B|A)) = O(B|A) / ( 1 + O(B|A))
            사후 확률(P(B|~A)) = O(B|~A) / (1 + O(B|~A))이다.
```

이 책의 목적상 위 설명에 대한 증명이나 이유에 대한 부분은 언급하지 않는다. 다만, 확률을 이용한 불확실성을 표현하기 위해 위와 같은 내용이 정의됐다고 생각한다. 이제 설명은 마쳤으므로 실제 사용 예를 들어보자.

> "IF 오늘 비가 내린다   THEN 내일 비가 내린다"라는 규칙이 있다면
> LS는 2.5, LN은 0.6으로 설정하고, 사전 확률(P(B))은 0.5로 잡는다(경험에 의해서).
> O(내일 비가 내린다) = 0.5 / (1 − 0.5) = 1
> O(내일 비가 내린다 | 오늘 비가 내린다) = 2.5 * 1 = 2.5
> P(내일 비가 내린다 | 오늘 비가 내린다) = 2.5 / (1 + 2.5) = 0.71

여기까지 이해했다면 'IF 오늘 비가 내린다 THEN 내일 비가 내린다'라는 규칙에서 P(내일 비가 내린다 | 오늘 비가 안 온다)의 확률을 구해 보자. 앞 과정과 동일하므로 계산의 과정을 제시하지 않는다(확률 계산은 [실습] 참조).

▌퍼지 이론을 이용한 불확실성 표현

'나쁘다', '좋다', '적합하다', '보통이다'와 같은 정성적인 표현을 정량화해야 할 필요가 있을 때 사용하는 방법이 '퍼지 이론(Fuzzy Theory)'이다. 퍼지 이론은 정성적인 대상을 표현하기 위해 소속 함수(Membership Function)를 사용하며, 소속 함수로 표현된 규칙을 '퍼지 규칙(Fuzzy Rule)'이라고 한다. 퍼지 규칙을 이용해 값의 결과를 얻어 내는 과정을 '퍼지 추론(Fuzzy Inference)'이라고 한다.

퍼지 이론을 이용한 불확실성 표현의 개념

다음 예를 통해 개념을 살펴보자. 식당에서 받을 수 있는 팁을 계산해 보자. 먼저 식당에서 팁을 주는 규칙을 정형화해 표현하면 다음과 같다고 가정한다.

> (규칙 1) IF service=나쁘다. OR food=별로이다. THEN tip=적다.
> (규칙 2) IF service=좋다. THEN tip=보통이다.

앞 규칙에 있는 언어들에 대해 [그림 2 – 6]처럼 소속 함수를 정한다(퍼지 규칙).

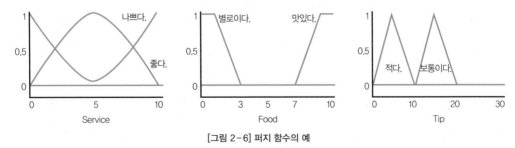

[그림 2-6] 퍼지 함수의 예

[그림 2-6]의 퍼지 함수는 가정된 상황에 맞춰 설정한 것이다. Service는 '좋다', '나쁘다'에 따라 별도의 함수를 구성하고, Food도 '별로이다', '맛있다'에 대해 함수를 구성했다. Tip도 '적다'와 '보통이다'로 분리해 함수를 구성했다. 3개의 그래프 모두 동일하게 0~1 사이의 범위에 있도록 조정했다. **이러한 환경에서 Service 값이 3, Food 값이 2라면, 얼마의 팁을 받게 될 것인지에 대한 문제 풀이 과정은 다음과 같다.**

- 규칙 1: "IF service = 나쁘다 OR food = 별로이다 THEN Tip = 적다"이므로 [그림 2-6]을 참고하면 Service가 '나쁘다'이므로 '나쁘다' 곡선을 선택하고, Service 값 3에 대응하는 값을 구하면 0.15이다(퍼지 추론). 이와 동일하게 [그림 2-6]에서 Food 함수 중 '별로이다'에 해당하는 곡선을 선택하고 값 2에 대응하는 값을 구하면 0.5이다(퍼지 추론). 2개의 조건이 OR로 연결돼 있으므로 큰 값을 선택해 0.5를 가진다. 그러므로 Tip은 '적다'의 0.5로 분리된 부분을 말한다[그림 2-7].

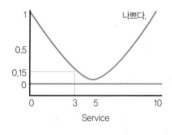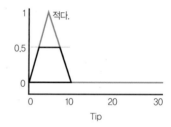

[그림 2-7] 첫 번째 규칙에 대한 평가

- 규칙 2: "IF service = 좋다 THEN Tip = 보통이다"이므로 [그림 2-6]을 참고하면, 서비스가 '좋다'이므로 '좋다' 곡선을 선택하고, 값이 3이므로 해당되는 값은 0.4를 얻을 수 있다. [그림 2-6]에는 두 번째 규칙에 없으므로 해당되는 값이 없다. 조건은 Tip의 '보통이다' 함수에서 0.4에 해당하는 부분을 지정한다[그림 2-8].

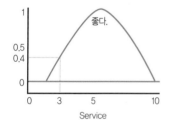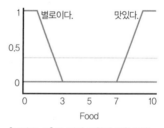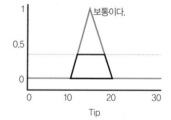

[그림 2-8] 두 번째 규칙에 대한 평가

2가지 규칙에 따른 퍼지 추론의 결과를 합치면 [그림 2 - 9]와 같이 된다.

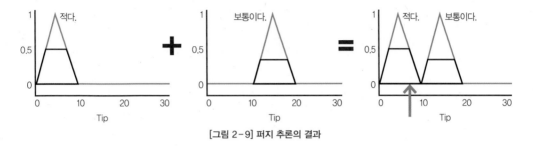

[그림 2 - 9] 퍼지 추론의 결과

[그림 2 - 9]의 결과를 바탕으로, 실제로 줘야 하는 팁은 추론 결과의 무게 중심(Center of Gravity)에 해당하는 값이 된다. [그림 2 - 9]에서 화살표로 표시된 점이며, 대략 8 정도 된다.

퍼지 추론의 결과를 실숫값으로 전환하는 것을 '비퍼지화(Defuzzification)'라고 한다. 앞의 설명처럼 퍼지 이론을 통해 인간의 정상적인 지식을 다룰 수 있는 기반을 확보할 수 있다. 퍼지 이론은 매우 방대하기 때문에 전체를 다루기는 어렵다. 따라서 앞의 예를 통해 **간단한 규칙의 정형화를 바탕으로 퍼지 함수를 정의해, 인간의 정상적인 지식을 컴퓨터가 다룰 수 있도록 정형화하는 과정을 살펴봤다.**

▌확률 그래프 모델을 이용한 불확실한 지식의 표현

확률 그래프 모델은 인간의 불확실한 지식을 표현하는 한 가지 방법이다. 확률 그래프 모델에 대한 실제 구현 사례로, 베이지안 망과 마르코프 랜덤 필드의 예를 통해 알아보자.

불확실한 사건이나 지식은 확률 분포(Probability Distribution)를 사용해 표현할 수 있다. 확률값이 클수록 확실한 것이고, 작을수록 불확실한 것이다. 확률 그래프의 관심 대상이 되는 변수를 '확률 변수(Random Variable)'라고 한다. 확률 변수의 값이 다른 확률 변수의 값과 전혀 연관성이 없는 경우를 '서로 독립(Mutual Independences)'이라 하고, 특정 변수의 값이 주어지면 확률 변수들이 서로 독립적인 경우가 있는데, 이를 '조건부 독립(Conditional Independence)'이라고 한다.

그래프 이론과 확률 모델을 결합해 확률 분포를 표현하고, 관심 대상이 확률 변수들에 대한 확률을 계산하는 방법을 '확률 그래프 모델'이라고 한다. 이 중 방향성이 있는 간선(Directed Edge)이 있는 그래프를 이용해 확률 변수 간의 조건부 독립을 나타내고, 조건부 확률 분포를 사용해 결합 확률 분포를 표현하는 확률 그래프 모델을 '베이지안 망(Bayesian Network)'이라고 한다.

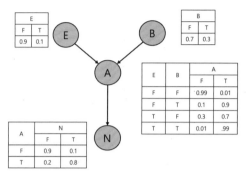

[그림 2 – 10] 베이지안 망의 예

[그림 2 – 10]의 베이지안 망은 노드 E, B, A, N이 각각 F와 T인 경우의 확률을 정의하고 있다. 이 중 A의 경우는 E, B로부터의 입력이 조건으로 작용하므로 이를 고려해 F와 T인 경우의 확률을 정하고 있다. 이와 동일하게 N은 A로부터의 입력이 조건으로 작용하므로 이를 고려해 F와 T인 경우의 확률을 정의하고 있다.

확률 그래프 모델에서 방향성이 없는 간선(Undirected Edge)만을 포함한 그래프로 확률 분포를 표현하는 방법이 있는데, 이를 '마르코프 랜덤 필드(Marcov Random Field)'라고 한다. [그림 2 – 11]은 마르코프 랜덤 필드의 예로, 노드 A, B, C, D에 대해 노드별로 0, 1의 2가지 모드가 있다고 전제하고, 이동할 경우에 대해 빈도나 비율의 개념으로 표현한 것이다. 이런 경우, 특정 조합이 갖는 확률값은 다음과 같은 과정을 통해 얻을 수 있다.

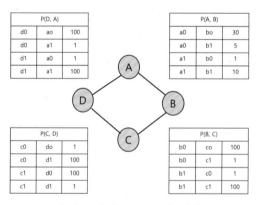

[그림 2 – 11] 마르코프 랜덤 필드의 예

[그림 2 – 11]에서 조합(a0, b0, c0, d0)은 'P(a0, b0)×P(b0, c0)×P(c0, d0)×P(d0, a0)'이므로 300,000에 비례하는 확률값을 갖게 된다. 전체 조합에 대한 값을 계산한 결과가 7,500,000이라고 가정하면 'P(a0, b0, c0, d0) = 30,000/7,500,000 = 0.04'이다.

1.10 규칙 기반 시스템

규칙 기반 시스템은 인공지능을 구현하기 위해 가장 오래, 가장 많이 시도된 방식이다. 지식 표현의 사례로서 규칙 기반 시스템에 대한 전반적인 내용을 정리하고, **인공지능이 최초로 개발했던 규칙을 활용하는 규칙 기반 시스템의 실무 사례를 살펴보자.**

▌규칙 기반 시스템의 정의

규칙 기반 시스템(Rule-based System)은 지식을 규칙의 형태로 표현하고, 주어진 문제 상황에 적용할 수 있는 규칙을 사용해 문제에 대한 해를 찾는 지식 기반 시스템으로, 전문가 시스템을 구현하는 전형적인 형태이다. 규칙 기반 시스템은 추론을 사용한다. 여기서 '추론'은 구축된 지식과 주어진 데이터, 정보를 이용해 가설을 검증하거나, 새로운 사실을 유도하거나, 관련된 정보를 유추하는 것을 말한다. 규칙 기반 시스템에서 사용하는 추론 방식은 다음 2가지로 분류할 수 있다.

- **전향 추론**: 규칙의 조건부와 만족하는 사실이 있을 때 규칙의 결론부를 실행하거나 처리하는 추론을 말한다.
- **후향 추론**: 어떤 사실을 검증하거나 확인하고 싶은 경우, 관심 대상에 대한 사실을 결론부에 갖고 있는 규칙을 찾아 조건부의 조건들이 모두 만족하는지 확인하는 추론을 말한다.

▌지식 기반 시스템의 개념

지식 기반 시스템(Knowledge-based System)은 규칙 기반 시스템에 속하는 개념으로, 규칙이 많고 자주 변동될 때 이에 대응하기 위해 데이터 세트와 데이터 처리 및 출력 부분을 분리한 것을 말한다. 분리된 데이터 세트는 '지식 기반'이라고 한다. 데이터 세트의 구성 및 관리를 위해 DBMS를 이용하는 경우도 있다. 지식 기반 시스템의 대표적인 예로는 유럽의 생명 과학 분야 기관들이 협력해 만든 시스템인 'UniProtKB'를 들 수 있으며, **www.uniprot.org**에서 자세한 내용을 확인할 수 있다.

▌규칙 기반 시스템의 작동 원리 ❶ - 전향 추론의 과정

규칙 기반 시스템에서 사용하는 전향 추론의 과정을 통해 규칙 기반 시스템의 원리를 알아본다. 다음과 같은 규칙 기반 시스템의 규칙과 '주연'이라는 이름을 가진 동물의 특징이 기술됐을 때 '주연'이라는 동물이 무엇인지를 찾는 전향 추론의 과정을 살펴보자.

규칙

R1: IF ?x는 체모가 있다. THEN ?x는 포유류이다.
R2: IF ?x는 수유를 한다. THEN ?x는 포유류이다.
R3: IF ?x는 깃털이 있다. THEN ?x는 조류이다.
R4: IF ?x는 난다. AND ?x는 알을 낳는다. THEN ?x는 조류이다.
R5: IF ?x는 포유류이다. AND ?x는 고기를 먹는다. THEN ?x는 육식 동물이다.
R6: IF ?x는 포유류이다. AND ?x는 되새김질을 한다. THEN ?x는 유제류이다.
R7: IF ?x는 포유류이다. AND ?x는 황갈색이다. AND ?x는 검은 반점들이 있다.
    THEN ?x는 치타이다.
R8: IF ?x는 유제류이다. AND ?x는 다리가 길다. AND ?x 는 목이 길다. AND ?x는 검은 반점들이 있다.
    THEN ?x는 기린이다.
R9: IF ?x는 포유류이다. AND ?x는 눈이 앞을 향해 있다. AND ?x는 발톱이 있다. AND ?x는 이빨이 뾰족하다.
    THEN ?x는 육식 동물이다.

위와 같은 규칙을 갖고 있는 규칙 기반 시스템에 '주연'이라는 이름을 가진 동물의 특징이 **다음과 같이 기술됐을 때 '주연'이라는 동물은 무엇인지 전향 추론의 과정을 살펴보자.**

주연의 특징

F1: 주연은 체모가 있다.
F2: 주연은 되새김질을 한다.
F3: 주연은 다리가 길다.
F4: 주연은 목이 길다.
F5: 주연은 황갈색이다.
F6: 주연은 검은 반점들이 있다.

전향 추론의 과정 및 결론

F1에서 포유류를 찾고, F2를 포함하면서 유제류에 도달한다. F3, F4, F6은 R8에서 일치하는 것을 찾을 수 있으므로 고려 대상에 포함시키고 F5는 해당하는 것이 없으므로 고려 대상에서 제외한다. 결론적으로 R1, R6, R8을 통해 '주연'은 '기린'이라는 답을 얻게 된다[그림 2-12].

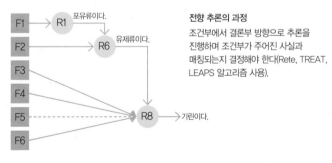

전향 추론의 과정
조건부에서 결론부 방향으로 추론을
진행하며 조건부가 주어진 사실과
매칭되는지 결정해야 한다(Rete, TREAT,
LEAPS 알고리즘 사용).

[그림 2-12] 전향 추론의 과정

▌규칙 기반 시스템의 작동 원리 ❷ - 후향 추론의 과정

규칙 기반 시스템에서 사용하는 '후향 추론'의 과정을 통해 규칙 기반 시스템의 원리를 이해한다. 전향 추론에서처럼 다음 규칙과 '주연'이라는 동물의 특징이 기술됐을 때 '주연'이라는 동물이 무엇인지 찾는 후향 추론의 과정을 살펴보자.

규칙

```
R1: IF ?x는 체모가 있다.  THEN  ?x는 포유류이다.
R2: IF ?x는 수유를 한다.  THEN  ?x는 포유류이다.
R3: IF ?x는 깃털이 있다.  THEN  ?x는 조류이다.
R4: IF ?x는 난다. AND ?x는 알을 낳는다.  THEN  ?x는 조류이다
R5: IF ?x는 포유류이다. AND ?x는 고기를 먹는다.  THEN  ?x는 육식 동물이다.
R6: IF ?x는 포유류이다. AND ?x는 되새김질을 한다.  THEN  ?x는 유제류이다.
R7: IF ?x는 포유류이다. AND ?x는 황갈색이다. AND ?x는 검은 반점들이 있다.  THEN ?x는 치타이다.
R8: IF ?x는 유제류이다. AND ?x는 다리가 길다. AND ? x 는 목이 길다.
    AND ?x는 검은 반점들이 있다.  THEN  ?x는 기린이다.
R9: IF ?x는 포유류이다. AND ?x는 눈이 앞을 향해 있다. AND ?x는 발톱이 있다.
    AND ?x는 이빨이 뾰족하다.  THEN  ?x는 육식 동물이다.
```

위와 같은 규칙을 갖고 있는 규칙 기반 시스템에 '주연'이라는 이름을 가진 동물의 특징이 다음과 같이 기술됐을 때 '주연'이라는 동물은 무엇인지 전향 추론의 과정을 살펴보자.

주연의 특징

```
F1: 주연은 눈이 앞을 향해 있다.
F2: 주연은 발톱이 있다.
F3: 주연은 이빨이 뾰족하다.
F4: 주연은 체모가 있다.
F5: 주연은 황갈색이다.
F6: 주연은 검은 반점들이 있다.
```

후향 추론의 과정

후향 추론은 결론을 갖는 규칙을 찾고, 이를 만족하는 규칙이 있는지를 반복적으로 탐구하는 과정이다. 후향 추론의 과정은 [그림 2 - 13]에 단계별로 정리돼 있다. 이를 통해 전향 추론과 후향 추론의 차이를 이해할 수 있다.

- 치타의 규칙을 찾고, 규칙이 나의 조건과 맞는지 확인한다.
- 다른 조건은 추가 규칙의 탐색을 통해 반복적인 작업을 수행한다.

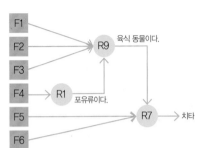

후향 추론의 과정

"스프린터는 치타이다"라는 가설이 참인지 확인하기 위해
- "치타이다"라는 결론부를 갖는 R7의 조건부가 만족되는지 확인한다.
- 황갈색, 검은 반점은 F5, F6에 있다.
- 포유류 조건을 만족하는 R을 찾는다.
- R5는 "고기를 먹는다"라는 조건이 F에 없으므로 탈락한다.
- 동일하게 R6, R8을 탈락시킨다.
- R9의 "눈이 앞을~", "발톱~", "이빨~" 조건은 F1, F2, F3에 있으므로 통과한다.
- F4는 R1에 의해 해결된다.

[그림 2-13] 후향 추론의 과정

위 과정을 간단하게 정리하면 다음과 같다.
- 치타의 규칙을 찾고 규칙의 조건이 내가 가진 조건과 맞는지 확인한다.
- 다른 조건은 추가적인 규칙의 탐색을 통해 반복적인 작업을 수행한다.

█ 규칙 기반 시스템의 구조

규칙 기반 시스템은 인공지능에서 가장 많이 사용하는 기술이다. 대표적인 규칙 기반 시스템의 구조를 독자들의 이해를 위해 제시한다. 제시된 구조는 다양한 기업들이 사용하는 대표적인 형태이다.

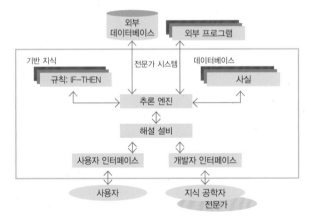

[그림 2-14] 규칙 기반 시스템의 구조

규칙 기반 시스템을 구성하는 중요 요소는 '기반 지식(규칙)', '사실' 그리고 '추론 엔진'이다. 추론 엔진은 실행할 수 있는 규칙을 찾은 후 우선 처리할 규칙을 선택해 해당 규칙을 실행하는 역할을 한다. 즉, '패턴 매칭-경합 해소-규칙 실행'의 과정을 수행한다. **규칙 기반 시스템의 대표적인 개발 도구로는 JESS(Java Expert System Shell), CLIPS(C Language Implementation Production System) 등이 있으며, 이것들은 웹에서 다운로드해 사용할 수 있다.**

프롤로그의 설치 및 사용

프롤로그를 구현한 제품은 GNU Prolog, Visual Prolog, SWI - Prolog 등이 있으며, 파이썬과 같은 인터프리터 언어(Interpretive Language)이므로 설치한 후 실행하면 바로 결과를 볼 수 있다. 가장 대표적인 프롤로그 언어인 SWI - Prolog는 http://www.swi - prolog.org/download/stable 에서 다운로드해 설치하면 된다.

인공지능이 지니고 있는 기본적인 문제

인공지능을 연구하는 학자가 인공지능 연구가 지니고 있는 근본적인 문제라고 정리한 2가지를 간단히 정리한다.

- 심벌 그라운딩(Symbol Grounding) 문제: 컴퓨터로 인간의 지능을 표현하기 위해서는 실세계를 컴퓨터가 인식할 수 있는 특정 기호와 체계로 표현해야 한다. 이때 특정 기호와 실세계를 직접 연결하기 어렵다(예 Cat과 실제 고양이를 매칭하는 문제).
- 프레임 문제: 어떤 작업을 수행할 때, 이것에 관계 있는 지식만을 꺼내 사용하는 것이 어렵다.

RDF/RDFS의 예

표현할 문장:
Ora Lassila is the creator of the resource http://www.w3.org/Home/Lassila

위 문장은 RDF Syntax 규칙에 따라 다음과 같은 RDF Doc로 표현할 수 있다.

```
⟨?xml version="1.0"⟩
⟨rdf: RDF
            xmlns: rdf="http://www.w3.org/1999/02/22 - rdf - syntax - ns#"
            xmlns: s="http://description.org/schema/"⟩
            ⟨rdf: Description about=http://www.w3.org/Home/Lassila⟩
                    ⟨s: Creator⟩Ora Lassila⟨/s: Creator⟩
                    ⟨s: Title⟩Person Intro ⟨/s: Title⟩
            ⟨/rdf: Description⟩
⟨/rdf: RDF⟩
```

> RDF Schema(RDFS)는 RDF에서 Resource의 특성을 기술하는 데 사용하는 Meta Data를 정의하는 데 사용한다(예 Creator, Title, …).

SPARQL의 예

RDF 형태로 저장된 데이터에 대해 질의를 하는 질의어이다.
에 RDF 데이터로부터 이름과 이메일 주소를 검색하는 질의 문장이다.

```
PREFIX contact: 〈http://www.w3.org/2000/10/swap/pim/contact#〉
PREFIX rdf: 〈http://www.w3.org/1999/02/22-rdf-syntax-ns#〉
SELECT ?name ?email
WHERE { ?person rdf: type contact: Person.
          ?person contact: name ?name.
          ?person contact: mbox ?email. }
```

OWL의 예

웹상의 자원과 이들의 속성에 대한 지식을 표현하기 위한 온톨로지 언어
에 Vintage라는 자원이 하나의 hasVintageYear라는 속성을 하나만 갖는다는 것을 표현한 것

```
〈owl: Class rdf: ID="Vintage"〉
   〈rdfs: subClassOf〉
     〈owl: Restriction〉
       〈owl: onProperty rdf: resource="#hasVintageYear"/〉
       〈owl: cardinality
           rdf: datatype="&xsd: nonNegativeInteger")1〈/owl: cardinality〉
     〈/owlRestricton〉
   〈/rdfs: subClassOf〉
〈/owl: Class〉
```

RIF의 예

지식 표현에 사용하는 규칙을 정의하고, 전달하기 위한 표준이다.
에 고객의 당해년도 누적 금액이 5000달러 이상이면 고객 등급을 GOLD로 조정하는 규칙을 정의

```
Prefix(ex 〈http://example.com/2008/prdl#〉)
(*ex: rule_1 *)
Forall ?customer  ?ppurchasesYTD (
        If And (?customer#ex: Customer
                ?customer[ex: purchasesYTD-〉?purchaseYTD]
              External (pred: numeric-greater-than(?purchaseYTD 5000)
        Then Do (Modify (?customer[ex: status-〉"Gold"])))
```

- "IF 오늘 비가 내린다 THEN 내일 비가 내린다"라는 규칙에서 P(내일 비가 내린다 | 오늘 비가 안 온다)의 확률을 구해 보자.

    IF A Then B에서 P(B|~A)를 구하는 문제이다.
    LS=2.5, LN=0.5, P(B)=0.5로 가정한다(경험에 의해).

    P(B|~A) = O(B|~A) / (1 + O(B|~A))이고
    O(B|~A) = LN * O(B)이고
    O(B) = P(B) / (1 - P(B))이다.

그러므로 계산하면 답을 구할 수 있다. 답은 0.375이다.

- 규칙 기반 시스템의 전방 추론과 후방 추론에 대한 예를 자세히 검토해 추론의 과정을 플로차트로 표현해 보자.

- 인간 지식의 표현을 위한 기법을 통해 인간의 지식 종류를 정리해 보자.

[그림 2-15]는 인간의 지식을 표현하기 위해 인공지능이 개발한 지식 표현 방법을 정리한 것이다. 정리된 내용을 읽고, 각 방법의 개념을 정확히 이해하자.

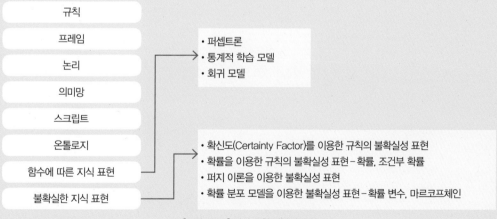

[그림 2-15] 지식 표현 방법의 요약

1. 인간의 지식 종류를 쓰고, 그 차이를 설명하시오.

2. 규칙, 프레임, 논리, 의미망, 스크립트가 표현하는 지식이 무엇인지 정리하시오.

3. 온톨로지를 정의하고, 웹 온톨로지를 위한 기술인 XML, RDF, RDFS, OWL은 어떤 역할을 하는지 쓰시오.

4. 불명확한 지식을 표현하는 방법에는 어떤 것이 있는지 쓰시오.

5. 퍼지 이론이 무엇인지 쓰고, 퍼지 함수(소속 함수), 퍼지 규칙, 퍼지 추론이 무엇이며, 각각 어떤 역할을 하는지 설명하시오.

6. 마르코프 랜덤 필드와 베이지안 망은 어떻게 다르며, 무엇을 위해 사용하는 개념인지 서술하시오.

7. 규칙 기반 시스템에서 전방 추론과 후방 추론의 단계를 명시하시오.

02 오토마톤과 인공 생명 프로그램

앞서 인공지능이 인간의 지능을 다루기 위해 개발한 방법을 알아봤다. 이번에는 인공지능이 인간과 같은 행동을 하도록 고안된 방법을 설명한다. 컴퓨터 프로그램은 기본적으로 사람으로부터 어떤 데이터를 받아 주어진 절차에 맞춰 실행하고, 그 결과를 제공하는 것이다. **하지만 반복 처리나 타이머 처리를 통해 마치 사람이 데이터를 입력하는 것과 같은 상황을 만들 수 있다.** 2장에서는 프로그램 속에서 반복 처리를 수행하면서 마치 살아 있는 것처럼 상태를 변경해 나가는 오토마톤, 인공 생명 프로그램에 대해 설명한다.

2.1 인공 생명

▌인공 생명의 정의

인공 생명(Artificial Life, ALife)은 생명 현상의 재창조 또는 모방을 통해 생명을 연구하는 학문이다. 인공 생명이라는 용어는 1987년 로스앨러모스 연구소(Los Alamos National Laboratory)에서 열린 'International Conference of the Syntheses and Simulation of Living System'에서 처음 사용됐다. 인공지능이 인공적으로 지능을 구현하려는 학문이라면 인공 생명은 다음과 같이 2가지 관점을 지닌다.

- **약한 인공 생명**: 단순히 자연에 있는 생명체의 메커니즘을 모방해 모의 실험을 하는 정도를 말한다.
- **강한 인공 생명**: 지구상의 생명체와 같이 스스로 진화하고 번식하며 생명의 특징을 지니고 있는 유기체의 창조를 목표로 한다.

▌인공 생명의 특성

인공 생명의 특징으로는 '복잡계', '창발성', '자기 조직' 그리고 '카오스 이론'이 있다.

- 복잡계(Complex System)
  - 복잡성은 여러 가지 요소가 상호 작용하는 상태를 말한다.
  - 복잡계는 비교적 단순한 구성 요소들이 상호 작용하는 상태로 각 구성 요소 간의 상호 관계가 표준적인 선형 방정식으로 예견할 수 없는 비선형 상태를 가르킨다.

- 비선형 상태는 결과가 반드시 원인에 비례하지 않는 관계를 말한다(**예** 쥐의 번식률이 2배라 고 하더라도 먹이 부족, 병 등의 이유로 반드시 2배가 되지는 않는다).
- 창발성(Emergent): 단순한 규칙의 적용으로 좀 더 복잡한 규칙이 나타나는 현상을 말한다. 예를 들어 가장 초보적인 몇 가지 규칙만으로 프로그램된 인공 유기체가 자기 복제, 성장과 같은 수준 높은 행동을 창발(創發)하는 것을 들 수 있다.
- 자기 조직(Self‐Organizing): 단순한 구성 요소 간의 상호 작용과 경쟁을 통해 자신을 조직하고 복잡성의 정도를 높여 나가는 것으로, 생명이라는 자기 조직 과정에서 질서가 어느 수준 이상으로 높아진 복잡계라고 할 수 있다.
- 카오스 이론(Chaos Theory): 체계가 확실한 규칙에 따라 움직이고 있는데도 복잡하고 불규칙하면서 예측할 수 없는 행동을 하는 것을 말한다.

▌인공 생명 관련 연구 주제

- 유한 상태 기계(Finite State Machine): 조직에는 구성원인 셀(Cell)이 존재하고, 셀은 상태라는 정보를 가진다. 셀은 매시간 주위에 있는 다른 셀의 상태를 확인하고, 비교적 간단한 규칙에 따라 다음 상태를 결정하는데, 이를 '유한 상태 기계'라고 한다.
- 셀 오토마톤(Cellular Automaton): 오토마톤(Automaton)은 '자동화(Automation)'의 복수형으로, 유한 상태 기계의 셀들은 단순한 규칙들이 상호 작용해 더욱 복잡한 상태 또는 행동을 만들게 되는데, 이를 '셀 오토마톤'이라고 한다. 셀 오토마톤의 특징으로는 자기 복제, 돌연변이, 자기 조직 등을 들 수 있다.
- 유전 알고리즘(Genetic Algorithm): 셀 오토마톤의 성질을 지니고 있는 유기체가 재생산을 통해 환경에 적응하면서 진화하는 원리를 논리적으로 실현한 것이다.
- 보이드(Boid): 크레이그 레이놀즈(Craig Reynolds)가 만든 것으로, 새떼와 같은 집단 행동을 표현하기 위한 기법이다. 보이드 기법에서 각각의 보이드는 순간마다 자신의 주변을 평가할 뿐, 무리에 대한 정보는 모른다. 하지만 모든 보이드는 하나의 무리로 움직이면서 장애물과 적을 피하고, 다른 보이드들과 보조를 맞춰 유동적으로 이동한다. 보이드 기법은 단순한 규칙의 적용으로 복잡한 행동을 나타내는 창발적 특징을 보여 주며, 복잡해 보이는 자연 현상이 실제로는 단순한 규칙들의 상호 작용으로 이뤄졌다는 가정을 갖게 한다.
- 컴퓨터 바이러스(Computer Virus): 다른 컴퓨터에 자신을 복제할 수 있으면서 다른 프로그램을 변경시키는 프로그램으로, 바이러스의 특징과 유사하다. 현재 바이러스의 한계는 일반 생명체와 비교할 때 스스로 자신의 정보를 변경하며 진화할 수 없다는 점이다.

▌인공 생명의 활용 분야

- 인공 생명은 생명의 기원과 생명체에 대한 더 나은 이해를 얻을 수 있도록 해 준다.
- 인공지능에 대한 접근 방식이 개발자가 모든 것을 고려해 개발하는 방식에서 창발 현상을 이용하는 방식으로 변경될 것이다. 대표적인 예로 인공지능의 연구에 사용하는 딥러닝을 들 수 있다.
- 주식 시장, 날씨 예측과 같이 복잡한 환경을 소프트웨어로 구현하고자 할 때는 인공 생명 기법이 유용하다. 즉, 기본 규칙의 조합으로 새로운 결과가 창발될 수 있도록 하는 개념을 고려할 수 있다.
- 인공 생명 기법을 적용한 로봇은 복잡한 전체와 환경에 대한 지식을 분석하는 대신, 정해진 규칙들의 조합에 따라 환경에 상호 작용하고, 더욱 빠르게 대응하도록 만들 수 있다. 즉, 모든 행동을 미리 설계하기보다는 행동이 창발될 수 있는 조건을 만드는 방식으로 접근할 수 있다.

▌인공 생명의 예 – 라이프 게임

인공 생명의 정의와 특성에 부합하는 예로 존 콘웨이(John Conway)가 고안한 '라이프 게임(The Game of Life)'을 들 수 있다. 게임 규칙은 간단하지만, 결과는 예측할 수 없다. 하나하나의 움직임은 명백한데, 전체적인 변화는 확실히 파악할 수 없는 인공 생명의 특징을 지니고 있다. [그림 2 – 16]은 라이프 게임의 초기 상태에 게임 규칙을 적용해 단계별로 변화하는 과정을 정리한 것이다. 이를 통해 라이프 게임이 구체적으로 어떻게 진행되는지 이해할 수 있다.

게임 규칙

- 규칙 1: 이웃의 수가 2 또는 3인 돌은 다음 세대에도 그대로 있다. 그러나 이웃의 수가 1이거나 0 또는 4 이상인 돌은 다음 세대에는 없어진다.
- 규칙 2: 현재 돌이 들어 있지 않은 칸(빈칸)은 이웃의 수가 3일 때만 다음 세대에서 그 속에 돌이 생긴다. 이웃의 수가 3 이외일 경우, 다음 세대에도 빈칸인 상태로 남는다.

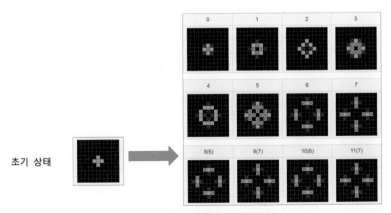

초기 상태

[그림 2 – 16] 라이프 게임의 진행 과정

이미 세계적으로 라이프 게임과 유사한 형태가 수십 가지 개발돼 웹에 공개돼 있다. 인공 생명이 지니고 있는 특성이 라이프 게임에서 실제로 어떻게 구현되는지 공개된 예를 통해 확인할 수 있다. 많은 사례 중 라이프 게임 규칙을 충실히 구현한 것으로 볼 수 있는 사례는 https://cakeandturtles.nfshost.com/games/gameoflife.php에서 확인할 수 있다.

2.2 유한 오토마톤

오토마톤의 개념

오토마톤은 '스스로 작동하는 기계'를 말하며, 보통은 '로봇'을 의미한다. 특히 전기에 의해서가 아닌 '스스로 움직이는 기계'를 의미한다. 이것에 대해 시간 경과와 상태 변화를 표현하고, 시간 흐름에 따른 공간적인 구조 변화를 연구하는 것이 중요 관심사이다. 오토마톤 중 유한 개의 상태를 갖는 것을 '유한 오토마톤' 또는 '유한 상태 기계(Finite – State Machine, FSM)'라고 하는데, 이는 컴퓨터 프로그램과 전자 논리 회로를 설계할 때 사용하는 수학적 모델이다. 대표적인 예로는 '플립플롭(Flip – Flop)'을 들 수 있다.

플립플롭은 전자 공학에서 1비트의 정보를 보관 및 유지할 수 있는 회로로, 순차 회로의 기본 요소이다. 또한 플립플롭은 이전 상태를 계속 유지 및 저장하는 특징이 있다. **플립플롭은 2가지의 상태를 갖는 유한 상태 기계로, FSM의 예이다.** 플립플롭이 갖는 특성을 살펴보면 플립플롭이 FSM의 일종이라는 것을 확인할 수 있다. 이를 표현하기 위해 상태 테이블과 상태 도표를 정리하면 [그림 2 – 17]과 같다.

〈상태 테이블〉		입력	
		0	1
현재	0	0	1
상태	1	1	0

[그림 2-17] 플립플롭의 상태 테이블과 상태 도표

[그림 2 – 17]의 플립플롭은 다음과 같은 성질을 가진다.

```
0, 1 2개의 상태를 가진다.           // 유한 개의 상태를 가진다.
0 상태는 1이 들어오면 1로 변한다.    // 상태가 변경된다.
0 상태는 0이 들어오면 변하지 않는다. // 상태가 유지된다.
1 상태는 0이 들어오면 변하지 않는다.
1 상태는 1이 들어오면 0으로 변한다.
```

▌오토마톤의 예

오토마톤의 상태에 따라 프로그램이 특정한 형태로 작동하도록 제작한다면 일종의 인공지능 프로그램이 된다. 오토마톤의 연구 가치는 이런 측면에서 발견할 수 있다. [그림 2 – 18]에서 광부의 채굴에 대한 오토마톤을 생각해 보자.

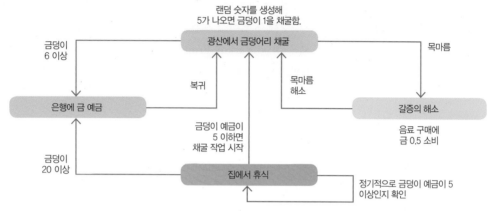

[그림 2–18] 광부의 채굴에 대한 **오토마톤**

[그림 2 – 18]에서 광부의 상태는 다음과 같이 변화한다.

- 최초 금 예금을 20으로 해 프로그램을 수행한다. → 집에서 휴식
- 일정 시간마다 금 예금이 삭감되고, 금 예금이 5 이하가 되면 금을 채굴하기 위해 이동한다.
- 광산에서 무작위 숫자를 생성하고, 5이면 금을 1 채굴한 것으로 한다.
- 채굴한 금이 6 이상이면 은행으로 저금하러 간다.
- 은행에 예금하면 광산으로 복귀한다.
- 광산에서 무작위 숫자를 생성하고, 7이면 목이 마른 것으로 한다.
- 목이 마르면 음료를 구매해 목마름을 해소한다.
- 은행 예금이 20 이상이면 집에서 휴식을 취한다.

앞서 서술한 형식으로 프로그램이 작동하면 마치 컴퓨터가 살아 있는 것처럼 혼자서 동작한다. 이를 인공지능 프로그램이라고 하는데, 이것은 마치 살아 있는 것처럼 판단하고 행동한다.

2.3 마르코프 모델

마르코프 모델의 개념

유한 오토마톤에서는 오토마톤의 동작 주체가 유한 개수의 상태가 있는 상태 기계이다. 이런 경우, 상태 기계에 입력한 데이터가 있다면 규칙에 따라 다음 단계를 진행하면서 상태가 변화하게 될 것이다. 이때 확률에 기반을 두고 상태가 변하는 것을 표현한 것이 '마르코프 모델(Markov Model)'이다. 마르코프 모델은 마르코프 성질(Markov Property)을 지닌다. 마르코프 성질은 미래 상태의 조건부 확률 분포가 현상태에만 의존하며, 이전 상태와 관계없는 특성을 말한다.

관련 용어의 의미

- 확률 과정(Stochastic Process): 시간의 경과에 따른 변화를 '오토마톤'이라고 하는데, 이 개념에 상태 변화가 일어날 확률을 더한 것이다. **이를 다른 말로 '마르코프 모델'이라고 한다.** 즉, '확률 과정(마르코프 모델) = 오토마톤 개념 + 확률'이라고 정리할 수 있다[예 유한 오토마톤(오토마톤 중 동작 주체가 유한 개수의 상태가 있고, 입력 데이터에 따른 규칙에 따라 상태가 변하는 것)에서 0에서 1로 바뀌는 경우 + 확률].
- 마르코프 과정(Markov Process): 현상태에만 의존하는 마르코프 성질이 있는 확률 과정이다.
- 이산 상태 마르코프 과정: 확률 과정 중 마르코프 과정의 성질을 가지면서 확률이 연속이 아닌 이산값을 갖는 경우를 가리킨다.
- 마르코프 연쇄(Markov Chain): 이산 상태 마르코프 과정을 나타내는 확률값들의 모임, 즉 마르코프 연쇄는 상태 전이 확률을 가진다.

마르코프 모델에 관련된 용어들의 관계를 정리하면 [그림 2 – 19]와 같다.

[그림 2-19] 마르코프 모델 관련 용어들의 관계 정리

▌마르코프 모델의 예

개념의 이해와 마르코프 모델을 통한 불확실성의 표현을 설명에 도움이 되도록 날씨를 예로 들어 살펴보자. 날씨는 전날의 영향을 많이 받으므로 마르코프 모델의 개념을 설명하는 데 좋은 예가 될 수 있다. [표 2 - 2]는 오늘 날씨에 따른 내일 날씨에 대한 상태 전이 확률표이다.

오늘의 날씨	내일의 날씨		
	맑음	비	흐림
맑음	0.8	0.05	0.15
비	0.2	0.6	0.2
흐림	0.2	0.3	0.5

[표 2-2] 오늘 날씨에 따른 내일 날씨의 상태 전이 확률표

[그림 2-19]에 표현된 마르코프 모델에 관련된 용어의 개념을 [표 2-2]의 예를 이용하여 다음과 같이 정리해 볼 수 있다.

- 시간의 경과에 따른 상태 변화(오토마톤)에 확률이 포함돼 있으므로 **확률 마르코프 모델이다.**
- 내일 날씨는 오늘 날씨에만 종속되므로 마르코프 모델 중 **마르코프 과정**에 속한다.
- 확률값이 연속이 아닌 이산값이므로 마르코프 과정 중 **이산 상태 마르코프 과정**이다.
- 이산적인 확률값을 상황별로 모아 놓은 것, 즉 상태 전이 확률을 가지므로 이산 상태 마르코프 과정 중 **마르코프 연쇄**이다.

▌마르코프 연쇄 예측의 예

마르코프 연쇄를 이용해 예측하는 개념에 대한 예를 살펴보자. 이 또한 불확실한 인간 지식 중 하나이다.

- 오늘 날씨($q1$)가 '맑음'일 경우, 내일 날씨($q2$)가 '맑음'이 되고 모래 날씨($q3$)가 '비'가 될 확률은 얼마일까?

$P(q2=맑음, q3=비 \mid q1=맑음)$
$= P(q3=비 \mid q2=맑음, q1=맑음) * P(q2=맑음 \mid q1=맑음)$
$= P(q3=비 \mid q2=맑음) * P(q2=맑음 \mid q1=맑음)$ // 마르코프 가정에서 내일은 오늘에만 의존함.
$= 0.05 * 0.8 = 0.04$

- 어제, 오늘의 날씨가 각각 $q1 = 비$, $q2 = 흐림$일 때 내일 날씨($q3$)가 맑음이 될 확률은 얼마일까?

$P(q3=맑음 \mid q2=흐림, q1=비)$
$= P(q3=맑음 \mid q2=흐림)$ // 마르코프 가정은 내일은 오늘에만 의존함.
$= 0.2$

2.4 상태 기반 에이전트

게임을 예로 살펴보자. **상태 기반 에이전트는 게임의 등장 인물이나 필드의 구성 요소를 유한 오토마톤(유한 상태 기계)으로 설정한 후 게임을 구현하는 것이다.** 게임에 존재하는 개별 상태 개체를 '에이전트'라고 한다. 에이전트는 다른 에이전트와 영향을 주고받으며 동작한다. 각 에이전트가 동작의 주체가 돼 프로그램 처리 등을 실행하도록 시스템을 만들며, 이용자가 어떤 동작을 수행한 결과로 상태 기계에 변화가 일어나는 것을 '이벤트(Event)'라고 한다. 에이전트는 동작하는 상태일 때가 많다는 점에서 '상태 기반 에이전트'라고 한다.

상태 기반 에이전트의 대표적인 예로는 '보드 게임 프로그램'을 들 수 있다. 상태 기반 에이전트 환경을 구현하는 방법에는 많은 종류가 있으며, 그중에서 가장 많이 사용하는 것이 '넷로고'이다. 보드 게임을 포함한 에이전트 시스템은 게임 이론에 따라 행동한다.

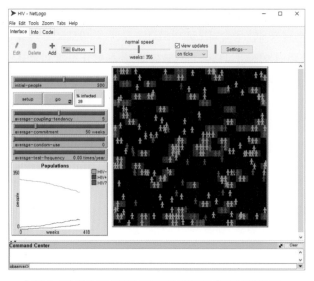

[그림 2-20] 넷로고를 이용한 상태 기반 에이전트 환경을 구현한 예

[그림 2-20]은 넷로고를 이용해 AIDS 확산에 대한 상태를 시뮬레이션하는 예이다. 주어진 상태를 바탕으로 시스템을 구성하는 에이전트들이 각각 독립적으로 작동한다.

상태 기반 에이전트는 인공지능의 분야 중 복잡계에 대한 모델링과 분석에 많이 사용한다. 모델링 자체가 단순하고, 각 에이전트가 독립적으로 상호 영향을 주고받으며 작동하기 때문에 실행하기 전에는 어떤 결과가 나올지 예상할 수 없다. 때로는 아주 흥미로운 결과가 나타나기도 한다.

참고 자료

- 인공 생명에 대한 예는 https://cakeandturtles.nfshost.com/games/gameoflife.php에서 확인할 수 있다.
- 복잡계 중 시스템 다이내믹스(피드백을 갖는 모델)를 구현하는 벤심은 https://vensim.com/에서 얻을 수 있다.
- 복잡계 중 에이전트 기반의 모델을 구현하는 넷로고는 https://ccl.northwestern.edu/netlogo/에서 얻을 수 있다.

요약

Part 2에서는 인공지능에서 인간의 지능을 표현하는 것 외에 인간처럼 행동하도록 개발된 인공 생명에 대한 내용을 살펴봤다. 인공 생명을 구현한 사례와 이를 구현하기 위한 유한 오토마톤의 개념을 공부했다. 또한 유한 오토마톤에 확률을 적용한 마르코프 모델과 마르코프 모델에 관련된 용어들도 알아봤다.

[그림 2-21] 마르코프 모델 관련 용어들의 관계 정리

마지막으로 유한 오토마톤을 바탕으로 가상의 환경을 구현하고, 테스트할 수 있는 상태 기반 에이전트에 대해 살펴봤다. 이 에이전트의 예로 살펴본 넷로고는 벤심과 함께 복잡계를 모델링하는 핵심 도구이다.

1. 인공 생명을 정의하고, 4가지 특성을 적으시오.

2. [그림 2-16]에서 라이프 게임의 규정에 따라 각 단계가 바뀌어가는 것을 설명하시오.

3. 오토마톤을 정의하시오.

4. 유한 오토마톤과 마르코프 모델의 차이를 설명하시오.

5. 확률 과정, 마르코프 과정, 이산 상태 마르코프 과정, 마르코프 연쇄의 차이를 설명하시오.

6. 상태 기반 에이전트를 정의하시오.

03 탐색과 최적화 기법

앞서 인간의 지식을 컴퓨터가 이해할 수 있도록 표현하는 방법과 인간처럼 행동하려는 노력(인공 생명)을 살펴봤다. 3장에서는 인공지능에서 해결해야 하는 문제를 상태 공간으로 표현하고, 원하는 답을 얻기 위해 탐색하는 방법을 공부한다. **이는 인공지능을 공부하는 관점에서 가장 중요한 부분이다.** 다양한 탐색 방법을 통해 컴퓨터를 이용한 문제 해결 과정에 대한 통찰력을 얻을 수 있다. 수식이나 논리에 매달리기보다는 **예를 중심으로 주어진 탐색 기법의 아이디어와 절차에 집중하여 설명한다.**

3.1 상태 공간과 탐색

해결해야 하는 문제(Problem)를 상태(State)의 형태로 표현하고, 상태의 변화를 통해 문제의 해(解, Solution)를 찾는 과정을 '탐색(Search)'이라고 한다. 문제의 해답을 찾는 것은 주어진 상태에서 해답이 될 수 있는 후보 중 적당한 것을 찾아 내는 과정이라고 할 수 있다. 따라서 탐색은 인공지능에서 가장 기본적이고 중요한 것이다.

▌탐색

탐색의 예는 쉽게 찾아볼 수 있다. '친구와 약속 시간 잡기'라는 문제에 대해 현상태에서 가능한 시간을 나열하고, 그중에서 가장 적합한 것을 선택하는 과정은 탐색의 좋은 예이다. '집에서 도서관까지 가장 빨리 가는 길 찾기'나 '오늘의 일정 정하기' 등도 탐색의 예로 볼 수 있다.

컴퓨터에서 탐색을 수행하기 위해서는 '탐색 방법' 또는 '목적 함수'를 정하고, 이를 최적화하는 방법을 찾는다. 문제를 해결하기 위해 주어진 문제를 상태의 형태로 표현하고, 상태의 변화를 통해 해를 찾는 탐색의 과정을 수행하는데, 이때 선택할 수 있는 탐색의 방법은 매우 다양하다. 어떤 경우에는 탐색이 함수의 형태로 수행되기도 한다. 이 부분이 앞으로 살펴볼 내용이다.

▌탐색의 예

탐색의 예로 '선교사 – 식인종 강 건너기 문제'를 살펴보자. 3명의 선교사와 3명의 식인종이 배를 타고 강을 건너야 하는데, 배에는 2명밖에 탈 수 없다. 식인종의 수가 선교사의 수보다 많으면 식인종은 선교사를 잡아먹는다. 6명이 무사히 강을 건너는 방법이 무엇인지 해를 찾는 문제이다.

이 문제를 해결하기 위해 문제를 상태 공간으로 표현하고, 상태의 변화를 통해 해를 찾는 탐색 과정을 알아보자.

어떤 문제에 대한 해에는 '동작이 해인 경우'와 '상태가 해인 경우'가 있다. '동작이 해인 경우'는 동작이 문제의 상태를 변화시켜 목표 상태에 도달하는 것으로, 앞서 살펴본 '선교사 – 식인종 문제'가 이에 해당한다. '상태가 해인 경우'는 특정 상태일 때, 요구 조건을 최적으로 만족하는 것이다.

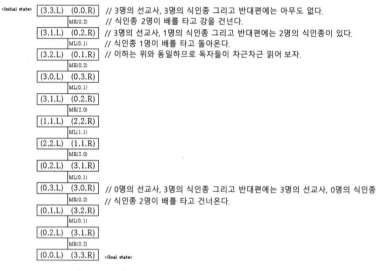

[그림 2 – 22] 선교사 – 식인종 강 건너기 문제의 상태 공간

탐색에 대한 예는 선교사 – 식인종 외에도 '8퀸 문제', '틱택토(Tic – Tac – Toe)', '순환 판매자 문제' 등이 존재한다. '8퀸 문제'는 'Part 3의 6.1. 백트래킹 탐색', '틱택토'는 [참고 자료], '순환 판매자 문제'는 Part 3의 7.2. 동적 프로그래밍'에서 확인할 수 있다.

▌상태 공간과 탐색의 중요 개념

상태 공간과 탐색에서 중요한 개념을 정리해 보면 다음과 같다.

- 상태 공간(State Space): 문제의 초기 상태부터 도달할 수 있는 모든 상태의 집합 또는 문제의 해가 될 가능성이 있는 상태들의 집합이다.
- 탐색으로 해 구하기: 상태 공간을 체계적으로 탐색해 목표 상태(Goal State)에 도달하게 하는 일련의 동작을 찾거나 문제의 해가 되는 상태 자체를 찾는 것을 말한다.
- 상태 공간 그래프: 상태 공간의 특정 상태에서 특정 행동이나 동작을 하면 다른 상태로 변할 수 있다. 이때 변하는 상태를 표현한 그래프를 **상태 공간 그래프(State Space Graph)**라고 한다([그림 2 – 23] 참조). 상태 공간 그래프를 탐색하는 방법에는 '맹목적 탐색'과 '상태 정보를 이용한 탐색'이 있다.

▌상태 공간 그래프의 예

A, B, C의 블록이 바닥에 놓여 있다. 이를 한 줄로 쌓는 문제에 대한 상태 공간은 [그림 2 - 23]과 같다.

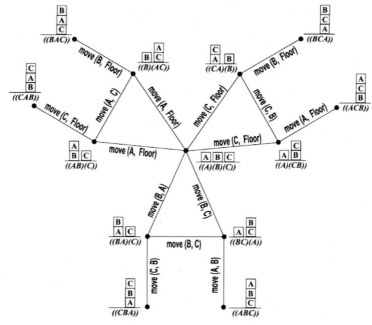

[그림 2 - 23] 블록 쌓기 문제의 상태 공간

[그림 2 - 23]은 상태 공간 그래프를 이해할 수 있는 좋은 예이다. 가운데 A, B, C가 모두 바닥에 있는 초기 상태이고, 이후 명시된 동작을 통해 블록이 이동한 모습 중 가능한 모든 것이 표현된다. 초기 상태에서 'move(C, Floor)'는 'C를 바닥에서 움직인다'라는 의미이고, 이를 실행하면 2가지 결과가 나올 수 있는데, 바로 '((CA), B)'와 'A, (CB))'이다. 다른 경우도 이와 똑같은 상황이 발생할 수 있다는 것을 확인하고, 이들 간의 움직임을 자세히 살펴보자. [그림 2 - 23]이 주어진 문제에서 가능한 모든 상태를 서술하고 있다는 것을 확인할 수 있다.

상태 공간 그래프는 특정 상태에서 특정 동작을 수행했을 때 나타날 수 있는 가능한 모든 상태를 정의하는 것이라 할 수 있다. 그러나 상태 공간 전체를 [그림 2 - 23]과 같이 모두 표현할 수 있는 경우는 거의 없다.

3.2 탐색의 종류

앞서 설명한 바와 같이 주어진 문제에 대한 상태 공간이 정의됐다면, 이제는 탐색을 수행할 시점이다. 탐색에는 여러 가지 방법이 있다.

▌맹목적 탐색

맹목적 탐색(Blind Search)은 문제의 상태 공간 정보를 이용하지 않고 정해진 순서에 따라 상태 공간 그래프를 생성하면서 순서대로 모든 경우를 탐색해 해를 찾는 것이다. 맹목적 탐색의 종류는 다음과 같다.

- **깊이우선 탐색(Depth-First Search, DFS)**
- **너비우선 탐색(Breadth-First Search, BFS)**
- **반복적 깊이 심화 탐색(Iterative-Deepening Search)**: 깊이우선 탐색은 메모리에 부담은 적지만 최단 경로를 찾는다는 보장이 없고, 너비우선 탐색은 메모리에 부담은 크지만 최단 경로를 찾는 것을 보장한다. 이 2가지의 장점을 취해 개발된 방법으로, 깊이를 0에서부터 증가시키면서 깊이우선으로 탐색한다.
- **양방향 탐색(Bidirectional Search)**: 초기 상태와 목표 상태에서 동시에 너비우선 탐색을 진행하고, 중간에 만나도록 해 최단 경로를 찾는 방법이다.

▌정보 이용 탐색

정보 이용 탐색(Informed Search)은 상태 공간에 대한 정보를 이용해 탐색 효율을 높이는 탐색을 말한다. 탐색 공간이 크지 않은 곳에 적용할 수 있지만, 대부분의 실전 문제에는 적용하기 어렵다. 정보 이용 탐색은 '**휴리스틱 탐색(Heuristic Search)**'이라고도 한다. 정보 이용 탐색의 기법들은 검색 효율은 높지만, 최적의 해를 찾는다는 보장은 하지 못한다. 정보 이용 탐색의 종류는 다음과 같다.

- **언덕 오르기 방법(Hill Climbing Method)**
- **최상우선 탐색(Best First Search)**
- **빔 탐색(Beam Search)**
- **A* 알고리즘(A*Algorithm)**
- **다익스트라 알고리즘(Dijkstra Algorithm)**
- **ID3 알고리즘**

▌게임 탐색

게임 탐색(Game Search)은 틱택토, 체스, 장기, 바둑과 같은 게임의 참가자가 이기기 위해 매 순간 최고의 방법을 찾는 것을 모방한 것으로, '게임 문제'라고도 한다. **게임 탐색의 종류는 다음과 같다.**

- 미니맥스 알파베타 가지치기(Minimax Alpha – Beta Pruning)
- 몬테카를로 트리 탐색

▌제약 조건 만족 문제

제약 조건 만족 문제(Constant Satisfaction Problem)는 주어진 제약 조건을 만족하는 해를 찾는 것이다. 제약 조건 만족 문제의 종류는 다음과 같다.
- 백트래킹 탐색(Backtracking Search)
- 제약 조건 전파 방법(Constraint Propagation)

▌최적화

최적화(Optimization)는 허용되는 값 중 주어진 기준을 가장 잘 만족하는 것을 찾는 것이다. 최적화의 종류는 다음과 같다.
- **조합 최적화(Combination Optimization)**: 순회 판매자 문제(Traveling Sales person Problem, TSP)와 같이 주어진 항목들의 조합으로 해가 표현되는 최적화 문제이다. 조합 최적화 문제는 문제 크기의 증가에 따라 시간 복잡도가 기하급수적으로 증가하는 NP – Hard 문제이다. 이런 문제는 **최적해를 구하는 것보다 최적에 가까운 근사해를 빨리 찾는 것이 중요하다.** 대표적인 예로는 '유전 알고리즘'을 들 수 있다.
- **계산 과정(Calculation Process)의 최적화**: 주어진 최적 조건을 찾기 위해 계산 과정을 최적화하는 것을 말한다. **대표적인 예로는 '동적 프로그래밍(Dynamic Programming)'을 들 수 있다.**
- **함수(Function) 최적화**: 어떤 목적 함수가 있을 때, 이 함수를 최대로 하거나 최소로 하는 변수나 파라미터의 값을 찾는 것이다. 일반적으로 해가 만족해야 하는 제약 조건이 있다. **대표적인 예로는 '목적 함수와 제약 조건 함수를 선형 결합한 라그랑지 함수(Lagrange Function)를 사용하는 방법', '최소 제곱 평균법', '경사 하강법'이 있다.**

인공지능에서 사용하는 탐색 중 맹목적 탐색(Blind Search)에는 '깊이우선 탐색', '너비우선 탐색', '반복적 깊이 심화 탐색', '양방향 탐색' 등이 있으며, 이들은 그래프 이론을 바탕으로 하고 있다. 이번에는 그래프 이론과 트리 구조, 맹목적 탐색의 기본이 되는 '깊이우선 탐색', '너비우선 탐색'에 대해 살펴본다. '반복적 깊이 심화 탐색'이나 '양방향 탐색'은 특이 사항이 없으므로 앞의 설명으로 마무리한다.

▌그래프 이론과 트리 구조

그래프(Graph)는 점을 선으로 연결한 것을 말한다. 이때 점을 '정점(Vertex)' 또는 '노드(Node)', 선을 '변(Line)' 또는 '간선(Edge)'이라고 한다.

그래프의 종류

- **연결 그래프(Connected Graph)**: 모든 정점의 사이가 연결된 그래프를 말한다.
- **비연결 그래프**: 모든 정점의 사이가 연결되지 않는 그래프를 말한다. 고립 정점(Isolated Vertex)은 비연결 그래프의 정점 중 다른 점과 연결되지 않은 것을 말한다.
- **유향 그래프(Directed Graph)**: 그래프의 변에 방향이 존재하는 그래프를 말한다. 유향 비순환 그래프(Directed Acycle Graph, DAG)는 어떤 정점에서 출발해 해당 정점으로 돌아오는, 경로가 하나인 그래프를 말한다.
- **가중 그래프(Weighted Graph)**: 유향 그래프에 가중치가 추가된 것을 말한다. 가중 그래프를 '네트워크(Network)'라고 하며, 신경망, 베이즈 네트워크, 상태 전이 다이어그램 등에 사용한다. 변에 가중치가 추가된 것을 '간선 가중 그래프', 정점에 가중치가 추가된 것을 '정점 가중 그래프'라고 한다.
- **무향 그래프(Undirected Graph)**: 변에 방향이 존재하지 않는 그래프를 말한다.

그래프는 겉보기에는 달라 보여도 정점을 이동했을 때 같은 모양이 되는 것을 '동형', 정점 2개가 2개 이상의 변으로 연결되는 것을 '평행변(Parallel Edge)'이라고 한다.

그래프의 표현 방법

- 그림으로 표현한 그래프: 그림으로 표현하는 것은 다양한 형태가 존재할 수 있는데, 정점과 변을 갖고 있고, 방향이 존재하지 않는 일반적인 그래프(연결 그래프 + 무향 그래프 + 가중 그래프)를 예로 제시하면 [그림 2 - 24]와 같다.

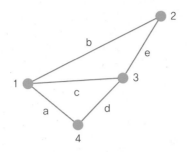

[그림 2-24] 그림으로 표현한 그래프의 예

• 행렬로 표현한 그래프: 그림으로 표현된 [그림 2-24]의 그래프를 행렬로 표현하는 데는 여러 가지 방법이 있다. **대표적인 예로는 정점 사이의 관계를 표시하는 '인접 행렬(Adjacency Matrix)'과 정점과 변의 관계를 표시하는 '근접 행렬(Incidence Matrix)'을 들 수 있다.** 이 2가지 방법을 [그림 2-24]의 예를 바탕으로 작성하면 [그림 2-25]와 같다.

인접 행렬: 정점 사이의 관계 표시   근접 행렬: 정점과 변의 관계 표시

$$
\begin{array}{c}
\quad\ 1\ \ 2\ \ 3\ \ 4 \\
\begin{array}{c}1\\2\\3\\4\end{array}
\begin{bmatrix}
0 & 1 & 1 & 1 \\
1 & 0 & 1 & 0 \\
1 & 1 & 0 & 1 \\
1 & 0 & 1 & 0
\end{bmatrix}
\end{array}
\qquad
\begin{array}{c}
\quad\ a\ \ b\ \ c\ \ d\ \ e \\
\begin{array}{c}1\\2\\3\\4\end{array}
\begin{bmatrix}
1 & 1 & 1 & 0 & 0 \\
0 & 1 & 0 & 0 & 1 \\
0 & 0 & 1 & 1 & 1 \\
1 & 0 & 0 & 1 & 0
\end{bmatrix}
\end{array}
$$

[그림 2-25] 행렬로 표현한 그래프의 예

인접 행렬은 '1번 정점과 연결된 정점은 2, 3, 4이고, 2번 정점과 연결된 정점은 1, 3이다.'라는 의미, **근접 행렬**은 '1번 정점은 a, b, c 변과 연결돼 있고, 2번 정점은 b, e 변과 연결돼 있다'라는 의미이다.

• 가중치를 그림과 행렬로 표현한 그래프: [그림 2-24]는 정점과 변을 표현하기 위해 작성된 것이고, 이와 달리 [그림 2-26]은 변은 별도로 표시하지 않고, 변에 가중치가 부여되는 '가중 그래프'와 이를 행렬로 표현한 예이다. [그림 2-26]은 '1번 정점과 2번 정점의 연결은 가중치가 3, 1번 정점과 3번 정점의 연결은 가중치가 1, 1번 정점과 4번 정점의 연결은 가중치가 5'라는 의미이다.

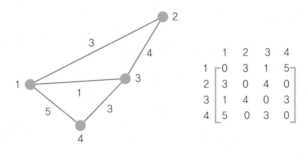

[그림 2-26] 가중 그래프의 예와 행렬 표현

▌트리의 구조와 탐색

앞서 살펴본 그래프는 소셜 네트워크의 표현 및 분석에 많이 사용되며, 다양한 형태로 변형돼 인공지능을 포함한 컴퓨터 분야에서 사용한다. 그중에서 가장 많이 사용하는 그래프의 형태가 '트리(Tree)'이다. 트리의 구조와 탐색에 대해 알아보자.

트리 구조는 그래프의 한 형태로, 그래프에 있는 여러 정점에서 출발점이 되는 정점으로 돌아가는 경로가 유일하며, 출발점이 되는 정점이 막다른 정점(더는 새로운 변을 통해 이동할 수 없는 정점)인 그래프를 말한다.

트리 구조에서 출발점이 되는 정점을 '루트(Root)'라고 한다. 트리 구조는 인공지능을 포함한 컴퓨터 분야에서 상태를 분리하는 수단으로 사용한다. [그림 2-27]은 트리 구조에 대한 예와 관련된 용어를 정리해 제시한 것이다.

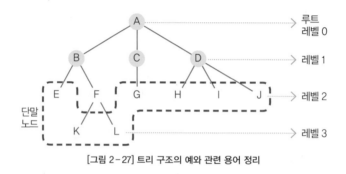

[그림 2-27] 트리 구조의 예와 관련 용어 정리

트리 구조 중 정점에서 분리되는 가지가 2개 이내인 경우를 '이진 트리(Binary Tree)'라고 한다.
이진 트리는 자료 구조의 검색, 정렬이나 데이터베이스 관리 시스템(DBMS)의 인덱스 등에 사용한다.

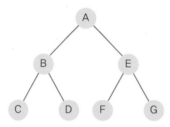

[그림 2-28] 이진 트리 구조의 예

트리의 탐색은 노드에 이익이나 비용 같은 값을 저장하고, 이익을 최대화하거나 비용을 최소화하면서 목적지에 도달하는 최적 경로를 찾는 것이다. 최적 경로를 찾기 위해서는 현재 어떤 행동을 했을 때 얻을 수 있는 이익이나 비용을 계산한 후 다음 상태를 결정한다. 이 과정을 반복적으로 실행하면 목적지에 도달했을 때 이익을 최대화하거나 비용을 최소화할 수 있다. 이를 '**분할 정복법(Divide and Conquer)**'이라고 한다.

트리 탐색의 여러 가지 방법 중 '깊이우선 탐색'과 '너비우선 탐색'에 대해 사례를 들어 살펴보자. 이 책에서는 탐색에 관련된 의사 코드나 C++, 자바(Java)를 이용한 프로그램을 제공하지 않는다. 다만, 어떠한 방식으로 검색이 이뤄지는지에 대한 개념과 절차를 확인하고 장단점과 용도를 파악하는 것에 집중한다.

▌깊이우선 탐색

깊이우선 탐색은 시작 정점의 한 방향으로 갈 수 있는 곳까지 깊이 탐색한 후 끝에 도달하면 가장 마지막에 만났던 갈림길로 돌아와 다른 방향의 간선으로 탐색을 반복하는 방법을 말한다. 깊이우선 탐색을 프로그램으로 구현할 때는 자료 구조의 모델 중 스택을 이용해 구현한다. [그림 2-29]의 이진 트리를 대상으로 깊이우선 탐색의 수행 과정을 단계별로 살펴보자.

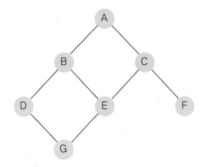

[그림 2-29] 깊이우선 탐색을 설명하기 위한 이진 트리

[그림 2-29]는 노드에서 분기되는 가지가 2개 이내이므로 이진 트리이고, 레벨은 3이다. 루트 노드(Root Node)는 A, 리프(Leaf) 노드 또는 단말 노드는 D, G, E, F이다. 이를 대상으로 깊이우선 탐색을 수행해 보자.

깊이우선 탐색의 단계별 설명

깊이우선 탐색을 위해서는 탐색할 트리와 스택 그리고 방문 여부를 기록할 곳이 필요하다. 준비가 완료됐다면 깊이우선 탐색을 시작한다.

• 1단계: 정점 A에서 깊이우선 탐색 시작

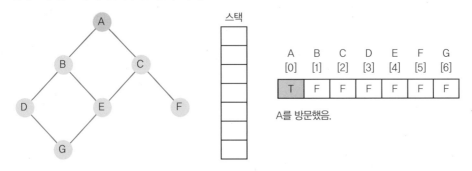

• 2단계: A에 방문하지 않은 B, C가 있으므로 A를 스택에 넣고, 오름차순으로 B를 선택해 탐색을 수행한다.

위 그림에서 스택은 나중에 들어온 것이 먼저 나가는 형태의 자료 구조이다. 깊이우선 탐색을 위해 스택과 방문 여부를 기록할 곳이 별도로 준비돼 있는지 확인한다. 처음에는 A에서 시작하므로 방문 여부에서 A가 T로 설정돼 있다.

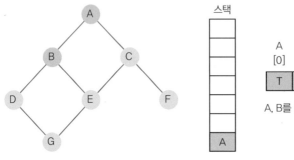

- 3단계: B에 방문하지 않은 D, E가 있으므로 B를 스택에 넣고, 오름차순으로 D를 선택해 탐색을 수행한다.

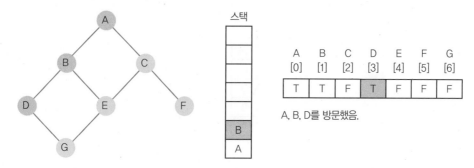

A, B, D를 방문했음.

- 4단계: D에 방문하지 않은 G가 있으므로 D를 스택에 넣고, G를 선택해 탐색을 수행한다.

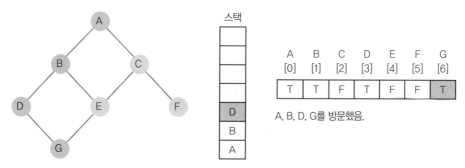

A, B, D, G를 방문했음.

- 5단계: G에 방문하지 않은 E가 있으므로 G를 스택에 넣고, E를 선택해 탐색을 수행한다.

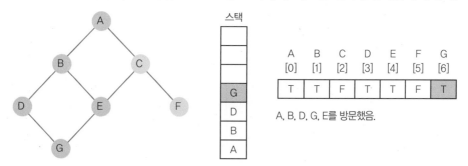

A, B, D, G, E를 방문했음.

- 6단계: E에 방문하지 않은 C가 있으므로 E를 스택에 넣고, C를 선택해 탐색을 수행한다.

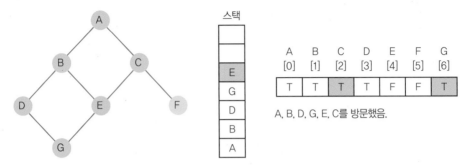

A, B, D, G, E, C를 방문했음.

- 7단계: C에 방문하지 않은 F가 있으므로 C를 스택에 넣고, F를 선택해 탐색을 수행한다.

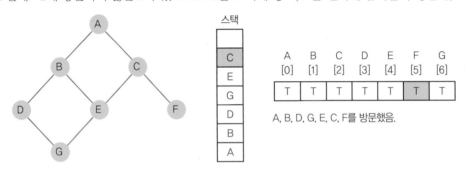

A, B, D, G, E, C, F를 방문했음.

- 8단계: F에 방문하지 않은 곳이 없으므로(방문 히스토리를 통해 확인) 스택을 POP해 얻은 C에 방문하지 않은 곳이 있는지 확인한다(F – C).

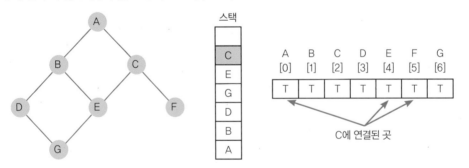

C에 연결된 곳

- 9단계: C에 연결된 곳 중 방문하지 않은 곳이 없으므로 스택을 POP해 얻은 E에 방문하지 않은 곳이 있는지 확인한다(F - C - E).

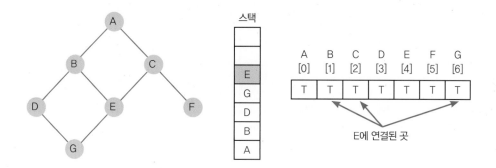

- 10단계: E에 연결된 곳 중 방문하지 않은 곳이 없으므로 스택을 POP해 얻은 G에 방문하지 않은 곳이 있는지 확인한다(F - C - E - G).

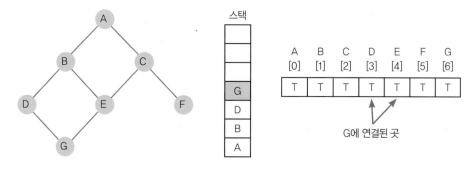

- 11단계: G에 연결된 곳 중 방문하지 않은 곳이 없으므로 스택을 POP해 얻은 D에 방문하지 않은 곳이 있는지 확인한다(F - C - E - G - D).

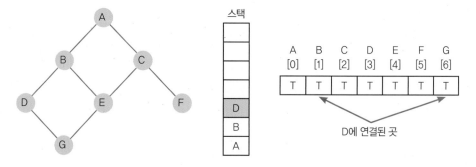

- **12단계**: D에 연결된 곳 중 방문하지 않은 곳이 없으므로 스택을 POP해 얻은 B에 방문하지 않은 곳이 있는지 확인한다(F‒C‒E‒G‒D‒B).

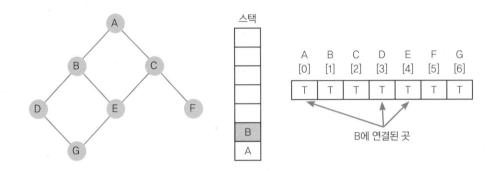

- **13단계**: B에 연결된 곳 중 방문하지 않은 곳이 없으므로 스택을 POP해 얻은 A에 방문하지 않은 곳이 있는지 확인한다(F‒C‒E‒G‒D‒B‒A).

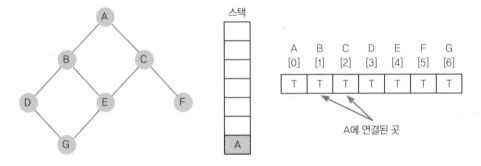

- **14단계**: A에서 방문하지 않은 인접 정점이 없으므로 스택을 POP해야 하는데, 스택이 공백이므로 깊이우선 탐색을 종료한다. 결론적으로 주어진 그래프에서 깊이우선 탐색을 실행하면 A‒B‒D‒G‒E‒C‒F의 순서로 탐색을 수행하게 되며, 중간에 방문하지 않은 곳이 있다면 그것을 스택에 넣고 계속 탐색하게 되므로 전체 노드에 대한 탐색을 수행할 수 있다.

여기까지 깊이우선 탐색의 과정을 예를 중심으로 살펴봤다. 이 과정을 통해 트리의 모든 노드를 방문한다는 것을 확인할 수 있다.

깊이우선 탐색의 과정

깊이우선 탐색 과정의 예를 살펴보자. 깊이우선 탐색 과정은 주어진 목표를 위해 단위 작업을 유한 반복하므로 알고리즘이라고 말할 수 있다. **깊이우선 탐색은 스택을 사용한다는 것을 명심하자.**

- 탐색 1: 정점 A를 결정해 시작한다. 보통 루트 노드에서 시작한다.
- 탐색 2: 정점 A에 인접한 정점 중에서
  - 방문하지 않은 정점 B가 있으면, 정점 A를 스택에 넣고(Push), 정점 B를 방문한다. 그리고 B를 A로 해 탐색 2의 과정을 반복한다.
  - 방문하지 않은 정점이 없으면, 탐색의 방향 전환을 위해 스택에서 데이터를 꺼내고(POP) 이를 A로 해 탐색 2의 과정을 반복한다.
- 탐색 3: 스택이 공백이 될 때까지 탐색 2의 과정을 반복한다.

▌너비우선 탐색

너비우선 탐색은 시작 정점에서 시작해 깊이가 1인 모든 노드를 방문한 후 깊이가 2인 모든 노드를 방문하고, 그다음에는 깊이가 3인 곳을 방문하는 형식으로 탐색을 수행한다. 더 이상 방문할 곳이 없으면 탐색을 마친다. 탐색은 큐(Queue)를 이용해 구현한다. [그림 2-30]은 깊이우선 탐색에서 사용했던 이진 트리로, 너비우선 탐색에도 사용한다. 이를 이용해 너비우선 탐색을 자세히 살펴보자.

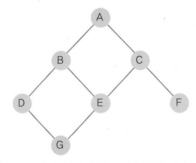

[그림 2-30] 깊이우선 탐색을 설명하기 위한 이진 트리

너비우선 탐색의 단계별 수행 사항

너비우선 탐색을 위해서는 탐색할 트리와 큐 그리고 방문 여부를 기록할 곳이 필요하다.

• 1단계: 정점 A에서 너비 우선 탐색을 시작한다. 큐에 A를 넣는다.

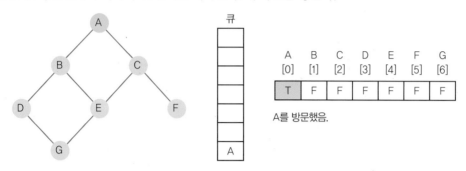

위 그림에서 큐는 먼저 들어온 데이터가 먼저 나가는 형태의 자료 구조이다. 너비우선 탐색을 위해 큐와 방문 여부를 기록할 곳이 별도로 준비돼 있는지 확인한다. 처음에는 A에서 시작하므로 방문 여부에 A가 T로 설정되고, 큐에 A가 입력된다.

• 2단계: 큐에서 A를 꺼내 1차로 연결된 곳에 방문하지 않은 B, C가 있으므로 B, C를 큐에 넣고, B를 선택해 탐색을 수행한다.

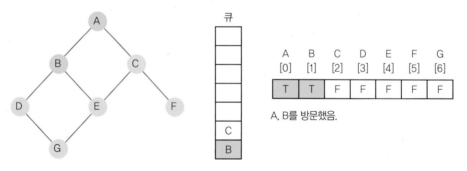

- 3단계: B에 1차로 연결된 곳에 방문하지 않은 D, E가 있으므로 D, E를 큐에 넣고 C를 선택해 탐색을 수행한다.

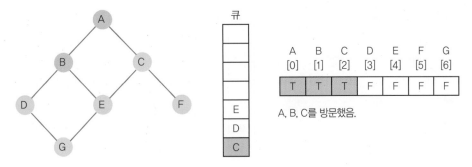

A, B, C를 방문했음.

- 4단계: C에 1차로 연결된 곳에 방문하지 않은 E, F가 있으므로 중복되는 E를 빼고, F를 큐에 넣고 D를 선택해 탐색을 수행한다.

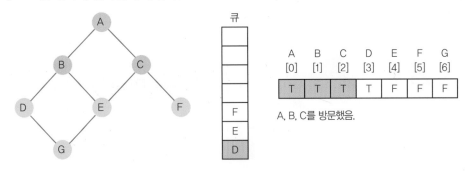

A, B, C를 방문했음.

- 5단계: D에 1차로 연결된 곳에 방문하지 않은 G가 있으므로 G를 큐에 넣고 E를 선택해 탐색을 수행한다.

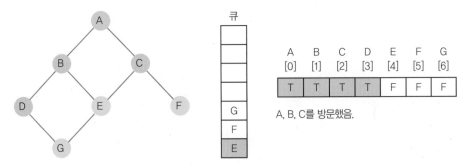

A, B, C를 방문했음.

- **6단계**: E에 1차로 연결된 곳에 방문하지 않은 곳이 없으므로 큐에서 F를 선택해 탐색을 수행한다.

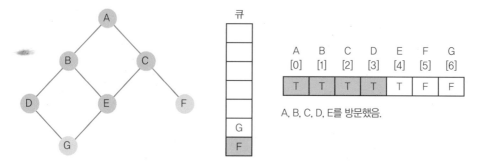

A, B, C, D, E를 방문했음.

- **7단계**: F에 1차로 연결된 곳에 방문하지 않은 곳이 없으므로 큐에서 G를 선택해 탐색을 수행한다.

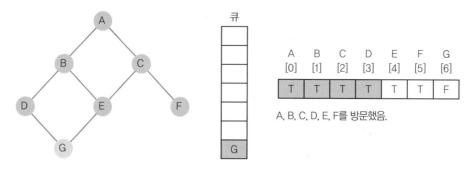

A, B, C, D, E, F를 방문했음.

- **8단계**: G에 1차로 연결된 곳에 방문하지 않은 곳이 없으므로 큐에서 노드를 선택해야 하는데, 큐가 비어 있으므로 종료한다.

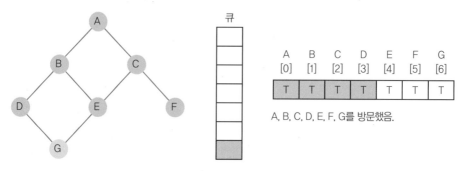

A, B, C, D, E, F, G를 방문했음.

너비우선 탐색의 과정

주어진 목표를 위해 단위 작업을 유한 반복하므로 알고리즘이라고 말할 수 있다. **너비우선 탐색은 큐를 사용한다는 것을 명심하자.** 탐색 과정은 다음과 같다.

- 탐색 1: 시작 정점을 결정해 시작한다. 보통 루트 노드에서 시작한다. 큐에 시작 정점을 넣는다.
- 탐색 2: 큐에서 꺼낸 정점과 인접한 정점을 모두 차례대로 방문한다. 큐에서 꺼낸 정점과 연결된 정점 중 방문하지 않은 정점은 큐에 넣는다. 만일 큐에서 꺼낸 정점과 연결된 정점 중 방문하지 않은 정점이 없으면, 큐에서 데이터를 꺼내 탐색 2의 과정을 반복한다.
- 탐색 3: 큐가 공백이 될 때까지 탐색 2의 과정을 반복한다.

너비우선 탐색과 깊이우선 탐색을 그림으로 비교하면 다음과 같다.

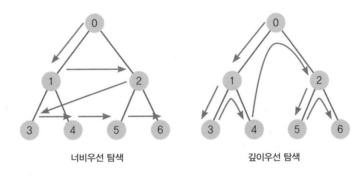

너비우선 탐색   깊이우선 탐색

3.4 정보 이용 탐색

'정보 이용 탐색(Informed Search)'은 앞서 설명한 맹목적 탐색과 달리, 상태 공간에 대한 정보를 이용해 효율을 높이는 탐색을 말한다. 다른 말로는 '휴리스틱 탐색(Heuristic Search)'이라고 한다. 여기서 '휴리스틱'은 경험을 기반으로 문제를 해결하거나, 학습하거나, 발견하는 방법을 말한다. 휴리스틱은 상황과 직관에 따라 행동해 시행착오를 겪고, 이를 바탕으로 지식을 얻고, 다시 생각을 발전시키는 인간 사고의 전형적인 과정이다.

정보 이용 탐색에는 '언덕 오르기 방법', '최상우선 탐색', '빔 탐색', 'A* 알고리즘', '다익스트라 알고리즘' 등 다양한 방법이 개발돼 사용되고 있다. **여기서는 각각의 알고리즘과 각 알고리즘 사이의 관계를 중심으로 설명한다.**

언덕 오르기 방법

언덕 오르기 방법은 탐색을 수행하면서 현재 노드에서 선택 가능한 것 중 휴리스틱에 따른 평가값이 가장 좋은 것을 선택해 탐색해 나가는 방법이다. 따라서 '**탐욕 알고리즘(Greedy Algorithm)**'이라고도 한다.

이 방법의 특징은 다음과 같다.

- 현상태를 바탕으로 연결된 이웃 상태만을 고려하므로 지역 탐색(Local Search)이다.
- 휴리스틱을 사용한다.
- 가장 좋은 것을 선택한다.

언덕 오르기 방법을 이해하기 위해 [그림 2 – 31]을 살펴보자.

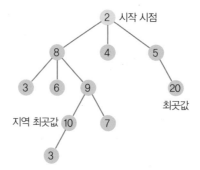

[그림 2-31] 트리 구조에 대한 언덕 오르기 방법의 적용 예

[그림 2 – 31]의 트리에 각 노드의 값들이 할당돼 있다. **문제는 주어진 트리에서 가장 큰 값을 찾는 것이다.** 이 문제에 언덕 오르기 방법을 적용해 탐색하면 다음 과정을 거친다.

① 시작점은 2점이다. 연결된(이웃하는) 노드의 값 중 가장 큰 값을 찾는다.

② 8이 선택됐다. 8에 연결된 노드의 값 중 가장 큰 값을 찾는다.

③ 9가 선택됐다. 9에 연결된 노드의 값 중 가장 큰 값을 찾는다.

④ 10이 선택됐다. 10에 연결된 노드의 값 중 가장 큰 값을 찾는다.

⑤ 3은 10보다 작으므로 10이 가장 큰 값이라는 결론을 내린다.

[그림 2 – 31]을 보면, 실제로 가장 큰 값은 '20'이다. 하지만 언덕 오르기 방법을 사용하면 20을 찾아 낼 수 없다. 언덕 오르기 방법은 쉽고 편리한 탐색 방법이기는 하지만, 항상 최곳값을 찾아 낸다는 보장이 없다. 실무에 적용할 수 있는 환경은 다양하므로 특정 상황에서 적용할 수 있는 대안 중 하나이다.

▌최상우선 탐색

최상우선 탐색은 언덕 오르기 방법이 최곳값을 찾아 내지 못하는 단점을 극복하고자 개발된 방법으로, 선택되지 못한 인접 노드도 동시에 고려한다.

최상우선 탐색의 과정

[그림 2 – 31]을 활용해 최상우선 탐색을 수행 과정을 살펴보면 다음과 같다.

- 1단계: 시작점에서 인접한 노드 중 가장 큰 값을 선택한다.

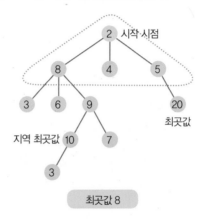

- 2단계: 선택된 큰 값에 인접한 노드와 앞서 선택한 노드들 중 가장 큰 값을 선택한다.

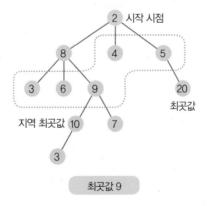

- 3단계: 선택된 큰 값에 인접한 노드와 앞서 선택한 노드들 중 가장 큰 값을 선택한다.

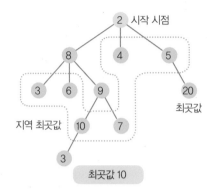

- 4단계: 선택된 큰 값에 인접한 노드와 앞서 선택한 노드들 중 가장 큰 값을 선택한다.

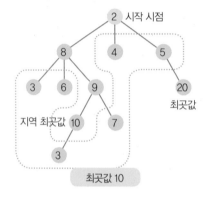

- 5단계: 선택된 큰 값에 인접한 노드와 앞서 선택한 노드들 중 가장 큰 값을 선택한다.

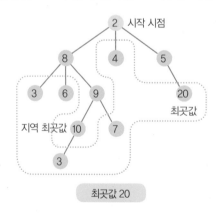

최상우선 탐색은 언덕 오르기 방법과 달리, 최곳값을 성공적으로 찾아 낸다. 다만, 노드가 많고 복잡해지면 검색해야 할 대상이 증가해 탐색의 효율이 문제가 된다. 이 점을 개선하기 위해 개발된 방법이 '빔 탐색'이다.

빔 탐색

빔 탐색은 최상우선 탐색이 최곳값을 찾아 낼 수는 있지만, 검색해야 하는 대상이 너무 많아지는 단점을 극복하기 위해 개발된 것이다. 검색할 대상의 숫자를 제한하면 검색 대상이 늘어나는 것을 조정할 수 있다.

빔 탐색 과정

[그림 2 – 32]를 사용해 빔 탐색을 수행 과정을 살펴보자. 빔 탐색을 위한 w의 값을 2로 설정했다고 가정한다(아래의 것 중 2개만 고려).

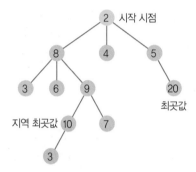

[그림 2 – 32] 트리 구조에 대한 빔 탐색의 적용 예

① 2에서 시작한다.

② 2와 연결된 3개 중 w = 2이므로 2개를 선택한다. 8, 5가 선택된다.

③ 8에 연결된 3개 중 2개를 선택한다. 6, 9가 선택된다.

④ 5에 연결된 것은 1개이므로 20이 선택된다.

⑤ 6은 아래가 없으므로 6이다.

⑥ 9는 10, 7이 선택된다.

⑦ 7은 아래가 없으므로 7, 10은 아래가 3이므로 3이 선택된다.

이상 모든 것에 대한 탐색을 마쳤고, 최곳값은 20이다.

빔 탐색은 w의 값에 따라 탐색의 효율이 조정되는 기법이다. w의 값이 크다면 최상우선 탐색과 동일하게 작동할 것이고, w의 값이 1이라면 언덕 오르기 방법과 같이 작동할 것이다. 결국 언덕 오르기 방법, 최상우선 탐색 그리고 빔 탐색은 주어진 환경에서 최적의 값을 찾는 방법이고, 어떤 상황에서 어떤 방법을 선택할 것인지에 대한 것은 문제를 파악한 분석가가 선택해야 한다.

▌A* 알고리즘

A* 알고리즘은 시작점과 끝점이 주어진 상태에서 최단 경로를 찾는 알고리즘이다. 일반적으로 '최단 경로 문제'라고도 하며, 실무에 많이 사용하는 기법이다.

A* 알고리즘의 예

A* 알고리즘을 이해하기 위해 [그림 2-33]의 예를 사용한다. 여기서 A와 G 사이의 최단 경로를 탐색한다.

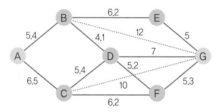

[그림 2-33] A* 알고리즘을 설명하기 위한 예

[그림 2-33]은 A와 G 사이에 여러 노드를 거쳐갈 수 있는 경로가 있다는 것을 보여 주고, 각 경로의 거리를 표현하고 있다. 이 문제에서 알고리즘을 이용해 A와 G 사이의 최단 경로를 구해 보자.

A* 알고리즘의 탐색 과정

본격적인 최단 경로 탐색 과정은 다음과 같다. 먼저, 알고리즘을 적용하기 위해서는 오픈 리스트(Open List)와 클로즈 리스트(Close List)를 준비하고, F, G, H 등의 의미를 알아야 한다.

- 준비 단계: 시작점인 A 노드(정점)에서 목적지인 G 노드로 가는 최단 경로를 A* 알고리즘으로 찾아보자. 오픈 리스트와 클로즈 리스트를 준비한다.

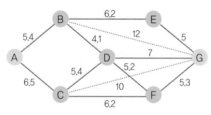

Open List(=O)		Close List(=C)	
Node ID		Node ID	
F Score		F Score	
G Score		G Score	
H Score		H Score	
Parent Node		Parent Node	

알고리즘을 수행하는 데는 2개의 저장소가 필요하다.
- O(Open list): 상태값이 갱신되는 곳
- C(Close list): 처리 완료된 노드를 저장하는 곳
- F = G + H
- G는 시작 노드에서 해당 노드까지의 값
- H는 해당 노드에서 최종 노드까지의 추정값
- Parent Node는 해당 노드에 도달하기 직전에 거치는 노드

- 1단계: A 노드에서 시작하므로 A 노드의 정보를 클로즈 리스트에 추가한다. A 노드에 연결되는 B, C 노드 정보를 오픈 리스트에 추가한다. C 노드의 F 값이 작으므로 C 노드를 클로즈 리스트로 이동시킨다.

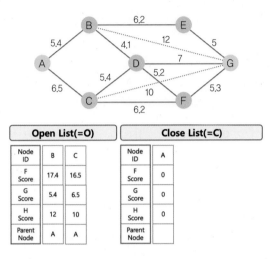

Node ID	B	C
F Score	17.4	16.5
G Score	5.4	6.5
H Score	12	10
Parent Node	A	A

Open List(=O)

Node ID	A
F Score	0
G Score	0
H Score	0
Parent Node	

Close List(=C)

- 2단계: C 노드에서 시작하므로 C 노드에 연결되는 D, F 정보를 오픈 리스트에 추가한다. 오픈 리스트 중 B 노드의 F 값이 가장 작으므로 클로즈 리스트로 이동시킨다.

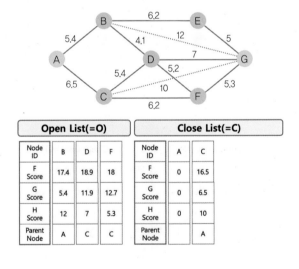

Node ID	B	D	F
F Score	17.4	18.9	18
G Score	5.4	11.9	12.7
H Score	12	7	5.3
Parent Node	A	C	C

Open List(=O)

Node ID	A	C
F Score	0	16.5
G Score	0	6.5
H Score	0	10
Parent Node		A

Close List(=C)

- **3단계**: B 노드에서 시작하므로 B 노드에 연결된 D, E 정보를 오픈 리스트에 추가한다. D 정보가 2개이므로 이 중 값이 작은 것을 채택한다. D 노드의 F 값이 가장 작으므로 클로즈 리스트로 이동시킨다.

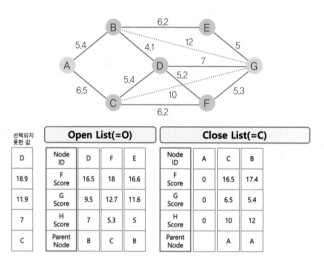

선택되지 못한 값	**Open List(=O)**				**Close List(=C)**			
D	Node ID	D	F	E	Node ID	A	C	B
18.9	F Score	16.5	18	16.6	F Score	0	16.5	17.4
11.9	G Score	9.5	12.7	11.6	G Score	0	6.5	5.4
7	H Score	7	5.3	5	H Score	0	10	12
C	Parent Node	B	C	B	Parent Node		A	A

- **4단계**: D 노드에서 시작하므로 D 노드에 연결된 F, G 정보를 오픈 리스트에 추가한다. F 노드 정보가 2개이므로 이 중 값이 작은 것을 채택한다. G 노드가 가장 값이 작으므로 클로즈 리스트로 이동시킨다.

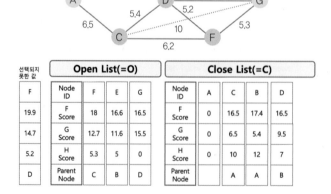

선택되지 못한 값	**Open List(=O)**				**Close List(=C)**				
F	Node ID	F	E	G	Node ID	A	C	B	D
19.9	F Score	18	16.6	16.5	F Score	0	16.5	17.4	16.5
14.7	G Score	12.7	11.6	15.5	G Score	0	6.5	5.4	9.5
5.2	H Score	5.3	5	0	H Score	0	10	12	7
D	Parent Node	C	B	D	Parent Node		A	A	B

- 5단계: 최종 노드인 G가 클로즈 리스트에 있으므로 종료한다. 최종 경로는 G에서 시작해 Parent Node를 따라간다. G – D – B – A이다.

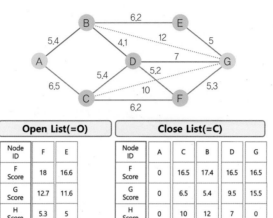

Open List(=O)		
Node ID	F	E
F Score	18	16.6
G Score	12.7	11.6
H Score	5.3	5
Parent Node	C	B

Close List(=C)					
Node ID	A	C	B	D	G
F Score	0	16.5	17.4	16.5	16.5
G Score	0	6.5	5.4	9.5	15.5
H Score	0	10	12	7	0
Parent Node		A	A	B	D

A* 알고리즘이 수행되는 절차를 파악한 후에는 프로그램으로 구현해 사용한다. 현시점에서는 A* 알고리즘이 수행되는 과정을 이해하는 것만으로도 충분하다.

▌다익스트라 알고리즘

다익스트라 알고리즘은 시작점은 있지만, 특정 목표 지점은 없고, 특정 노드까지의 최단 경로를 구할 때 사용한다. A* 알고리즘은 시작과 목표가 있지만, 다익스트라 알고리즘은 목표 노드가 없이 원하는 특정 노드까지의 최단 거리를 구하는 데 사용한다.

다익스트라 알고리즘의 예

알고리즘을 이해하기 위해 [그림 2 – 34]의 예를 사용해 알고리즘의 수행 절차를 파악해 보자.

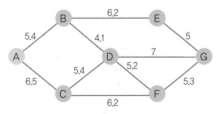

[그림 2 – 34] 다익스트라 알고리즘을 설명하기 위한 예

[그림 2-34]는 A에서 여러 노드를 거쳐갈 수 있는 경로가 있다는 것을 보여 주고, 각 경로의 거리를 표현하고 있다. 알고리즘을 이용해 A와 특정 노드 사이의 최단 경로를 구해 보자.

- 준비 단계: 시작점인 A 노드(정점)에서 다른 노드까지 가는 최단 경로를 다익스트라 알고리즘으로 찾아보자. 알고리즘을 수행하기 위해 S, D, T 저장소를 준비한다.

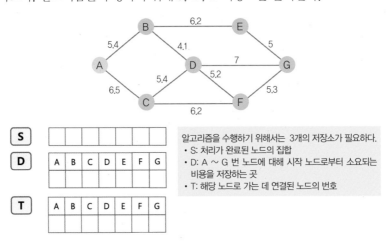

알고리즘을 수행하기 위해서는 3개의 저장소가 필요하다.
- S: 처리가 완료된 노드의 집합
- D: A ~ G 번 노드에 대해 시작 노드로부터 소요되는 비용을 저장하는 곳
- T: 해당 노드로 가는 데 연결된 노드의 번호

- 1단계: 시작점을 A 노드로 하면 저장소 S에 A를 넣고, 저장소 D의 A에 0을 넣는다. 저장소 T의 A는 비운다. 그 다음 저장소 D에는 A와 연결된 B, C에 A와의 거리값을 넣는다. 저장소 T에는 A와 연결되는 B, C에 A를 각각 넣는다. 여기까지의 결과로 보면 T 저장소를 참고할 때, C로 가는 가장 빠른 경로는 A를 거치는 것이다.

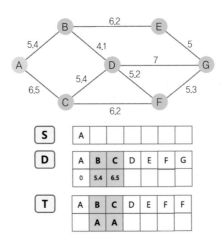

- 2단계: 저장소 D에 있는 A, B, C 중 A는 저장소 S에 있으므로 고려하지 않는다. 나머지 B, C 중에서 B가 값이 작으므로 저장소 S에 B를 추가한다. B 노드에 연결된 A, D, E 노드가 있다. A는 저장소 S에 있으므로 고려하지 않는다. 저장소 D에 B 노드에 연결된 D, E 노드에 B를 거쳐 가는 거리를 쓴다. 저장소 T의 D, E 노드에 B를 쓴다.

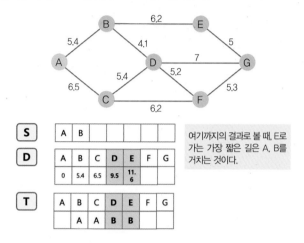

S	A	B					

여기까지의 결과로 볼 때, E로 가는 가장 짧은 길은 A, B를 거치는 것이다.

D	A	B	C	D	E	F	G
	0	5.4	6.5	9.5	11.6		

T	A	B	C	D	E	F	G
		A	A	B	B		

- 3단계: 저장소 D의 C, D, E 중에서 C의 값이 가장 작으므로 C를 저장소 S에 추가한다. C 노드에 연결된 A, D, F 노드가 있다. A는 저장소 S에 있으므로 고려하지 않는다. 저장소 T의 D, F 노드에 C를 쓸 수 있다. 이때 D는 B와 C를 거쳐갈 수 있으므로 거리를 계산해 짧은 것을 사용한다(B를 거치는 것을 선택한다).

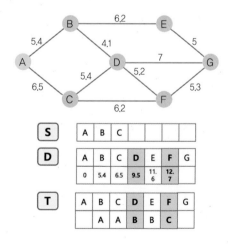

S	A	B	C				

D	A	B	C	D	E	F	G
	0	5.4	6.5	9.5	11.6	12.7	

T	A	B	C	D	E	F	G
		A	A	B	B	C	

- **4단계:** 저장소 D에서 저장소 S에 있는 A, B, C를 뺀 나머지에서 가장 값이 작은 D를 선택한다. D 노드를 저장소 S로 이동한다. D 노드에 연결된 B, C, F, G 노드 중에서 B, C는 저장소 S에 있으므로 고려하지 않는다. 저장소 T의 F, G 노드에 D를 쓸 수 있다. 이때 F는 C, D를 거쳐갈 수 있으므로 거리를 계산해서 짧은 것을 사용한다(C를 거치는 것을 선택한다).

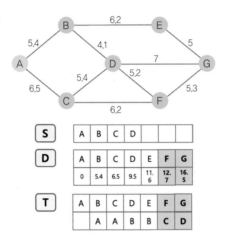

- **5단계:** 저장소 D에서 저장소 S에 있는 A, B, C, D를 제외한 나머지에서 가장 값이 작은 E 노드를 저장소 S로 이동한다. E 노드에 연결된 B, G 노드가 있다. B 노드는 저장소 S에 있으므로 고려하지 않는다. 저장소 T의 G 노드에 D, E를 쓸 수 있다. 거리를 계산하여 짧은 것을 사용한다(D를 거치는 것을 선택한다).

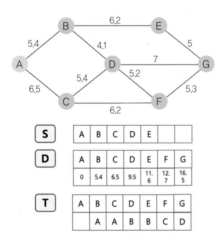

- 6단계: 저장소 D에서 저장소 S에 있는 A, B, C, D, E를 제외한 F, G 중에서 값이 가장 작은 F를 저장소 S로 이동한다. 저장소 T의 G 노드에 연결된 D, E, F 노드가 있다. 거리가 짧은 것을 채택한다(D를 거치는 것을 선택한다). 저장소 D에서 마지막 남은 G를 저장소 S로 이동한다.

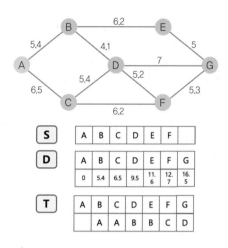

S	A	B	C	D	E	F	

D	A	B	C	D	E	F	G
	0	5.4	6.5	9.5	11.6	12.7	16.5

T	A	B	C	D	E	F	G
		A	A	B	B	C	D

- 7단계: 특정 노드까지 가는 최단 경로를 확인한다. 경로의 확인은 저장소 T를 이용하여 수행한다. C, D는 S에 있으므로 생략한다. T의 G 노드에 D, E, F를 쓸 수 있다. 이때 G는 D, E, F를 거쳐갈 수 있으므로 거리를 계산해 짧은 것을 사용한다(D를 거치는 것을 선택한다). D에서 값이 가장 작은 G를 S로 이동시킨다.

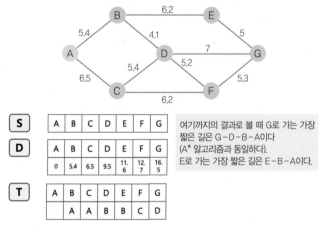

S	A	B	C	D	E	F	G

D	A	B	C	D	E	F	G
	0	5.4	6.5	9.5	11.6	12.7	16.5

T	A	B	C	D	E	F	G
		A	A	B	B	C	D

여기까지의 결과로 볼 때 G로 가는 가장 짧은 길은 G-D-B-A이다 (A* 알고리즘과 동일하다). E로 가는 가장 짧은 길은 E-B-A이다.

앞 단계를 통해 다익스트라 알고리즘이 수행되는 절차를 파악할 수 있다. 알고리즘을 실무에 사용하려면 프로그램으로 구현해야 한다. 현시점에서는 알고리즘이 수행되는 과정을 이해하는 것만으로도 충분하다. 지금 단계에서 다익스트라와 A* 알고리즘의 수행 단계를 자신의 스타일로 정리해 보기를 권한다. 그리고 2개의 알고리즘을 각각 어디에 사용하면 좋을지 생각해 보자.

ID3 알고리즘

ID3 알고리즘은 1973년 로즈 퀸란(Ross Quinian)이 개발했다. 이것은 의사결정 트리 분류의 대표적인 알고리즘으로, 의사결정 트리의 원리를 이해하기 위한 첫걸음이다. ID3 알고리즘에 기반을 두고 의사결정 트리에 사용하는 CART, CHAID 알고리즘이 개발됐다. 이는 **Part 3의 5.2. 의사결정 트리**에서 다룬다. 독자들이 쉽게 이해할 수 있도록 수식이나 프로그램을 사용하지 않고 예를 중심으로 설명한다. 이 과정을 통해 CART나 CHAID와 같은 의사결정 트리 알고리즘이 어떻게 작동하는지 이해할 수 있다.

ID3 알고리즘의 개요

ID3 알고리즘은 주어진 데이터를 바탕으로 휴리스틱(시행착오) 방법에 따라 의사결정 트리를 제작하는 방법으로, 수치 및 범주형 데이터는 물론, 대규모 데이터에서도 잘 작동한다. 엔트로피(Entropy, 평균 정보량)를 기준으로 트리를 구성하는 알고리즘이며, 엔트로피는 다음과 같은 식으로 계산할 수 있다.

$$엔트로피 = -\sum p(x) \times \log_x p(x)$$

엔트로피를 계산하는 방법을 예제를 통해 살펴보자. 공이 8개 들어 있는 주머니에 빨간색 공이 3개, 파란색 공이 5개 들어 있는 경우, 전체 공은 8개(빨간색 공 3개, 파란색 공 5개)이며, 빨간색, 파란색의 2가지로 분류되므로 다음과 같이 계산할 수 있다.

$$엔트로피 = \left(-\frac{3}{8}\log_2\frac{3}{8}\right) + \left(-\frac{5}{8}\log_2\frac{5}{8}\right) = 0.53063 + 0.4237 = 0.953$$

ID3 알고리즘의 탐색 과정

① 루트 노드를 생성한다.

② 현재 트리에서 모든 단말 노드에 대해 다음 과정을 반복한다.

- 먼저 해당 노드의 표본이 같은 클래스이면 해당 노드는 단말 노드가 되고, 해당 클래스로 레이블을 부여한다.
- 더 이상 사용할 수 있는 속성이 없으면 수행을 종료한다.
- 정보 획득(Information Gain)이 높은 속성을 선택해 노드를 분할한다.

ID3 알고리즘의 예

외출(Play)을 결정하기 위한 고려 요소가 날씨(Outlook), 온도(Temperature), 습도(Humidity), 바람(Windy)이라고 가정해 보자. 요소별로 특정 상태일 때 외출(Play) 여부에 대한 자료는 [표 2-3]과 같다. **주어진 자료를 이용해 의사결정을 효과적으로 하기 위한 절차를 만드는 것이다.**

[표 2 – 3]은 4가지 요소의 상태에 따라 외출 여부를 보여 주고 있는데, 이를 바탕으로 표준화된 의사결정 절차를 만들어 보자. 우선 [표 2–3]을 살펴보고, 어떤 것을 기준으로 외출 여부에 대한 의사결정을 해야 하는지 생각해 보자. **[표 2–3]만으로는 외출 여부를 결정하기가 어렵다. 더욱이 고려할 요소가 늘어난다면 단순히 표의 형태로 정리한 것은 도움이 되지 않는다.** 이때 표로 주어진 자료를 의사결정 트리로 만들면 유용하게 사용할 수 있다.

Outlook	Temperature	Humidity	Windy	Play?
sunny	hot	high	FALSE	No
sunny	hot	high	TRUE	No
overcast	hot	high	FALSE	Yes
rain	mild	high	FALSE	Yes
rain	cool	normal	FALSE	Yes
rain	cool	normal	TRUE	No
overcast	cool	normal	TRUE	Yes
sunny	mild	high	FALSE	No
sunny	cool	normal	FALSE	Yes
rain	mild	normal	FALSE	Yes
sunny	mild	normal	TRUE	Yes
overcast	mild	high	TRUE	Yes
overcast	hot	normal	FALSE	Yes
rain	mild	high	TRUE	No

[표 2–3] ID3 알고리즘을 설명하기 위한 예

우선 외출(Play) 여부에 대한 엔트로피를 계산해 보자. [표 2–3]에 Yes가 9개, No가 5개(총 14개) 있으므로 이를 이용해 엔트로피를 계산한다.

$$E(Play) = \left(-\frac{5}{14} \log_2 \frac{5}{14} \right) + \left(-\frac{9}{14} \log_2 \frac{9}{14} \right) = No의\ 엔트로피 + Yes의\ 엔트로피 = 0.94$$

목표인 외출에 대한 엔트로피를 구했다면, 다음 단계는 목표에 영향을 미치는 요인인 날씨, 온도, 습도, 바람에 대한 엔트로피를 구한다.

우선 날씨에 대한 엔트로피를 구해 보자. [표 2 – 3]을 날씨와 외출의 관계로 다시 정리하면 다음과 같다.

		Play		
		Yes	No	Total
Outlook	sunny	3	2	5
	overcast	4	0	4
	rain	3	2	5

$E(Play, \ Outlook) = p(sunny) \times E(3,2) + p(rainy) \times E(3,2) + p(overcast) \times E(4,0)$

$E(Play, \ Outlook) = \dfrac{5}{14} \times \left[(-\dfrac{3}{5} \times \ \log_2 \dfrac{3}{5}) + (-\dfrac{2}{5} \times \ \log_2 \dfrac{2}{5}) \right] + \cdots\cdots$

$E(Play, \ Outlook) = 0.36 \times 0.971 + 0.36 \times 0.971 + 0$

$E(Play, \ Outlook) = 0.6935$

온도에 대한 엔트로피를 구해 보자. [표 2 – 3]을 온도와 외출의 관계로 정리하면 다음과 같다.

		Play		
		Yes	No	Total
Temp..	hot	2	2	4
	mild	4	2	6
	cool	3	1	4

$E(Play, \ Temp) = p(hot) \times E(2,2) + p(mild) \times E(4,2) + p(cool) \times E(3,1)$

$E(Play, \ Temp) = \dfrac{4}{14} \times \left[(-\dfrac{1}{2} \times \ \log_2 \dfrac{1}{2}) + (-\dfrac{1}{2} \times \ \log_2 \dfrac{1}{2}) \right] + \cdots\cdots$

$E(Play, \ Temp) = 0.2857 + 0.3935 + 0.2317$

$E(Play, \ Temp) = 0.911$

습도에 대한 엔트로피를 구해 보자. [표 2 – 3]을 습도와 외출의 관계로 정리하면 다음과 같다.

		Play		
		Yes	No	Total
Humidity	high	3	4	7
	normal	6	1	7

$E(Play, \ Humidity) = p(high) \times E(3,4) + p(normal) \times E(6,1)$

$E(Play, \ Humidity) = 0.7884$

바람에 대한 엔트로피를 구해 보자. [표 2 – 3]을 바람과 외출의 관계로 정리하면 다음과 같다.

		Play		
		Yes	No	Total
Windy	TRUE	3	3	6
	FALSE	6	2	8

$E(Play, \ Windy) = p(True) \times E(3,3) + p(False) \times E(6,2)$

$E(Play, \ Windy) = 0.8921$

여기까지 계산을 완료했으므로 요인별 정보 이득을 구하면 E(Play) = 0.94, E(Play, Outlook) = 0.6935와 같고, 이를 빼면 0.25가 된다.

$$E(Play) - E(Play, Outlook) = 0.25$$
$$E(Play) - E(Play, Temp) = 0.02$$
$$E(Play) - E(Play, Humidity) = 0.1514$$
$$E(Play) - E(Play, Windy) = 0.047$$

정보 이득이 가장 큰 것은 날씨이다. 따라서 [표 2-3]의 데이터를 분류하기 위한 의사결정 트리는 날씨를 기준으로 한다. 분류 결과는 [그림 2-35]와 같다.

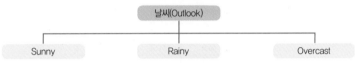

[그림 2-35] Outlook을 기준으로 분류한 것

[그림 2-35]의 자료를 날씨 중 Sunny, Rainy, Overcast를 기준으로 재작성한다. Sunny를 기준으로 재작성하면 [그림 2-36]과 같다.

Outlook	Temperature	Humidity	Windy	Play?
sunny	hot	high	FALSE	No
sunny	hot	high	TRUE	No
sunny	mild	high	FALSE	No
sunny	cool	normal	FALSE	Yes
sunny	mild	normal	TRUE	Yes

[그림 2-36] 날씨-Sunny를 기준으로 재작성된 표

[그림 2-36]을 근거로 Sunny의 엔트로피 E(Sunny)를 앞과 동일하게 계산하고, 여기에 영향을 미치는 온도, 습도, 바람에 대해 각각 엔트로피를 구한다(계산 과정은 앞과 동일). 그 결과, **정보 이득이 가장 큰 것은 습도이다.** 따라서 트리는 [그림 2-37]과 같은 모습을 띤다.

$$E(Sunny) - E(Sunny, Temp) = 0.57$$
$$E(Sunny) - E(Sunny, Humidity) = 0.97$$
$$E(Sunny) - E(Sunny, Windy) = 0.019$$

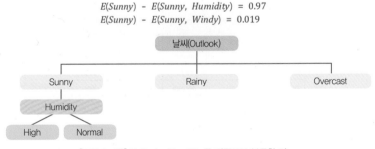

[그림 2-37] Outlook-Humidity를 기준으로 분류한 것

[그림 2-37]을 보면, 습도 밑에 High, Normal로 분류했다. 그 이유는 Sunny 밑에 있는 Humidity는 High, Normal의 2가지 값을 갖는데, 이때 High이면 Play가 전부 No이므로 High 밑으로 더 분리할 필요가 없기 때문이다. Normal인 경우에도 Play가 전부 Yes이므로 Normal 밑으로 더 분리할 필요가 없다. 따라서 [그림 2-37]처럼 Sunny-Humidity는 High, Normal로 종료된다.

다음은 **Rainy를 기준으로 재작성한 것을 보여 준다.** 앞과 동일한 과정이며, Rainy일 때의 온도와 바람일 때의 엔트로피를 계산한다.

Outlook	Temperature	Windy	Play?
rain	mild	FALSE	Yes
rain	cool	FALSE	Yes
rain	cool	TRUE	No
rain	mild	FALSE	Yes
rain	mild	TRUE	No

$$E(Rainy) - E(Rainy,\ Temp) = 0.02$$
$$E(Rainy) - E(Rainy,\ Windy) = 0.97$$

Rainy인 경우, 바람의 엔트로피가 높으므로 이를 선택한다. 이때 바람이 False이면 외출은 Yes, True이면 No이므로 별도로 분리할 필요 없이 [그림 2-38]과 같은 모양이 된다.

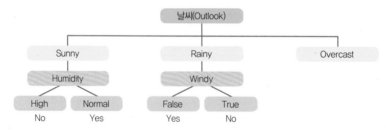

[그림 2-38] Outlook-Humidity-Windy를 기준으로 분류한 것

다음은 **Overcast를 기준으로 재작성한 것을 보여 준다.**

Outlook	Temperature	Humidity	Windy	Play?
overcast	hot	high	FALSE	Yes
overcast	cool	normal	TRUE	Yes
overcast	mild	high	TRUE	Yes
overcast	hot	normal	FALSE	Yes

Overcast의 경우, 어떤 조건이 되어도 외출이 Yes이므로 별도로 분리할 필요가 없다. 따라서 여기서 종료한다. 최종 그림은 [그림 2 – 39]가 된다.

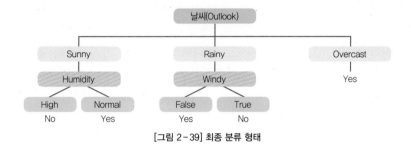

[그림 2 – 39] 최종 분류 형태

[그림 2 – 39]를 보면 표 [2–3]과 같은 상황에서 어떤 기준으로 외출할 것인지를 결정하면 되는지 알 수 있다.

- 우선 날씨에 따라 Sunny, Rainy, Overcast로 나눠 의사결정을 수행한다.
- 날씨가 Sunny의 경우에는 습도에 따라 의사결정을 한다.
- 날씨가 Rainy의 경우에는 바람에 따라 의사결정을 한다.
- 날씨가 Overcast인 경우에는 별도의 의사결정이 필요 없다.

[그림 2 – 39]는 약간 보완할 부분이 있다. 독자의 이해를 돕기 위해 날씨, 습도, 바람과 Sunny, Rainy, Overcast는 같은 수준이 아닌데, 같은 것처럼 표현했다. 이 점에 유의해 내용을 이해해야 한다.

의사결정을 할 때는 많은 요소를 고려해야 한다. 이런 상황에서 어떤 요소를 어떻게 고려할지에 대한 것을 체계적으로 정리한 것이 ID3 알고리즘이다. 이것에 약간의 변형을 추가해 만들어진 것이 '의사결정 트리'이다. ID3 알고리즘은 실무에 많이 사용되고, 스팸 메일을 식별하는 방안으로 적용되는 기법의 원리이다. 이 원리에 추가할 사항이나 고려 요소를 더해 자신만의 알고리즘을 만들어 볼 수 있는데, CART, CHAID 알고리즘이 이러한 과정을 거쳐 개발된 것이다.

여기서 ID3 알고리즘의 계산 과정을 모두 다룰 수는 없지만, 이 부분을 직접 계산해 보기 바란다. 앞으로는 대부분 컴퓨터 프로그램으로 계산하게 돼 필요 없겠지만, 직접 계산해 보면 알고리즘에 대해 좀 더 깊이 있게 이해하게 될 것이다.

게임 탐색(Game Search)은 틱택토, 체스, 장기, 바둑과 같은 게임의 참가자가 이기기 위해 매 순간 최선의 방법을 찾는 것을 모방한 것으로, '게임 문제'라고도 한다. 게임 탐색에 사용하는 알고리즘에는 여러 가지가 있지만, 대표적으로 '미니맥스 알파베타 가지치기'와 '몬테카를로 트리 탐색'이 많이 사용되므로 이를 중심으로 설명한다.

▌ 미니맥스 알파베타 가지치기

체스와 같은 게임에서는 자신의 순서에서 최댓값을 선택하고, 상대방의 순서에서 최솟값을 선정하는 과정이 반복적으로 수행되는데, 이를 '미니맥스 알고리즘'이라고 한다. 미니맥스 알고리즘에서 고려할 필요가 없는, 가지를 제거하는 방법을 '알파베타 가지치기'라고 한다. 이 중 알파 컷오프는 최소 점수를 선택하면서 이미 저장된 점수보다 큰 점수의 노드가 나오면 제외하는 것, 베타 컷오프는 최대 점수를 선택하면서 이미 저장된 점수보다 작은 점수의 노드가 나오면 제외하는 것을 말한다.

미니맥스 알파베타 가지치기의 예

일반적으로 미니맥스 알고리즘과 알파베타 가지치기는 함께 사용되므로 이를 합쳐 '미니맥스 알파베타 가지치기'라고 표현한다. [그림 2-40]의 예를 이용해 미니맥스 알파베타 가지치기를 적용해 보자. [그림 2-40]의 예와 그 내용을 먼저 살펴보자.

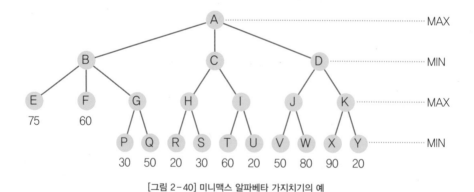

[그림 2-40] 미니맥스 알파베타 가지치기의 예

나와 당신이 돌아가면서 게임을 한다.

나는 A에 있고, 나는 선택할 수 있는 B, C, D 중 최댓값을 선택한다.

당신은 나에게 최솟값을 줄 것이다.
B를 당신에게 줬다면 E, F, G 중 최솟값을 선택한다.
C를 당신에게 줬다면 H, I 중 최솟값을 선택한다.
D를 당신에게 줬다면 J, K 중 최솟값을 선택한다.

내가 E를 받으면 75점을 받고,
내가 F를 받으면 60점을 받고,
내가 G를 받으면 P, Q 중 최댓값을 선택할 것이다.
내가 H를 받으면 R, S 중 최댓값을 선택할 것이다.
내가 I를 받으면 T, U 중 최댓값을 선택할 것이다.
내가 J를 받으면 V, W 중 최댓값을 선택할 것이다.
내가 K를 받으면 X, Y 중 최댓값을 선택할 것이다.

당신은 P, Q 중 최솟값을 선택할 것이다.
당신은 R, S 중 최솟값을 선택할 것이다.
당신은 T, U 중 최솟값을 선택할 것이다.
당신은 V, W 중 최솟값을 선택할 것이다.
당신은 X, Y 중 최솟값을 선택할 것이다.

미니맥스 알파베타 가지치기의 풀이 과정

위와 같은 상황에서 A에 있는 내가 선택할 수 있는 값은 무엇인지 미니맥스 알파베타 가지치기를 이용해 알아보자. [그림 2-40]은 체스와 같은 게임 상황에서 어떤 수를 선택할지에 대해 간략화한 것이고, 이번에는 다음 수로 어떤 것을 선택할지 결정하는 과정이라고 생각하면서 풀이 과정을 살펴보자. 다음 그림을 보고 A에서 선택할 다음 수를 결정해 보자.

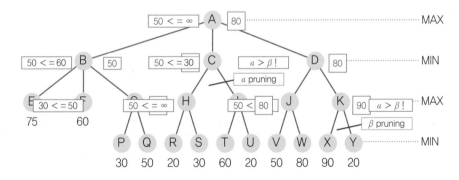

G는 P, Q에서 큰 값을 선택하므로 50이 설정된다.

B는 E, F, G,에서 작은 값이 선택되므로 50이 설정된다.

H는 R, S에서 큰 값이 설정되므로 30이 설정된다.

I에 H의 값인 30보다 큰 값이 나오면 → C는 H의 값을 선택한다.
I에 H의 값이 30보다 작은 값이 나오면 → C는 I의 값을 설정할 것이다.
하지만 그 위 A 단계에서 큰 값을 설정할 것이므로 B의 값인 50이 선정된다.

그러므로 I는 고려할 필요가 없다 → 알파 컷오프(알파 컷오프는 최소 점수를 선택하면서 이미 저장된 점수보다 큰 점수의
노드가 나오면 제외하는 것을 말한다. 따라서 I는 50보다 큰 값이 나오므로 고려할 필요가 없어 컷오프한다)

J는 V, W에서 큰 값을 선택하므로 80이 설정된다.
X가 90이므로 Y가 90보다 크면 K의 값으로 설정되지만, D에는 J의 값인 80이 설정된다.
X가 90이므로 Y가 90보다 작으면 K에는 X의 값인 90이 설정되지만, D에는 J의 값인 80이 설정된다.

그러므로 Y는 고려할 필요가 없다. → 베타 컷오프(최대 점수를 선택하면서 이미 저장된 점수보다 작은 점수의
노드가 나오면 제외하는 것)

D에 80이 설정된다.

그러므로 A는 80이 설정된다. 큰 값을 선택하기 때문이다.

미니맥스 알고리즘을 실무에 적용할 때 다양한 경우의 수로 인해 계산할 수 없게 되는 경우가 많다. 이때 알파베타 가지치기를 적용하면 다양한 경우의 수를 줄여 미니맥스 알고리즘의 활용도를 높일 수 있다. 즉, 알파 컷오프는 최소 점수 선택에서 사용하고, 베타 컷오프는 최대 점수 선택에서 사용한다고 생각하면 쉬울 것이다. 알파베타 가지치기는 경우의 수가 많아지는 상황에서 조금이라도 연산을 줄여 빠르고 정확한 답을 얻고자 하는 것이다.

▌ 몬테카를로 트리 탐색

'몬테카를로'는 '무작위(Random)'라는 의미이다. 즉, 현상태에서 게임 종료 시까지 무작위 선택으로 플레이를 수행한 후 승률이 높은 것을 가치가 있는 선택으로 판단하는 방법이다. 참고로 현상태에서 게임 종료 시까지 무작위 플레이(Random Play)를 수행하는 것을 '플레이아웃(Playout)'이라고 한다.

원시 몬테카를로 트리 탐색

앞서 설명한 미니맥스 알파베타 가지치기는 바둑, 체스와 같은 게임에서의 의사결정에 논리적이고 효율적인 방안을 제시하고 있다. 하지만 게임이 커지면 [그림 2-40]과 같은 게임 트리(게임을 구성하는 각 노드 선택의 값이 정해진 트리)를 만들기 어렵다. 따라서 복잡한 게임에서도 활

용 가능한 방법으로 개발된 것이 '원시 몬테카를로 트리 탐색'이다. 즉, 원시 몬테카를로 트리 탐색은 플레이아웃을 지정된 숫자만큼 수행해 그 결과를 활용하는 방법이다.

게임을 수행해 보면 원시 몬테카를로 트리 탐색을 이용한 방법은 일반적인 무작위(Random) 방법에는 압승을 하지만, 모든 경우를 고려하는 알파베타 가지치기에는 28% 정도밖에 승리하지 못한다. 하지만 복잡한 문제의 경우, 알파베타 가지치기와 같이 모든 경우를 고려하는 것이 불가능하므로 원시 몬테카를로 트리 탐색을 사용한다.

몬테카를로 트리 탐색

원시 몬테카를로 트리 탐색에서는 10회 플레이아웃을 수행한 후 9승 1패의 수가 있다면 해당 수(유망한 수)를 선택한다. 하지만 상대가 1패에 해당하는 수를 선택하면 패배할 수밖에 없다. 그래서 '유망한 수'를 깊이 조사해 패배를 예방하려는 목적으로 개발된 방법이 '몬테카를로 트리 탐색'이다.

'몬테카를로 트리 탐색' 또는 **'몬테카를로 개념을 사용한 트리 탐색'**이라고 불리는 이 방법은 구체적으로 게임 트리의 점수를 정하는 함수를 구성하는 대신, 노드를 무작위로 선택하고 진행한 후 결과를 다시 처음으로 피드백하는 과정을 반복해 게임 트리를 만든다. 이 방법의 특징은 확률을 바탕으로 무작위로 노드를 선택하고 최종 단계까지 수행한 후 결과를 피드백하는 과정을 반복 수행하는 것이다. 2006년 이후 주목받기 시작했으며, 미니 바둑(9×9)에서 좋은 성능(결과)을 나타내고 있다. 최근 몬테카를로 트리 탐색을 개선한 UCT가 활용되고 있다. [그림 2-41]은 몬테카를로 트리 탐색 과정을 간단히 나타낸 것이다.

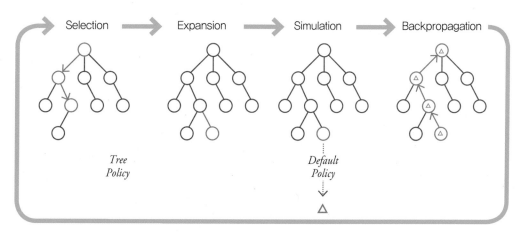

[그림 2-41] 몬테카를로 트리 탐색의 단계

[그림 2 - 41]은 몬테카를로 트리 탐색의 과정을 다음과 같이 설명하고 있다.

① 게임 트리를 구성한다.

② 현재 노드에서 어떤 자식 노드로 가야할 것인지를 결정하기 위해 선택 기능(Selection Function) 인 UTC를 사용해 가장 높은 선택 가치(Selection Value)를 가진 노드를 선택한다(Selection).

③ 선택 과정을 통해 마지막 노드에 도달하면 새로운 노드를 추가한다(Expansion).

④ 새로운 노드에서 게임을 실행한다. 기본적으로 게임이 끝날 때까지 실행한다. 최종적으로 어떤 단계를 거쳐 어떤 플레이어가 이겼는지에 대한 정보를 유지한다(Simulation).

⑤ 앞 단계의 정보를 바탕으로 다시 원래의 위치로 올라가면서 각 노드에 대한 방문 횟수(Visit Count)와 승리 횟수(Win Count)를 증가시킨다(Backpropagation).

⑥ 앞 단계를 유한 반복해 게임 트리를 구성한다.

몬테카를로 트리 탐색 과정의 예

[그림 2 - 42]의 예를 이용해 몬테카를로 트리 탐색이 적용되는 과정을 살펴보자. [그림 2 - 42] 의 목표는 원이 상, 하, 좌, 우로 이동할 수 있고, 사각형의 위치에 도달하는 것이다. 현위치에 서 선택할 수 있는 것은 우, 하의 2가지이고, 이를 '초기 상태'라고 한다. [그림 2 - 41]은 선택 (Selection), 확장(Expansion), 게임(simulation), 데이터 갱신(Backpropagation) 단계로 설명했는 데, 예제에서는 설명의 편의를 위해 선택, 평가, 전개(확장), 갱신(데이터 갱신) 단계로 설명한다.

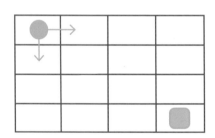

[그림 2-42] 몬테카를로 트리 탐색의 예

초기 상태에는 다음 2가지 변수가 있다.

- 누계 가치: 시뮬레이션을 수행할 때나 노드가 탐색 경로를 지날 때 게임의 결과에 따라 승리 (1), 패배(- 1), 무승부(0)를 더하는 값이다.
- 시행 횟수: 시뮬레이션에서 노드가 탐색 경로를 지날 때 1을 더하는 값이다.

몬테카를로 트리 탐색의 단계별 수행 과정

• **초기 상태**: 앞의 초기 상태에 대한 내용을 그림으로 표현하면 다음과 같다.

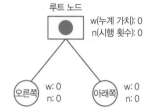 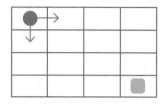

첫 번째 시뮬레이션

• **선택(Selection)**

① 선택은 루트 노드에서 시작한다.

② 선택의 기준은 UCB1(승률 + 바이어스)이 가장 큰 자식 노드(Child Node)를 선택한다.

$$\text{UCB1} = \frac{w}{n} + \sqrt{\left(\frac{2 \times \log(t)}{n}\right)^{\frac{1}{2}}}$$

③ 현시점에서 n = 0이므로 UCB1을 계산할 수 없다. 따라서 먼저 발견한 쪽을 선택한다(여기서는 오른쪽 노드를 먼저 발견했다고 가정한다).

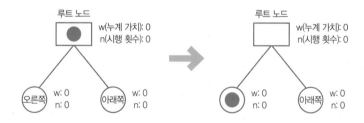

• **평가(Evaluation)**

① 탐색이 리프 노드(Leaf Node, 자식이 없는 노드)에 도착하면 플레이아웃을 실행한다. 즉, 그 위치에서 게임을 임의로 수행한다. 이 동작을 '평가(Evaluation)'라고 한다.

② 게임 종료까지 게임을 수행해 승리(1), 패배(–1), 무승부(0)와 같은 가치를 더한다.

③ 가치를 리프 노드에 추가한다.

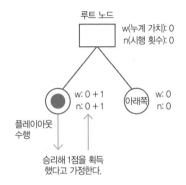

- **전개(Expension)**

　① 플레이아웃 후 리프 노드의 시행 횟수가 임의의 횟수 이상(여기서는 10으로 가정)이 되면, 그 노드가 가진 가능한 자식 노드를 추가한다.

　② 아직 n = 1이므로 자식 노드를 추가하지 않는다(전개하지 않는다).

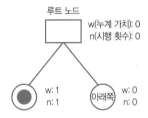

- **갱신(Backup)**

　플레이아웃이 끝나면 전개된 결과가 루트 노드까지 돌아와 w, n 값을 갱신하는데, 이를 '갱신'이라고 한다.

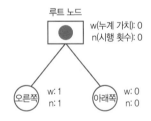

두 번째 시뮬레이션

- **선택 – 평가 – 전개 – 갱신의 과정**

　① 시행 횟수가 0인 리프 노드를 선택한다.

　② 플레이아웃을 실행한 수(시행 횟수)가 10이 아니므로 전개하지 않고, 갱신의 과정을 통해 누계 가치와 시행 횟수를 변경한다.

　③ 이번에 수행한 플레이아웃을 패배로 가정해 예를 제시한다.

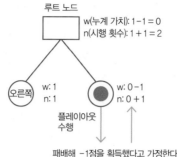

루트 노드
w(누계 가치): 1−1 = 0
n(시행 횟수): 1 + 1 = 2

오른쪽 w: 1
        n: 1

w: 0−1
n: 0 + 1

플레이아웃
수행

패배해 −1점을 획득했다고 가정한다.

세 번째 시뮬레이션

• 선택 – 평가 – 전개 – 갱신의 과정

① 모든 노드의 시행 횟수가 1 이상이 됐으므로 UCB1이 가장 큰 자식 노드를 선택한다.

② 선택된 노드를 대상으로 플레이아웃을 수행한다. 시행 횟수가 10이 아니므로 전개하지 않고, 갱신을 수행한다.

③ 처음 노드(오른쪽)가 UCB1이 높다고 가정하고, 플레이아웃을 전개해 승리했다고 가정해 예를 제시한다.

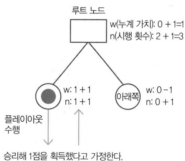

루트 노드
w(누계 가치): 0 + 1=1
n(시행 횟수): 2 + 1=3

w: 1 + 1
n: 1 + 1

아래쪽 w: 0−1
        n: 0 + 1

플레이아웃
수행

승리해 1점을 획득했다고 가정한다.

17번째 시뮬레이션

• 선택 – 평가 – 전개 – 갱신의 과정

앞 과정을 계속 진행한다. 앞과 같은 단계를 거치게 되는데, 리프 노드의 시행 횟수가 10이 되는 시점이 17번째 시도라고 가정한다.

① 시뮬레이션을 반복해 리프 노드의 시행 횟수가 10이 됐을 때 전개를 수행한다.

② 다음 예는 17번째 시뮬레이션에서 시행 횟수가 10이 되는 상황을 가정한 것이다. 10이 되는 시점에서 가능성이 큰 것(w가 높은 것)을 선택하는데, 이 예에서는 오른쪽으로 가는 것을 선택한다. 이때 오른쪽으로 이동한 경우, 선택할 수 있는 가짓수는 2개이다. 따라서 다음 그림에 2개의 분기가 생긴다.

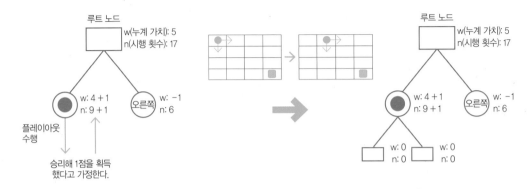

특정 리프 노드에서 일정 시행 횟수(여기서는 10회)를 수행해 봤다. 전체를 해 보지는 않았지만, 어느 정도 검증이 이뤄졌다고 볼 수 있다. 이것이 바로 몬테카를로 트리 탐색의 핵심 아이디어이다.

18번째 시뮬레이션

• 선택 – 평가 – 전개 – 갱신의 과정

① UCB1 또는 임의 선택된 노드를 대상으로 계산해 이를 루트 노드까지 반영한다.

② 앞의 수행 과정을 반복한다.

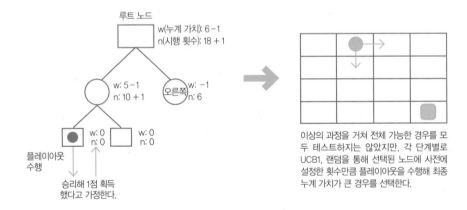

이상의 과정을 거쳐 전체 가능한 경우를 모두 테스트하지는 않았지만, 각 단계별로 UCB1, 랜덤을 통해 선택된 노드에 사전에 설정한 횟수만큼 플레이아웃을 수행해 최종 누계 가치가 큰 경우를 선택한다.

지금까지 미니맥스 알파베타 가지치기, 원시 몬테카를로 트리 탐색 그리고 몬테카를로 트리 탐색까지 트리 구조의 탐색을 위한 알고리즘이 발전해 온 과정을 자세하게 알아봤다. 최근의 알파고와 같은 프로그램에서는 당연히 몬테카를로 트리 탐색을 사용할 것이다. 여기까지 읽은 독자라면 그 이유를 쉽게 알 수 있을 것이다.

제약 조건 만족 문제

제약 조건 만족 문제(Constant Satisfaction Problem)는 주어진 제약 조건을 만족하는 해를 찾는 것이다. 이를 위해 개발된 알고리즘은 '백트래킹 탐색(Backtracking Search)'과 '제약 조건 전파 방법(Constraint Propagation)' 그리고 '분기 한정법(Branch and Bound)'이다. 각 알고리즘의 기본적인 원리를 알아보자.

▌백트래킹 탐색

제약 조건을 만족하는 해를 찾기 위해 가능한 모든 방법을 탐색한다는 아이디어에 기반을 두고 개발된 알고리즘이다. 대표적인 완전 탐색 방법인 깊이우선 탐색을 이용하면서 불필요한 곳은 가지치기(알파베타 가지치기)를 통해 제거하는 방법이다.

백트래킹 탐색의 예

[그림 2 – 43]의 N – Queen을 예로 들어 백트래킹 탐색을 살펴보자.

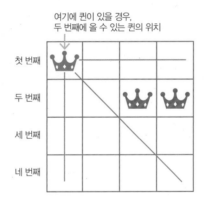

[그림 2 – 43] 백트래킹의 예(N – Queen)

[그림 2 – 43]의 구체적인 제약 조건은 다음과 같다.
• 크기가 N×N인 체스판 위에 퀸 N개를 서로 공격할 수 없게 놓는 문제이다.
• 퀸은 현위치에서 수평, 수직 그리고 대각선으로 움직이면서 공격할 수 있다.

백트래킹 탐색의 풀이 과정

[그림 2-43]에서 앞의 제약 조건을 만족하는 해, 즉 '첫 번째 줄 첫 번째 칸에 퀸이 있는 경우'에 다른 퀸이 위치할 수 있는 곳은 '두 번째 줄 2, 3번 칸'이다. 여기서 다른 퀸이 위치할 수 있는 곳을 찾는 과정을 풀어 보면 [그림 2-44]와 같다.

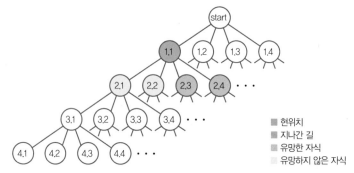

[그림 2-44] 백트래킹의 예(N-Queen) 풀이 과정

- 퀸이 첫 번째 줄, 첫 번째 칸으로 가정했으므로 1.1에서 시작한다. **이때 1.2, 1.3, 1.4는 해당 사항이 없으므로 가지치기를 수행해 제거한다.**
- 1.1에서 갈 수 있는 2.1, 2.2는 유망 노드가 아니다.
- 2.3, 2.4는 1.1에서 이동할 수 있는 위치가 아니므로 유망 노드이다.
- 3.1, 3.2, 3.3, 3.4 중 3.1, 3.3은 1.1에 있는 퀸이 움직이는 곳에 있으므로 유망 노드가 아니다. 3.2, 3.4는 유망 노드이다.
- 4.1, 4.2, 4.3, 4.4 중 4.1, 4.4는 1.1에 있는 퀸이 움직이는 곳에 있으므로 유망 노드가 아니다. 4.2, 4.3은 유망 노드이다.

주어진 문제에 대해 가능한 모든 해를 깊이우선 탐색을 이용해 검색하고, 검색 과정에서 해당 사항이 없는 것은 가지치기를 수행하는 방법이 백트래킹 탐색이다. 단계마다 역으로 조건을 만족하는지 추적하면서 탐색하는 방법이기 때문에 '백트래킹 탐색'이라고 이름 지어진 것으로 추측해 볼 수 있다.

제약 조건 전파 방법

제약 조건에 맞는 해를 찾는 방법인 백트래킹 방법은 제약 조건에 따른 모든 경우의 수를 고려하는 방법이었다. 제약 조건 전파 방법은 진행하면서 인접 변수 간의 제약 조건에 따라 각 변수에 허용되지 않는 값을 제거하는 방식으로 변숫값을 결정해 해를 찾는 방법이다.

제약 조건 전파 방법의 예

제약 조건 전파 방법은 진행하면서 인접 변수 간의 제약 조건에 따라 각 변수에 허용되지 않는 값을 제거하는 방식으로 변숫값을 결정해 해를 찾는 방법이다. 좀 더 쉽게 이해하기 위해 4×4 환경에서 수직, 수평 그리고 대각선으로 만나지 않도록 퀸을 배치하는 문제를 제약 조건 전파 방법으로 풀어 보자.

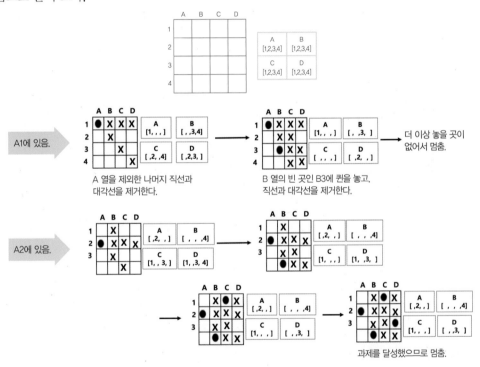

[그림 2-45] 4×4에서 퀸을 배치하는 예

[그림 2-45]를 설명하면 다음과 같다. 문제는 4×4 환경에서 4개의 퀸이 수평, 수직, 대각선으로 만나지 않도록 위치시키는 것이다. 시작 시점에서 A, B, C, D는 1, 2, 3, 4로 갈 수 있다(제약 조건).

제약 조건 문제 전파 방법의 풀이 과정

- 퀸이 A1에 위치한 경우

  ① 제약 조건은 A: [1, , ,], B: [, ,3,4], C: [,2, ,4], D: [,2,3,]으로 변경돼 전파된다.

  ② 다음 단계로 퀸이 B3에 위치한 경우, 제약 조건은 A: [1, , ,], B: [, ,3,], C: [, , ,], D: [,2, ,]로 변경돼 전파된다.

  ③ 다음 단계로 진행할 C에 놓을 곳이 없으므로 탐색을 종료한다.

- 퀸이 A2에 위치한 경우

  ① 제약 조건은 A: [,2, ,], B: [, , ,4], C: [1, ,3,], D: [1, ,3,4]로 변경돼 전파된다.

  ② 다음 단계로 퀸이 B4에 위치한 경우, 제약 조건은 A: [,2, ,], B: [, , ,4], C: [1, , ,], D: [1, , ,3,]으로 변경돼 전파된다.

  ③ 다음 단계로 C1에 퀸이 위치한 경우, 제약 조건은 A: [,2, ,], B: [, , ,4], C: [1, , ,], D: [, , ,3,]으로 변경돼 전파된다.

  ④ 다음 단계로 D3에 퀸이 위치하면 과제를 달성했으므로 탐색을 종료한다.

제약 조건 전파 방법은 진행하면서 제약 조건이 계속 변경될 때 이를 고려해 해를 찾는 방법이다. 이런 점에서 백트래킹 탐색과 용도가 다르다고 할 수 있다. 앞의 예를 살펴보면 2가지 방법의 차이를 확인할 수 있다.

▌분기 한정법

분기 한정법(Branch and Bound)은 '최적의 경우'를 찾는 알고리즘으로, '최소한 이 정도는 돼야 답이 될 가능성이 있다'라는 범위(Bound)를 정해 놓고 범위를 벗어나는 값을 가지치기해가며 결과를 추적하는 방법이다.

분기 한정법의 탐색 과정

[그림 2-46]에서 특정 5점 사이의 가중치가 최소의 가중치로 5개의 점을 모두 지나가는 조합은 무엇인지 찾아보자. a에서 출발해 모든 점을 돌고 a로 돌아오는 최적의 조합을 찾아보자. [그림 2-46]에서 a b의 가중치는 5, b a의 가중치는 6이다.

	a	b	c	d	e
a	0	5	2	4	1
b	6	0	5	4	3
c	2	3	0	4	5
d	2	3	4	0	1
e	4	2	1	3	0

[그림 2-46] 분기 한정법을 설명하기 위한 예

- 1단계: 각 노드(a, b, c, d, e)에서 나가는 가중치의 최솟값을 구해 보자.

$\min(x\ 5\ 2\ 4\ 1) + \min(6\ x\ 5\ 4\ 3) + \min(2\ 3\ x\ 4\ 5) + \min(2\ 3\ 4\ x\ 1) + \min(4\ 2\ 1\ 3\ x) = 1 + 3 + 2 + 1 + 1 = 8$

- a에서 나갈 수 있는 노드(b, c, d, e)의 가중치는 5, 2, 4, 1이다.
- b에서 나갈 수 있는 노드(a, d, d, e)의 가중치는 6, 5, 4, 3이다.
- 나머지는 같다.
- **각 노드에서 나가는 최솟값을 합한 것이 8이므로 특정 5점을 연결하는 것은 8보다 크다.**

- 2단계: a에서 갈 수 있는 경우는 b, c, d, e가 있다. 각각의 경우에 대한 최솟값을 구해 보자. 다음은 a에서 b로 이동한 경우(a b)의 최솟값을 구하는 식과 그 설명이다.

Bound of Node(a→b) $= 5 + \min(x\ x\ 5\ 4\ 3) + \min(2\ x\ x\ 4\ 5) + \min(2\ x\ 4\ x\ 1) + \min(4\ x\ 1\ 3\ x) = 5 + 3 + 2 + 1 + 1 = 12$

위 식을 설명하면 다음과 같다.

- a→b 는 5
- b에서 갈 수 있는 곳: 3, 4, 5(1은 돌아가는 것이므로 안 되고, 2는 자기 자신이므로 안 된다. 따라서 c, d, e만 갈 수 있고 x, x, 5, 4, 3이 된다)
- c에서 갈 수 있는 곳: 1, 4, 5(2는 2번 가리키게 되므로 안 되고, 3은 자기 자신이므로 안 된다. 따라서 a, d, e만 갈 수 있고 2, x, x, 4, 5가 된다)
- d에서 갈 수 있는 곳: 1, 3, 5(2는 2번 가리키게 되므로 안 되고, 4는 자기 자신이므로 안 된다. 나머지는 동일하다)
- e에서 갈 수 있는 곳: 1, 3, 4(2는 2번 가리키게 되므로 안 되고, 5는 자기 자신이므로 안 된다. 나머지는 동일하다)

위와 동일하게 a에서 c, d, e로 이동한 경우의 최솟값을 구하면 다음과 같다.

- Bound of Node(a→c) = 11
- Bound of Node(a→d) = 11
- Bound of Node(a→e) $= 1 + \min(6\ x\ 5\ 4\ x) + \min(2\ 3\ x\ 4\ x) + \min(2\ 3\ 4\ x\ x) + \min(x\ 2\ 1\ 3\ x) = 1 + 4 + 2 + 2 + 1 = 10$

- 3단계: 지금까지의 결과를 정리하면 [그림 2 – 47]과 같다.

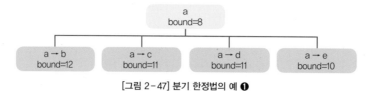

[그림 2 – 47] 분기 한정법의 예 ❶

[그림 2 – 47]을 보면 a에서 출발해 최솟값을 갖는 경로는 a→e이다. 그러므로 현상황은 [그림 2 – 48]과 같이 표현할 수 있다.

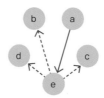

[그림 2 – 48] 분기 한정법의 예 ❷

- 4단계: a→e로 이동한 상태이다. e에서 이동할 수 있는 곳은 b, c, d이므로 b, c, d에 대해 2단계의 과정을 반복한다.

Bound of Node(a e b)는

  = 1 (a→e) +　　　// [그림 2 – 49] 참조. 그림에 있는 값이다.

   2 (e→b) +　　　// [그림 2 – 49] 참조. 그림에 있는 값이다.

  min(6 x 5 4 x) +　// b에서 갈 수 있는 곳은 a, c, d(b는 자신이고, e는 자신이 온 곳)

  min(2 x x 4 x) +　// c에서 갈 수 있는 곳은 a, d 이고 b, e는 2번 가리키게 됨.

  min(2 x 4 x x) +　// d에서 갈 수 있는 곳은 a, c이고 b, e는 2번 가리키게 됨.

  = 1 + 2 + 4 + 2 + 2 = 11

나머지 c, d에 대해 위와 같이 계산한다.

위 과정을 정리하면 [그림 2 – 49]가 된다. 그림의 결과 중 최솟값을 가진 것이 2개가 있다. a e b와 a e c이다. 따라서 둘 다 같은 과정을 수행한다.

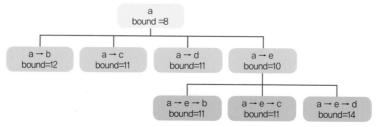

[그림 2 – 49] 분기 한정법의 예 ❸

• 5단계: [그림 2 – 49]의 결과를 바탕으로 최솟값을 대상으로 같은 계산을 반복한다.

– aeb를 먼저 계산한다.

처음 나온 ae→b→c의 14를 최솟값으로 설정한다.

그다음에 계산된 ae→b→d가 13이면 최솟값을 재설정한다.

– 같은 bound 11인 ae→c를 계산한다.

a→e→c→b가 11이면 최솟값을 재설정한다.

a→e→c→d는 15이므로 무시한다.

– **ae→d는 bound가 14로, 최솟값보다 크므로 branch가 발생한다**(고려하지 않음).

– a→b도 bound가 12이므로 최솟값보다 크므로 branch가 발생한다.

– a→c는 bound가 11이지만, 아래로 가면 증가하므로 branch가 발생한다.

– a → d도 bound가 11이지만, 아래로 가면 증가하므로 branch가 발생한다.

앞의 계산 과정을 정리하면 [그림 2 – 50]과 같다.

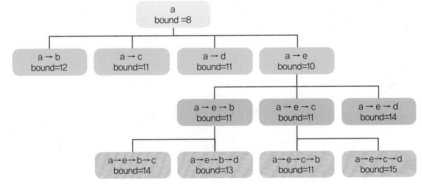

[그림 2–50] 분기 한정법의 예 ❹

그러므로 a에서 시작해 a로 다시 돌아오는 경로 중 최솟값은 다음과 같다.

a→e→c→b→a = 11 + 6 = 17, 여기에 방문하지 않은 d를 추가하면 a→e→c→b→d→a = 11 + 4 + 2 = 17이 므로 최솟값은 17이다.

분기 한정법의 정리

[그림 2 – 46] 문제의 경우, a에서 시작해 a로 돌아오는 최단 경로를 구하기 위해 [그림 2 – 50]과 같은 트리 구조를 만들고 전체를 탐색한다면 트리를 탐색하는 깊이우선 탐색이나 너비우선 탐색과 다를 바가 없다. 분기 한정법은 시작점에서 연결 가능한 것 중 최적인 것을 선택한 후(a e) 이것의 경로를 계산하고(Bound), 이를 기준으로 계산할 필요가 없는 나머지 경로를 가지치기하는 방법이다. **이를 통해 전체를 찾아보지 않아도 최적의 방법을 확인할 수 있다.**

최적화는 허용되는 값 중 주어진 기준을 가장 잘 만족하는 것을 찾는 알고리즘을 말한다. 최적화를 위한 알고리즘은 다음과 같이 정리할 수 있다.

- **조합 최적화(Combination Optimization)**: 대표적인 방법으로는 유전 알고리즘을 들 수 있다.
- **계산 과정(Calculation Process)의 최적화**: 대표적인 방법으로는 동적 프로그래밍(Dynamic Programming)을 들 수 있다.
- **함수(Function) 최적화**: 대표적인 방법으로는 '목적 함수와 제약 조건 함수를 선형 결합한 라그랑지 함수(Lagrange Function)를 사용하는 방법', '최소 제곱 평균법', '경사 하강법'을 들 수 있다.

이번에는 최적화를 위한 알고리즘의 각 분류별 대표적인 방법인 '유전 알고리즘', '동적 프로그래밍'에 대해 설명한다. 함수 최적화는 Part 2의 4에서 다루므로 개념만 정리한다.

▌유전 알고리즘

인공지능의 최적화 방법 중 주어진 조건을 만족하는 최적의 조합을 구하는 경우에 가장 많이 사용하는 알고리즘은 '유전 알고리즘'이다. 이는 특정 조건을 만족하는 조합을 구하는 알고리즘으로, 인간의 유전적 발전 과정을 모방해 만들어졌다. 또한 **최고의 조합이 아니라 최적의 조합을 구하는 알고리즘이다.**

유전 알고리즘의 탐색 과정

유전 알고리즘의 적용 예로는 '정해진 도시를 모두 한 번만 방문하는 가장 짧은 경로를 구하는 문제'나 '20kg의 가방에 가장 많은 짐을 넣을 수 있는 조합을 구하는 문제'를 들 수 있다. [그림 2-51]은 유전 알고리즘의 전체적인 흐름을 정리한 것이다.

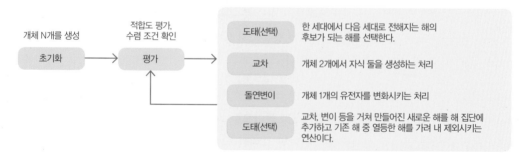

도태, 교차, 변이, 대치를 통해 현세대에서 새로운 세대를 창조한다.

[그림 2-51] 유전 알고리즘의 전체적인 흐름

유전 알고리즘은 [그림 2-51]에 나타낸 것처럼, 주어진 문제를 바탕으로 데이터에 대한 초기화를 수행한다. 그리고 초기화된 상태를 대상으로 문제에 대한 적합도를 평가한다. 적합하면 적합한 경우로 저장한다. 적합한 경우이든, 적합하지 않은 경우이든 도태, 교차, 돌연변이 중 한 과정이나 여러 과정을 수행한 후 대치의 과정을 통해 선택된 상태를 대상으로 적합도를 평가하는 과정을 수행하고, 적합하면 적합한 경우로 저장한다. 이런 과정을 유한 반복한다. 이때 반복 회수는 담당자가 정하며, 반복 횟수가 많을수록 최적해에 가까워진다(엄밀히 말하면, 최적해에 가까워지지 않을 수도 있다).

유전 알고리즘은 다양한 형태로 사용할 수 있다. 즉, 도태, 교차, 돌연변이의 과정 중 어떤 과정을 거치는지, 1개의 과정만 거치는지, 여러 개의 과정을 거치는지, 반복하는 횟수는 얼마로 할 것인지 등이 유전 알고리즘을 적용할 때 고려해야 할 사항이다.

유전 알고리즘의 예

유전 알고리즘의 개념을 이해하기 위해 [그림 2-52]를 살펴보자. [그림 2-52]는 A, B, C, D, E, F의 6개 도시를 한 번만 방문하는 가장 짧은 경로를 구하는 문제에 대한 유전 알고리즘 적용 과정을 보여 준다.

---

1) 6개의 도시를 정한다: A(1), B(2), C(3), D(4), E(5), F(6)
2) 임의의 방문 순서를 2개 정한다: 〈부모 1〉〈부모 2〉
3) 방문 순서를 숫자로 변환한다(변형을 위한 사전 단계이다).

〈부모 1〉 C B D F A E (A B C D E F)
       3 B D F A E (A B D E F)
       3 2 D F A E (A D E F)
       3 2 2 F A E (A E F)
       3 2 2 3 A E (A E)
       3 2 2 3 1 1

〈부모 2〉 A D F B E C (A B C D E F)
       1 D F B E C (B C D E F)
       1 3 F B E C (B C E F)
       1 3 4 B E C (B C E)
       1 3 4 1 E C (C E)
       1 3 4 1 2 1

4) 위 단계에서 구한 부모 1, 부모 2를 부분 교배한다.

〈부모 1〉 3 2 2 3 1 1 ➜ 3 2 2 3 ‖ 2 1
〈부모 2〉 1 3 4 1 2 1 ➜ 1 3 4 1 ‖ 1 1

교배 외에도 도태(선택), 돌연변이 등 다양한 방법을 이용해 자식을 생성한다.

5) 교배된 결과를 도시로 치환하고, 정해진 도시를 한 번만 방문하는지 확인한다.
조건을 만족하면(각 도시를 한 번만 방문한다면), 가능한 정답으로 인식하고 3)~5)의 과정을 반복한다.
조건을 만족하지 않으면, 3)~5)의 과정을 반복한다.

〈자식 1〉 3 2 2 3 2 1 (A B C D E F)
       C 2 2 3 2 1 (A B D E F)
       C B 2 3 2 1 (A D E F)
       C B D 3 2 1 (A E F)
       C B D F 2 1 (A E)
       C B D F E 1 (A)
       C B D F E A

〈자식 2〉 1 3 4 1 1 1 ➜ A D F B C E
       ➜ 자식 1과 동일한 과정으로 값을 구한다.

6) 일정 숫자 이상의 반복을 수행한 후 인식된 정답 중 가장 짧은 경로를 갖는 조합을 선택한다.

[그림 2-52] 유전 알고리즘의 적용 과정에 대한 예

[그림 2-52]를 통해 유전 알고리즘을 적용하는 방법에 대한 개념을 파악했을 것이다. 실무에서는 프로그램을 통해 수행하므로 수만 번의 반복을 수행하는 경우가 많으며, 각 경우마다 좀 더 복잡한 도태, 교차, 돌연변이의 과정을 적용한다. 어떤 조합이 좋은 결과를 얻을 수 있다는 가이드는 없으며, 주어진 문제에 따라 다양한 형태의 유전 알고리즘을 적용해 결과를 확인하는 것이 일반적이다.

메타 휴리스틱

유전 알고리즘은 메타 휴리스틱 기법 중 하나이다. **유전 알고리즘처럼 최적해는 아니지만, 우수한 해를 빠르게 찾기 위한 휴리스틱(시행착오)적 문제 해결 전략을 '메타 휴리스틱(Meta Heuristic)'이라고 한다.** 메타 휴리스틱 기법의 종류는 다음과 같다. 다양한 예를 통해 인공지능에서 주어진 조건에 맞는 최적해를 구하기 위해 얼마나 많은 노력을 했는지 느껴보기 바란다.

- **모방 알고리즘(Memetic Algorithm)**: 유전 알고리즘 + 지역 탐색 알고리즘의 성격을 갖는 알고리즘이다.
- **입자 군집 최적화(Particle Swarm Optimization, PSO)**: 군집의 먹이 찾기 행동을 시뮬레이션해 최적해를 탐색하는 알고리즘이다.
- **개미 집단 최적화(Ant Colony Optimization, ACO)**: 개미의 특성을 활용해 최적해를 탐색하는 알고리즘이다.
- **인공 물고기 집단 최적화(Artificial Fish Swarm Optimization, AFSO)**: 물고기의 집단 특성을 활용해 최적해를 탐색하는 알고리즘이다.
- **타부 탐색(Tabu Search)**: 국소 최적화에 벌점을 부여하는 방식으로 최적해를 탐색하는 알고리즘이다.
- **담금질 기법(Simulated Annealing)**: 해를 반복적으로 개선함으로써 최적해를 탐색하는 알고리즘이다.
- **하모니 탐색(Harmonic Search)**: 주어진 조건이 최적의 하모니를 이루도록 해 최적해를 탐색하는 방법이다.

이상으로 유전 알고리즘과 메타 휴리스틱에 대한 설명을 마친다. 인공지능에서 사용하는 알고리즘에 대한 이해가 목적이므로 가능하면 간단하고 이해가 쉬운 예를 사용했다. 핵심을 잘 이해했다면, 이제 동적 프로그래밍에 대해 알아보자.

동적 프로그래밍

동적 프로그래밍(Dynamic Programming, DP)은 인공지능의 최적화 방법 중 계산 과정의 최적화를 위해 가장 많이 사용하는 대표적인 알고리즘이다. 동적 프로그래밍은 부분 문제의 해를 결합해 문제를 해결하는 방법으로, '동적 계획법'이라고도 부른다. 다시 말해, 동적 프로그래밍은 하나의 문제를 나눴을 때 분할된 문제가 서로 중복되거나 다른 부분의 문제를 공유할 때 사용하는 방법으로, 주어진 문제를 분할하고 분할된 문제를 해결한 후 값을 테이블에 저장한다. 다른 분할 문제에서, 앞서 해결한 분할 문제가 다시 나오면 이를 계산하지 않고 저장된 값을 가져와 사용한다. 이때 **분할된 부분의 답을 기억했다가 필요할 때마다 불러 내 사용하는 방법을 '메모라이제이션(Memorization)'이라고 한다.**

동적 프로그래밍의 탐색 과정

동적 프로그래밍은 일반적인 최적화 문제(Optimization Problem)에서 많이 사용하며, 현실적인 문제에 적합한 알고리즘이다. 동적 프로그래밍의 처리 과정을 4단계로 요약하면 다음과 같다.

① 최적해의 구조와 특징을 찾는다.
② 최적해의 값을 재귀적으로 정의한다.
③ 최적해의 값을 상향식(Bottom-Up)으로 계산한다.
④ 계산된 정보에서 최적해를 구한다.

동적 프로그래밍의 예 ❶

n개의 원소 중 r개의 원소를 순서 없이 골라 내는 방법의 수를 계산한다. 이것은 이항계수에 대한 문제로, 다음과 같은 식을 이용하면 알 수 있다.

$$\binom{n}{r} = \binom{n-1}{r-1} + \binom{n-1}{r}$$

이 공식을 이용하면, 4개의 원소 중 2개의 원소를 순서 없이 골라 내는 방법은 $\binom{4}{2} = \binom{3}{1} + \binom{3}{2}$ 과 같다. $\binom{3}{1}$, $\binom{3}{2}$ 각각에 대해서도 이와 같이 나누면 주어진 문제를 단순한 문제로 나눠 계산할 수 있다. 이 과정을 정리하면 [그림 2-53]과 같다.

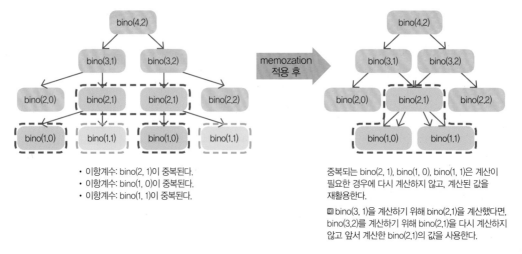

• 이항계수: bino(2, 1)이 중복된다.
• 이항계수: bino(1, 0)이 중복된다.
• 이항계수: bino(1, 1)이 중복된다.

중복되는 bino(2, 1), bino(1, 0), bino(1, 1)은 계산이 필요한 경우에 다시 계산하지 않고, 계산된 값을 재활용한다.

☞ bino(3, 1)을 계산하기 위해 bino(2,1)을 계산했다면, bino(3,2)를 계산하기 위해 bino(2,1)을 다시 계산하지 않고 앞서 계산한 bino(2,1)의 값을 사용한다.

[그림 2-53] 동적 프로그래밍 적용 과정에 대한 예 ❶

[그림 2-53]을 통해 동적 프로그래밍이 주어진 문제를 작은 문제로 나눠 해결하는 것이고, 이 과정에서 분할된 작은 문제 중 공통되는 것이 있다면 재사용하는 메모라이제이션 개념이 적용된 것을 확인할 수 있다.

동적 프로그래밍의 예 ❷

길이가 4인 막대를 판매할 때 길이별로 받을 수 있는 가격이 정해져 있다. 이때 최대의 가격을 받을 수 있는 길이의 조합을 구해 보자.

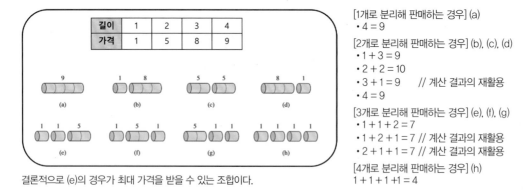

길이	1	2	3	4
가격	1	5	8	9

[1개로 분리해 판매하는 경우] (a)
• 4 = 9

[2개로 분리해 판매하는 경우] (b), (c), (d)
• 1 + 3 = 9
• 2 + 2 = 10
• 3 + 1 = 9   // 계산 결과의 재활용
• 4 = 9

[3개로 분리해 판매하는 경우] (e), (f), (g)
• 1 + 1 + 2 = 7
• 1 + 2 + 1 = 7 // 계산 결과의 재활용
• 2 + 1 + 1 = 7 // 계산 결과의 재활용

[4개로 분리해 판매하는 경우] (h)
1 + 1 + 1 +1 = 4

결론적으로 (e)의 경우가 최대 가격을 받을 수 있는 조합이다.

[그림 2-54] 동적 프로그래밍 적용 과정에 대한 예 ❷

[그림 2-54]와 같이 단위별로 분류하고, 중복되는 부분은 재활용해 계산 효율을 높이는 방법이다. 결론적으로 2 + 2로 판매하는 것이 가장 많은 이윤을 얻게 해 준다는 것을 알 수 있다.

동적 프로그래밍의 예 ❸

A, B 두 기업에 투자할 때 얻을 수 있는 이익은 [그림 2-55]의 왼쪽 표와 같다. 4만 원이 있을 때 어떻게 투자하는 것이 가장 많은 이윤을 얻을 수 있는지 알아보자.

투자 액수(만 원)	기업 A	기업 B
1	5	1
2	6	5
3	7	9
4	8	15

[A, B 두 기업에 4만 원을 나눠 주는 경우의 수를 고려한다.]
- 기업 A: 1, 기업 B: 3 → 14
- 기업 A: 2, 기업 B: 2 → 11
- 기업 A: 3, 기업 B: 1 → 8
- 기업 A: 4, 기업 B: 0 → 8
- 기업 A: 0, 기업 B: 4 → 15

➡ 그러므로 기업 B에 4를 투자한다.

[그림 2-55] 동적 프로그래밍 적용 과정에 대한 예 ❸

[그림 2-55]의 예는 주어진 목적을 위한 문제를 분할해 최적해를 구하는 과정을 수행하고 있지만, 메모라이제이션(Memorization) 기능을 사용하지는 않는다. 따라서 동적 프로그래밍의 예이기도 하지만, 분할 정복(Divide and Conquer)의 예가 될 수도 있다.

분할 정복 알고리즘은 하나의 문제를 겹치지 않는 문제로 분할(Divide)해 해당 문제를 해결한 후(Conquer), 각각의 결과를 다시 결합해 문제를 해결하는 방법이다. [그림 2-56]의 예를 살펴보자.

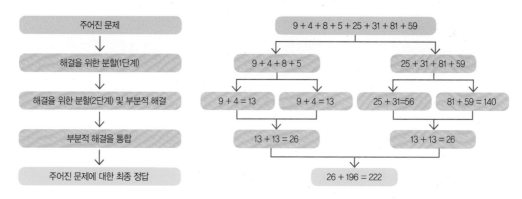

[그림 2-56] 분할 정복의 수행 과정

[그림 2-56]은 여러 개의 더하기를 수행해야 하는 문제이다. 이 상태로는 더하기를 수행하기 어려우므로 주어진 문제를 나눠 해결한 후 결과를 다시 결합해 해결한다.

함수 최적화

인공지능의 최적화 방법 중 주어진 상태를 함수로 표현하고, 이를 바탕으로 최적화의 과정을 수행하는 것을 '함수 최적화'라고 한다. 대표적인 방법으로는 '목적 함수와 제약 조건 함수를 선형 결합한 라그랑지 함수를 사용하는 방법', '최소 제곱 평균법' 그리고 '경사 하강법'을 들 수 있다.

- 라그랑지 함수 사용 방법: 특정 제약 조건하에서 목적 또는 효용 함수와 제약 조건을 선형 결합해 제약 조건을 최적화하는 기법이다. [그림 2-57]은 라그랑지 함수를 사용해 제약 조건을 바탕으로 효용 함수를 최대화하는 값을 구하는 과정을 설명하고 있다.

A의 효용 함수는 $U(x,y) = xy$라고 가정하자. A가 100원을 갖고 있고, x는 5원, y는 8원이라고 가정한다. 이때 A는 100원으로 x, y를 몇개씩 사는 것이 가장 최선인가?

예산 제약 상황은 $5x + 8y = 100$이고
효용 함수 $U = xy$이므로
이를 라그랑지 함수로 표현하면 $L = xy + \lambda (100 - 5x - 8y)$이다.

라그랑지 함수를 x에 대해 미분하면　　$Lx = y - 5\lambda = 0$,　　　　그러므로　$y = 5\lambda$
라그랑지 함수를 y에 대해 미분하면　　$Ly = x - 8\lambda = 0$,　　　　그러므로　$x = 8\lambda$
라그랑지 함수를 λ에 대해 미분하면　$L\lambda = 100 - 5x - 8y = 0$, 그러므로 $100 = 5x + 8y$

앞의 3개 식을 합치면, $100 = 5(8\lambda) + 8(5\lambda)$이므로 $\lambda = 1.25$

그러므로 x는 10개, y는 6.25개를 사면 최적화된다.

[그림 2-57] 라그랑지 함수를 사용한 최적화 수행 과정

- 최소 제곱 평균법: 함수 최적화를 이용한 방법이라는 점을 알려 주기 위해 여기에 별도의 항목으로 분류해 명시한다. 자세한 내용은 **4. 함수 최적화**에서 다룬다.
- 경사 하강법: 함수 최적화를 이용한 방법이라는 점을 알려 주기 위해 여기에 별도의 항목으로 분류해 명시한다. 자세한 내용은 **4. 함수 최적화**에서 다룬다.

- 틱택토(Tic‑Tac‑Toe) 게임은 두 명이 번갈아 ○와 ×를 3×3판에 써서 같은 글자를 가로, 세로 또는 대각선에 놓이도록 하는 놀이이다.

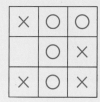 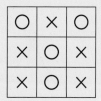

[그림 2‑58] 틱택토 게임의 예시

- 프롤로그를 구현한 제품에는 GNU Prolog, Visual Prolog, SWI‑Prolog 등이 있으며, 파이썬과 같은 인터프리터 언어이므로 설치한 후에 실행하면 결과를 바로 볼 수 있다.

- 함수 최적화는 다음 3가지 종류가 있다.
  - 제약 조건 최적화: 목적 함수와 제약 조건 함수를 선형 결합한 라그랑지 함수를 사용해 해결한다.
  - 최소 제곱 평균법: 데이터 입력값 x에 대한 함숫값 $f(x)$와 데이터의 출력값 y의 차이를 제곱한 것의 평균을 최소화하는 파라미터를 찾는 방법이다. 회귀 함수 찾기나 신경망 및 딥러닝의 학습에서 사용한다.
  - 경사 하강법: 경사 하강법은 오차 함수의 그레이디언트(Gradient)를 사용해 오차 함수의 값이 최소가 되는 위치의 파라미터를 찾는 방법이다. 기계 학습, 패턴 인식, 컴퓨터 비전을 포함한 다양한 분야에서 함수의 파라미터 값을 찾기 위해 사용한다.

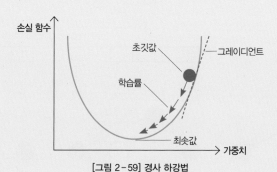

[그림 2‑59] 경사 하강법

본문의 내용을 철저하게 이해할 수 있도록 복습하자. 이 책의 목적은 개념을 이해하는 것이므로 본문의 예제를 이용하면 개념을 충분히 이해할 수 있다.

- 다음 트리를 대상으로 깊이우선 탐색과 너비우선 탐색을 수행해 보자.

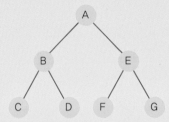

- 다음 너비우선 탐색 과정을 살펴보고, 너비우선 탐색 과정을 정리해 보자.

(1) 시작 정점 방문

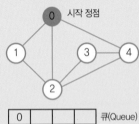

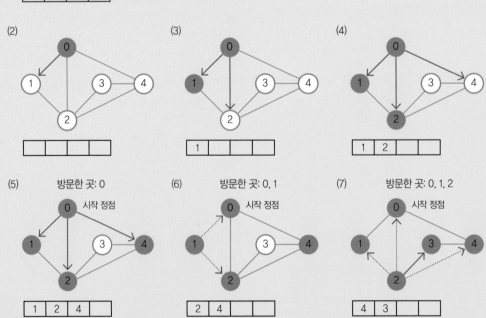

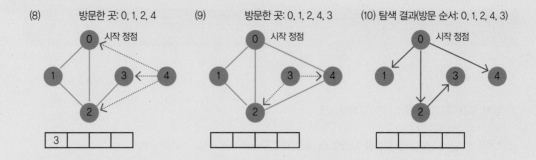

요약

3장에서는 인공지능에서 사용하는 탐색 기법에 대해 정리했다. 수식을 사용하지 않고 예를 들어 설명했으므로 이해하는 데는 어려움이 없을 것이다. 전체 내용을 요약하면 다음과 같다.

맹목적 탐색	• 깊이우선 탐색(스택) • 너비우선 탐색(큐)
정보 이용 탐색	• 언덕 오르기 → 최상우선 → 빔 탐색 • A* 알고리즘 • 다익스트라 • ID3 알고리즘
게임 탐색	• 미니맥스 알파베타 가지치기 → 몬테카를로 트리 탐색
제약 조건 만족 문제	• 백트래킹 • 제약 조건 전파 방법 • 분기 한정법
최적화	• 조합 최적화: 유전 알고리즘과 메타 휴리스틱 • 계산 과정 최적화: 동적 프로그래밍과 분할 정복 • 함수 최적화: 라그랑지 함수, 최소 제곱 평균법, 경사 하강법

[표 2-3] 인공지능에서 사용하는 탐색 기법

앞서 제시한 기법 간의 연관 관계를 이해하는 것이 전체 그림을 이해하는 데 큰 도움이 될 것이다. 본문에서 각 탐색 기법의 특징과 다른 기법과의 연관성을 설명했으므로 위 그림을 바탕으로 다시 한번 정리해 보자.

1. 탐색을 정의하시오.

2. 상태 공간 그래프가 무엇인지 정의하시오.

3. 깊이우선 탐색, 넓이우선 탐색을 사용할 때 어떤 자료 구조를 이용하는지 설명하시오.

4. 언덕 오르기 방법, 최상우선 탐색, 빔 탐색의 연관성을 설명하시오.

5. 다익스트라와 A* 알고리즘이 활용되는 곳을 설명하시오.

6. 몬테카를로 트리 탐색이 미니맥스 알파베타 가지치기 방법의 어떤 한계를 극복하기 위해 개발됐는지 설명하시오.

7. 미니맥스 알파베타 가지치기가 필요한 이유를 설명하시오.

8. 백트래킹 방법과 제약 조건 전파 방법의 공통점과 차이점을 설명하시오.

9. 최적화를 하기 위한 알고리즘의 종류와 개념을 설명하시오.

10. 분할 정복과 동적 프로그래밍의 차이를 설명하시오.

04 함수 최적화

인공지능의 기법 중 최적화는 유전 알고리즘으로 대표되는 조합 최적화, 동적 프로그래밍으로 대표되는 계산 과정의 최적화 외에 '함수 최적화'가 있다. 함수 최적화에는 목적 함수와 제약 조건 함수를 선형 결합해 최적 솔루션을 찾는 라그랑지 함수 기법과 회귀 분석에서 사용하는 최소 제곱법 그리고 기계 학습에서 최적해를 구하기 위해 비용 함수를 훈련할 때 사용하는 경사 하강법이 있다.

여기서는 함수 최적화의 개념과 회귀 분석 그리고 함수 최적화를 위한 알고리즘인 경사 하강법, 최소 제곱법, 회귀식의 과적합 방지 기법인 '정규화'에 대해 알아본다.

4.1 함수 최적화의 개념

함수 최적화는 두 변수를 선택해 산포도를 그린 후 두 변수의 관계를 분석하고, 둘의 관계를 설명할 수 있는 모델을 구함으로써 미래를 예측하는 것을 말한다.

▌변수의 상황

두 변수의 산포도를 근거로 하면 다음 2가지 상황이 가능하다.

- **선형 상황**: 변수의 산포도가 직선의 형태일 때 두 변수의 관계를 선형 함수로 나타낼 수 있다. 이를 '선형 문제'라고 한다.
- **비선형 상황**: 변수의 산포도가 직선의 형태로 보이지 않을 때 두 변수의 관계를 '비선형 문제'라고 한다.

선형 상황은 함수를 구성해 해결할 수 있는데, 좀 더 자세한 내용은 **Part 4의 2. 회귀 분석**에서 다룬다. **비선형 상황**은 '비선형 계획법'으로 해결할 수 있는데, 산포도가 볼록 함수와 오목 함수로 표현될 수 있으면 '볼록 계획 문제'라고 하며, 볼록 최적화(Convex Optimization)로 해결할 수 있다. 볼록 함수의 최적화를 수행하는 알고리즘으로는 '볼록 최적화', '경사 하강법', '뉴턴 방법(Newton's Method)', '라그랑지 승수법(Largrange Multiplier)'을 들 수 있다. 볼록 함수가 아닐 때는 선형 계획 문제를 조합한 '분기 한정법(Branch and Bound Method)'으로 해결할 수 있다.

▌유사도

함수 최적화와 밀접한 관계가 있는 것은 아니지만, 일반적으로 함수 최적화를 위한 변수를 고려할 때 **변수의 쌍이 얼마나 유사한지를 추측하는 과정을 수행한다. 이때 사용하는 개념이 '유사도 (Similarity)'이다.** 유사도를 측정할 때 사용하는 기준은 다음과 같다.

- 코사인 유사도: 문서 사이의 유사도를 계산할 때 사용하며, 문서에 나타나는 단어의 출현 빈도를 구해 코사인 유사도 계산식에 적용한다. 유사도가 높을수록 1, 낮을수록 0에 가까워진다.
- **상관 계수:** -1~1 사이의 값으로 나타내며, 1이나 -1에 가까우면 강한 상관 관계가 존재한다고 본다. 대표적인 예로는 피어슨 상관 계수(Pearson Correlation Coefficient), 스피어만 상관 계수(Spearman Correlation Coefficient), 켄달 순위 상관 계수(Kendal Rank Correlation Coefficient) 등을 들 수 있다.
- **상관 함수:** 상관 관계를 계수가 아닌 함수의 형태로 나타낸다.
- **편집 거리(Edit Distance):** 유사도를 '거리' 개념으로 나타내며, 치환, 삽입, 삭제의 3가지 요소에 각각 페널티를 설정하는 형태를 취하며, 페널티의 합계를 점수로 설정해 유사도를 구한다.
- **레벤슈타인 거리(Levenshtein Distance):** 편집 거리와 개념은 동일한데, 값이 아닌 문자열 사이의 유사도를 치환, 삽입, 삭제에 페널티를 설정해 나타낸다.
- **해밍 거리(Hamming Distance):** 고정 길이의 이진 데이터에서 서로 다른 비트 부호 수를 갖는 문자의 개수를 계산한다.
- **기타:** 유클리드 거리(Euclidean Distance), 마할라노비스 거리(Mahalanobis Distance), 자카드 계수(Jaccard Coefficient) 등이 있다.

유사도 측정 기준을 살펴보면(당장 사용하거나 자세히 알아볼 것은 아니지만) 인공지능을 위해 수많은 학자가 얼마나 많은 노력을 기울였는지 확인할 수 있다.

4.2 회귀 분석

회귀 분석(Regression)은 주어진 데이터를 바탕으로 이를 가장 잘 설명할 수 있는 함수(모형)를 만들고, 이를 이용해 예측하는 것을 말한다. 이때 함수는 예측값과 실제 데이터의 차이, 즉 '잔차 (Residual)'를 최소가 되도록 조정한다. 회귀 분석에서 데이터를 설명하기 위해 함수를 만드는 경우, 잔차가 정규분포를 따를 때는 '**일반 선형 모형(General Linear Model)**', 잔차가 임의의 분포를 따를 때는 '**일반화 선형 모형(Generalized Linear Model)**'이라고 한다. 회귀 분석은 단순 회귀 분석, 다중 회귀 분석, 로지스틱 회귀 분석으로 분류할 수 있다.

회귀 분석은 R, SPSS, SAS와 같은 프로그램을 사용해 간단하게 수행할 수 있다. 여기서는 프로그램을 수행해 회귀 분석을 수행하는 과정은 서술하지 않고, 회귀 분석에 대한 기본 개념만을 서술한다. 회귀 분석에 대한 실습은 기본적이면서 가장 많이 사용하는 선형 회귀 분석을 수행할 것이다. 다른 것은 관련된 자료를 찾아 수행해 보면 된다.

▌단순 회귀 분석

단순 회귀 분석(Simple Regression Analysis)은 1개의 종속변수(Dependent Variable)와 1개의 **독립변수(Independent Variable)** 사이의 비례 관계를 찾는 것을 말한다. [그림 2 – 60]을 이용해 단순 회귀의 개념을 살펴보자. 예를 들어 '$y = ax + b$'의 형태를 가진다.

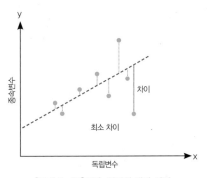

[그림 2 – 60] 단순 회귀의 개념 설명

[그림 2 – 60]은 1개의 독립변수 x와 종속변수 y 사이의 관계를 알아보기 위해 산점도(Scatter Plot)로 표현한 것이다. [그림 2 – 60]의 목표는 x와 y 간의 관계를 나타내는 선($y = ax + b$)을 구하는 것이다. 이때 선을 표현하는 식에서 a, b는 예측값(점선으로 표시된 값)과 실측값(점으로 표시된 값)의 차이(Error)를 최소화하도록 결정한다(Minimize Errors). 이것이 바로 단순 회귀의 개념이다.

▌다중 회귀 분석

다중 회귀(Multiple Regression Analysis)는 1개의 종속변수와 여러 개의 독립변수 사이의 비례 관계를 찾는 것을 말한다. [그림 2-61]은 다중 회귀의 개념 및 필요성을 나타낸 것이다.

다중 회귀의 개념

다음 예로 다중 회귀의 개념을 살펴보자. 예를 들어, '$y = a + bX1 + cX3 + dX4...$'의 형태를 가진다.

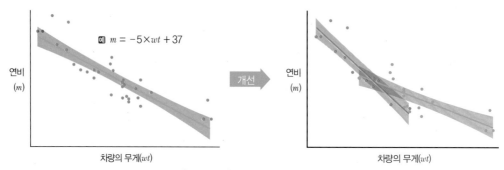

[그림 2-61] 다중 회귀의 개념 설명

[그림 2-61]의 왼쪽은 연비(m)와 차량 무게(wt)의 관계를 산점도로 그린 후 이를 설명할 수 있는 함수를 최적화해 그린 것이다. 이때 선형 관계를 단순 회귀로 구하면 함수는 '$m = -5 \times wt + 37$'이다. 그러나 그림에서 알 수 있듯이 예측선(실선 표시)과 실제 데이터(점 표시) 사이의 거리가 너무 멀어 실제 값과 예측값 사이의 차이가 너무 크다. 이 문제를 해결하기 위해 연비(m)와 차량의 무게(wt) 외에 다른 요인을 추가로 도입한다.

[그림 2-61]의 오른쪽은 차량 타입(오토, 수동)을 추가 독립변수로 도입해 구성한 모델이다. 연비(m)를 예측하기 위해 차량의 무게(wt)와 차량 타입(오토, 수동)을 추가로 고려해 함수(모델)를 구성한 것을 그림으로 표현했다. 그림의 붉은색 선은 오토 차량, 녹색은 수동 차량을 의미한다. 이를 함수로 표현하면 다음과 같다.

$$m = -5 \times wt + 37(오토\ 차량,\ 붉은색)$$
$$m = -3 \times wt + 25(수동\ 차량,\ 녹색)$$

[그림 2-61]의 모델은 무게가 3 이하일 때 오토 차량의 식을 적용하고, 3 이상일 때 수동 차량의 식을 적용하면 좀 더 정확한 예측을 할 수 있다.

지금까지 다중 회귀의 필요성과 개념을 정리했다. 이번에는 다중 회귀를 수행할 때 알아야 하는 것을 정리해 보자.

- R, SPSS, SAS와 같은 프로그램으로 다중 회귀를 할 때 프로그램에서 종속변수에 도움이 되는 변수를 모두 넣어 모델을 만든 후 독립변수 중 크게 영향을 미치지 않는 변수를 제거해 최종 모델을 완성한다(후진 제거, Backward Elimination).
- 다중 회귀를 적용할 때 주어진 독립변수가 너무 많고, 종속변수에 대한 영향력을 분석하기 어려울 때는 주성분 분석을 사용해 새로운 변수를 만들고, 차원을 줄여 분석할 때도 있다.
- 다중 회귀에 있는 독립변수는 선형 독립(상호 영향이 없는) 관계여야 한다. 예를 들어, [그림 2-61]에서 차량의 무게(wt)와 차량 종류(오토, 수동) 사이에는 상호 영향이 없어야 한다. 이들 사이에 존재하는 상관 관계를 '다중 공산성(Multicollinearity) 문제'라고 하며, 다중 회귀의 예측 정확성에 영향을 미친다. 이것의 해결 방법은 PLS 회귀나 L1 정규화(LASSO, 2.4.3.4 정규화 참조) 등이 있다.

다중 회귀에는 여러 형태가 있다.

- **연속형 독립변수와 범주형 독립변수를 갖는 경우**: [그림 2-61]의 차량 무게 - 연속형, 차량 타입 - 수동, 자동(범주형)
- **연속형 독립변수를 갖는 경우**: [그림 2-61]의 차량 무게 - 연속형 외에도 차량 마력 수 - 연속형 등을 고려하는 경우

▌로지스틱 회귀 분석

종속변수가 연속형이 아닌 범주형일 때 기존의 회귀 모델을 사용할 수 없다. 예를 들면, 나이에 따른 암 발생 여부를 나타내는 자료를 사용해 나이에 따른 암 발생 여부를 예측하고자 할 때 독립변수는 '나이', 종속변수는 '암 발생 여부(1이면 발생, 0이면 정상)'이므로 이때는 기존 회귀 분석을 적용할 수 없다. 이때 사용하기 위해 개발된 것이 로지스틱 회귀이다.

로지스틱 회귀는 종속변수의 형태에 따라 다음 2가지로 나눌 수 있다.

- **이항 로지스틱 회귀**: 종속변수가 0 또는 1인 경우
- **다항 로지스틱 회귀**: 종속변수의 범주가 2개 이상인 경우(예 종속변수 y가 1이면 개, 2이면 돼지, 3이면 고양이, 4이면 기타로 분리되는 경우)

R을 이용한 선형 회귀 분석의 예

R을 이용한 선형 회귀 분석 수행 과정을 통해 실제 회귀 분석이 이뤄지는 과정을 살펴보자. R을 설치하면, 다음 과정을 수행해 데이터를 가장 잘 설명할 수 있는 함수를 구할 수 있다. 다음 프로그램에 사용된 salary 데이터는 웹에서 얻을 수 있다.

```
// 분석할 데이터를 읽는다. 데이터는 제작해도 되고, 웹에서 얻을 수도 있다.
> salary <- read.csv("regdata.csv")

> head(salary)  // 데이터의 앞부분을 보여 준다.
X   Incentive   Salary   negotiated   gender   year
1     12.1        9.5      TRUE          M       2005
2      8.9        9.9      TRUE          F       2006
3      8.8       18.1      TRUE          M       2007
4      7.1       11.8      TRUE          F       2008
5     10.2       12.5      TRUE          M       2009
6      7.0       10.2      TRUE          F       2005

// 데이터는 연도별, 성별, 임금 협상을 했을 때(Negotiated), 급여 인상률(Salary)과 인센티브
// 인상률(Received)에 대한 자료이다.

// 협상을 했을 때, 급여 인상률과 인센티브 인상률 사이의 관계를 상관 관계 수치로
// 표현한다.

> cor(salary$Incentive[salary$negotiated==TRUE], salary$Salary [salary$negotiated ==  TRUE])
[1] 0.6656481    // 0.66의 값을 가지므로 어느 정도 상관 관계가 있다고 본다.

// 급여 인상률과 인센티브 인상률 사이에 회귀 분석을 수행한다.
// lm은 Linear Model의 약자이다.

> RegResult <- lm(Incentive[negotiated==TRUE]~Salary [negotiated == TRUE], data=salary)

> RegResult
Call :
lm(formula = Incentive[negotiated == TRUE] ~ Salary[negotiated ==
TRUE], data = salary)
Coefficients :
(Intercept) Salary[negotiated == TRUE]
2.3121 0.7251
>
```

회귀 분석의 결과는 $y = 2.3121 + 0.7251 \times x$이다. 즉, y축의 절편이 약 2.3이고, 기울기가 약 0.7인 직선이 두 변수 사이의 관계를 가장 잘 표현하는 직선이다. 이를 이용할 경우, 협상한다는 조건에서 내가 5%의 인센티브 인상률을 받았다면 급여를 대략 5.8% 정도 인상받을 수 있다는 것을 알 수 있다($2.3 + 0.7 \times 5 = 5.8$).

회귀 분석은 R, SPSS, SAS와 같은 프로그램을 사용하면 쉽게 수행할 수 있다. 그런데 회귀 분석에서 중요한 점은 예측력을 높이는 것이므로 이에 대한 고려가 필요하다. 어떤 모델을 사용할 것인지, 독립변수를 그대로 사용할 것인지, 변형해 사용할 것인지 등의 경우를 고려해야 한다. 정규화 부분에 대한 고려도 중요하기 때문에 5장에서 자세히 살펴본다.

주어진 문제에서 함수를 사용해 최고가 아닌 최적의 경우를 찾을 때는 알고리즘 중 '경사 하강법'과 회귀 분석에서 사용하는 '최소 제곱법'을 많이 사용한다. 그리고 회귀 분석의 정확성을 높이기 위한 기법인 정규화도 여기서 자세하게 서술한다. 각 알고리즘의 예를 통해 살펴보자.

▌경사 하강법

경사 하강법은 기계 학습 및 딥러닝에서 최적해를 구하기 위해 비용 함수(Cost Function)를 최소화하는 파라미터를 구할 때 사용하는 방법이다. 다시 말해, 비용 함수를 학습시킬 때 사용하는 방법이다.

예를 들어 주어진 데이터의 산포도가 선형적으로 분포됐으면 데이터를 가장 잘 나타낼 수 있는 직선 또는 일차함수를 구한다고 가정해 보자. 이 가정에 따라 일차함수식 '$y = wx + b$'를 최적화할 수 있는 w와 b를 찾는 것이 선형 회귀의 목적이다. 이를 다르게 표현하면 데이터를 통해 학습하는 과정이다. **이때 최적의 w와 b를 찾기 위해 사용하는 방법이 '경사 하강법'이다.**

경사 하강법의 개념

정확하게 이해하기 위해 예를 들어 살펴보자. [그림 2-62]와 같은 데이터가 있다고 가정해 보자. 이 데이터를 가장 잘 설명할 수 있는 직선을 구해 특정 기온을 줬을 때, 군고구마의 판매량이 얼마인지 예측하는 것이 '회귀 분석'이다. 특히, 직선을 구하는 것을 '선형 회귀'라고 한다. 이때 직선의 식을 '$y = wx + b$'라고 가정하면 여기서 알아야 하는 것은 w와 b의 값이다. 최적의 w, b 값을 알아 내는 방법 중 하나가 '경사 하강법'이다.

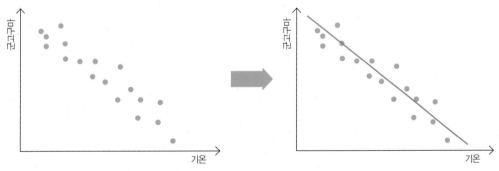

[그림 2-62] 온도와 군고구마의 판매 동향

경사 하강법의 적용 사례

이제 회귀 분석에서 경사 하강법이 어떻게 적용되는지 자세히 살펴보자. 회귀 분석은 실제 y의 값(군고구마 매출)과 예측한 y의 값의 차이를 제곱해 합한 것을 전체 개수로 나눈 평균 제곱 오차(Mean Squared Error, MSE)를 최소화하는 w, b 값을 구해야 한다. 그러므로 회귀 분석은 평균 제곱 오차가 비용 함수가 된다. 비용 함수인 평균 제곱 오차를 식으로 표현한 식, 이것의 의미를 설명한 것 그리고 평균 제곱 오차를 w 중심으로 표현한 식과 b를 중심으로 표현한 식은 [그림 2-63]과 같다.

$$MSE = \frac{1}{n}\sum_{i=1}^{n}(y_i - \hat{y}_i)^2 \qquad \text{MSE가 선형 회귀에서 w, b를 구하기 위한 비용 함수가 된다.}$$

$$
\begin{aligned}
MSE &= \frac{1}{n}\sum_{i=1}^{n}(y_i - \hat{y}_i)^2 \\
&= \frac{1}{n}\{(y_1 - wx_1 - b)^2 + \cdots + (y_n - wx_n - b)^2\} \quad \text{// 첫 번째 점(실제 데이터)은 } y_1, \text{ 첫 번째 점의 예측값은 } \hat{y_i} \text{ 는 } \hat{y_1} = wx_1 + b \text{ 이다.} \\
&= \frac{1}{n}\{(x_1^2 + \cdots + x_n^2)w^2 + \bigstar\} \quad (for\ w) \quad \text{// } y = x^2\text{과 같이 MSE = X } w^2\text{의 모양이 된다.} \\
&= \frac{1}{n}\{nb^2 + \blacksquare\} \quad (for\ b) \qquad \text{// } y = x^2\text{과 같이 MSE = X } b^2\text{의 모양이 된다.}
\end{aligned}
$$

[그림 2-63] MSE와 w, b 중심의 분석 요약

[그림 2-63]을 살펴보면 비용 함수인 평균 제곱 오차는 w와 b에 대해 2차원의 형태를 띠게 된다. 이를 그래프로 표현하면 [그림 2-64]와 같다. 다시 말하면, MSE에 영향을 미치는 w, b는 구체적으로 계산을 수행하지 않아도 w와 b에 대해 2차원의 형태를 띠게 된다는 것을 [그림 2-64]에서 확인할 수 있다. 여기서 평균 제곱 오차(MSE)를 최소화하는 w, b 값을 찾아야 하므로 원하는 값은 [그림 2-64]의 X가 표시된 점이 된다.

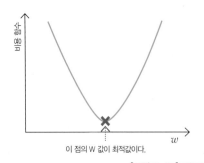
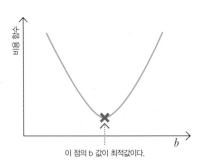

[그림 2-64] MSE의 w, b 중심의 그래프 모양

이제 w의 값을 구해 보자. [그림 2-64]에서 왼쪽에 있는 w의 함수를 대상으로 다음 작업을 수행한다. 비용 함수는 평균 제곱 오차이다.

① 구하고자 하는 w 값을 임의로 설정한다.

② 임의로 설정한 w 값에 해당하는 지점의 기울기(함수를 w에 대해 편미분한 값)에 이동하고자 하는 크기(학습률)를 곱한다. 이것이 [그림 2-65]의 x점의 이동량이다.

③ 이 값에 −를 붙인다. 이렇게 해야 w 값이 정상적으로 감소, 증가한다. 이렇게 하지 않으면 원하는 것과 반대로 감소, 증가한다([그림 2-65] 그래프 설명 참조).

④ 기존 w 값에 −를 붙인 새로운 w 값을 더한다. 새로운 w 값이 구해진다. 즉, w 값이 그래프를 따라 이동한다. 이 결과를 수식으로 표현하면 다음과 같다.

$$w := w - \alpha \frac{\partial}{\partial w} MSE$$

⑤ 이 과정을 w 값에 변화가 없을 때까지 반복한다.

⑥ 이 과정을 그래프로 표현한 것과 **그래프의 구체적인 내용이 [그림 2-65]와 그 아래의 설명에 제공되어 있다.**

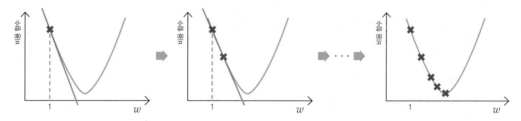

[그림 2-65] w에 경사 하강법을 적용한 개념

- 임의의 w 값을 선정해 비용 함수(MSE)를 구한다. 여기서는 '$w = 1$'이라고 가정한다.
- 비용 함수를 w에 대해 편미분하면 그래프상에서 그 점의 기울기가 된다. '$w = 1$'은 '$w = 1$'인 지점의 기울기를 나타내므로 그래프로 보면 음숫값을 가진다([그림 2-65]의 첫 번째 그래프).
- 음숫값에 이동하고자 하는 범위를 곱한다. 이때의 범위를 '학습률'이라고 한다.
- '$w = 1$'인 지점에서 기울기가 음수이므로 여기에 학습률을 곱한 후 기존의 w에 더하면 w 값이 1보다 작은 쪽(0에 가까운 쪽)으로 이동한다. 따라서 학습률을 곱한 결과에 −를 붙인다.
- 새로운 w 값을 구한다([그림 2-65]의 두 번째 그래프).
- 위 작업을 계속한다([그림 2-65]의 세 번째 그래프).
- 최솟값이 됐을 때 기울기가 0이므로 비용 함수를 편미분한 결과는 0이 된다. 따라서 w 값은 변화가 없다.
- w 값에 변화가 없으면 최적값에 도달했다는 것을 확인할 수 있다.

이 과정을 거쳐 비용 함수를 대상으로 w에 대한 최적값을 찾을 수 있다. 이처럼 경사를 따라 내려가면서 최적값을 찾는 것이므로 '경사 하강법'이라고 한다. b 값도 이와 동일한 개념을 적용해 최적값을 구할 수 있다.

앞 과정을 통해 w와 b 값을 경사 하강법을 사용해 학습률 범위로 이동하면서 최적값에 도달하는 과정을 살펴봤다. **단계별로 구해진 w, b 값을 이용해 실제 회귀 직선에 적용해 보면 [그림 2 – 66] 과 같은 형태로 데이터에 맞춰지는 것**을 확인할 수 있다.

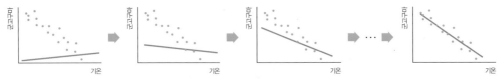

[그림 2-66] w, b의 변화에 따른 회귀 직선의 움직임

- 확률적 경사 하강법(Stochastic Gradient Descent, SGD): 경사 하강법이 쉽고 편리한 방법이기는 하지만, 모든 경우에 사용할 수는 없고, 비용 함수가 볼록 함수인 경우에만 사용할 수 있다. 만약 [그림 2 – 67]과 같은 모양을 띠고 있는 비용 함수는 경사 하강법이 최적의 값을 보장할 수 없다. 그 이유는 [그림 2 – 67]의 전체 최적값, 지역적 최적값 등에서 기울기가 0이므로 최적값이라고 판단하기 때문이다. [그림 2 – 67]의 현상태에서 오른쪽으로 진행하면 지역적 최적값에서 최적값이라고 판단하게 될 것이다.

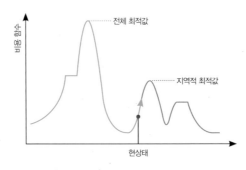

[그림 2-67] 특이한 형태의 비용 함수

위와 같은 문제점과 경사 하강법의 성능 문제를 해결하기 위해 도입된 방법이 '확률적 경사 하강법'으로, 신경망의 학습에 사용한다. 확률적 경사 하강법은 데이터 세트에서 무작위로 균일하게 선택한 하나의 예를 이용해 각 단계의 예측 경사를 계산하는 방식이다. 전체 데이터를 대상으로 경사를 계산하는 경사 하강법보다 적은 계산으로 적절한 기울기를 얻을 수 있다.

- 경사 하강법과 확률적 경사 하강법의 차이: **최솟값을 찾는 경우를 가정할 때, 일반 경사 하강법과 확률적 경사 하강법 사이의 과정 차이를 이미지로 표현하면 [그림 2-68]과 같다.**

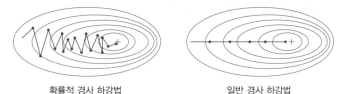

확률적 경사 하강법   일반 경사 하강법

[그림 2-68] 경사 하강법의 원리 비교

일반적으로 성능이 좋은 확률적 경사 하강법을 많이 사용하며, SGD를 개선한 미니 배치 SGD는 무작위로 선택한 데이터가 10~100개 사이가 되게 해 GD를 적용하는 방법을 말한다.

█ 최소 제곱법

최소 제곱법(Least Squared Method)은 데이터를 가장 잘 표현하는 1차 함수 그래프의 식을 구하는 것으로, 선형 회귀에서 사용한다.

- 최소 제곱법의 계산 과정: 최소 제곱법을 수학적으로 표현하면 복잡해 보이므로 예를 통해 살펴보자. 공부한 시간과 성적의 관계가 다음과 같을 경우, 29시간을 공부하면 어느 정도의 성적을 받을 수 있는지 최소 제곱법으로 계산해 보자. 이는 선형 회귀 문제와 같다. 데이터를 통해 $y = ax + b$ 함수의 a, b 값을 알아 내고, 완성된 식의 x에 35를 입력해 y 값을 알아보는 문제이다.

공부한 시간	5	7	10	15
성적	40	50	70	90

① 먼저 공부한 시간(x)과 성적(y)의 평균을 구한다.

$$\bar{x} = \frac{5 + 7 + 10 + 15}{4} = 9.25, \quad \bar{y} = \frac{40 + 50 + 70 + 90}{4} = 62.5$$

② $y = ax + b$에서 a와 b 값을 구한다.

$$a = \frac{(40-62.5)(5-9.25)+(50-62.5)(7-9.25)+(70-62.5)(10-9.25)+(90-62.5)(15-9.25)}{(5-9.25)^2 + (7-9.25)^2 + (10-9.25)^2 + (15-9.25)^2}$$

$$= \frac{95.6 + 28 + 5.6 + 15.8}{18 + 5 + 0.56 + 33} = 5$$

$$b = 62.5 - 5x = 62.5 - 5 \times 9.25 = 16.25$$

③ 따라서 직선의 방정식은 $y = 5x + 16.25$이다.

④ 13시간 공부한 경우의 예상 성적은 81.25점이다.

• 최소 제곱법을 보완한 LOWESS 분석: 최소 제곱법은 앞서 설명한 바와 같이 계산하는 방법이다. 간단하고 효과가 좋은 방법이기는 하지만, 데이터 중 특이값(아주 큰 값이나 작은 값)이 있을 때, 계산을 하는 중간에 평균을 이용하므로 틀린 결과가 나타날 가능성이 크다. 이러한 이유로 **최소 제곱법을 개선한 LOWESS(Locally Weighted Scatterplot Smoothing) 분석이 개발됐다.** LOWESS 분석은 데이터를 작은 윈도우로 나눠 각각의 구간에서 가중 선형 회귀(Weighted Linear Regression)를 해 곡선을 구하는 방법이다. LOWESS 분석은 독립변수의 값에서 멀리 떨어져 있는 점의 기울기를 조절함으로써 특이점의 영향을 약화시키는 방법이다. **LOWESS 분석처럼 이상값의 영향을 적게 받는 통계량을 '로버스트(Robust) 통계량'이라고 한다.** LOWESS 분석의 구체적인 내용은 이 책의 범위를 벗어나므로 여기서는 설명하지 않고, 그 대신 R을 이용해 LOWESS 분석을 수행 과정과 결과를 [그림 2-69]에 나타냈다. 다음 프로그램에 사용된 cars는 R을 설치하면 자동으로 사용할 수 있는 데이터이다.

```
〉 library(MASS)
〉 s1 = lowess(cars$dist ~ cars$speed)      // LOWLESS 분석 수행
〉 plot(dist~speed, data=cars, col="blue")  // 데이터를 산점도로 표시
〉 lines(s1, col="red")                      // LOWESS 분석 결과를 표시(붉은색 선)
〉 out=lm(dist~speed, data=cars)             // 회귀 분석 수행
〉 abline(out,lty="dotted", col="blue")      // 회귀 분석 그래프를 그림(점선)으로 표현
〉
```

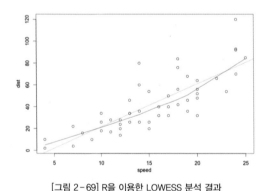

[그림 2-69] R을 이용한 LOWESS 분석 결과

[그림 2-69]에서 최소 제곱법에서 생성된 함수(점선)와 LOWESS에 의해 생성된 함수(붉은색 선)가 데이터를 표현하는 정확성이 다르다는 것을 확인할 수 있다. 어떤 방법을 사용해도 상관없지만, 데이터에 특이점이 많을 때는 LOWESS 방법을 사용하는 것을 추천한다.

▌정규화(일반화)

정규화(Regularization)는 회귀 분석을 수행하면서 만들어진 회귀식이 데이터에 과적합되는 것을 방지하기 위해 도입된 개념이다. '과적합'은 회귀식이 주어진 데이터에 너무 적합하게 만들어 져서 테스트 데이터로 예측할 때 정확성이 떨어지는 경우를 말한다. 정규화는 L1 정규화와 L2 정규화가 있다. 'Regularization'을 '정규화'라고 번역하지만, 의미로는 '일반화'라고 표현하는 것이 더 적합하다.

정규화의 기본 용어

정규화의 이해하기 위해 필요한 용어에 대해 설명하면 다음과 같다.

- **Norm의 개념**: 놈(Norm)은 벡터(크기와 방향을 갖는 것으로 일반적으로 화살표로 표현한다) 의 크기를 측정하는 방법(함수)이다.
- **L1 Norm의 개념**: 벡터 a, b의 원소들 값의 차이를 절댓값으로 만든 후 합한 것을 말한다. L1 정규화와 컴퓨터 비전에서 주로 사용한다.

  (메 a = (3, 1, −3), b = (5, 0, 7)이라면 a, b의 L1Norm = $|3-5| + |1-0| + |-3-7| = 13$)
- **L2 Norm의 개념**: 벡터 a, b의 유클리디안 거리를 말한다. L2 정규화와 kNN, kmean 등에서 사용한다.

  (메 a = (3, 1, −3), b = (5, 0, 7)이라면 L2Norm = $\sqrt{(5-3)2 + (0-1)2 + (7-(-3))2} = 10.25$)

참고로 유클리디안 거리는 다음과 같다. 간단히 두 점 사이의 직선 거리를 말한다.

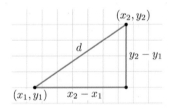

<유클리디안 거리의 뜻>
(x1, y1)과 (x2, y2)의 유클리디안 거리는 d를 말한다.
d = $\sqrt{(x2-x1)^2 + (y2-y1)^2}$ 이다.

[그림 2-70] 유클리디안의 원리

- **L1 Norm과 L2 Norm의 차이**: [그림 2-71]처럼 두 점을 연결한다고 가정할 때, L1 Norm은 여러 가지 방법으로 연결할 수 있으며, 모두 동일한 거리를 갖는 것을 말한다(빨간색 선, 파란색 선, 노란색 선). L2 Norm은 두 점을 연결하는 유일한 최단 거리(Unique Shortest Path)를 말한다(녹색 선).

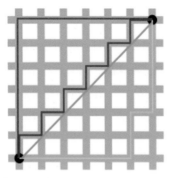

[그림 2-71] L1, L2 Norm의 비교를 위한 예

- **L1 Loss: 실제 값과 예측치 사이에서 차이값의 절댓값을 구한 다음 합한 것이다.** 다른 용어로는 LAD(Least Absolute Deviation), LAE(Least Absolute Errors), LAV(Least Absolute Value), LAR(Least Absolute Residual), Sum of Absolute Deviation 등이 사용된다.
- L2 Loss: 실제 값과 예측치 사이의 차이값의 제곱을 구하고, 그것을 합한 것이다. 'LSE(Lease Squares Errors)'라고도 한다.
- **L1 Loss와 L2 Loss의 차이:** L2 Loss는 오차의 제곱의 합을 더하기 때문에 Outlier(이상치)에 L1 Loss보다 더 큰 영향을 받는다. 그러므로 이상치가 적당히 무시되기를 원하면 L1 Loss를 사용한다.

정규화의 개념

정규화는 예측을 위해 만든 수식 또는 모델이 과적합(Overfitting)되는 것을 예방하고 일반화해 예측의 정확성을 높이는 데 도움을 주는 방법을 말한다. 정규화는 회귀 분석 외에도 다양한 예측 분야에서 사용되므로 개념을 정확하게 이해할 필요가 있다.

정규화의 방법으로는 L1 정규화, L2 정규화가 있고, 딥러닝에서 과적합의 방지를 위해 사용하는 드롭아웃(Dropout), 조기 종료(Early Stopping) 등이 있다.

- L1 정규화: 예측에 사용하는 모델의 비용 함수(Cost Function)에 가중치의 절댓값을 더하는 것이다. 이렇게 하면 기존 비용 함수에 가중치의 크기가 포함돼(L1 Norm) 가중치가 너무 크지 않은 방향으로(정해진 크기 내에) 학습되도록 한다. 그러므로 여러 특성을 동시에 검토하고 지원하는 특성을 가진다. **L1 정규화를 사용하는 회귀 모델을 'LASSO(Least Absolute Shrinkage and Selection Operation) 회귀'라고 부른다.** 앞의 설명을 수식으로 표현하면 다음과 같다.

$$Cost = \frac{1}{n}\sum_{i=1}^{n}\left\{L(y_i, \hat{y}_i) + \frac{\lambda}{2}|w|\right\}$$

$L(y_i, \hat{y}_i)$: 기존의 비용 함수

- **L2 정규화:** 예측에 사용하는 모델의 비용 함수에 가중치의 제곱을 더하면 기존 비용 함수에 가중치의 크기가 포함되면서(L2 Norm) 가중치가 너무 크지 않은 방향(**최소 크기**)으로 학습되도록 한다. 이를 '가중치 감소(Weight Decay)'라고 하며, 최솟값을 갖는 특성을 선정해 처리한다. **L2 정규화를 사용하는 회귀 모델을 '릿지(Ridge) 회귀'라고 한다.** L2 정규화의 내용을 수식으로 표현하면 다음과 같다.

$$Cost = \frac{1}{n}\sum_{i=1}^{n}\left\{L(y_i, \hat{y}_i) + \frac{\lambda}{2}|w|^2\right\}$$

분석 기법의 선택

R을 포함한 프로그램은 일반 회귀 분석 외에도 릿지 회귀, 라쏘(LASSO) 회귀를 모두 지원하므로 데이터의 특성을 살펴보고, 어떤 분석 기법을 적용할 것인지 결정하면 된다. **간단하게 가이드를 제공한다면, 정상적인 데이터는 일반 회귀 분석으로 충분하다. 이상치가 발견되는 경우, 이상치가 예측에 미치는 영향을 적게 하고 싶으면 라쏘 모델, 이상치가 미치는 영향을 반영하고 싶다면 릿지 모델을 사용하면 된다.**

실무에서 사용해 보면 일반 회귀, 릿지, 라쏘 모두 큰 차이를 보이지는 않으므로 모델의 선택을 너무 심각하게 생각할 필요는 없다. 다만, 이런 모델이 있다는 것만 알아 두자. **정확한 예측을 원한다면 회귀 분석 외에 다른 모델도 많이 있으므로 이를 고려하는 것이 더 나은 결과를 얻을 수 있다.** 회귀 분석과 유사한 모델은 3.2 베이지안 추론, 3.5 통계 기반 기계 학습 – 지도학습에서 살펴본다.

과적합 개념

[그림 2-72]는 과적합의 개념을 데이터에 대한 예측 함수를 대상으로 정리한 것이다.

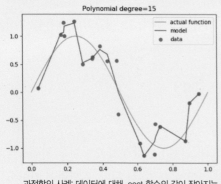

과적합의 사례: 데이터에 대해 cost 함수의 값이 작아지는
방향으로만 진행함으로써 특정 가중치가 너무 큰 값을 갖게 돼
모델의 정확도와 성능이 오히려 떨어지게 되는 예

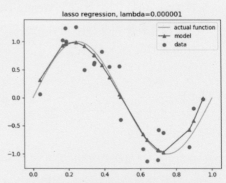

과적합을 피한 사례: 데이터에 대해 특정 가중치가 너무
과도하게 커지지 않도록 비용 함수의 값을 조정해 모델을
구성하는 것

[그림 2-72] 과적합과 과적합을 피한 사례의 예

왼쪽 그래프는 위와 아래의 파란색 점(특이점)에 민감하게 반응하도록 구성된 예이다(과적합 사례). 이런 경우, 학습에 사용한 데이터에 대한 예측은 잘 맞지만, 테스트나 실무의 데이터에 대한 정확성은 떨어진다. 오른쪽 그래프는 특이점을 무시하고 전체적인 흐름에 맞춰 학습돼 있다. 이런 모델은 학습 데이터에 대한 예측 정확성이 떨어질 수 있지만, 테스트나 실무 데이터에 대한 정확성은 더 높다.

- 본문에 있는 회귀 분석과 LOWESS 분석을 실습해 보자. R을 설치한 후 그대로 실행하면 결과를 얻을 수 있다.
- R 외에 파이썬을 이용해도 회귀 분석을 수행할 수 있다. R과 파이썬의 라이브러리는 거의 동일한 역할을 수행할 수 있다. 하지만 다음과 같은 차이가 있다.
- R은 정형화돼 있는 데이터에 편리하게 사용할 수 있다. 파이썬은 데이터가 정형화되지 않았을

때 적합하다. 일반적인 통계 분석은 데이터가 정형화돼 있을 때가 많으므로 R이 더 적합하다고 할 수 있다. 빅데이터 환경에서는 데이터가 센서 등에서 생성되기 때문에 분석하기 전에 데이터를 조작할 필요가 있다. 개인적인 의견으로 이런 경우에는 파이썬이 좀 더 유용하다고 생각한다.

요약

인공지능에서 사용하는 학습의 원리를 이해하는 데 필요한 경사 하강법을 비롯한 다양한 최적화 기법에 대해 살펴봤다. 전체 내용을 요약하면 다음과 같다.

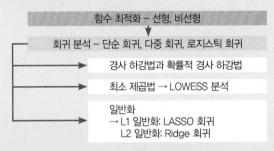

[그림 2-73] 최적화 기법 요약

각 기법 간의 연관 관계를 이해하는 것이 전체 그림을 이해하는 데 큰 도움이 될 것이다. 특히, 경사 하강법은 반드시 정확하게 이해해야 한다.

연습 문제

1. 회귀 분석을 정의하시오.

2. 로지스틱 회귀는 무엇인지 설명하시오.

3. 경사 하강법의 원리를 설명하시오.

4. 경사 하강법이 최적값을 보장하지 못하는 경우에 대해 설명하시오.

5. 최소 제곱법과 LOWESS 분석의 관계를 설명하시오.

6. L1 정규화(일반화)에 대해 설명하시오.

PART 03

기계 학습

01 통계학

통계학은 중요한 분야이지만, 이 책의 범위에서 벗어나므로 통계학의 개념과 범위만 간단히 소개한다. 통계의 기본 전제는 표본을 대상으로 한다는 것이다. 즉, **표본을 통해 전체 모집단의 모습을 예측하고, 표본이 모집단과 얼마나 일치하는지를 파악해 표본을 통해 모집단의 특성(평균, 분산)을 파악하는 것**이다. 따라서 **통계 분석의 목적은 표본과 모집단 또는 모집단과 모집단 간의 '차이 검정'과 데이터를 구성하는 요소와 요소 간의 '인과 관계(상관 관계)를 파악하는 것'**이라고 할 수 있다.

▌통계 분석의 기법

통계 분석을 위해 개발된 다양한 기법을 분류하면 다음과 같다. 각 기법에 대한 자세한 설명과 사용법은 『**R 데이터 분석 머신러닝**』(조민호 저, 정보문화사)과 같은 서적을 참고하기 바란다.

- 차이 검정을 위해 개발된 기법: T-test와 Paired T-test, ANOVA, MANOVA, Chi-Square, 프리드만 검정, 윌콕스 검정, 비율 검정, 부호 검정, Sign Test
- 인과 관계를 위해 개발된 기법: 상관 분석, 회귀 분석, 로지스틱 회귀 분석, 구조 방정식 모형

▌통계학의 종류

통계학은 용도에 따라 '기술 통계'와 '추리 통계'로 나뉜다.

- 기술 통계: 관측을 통해 얻은 데이터에서 그 데이터의 특징을 뽑아 내는 기술을 말한다(인구 조사, 토지 조사 등을 말하며, 도수분포표, 히스토그램 등을 사용).
- 추리 통계: 전체를 파악하기 어려운 데이터나 아직 발생하지 않은 미래의 일을 추측하는 기술을 말한다(투표의 개표 방송에서 당선 예측하기, 주가 예상하기, 제품의 불량률이 1% 이내라는 것을 95%로 보증하기 등).

▌통계 데이터

통계에 사용하는 데이터는 '범주형 데이터'와 '연속형 데이터'로 나뉜다.

범주형 데이터(Categorical Data)

사전에 정해진 특정 유형으로 분류되는 데이터로, '명목형'과 '순서형'으로 구분할 수 있다.

- 명목형: 값 간의 크기를 비교할 수 없을 때를 말한다(성별 데이터, 정치 성향을 좌·우파로 구분하기 등).
- 순서형: 크기나 순서를 둘 수 있을 때를 말한다[학생들의 성적(A, B, C, D, F), 방의 크기 (14평, 24평, 32평)].

연속형 데이터(Continuous Data)

숫자로 표현되는 정량적 데이터로, '등간 척도'와 '비율 척도'로 구분할 수 있다.

- 등간 척도: 시간, 온도 등을 말한다.
- 비율 척도: 키, 몸무게, 점수, 관찰 빈도 등을 말한다.

만일 두 데이터에 차이가 있다고 볼 수 있는지 검증하고자 할 때, 연속형 데이터는 T‑test, ANOVA, 범주형 데이터는 Chi‑Square를 사용한다. 그리고 인과 관계를 분석하기 위해 회귀 분석을 사용할 때도 종속변수(y)가 연속형이면 선형 회귀 분석, 범주형이면 로지스틱 회귀를 적용한다.

02 베이지안 추론 및 응용

앞서 소개한 고전 통계학과 쌍벽을 이루는 베이지안 통계학에 대해 알아보자. 고전 통계학은 관측된 현상(데이터)을 '우리가 알지 못하는 고정된 프로세스 또는 대상'에서 발생한 것이라는 가정하에 그 현상이나 대상의 특성을 파악하고자 하는 것이다. 하지만 **베이지안 통계학은 실증적 (Empirical) 통계학으로, 과거의 결과를 바탕으로 분석 및 예측하는 것이다.**

2.1 베이지안 통계

베이지안 통계를 이해하는 데 필요한 기본적인 확률 이론과 베이지안 통계를 사용한 추론의 개념 그리고 이를 예측에 사용하는 방법을 알아보자.

▌확률 이론의 분류

통계학을 고전 통계학과 베이지안 통계학으로 구분할 수 있듯이 확률 이론도 '빈도 이론 (Frequentism)'과 '베이지안 이론(Bayesianism)'으로 구분할 수 있다.

- **빈도 이론:** 반복적인 사건의 빈도를 다룬다. 즉, 빈도 이론에서 말하는 '확률'은 '그 사건이 일어나는 횟수의 장기적인 비율'이다. 빈도 이론에서는 특정 사건이 발생하는 빈도를 관측하고, 이를 바탕으로 가설을 세우고 모델을 검증한다. 통계에서 사용하는 추정과 검정이 이에 속한다. 모델의 변숫값이 고정돼 있다는 관점으로 관측 결과를 분석해 변숫값을 알아 내고자 하는 것이다. 모집단에서 추출한 표본을 통해 구한 신뢰 구간 95%는 모집단의 95%가 신뢰 구간에 들어간다는 의미이고, 표본을 통해 모집단의 평균과 분산을 구할 수 있다(고전적 통계의 개념).
- **베이지안 이론:** 주관적인 추론을 바탕으로 만들어진 '사전 확률(Priori)'을 추가 관찰을 통한 '사후 확률(Posterior)'에 업데이트하는 방법을 사용하면 불확실성을 제거할 수 있다. 즉, 어떤 가설의 확률을 평가하기 위해 사전 지식을 갖추고, 관측 결과를 바탕으로 하는 '가능도 (likelihood)'를 계산해 설정한 사전 지식을 보정하는 과정을 수행한다.

베이지안 이론은 기계 학습에서 많이 사용한다. 기계 학습은 데이터를 이용해 모델을 만들고, 데이터를 이용해 만들어진 모델을 반복적으로 학습(수정 보완)해 이를 바탕으로 최적의 모델을 찾는 과정인데, 이런 점이 주어진 정보가 관측 결과를 보완하면서 최적의 사후 확률을 구하는 베이지안과 유사하기 때문이다.

베이지안 이론은 베이지안 확률, 베이지안 추론, 베이지안 통계의 활용(MLE, MAP) 그리고 EM 알고리즘과 판별 분석으로 나눠 설명한다.

▌베이지안 확률

베이지안 확률(Bayesian Probability)은 확률 변수의 사전 확률과 사후 확률 사이의 관계를 나타내는 것으로, '베이지안 정리(Bayesian Theorem)'라고도 부른다. 즉, 사전 확률 $P(A)$와 우도 확률 $P(B|A)$를 알면 사후 확률 $P(A|B)$를 알 수 있다. 베이지안 정리(확률)는 다음과 같은 세 부분으로 구성된다.

- 사전 확률(Prior Probability, $P(A)$): 결과가 나타나기 전에 결정돼 있는 A(원인)의 확률
- 우도 확률 (Likelihood Probability, $P(B|A)$): A(원인)가 발생했다는 조건하에서 B(결과)가 발생할 확률
- 사후 확률(Posterior Probability, $P(A|B)$): B(결과)가 발생했다는 조건하에서 A(원인)이 발생할 확률

베이지안 정리는 [그림 3 – 1]과 같다([그림 3 – 1]의 베이지안 정리가 나오는 과정은 다음에 나오는 '베이지안 추론' 참조).

$$P(A \mid B) = \frac{P(B \mid A)\,P(A)}{P(B)}$$ 이것을 베이지안 확률이라고 한다.

$P(B) = P(B \cap A) + P(B \cap \bar{A})$ 이므로 다음과 같이 표현할 수 있다.

$$P(A \mid B) = \frac{P(B \mid A)\,P(A)}{P(B \mid A)P(A) + P(B \mid \bar{A})\,P(\bar{A})}$$

[그림 3-1] 베이지안 정리

베이지안 정리(확률)의 예

예제를 통해 베이지안 정리가 어떻게 사용되는지 알아보자. 예를 들어, 질병에 걸릴 확률은 0.01이다. 병에 걸린 사람이 검사하면 0.99의 비율, 건강한 사람이 검사하면 0.1의 비율로 양성 반응을 보인다. 이때 양성인 사람이 병에 걸릴 확률은 얼마인지 알아보자.

$P(A) = 0.01$, $P(양성|A) = 0.99$, $P(양성|B) = 0.1$이라고 표현하면, 문제는 $P(A|양성)$으로 나타낼 수 있다.

$P(A|양성) = P(양성|A)\,P(A) / P(양성)$ ··· 베이지안 정리

[그림 3 – 1]의 정리를 이용하면 $P(양성) = P(양성|A) \times p(A) + P(양성|B) \times P(B)$이다. 이제 필요한 모든 것이 구해졌으므로 계산만 하면 된다.

$P(A | \text{양성}) = (0.99 \times 0.01) / (0.99 \times 0.01 + 0.1 \times 0.99) = 0.091$이다. 즉, 양성인 사람이 병에 걸려 있을 확률은 10%도 되지 않는다. 아마도 생각보다 낮은 확률에 약간 의외라는 생각이 들 것이다. 이것이 바로 베이지안 정리가 중요한 이유이다.

▌베이지안 추론

베이지안 추론(Bayesian Inference)은 통계적 추론의 하나로, 추론 대상의 사전 확률과 추가 정보를 통해 대상의 사후 확률을 추론하는 방법을 말한다. 당연히 베이지안 확률을 바탕으로 한다. 베이지안 추론을 이해하기 위해 다음 예를 살펴보자.

어떤 사람이 '열이 난다'라고 가정해 보자. 열이 나면 의사는 병명이 무엇인지 알기 위해 본인의 경험을 바탕으로 열이 나는 여러 경우 가운데 몸살인 경우, 감기인 경우, 냉방병인 경우 등으로 나누고 이 중 가장 가능성이 큰 것을 골라 병명을 확정한다. **여기서 중요한 점은 '순위가 높은 것을 선택한다'라는 것이다.**

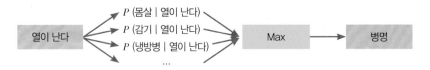

앞 그림에서 판정에 필요한 '$P(\text{OO} | \text{열이 난다})$'를 계산해 보자. **문제에서 관심을 가져야 할 부분은 '병명에 따른 증상'이 아니라 '증상에 따른 병명'이라는 것을 기억할 필요가 있다.**

먼저 식을 만들어 보자.

① $P(\text{OO} | \text{열이 난다}) = \dfrac{P(\text{OO} \cap \text{열이 난다})}{P(\text{열이 난다})}$

이것의 좌우를 바꾸면 다음과 같은 식이 된다.

② $P(\text{열이 난다} | \text{OO}) = \dfrac{P(\text{열이 난다} \cap \text{OO})}{P(\text{OO})}$

양쪽에 $P(\text{OO} \cap \text{열이 난다})$는 $P(\text{열이 난다} \cap \text{OO})$과 같은 의미이므로

①에서 $P(\text{OO} \cap \text{열이 난다}) = P(\text{OO} | \text{열이 난다}) \, P(\text{열이 난다})$를 구해 ②에 대입한다.

$P(\text{열이 난다} | \text{OO}) = \dfrac{P(\text{열이 난다} \cap \text{OO})}{P(\text{OO})} = \dfrac{P(\text{OO} | \text{열이 난다})P(\text{열이 난다})}{P(\text{OO})}$ 이므로

분수를 대각선으로 곱해 풀면 $P(\text{OO} | \text{열이 난다})P(\text{열이 난다}) = P(\text{열이 난다} | \text{OO}) \, P(\text{OO})$이 된다.

따라서 $P(\text{OO} | \text{열이 난다}) = \dfrac{P(\text{열이 난다} | \text{OO}) \, P(\text{OO})}{P(\text{열이 난다})}$ (베이즈 정리)

여기서 관심 사항은 '증상에 따른 병명'이다. 'P(열이 난다)'는 모든 병명에 동일하게 적용되므로 순위에 영향을 미치지 않기 때문에 생략해도 무방하다. 따라서 $P(00 \mid 열이 난다) \propto P(열이 난다 \mid 00) P(00)$로 표시할 수도 있다. 이를 바탕으로 앞 그림을 베이즈 정리를 이용해 다시 그리면 다음과 같다.

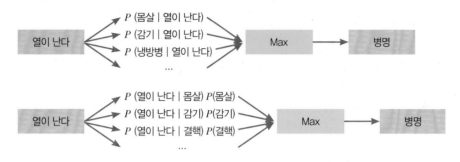

열이 나는 사람 중 몸살일 확률은 알기 어렵지만, 몸살 환자 중 열이 나는 사람은 바로 알 수 있다.

$P(열이 난다 \mid 몸살) = 0.2$

$P(열이 난다 \mid 감기) = 0.5$ 그리고 $P(몸살) = 0.3$, $P(감기) = 0.1$이라는 것을 파악했다면,

$P(몸살 \mid 열이 난다) = P(열이 난다 \mid 몸살) P(몸살) = 0.2 \times 0.3 = 0.06$

$P(감기 \mid 열이 난다) = P(열이 난다 \mid 감기) P(감기) = 0.5 \times 0.1 = 0.05$로 계산할 수 있다.

마지막으로, 베이지안 정리(추론)는 다음처럼 정리할 수 있다.

$P(몸살 \mid 열이 난다) \propto P(열이 난다 \mid 몸살) P(몸살)$

이 중 $P(몸살 \mid 열이 난다)$는 사후 확률이라 하고, $P(열이 난다 \mid 몸살)$은 '우도 확률', $P(몸살)$은 '사전 확률'이라고 한다.

결국 베이지안 추론은 '사후 확률(A Posteriori)'을 찾는 과정이라고 할 수 있으며, 이 때문에 베이지안 추론을 'MAP(Maximum A Posteriori) 문제'라고 부르기도 한다.

베이지안 추론은 외부로 드러난 증상(열이 난다)에 기반을 두고 숨은 가설(병명)을 추론할 때 사용한다. 즉, **관찰된 현상을 통해 그 속에 숨은 본질을 찾는 것이 목표이다.** 앞의 예제로 말하면 열이 나는 증상으로 몸살이라는 질병을 찾아 내는 것이다.

R을 이용한 베이지안 추론의 사용 예

R을 이용해 베이지안 추론을 어떻게 활용하는지 사례를 통해 살펴보자. 주어진 데이터를 바탕으로 베이지안 추론을 적용해 예측한 결과의 정확성을 확인하고, 실제 분석을 수행해 보자. 이 과정은 어렵지 않으며, 다만 개념에 대한 정확한 이해가 중요하다.

```
> library(e1071)              // 베이지안 추론을 위해 필요한 패키지를 올린다.

// 웹에서 필요한 데이터를 가져온다.
> data <- read.csv("http://www-bcf.usc.edu/~gareth/ISL/Heart.csv")
> head(data)
  X Age Sex   ChestPain RestBP Chol Fbs RestECG MaxHR ExAng Oldpeak Slope Ca      Thal AHD
1 1  63   1     typical    145  233   1       2   150     0     2.3     3  0     fixed  No
2 2  67   1 asymptomatic    160  286   0       2   108     1     1.5     2  3    normal Yes
3 3  67   1 asymptomatic    120  229   0       2   129     1     2.6     2  2 reversable Yes
4 4  37   1   nonanginal    130  250   0       0   187     0     3.5     3  0    normal  No
5 5  41   0   nontypical    130  204   0       2   172     0     1.4     1  0    normal  No
6 6  56   1   nontypical    120  236   0       0   178     0     0.8     1  0    normal  No
> str(data)
'data.frame' : 303 obs. of  15 variables :
 $ X        : int  1 2 3 4 5 6 7 8 9 10 ...
 $ Age      : int  63 67 67 37 41 56 62 57 63 53 ...
 $ Sex      : int  1 1 1 1 0 1 0 0 1 1 ...
 $ ChestPain: Factor w/ 4 levels "asymptomatic"... : 4 1 1 2 3 3 1 1 1 1 ...
 $ RestBP   : int  145 160 120 130 130 120 140 120 130 140 ...
 $ Chol     : int  233 286 229 250 204 236 268 354 254 203 ...
 $ Fbs      : int  1 0 0 0 0 0 0 0 0 1 ...
 $ RestECG  : int  2 2 2 0 2 0 2 0 2 2 ...
 $ MaxHR    : int  150 108 129 187 172 178 160 163 147 155 ...
 $ ExAng    : int  0 1 1 0 0 0 0 1 0 1 ...
 $ Oldpeak  : num  2.3 1.5 2.6 3.5 1.4 0.8 3.6 0.6 1.4 3.1 ...
 $ Slope    : int  3 2 2 3 1 1 3 1 2 3 ...
 $ Ca       : int  0 3 2 0 0 0 2 0 1 0 ...
 $ Thal     : Factor w/ 3 levels "fixed","normal"... : 1 2 3 2 2 2 2 2 3 3 ...
 $ AHD      : Factor w/ 2 levels "No","Yes" : 1 2 2 1 1 1 2 1 2 2 ...
> library(caret)

// 실습을 위한 학습 데이터와 테스트 데이터를 만든다.
> set.seed(1000)
> train_data <- createDataPartition(y=data$AHD, p=0.7, list=FALSE)
> train      <- data[train_data,]
> test       <- data[-train_data,]

// 베이지안 모델을 생성한다.
> Bayes       <- naiveBayes(AHD~. ,data=train)
> Bayes
```

```
// 베이지안 모델을 이용해 예측을 수행한다.
> predicted   <- predict(Bayes, test, type="class")
> table(predicted, test$AHD)                    // 결과를 확인한다.

predicted No Yes
     No 41  8
     Yes 8 33
> confusionMatrix(predicted, test$AHD)
Confusion Matrix and Statistics

          Reference
Prediction No Yes
     No 41  8
     Yes 8 33

                  Accuracy : 0.8222    // 정확도가 82%이다.
                    95% CI : (0.7274, 0.8948)
       No Information Rate : 0.5444
       P-Value [Acc > NIR] : 2.84e-08

                     Kappa : 0.6416
    Mcnemar's Test P-Value : 1

               Sensitivity : 0.8367
               Specificity : 0.8049
            Pos Pred Value : 0.8367
            Neg Pred Value : 0.8049
                Prevalence : 0.5444
            Detection Rate : 0.4556
      Detection Prevalence : 0.5444
         Balanced Accuracy : 0.8208

          'Positive' Class : No
```

앞의 예를 통해 베이지안 추론이 데이터를 적용해 예측할 때 82%의 정확성을 보이고 있다는 것을 확인할 수 있다. 간단하지만 좋은 결과를 보인다. 베이지안 추론은 다른 기법에 비해 예측 정확도가 높은 기법이다. **데이터가 적으면 정확성이 떨어지지만, 데이터가 늘어나면 정확성이 다른 기법보다 좋아지는 특성이 있어 많이 사용한다.**

베이지안 통계의 활용

앞서 베이지안 통계를 구성하는 베이지안 확률(정리)과 베이지안 추론에 대해 살펴봤다. 이번에는 베이지안 통계를 활용하는 **MLE(Maximum Likelihood Estimation)**와 **MAP(Maximum A Posterior)**에 대해 알아보자.

예를 통해 두 방식의 차이점을 이해해 보자. 바닥에 떨어진 머리카락의 길이(z)를 보고 그것이 남자의 것인지, 여자의 것인지 판단하는 문제가 있다. 이 문제에 MLE와 MAP를 적용해 보자.

- MLE 방법: $P(z|$남자$)$와 $P(z|$여자$)$를 비교해 가장 확률이 높은 것을 선택하는 방법
- MAP 방법: $P($남자$|z)$와 $P($여자$|z)$를 비교해 가장 확률이 높은 것을 선택하는 방법

문제를 구성하는 환경에서 남녀의 성비가 남자 90%, 여자 10%라고 가정하면, MLE는 성비는 무시하고 남자가 z 길이의 머리카락을 가질 확률과 여자가 z 길이의 머리카락을 가질 확률을 비교하는 방법이다. 반면, MAP는 베이지안 공식을 이용해 남녀의 성비까지도 고려할 수 있다. 예를 들어 '$P($여자$|z)$'는 다음과 같이 구할 수 있고, '$P($남자$|z)$'도 이와 동일하게 계산할 수 있다.

$$P(\text{여자} \mid z) = \frac{P(z \mid \text{여자})P(\text{여자})}{P(z \mid \text{여자})P(\text{여자}) + P(z \mid \text{남자})P(\text{남자})} \quad \text{([그림 3 – 1] 베이지안 정리 참조)}$$

위 식에서 '$P($여자$)$', '$P($남자$)$'는 남녀의 성비에 대한 확률이므로 사전 지식으로 알고 있다. 그리고 '$P(z|$여자$)$', '$P(z|$남자$)$'는 MLE에서 구할 수 있다. 따라서 MAP는 MLE에 남녀의 성비라는 사전 지식을 추가로 고려한 것이라는 점을 알 수 있다. 이것이 MLE와 MAP의 차이이다. 문제의 사전 지식인 '남녀의 성비가 같다'라고 가정해 보자. 이때 사전 지식은 무의미하다. 따라서 MLE와 MAP는 동일한 결과를 보여야 한다. 다음 식은 이를 증명한 것이다.

$$P(\text{여자} \mid z) = \frac{P(z \mid \text{여자})P(\text{여자})}{P(z \mid \text{여자})P(\text{여자}) + P(z \mid \text{남자})P(\text{남자})} \quad \text{([그림 3 – 1] 참조)}$$

$$= \frac{P(z \mid \text{여자})P(\text{여자})}{(\,P(z \mid \text{여자}) + P(z \mid \text{남자})\,)P(\text{여자})} \quad \cdots P(\text{여자})\text{와 } P(\text{남자})\text{가 같다면}$$

$$P(\text{여자})\text{로 통일해 표현할 수 있다.}$$

$$\cdots P(z \mid \text{여자}) + P(z \mid \text{남자})\text{는 1이다. } P(\text{여자})\text{는 약분한다.}$$

$$= P(z \mid \text{여자})\cdots\text{그러므로 } P(\text{여자})\text{와 } P(\text{남자})\text{가 같다면 } MLE \text{ 와 } MAP\text{는 동일하다.}$$

예를 통해 확인할 수 있는 것은 '**MLE와 MAP는 사전 확률이 같다면 같은 결과를 만들어 낸다**'라는 것이다. 또한 주어진 문제에 대해 사전 정보가 있고, 이를 고려하고자 할 때는 MAP 방법을 사용해야 한다는 것도 알 수 있다.

MLE에 대한 예

'동전을 100번 던져 56번 앞면이 나왔다면 이번에 동전을 던졌을 때 앞면이 나올 확률이 얼마라고 이야기할 수 있는가?'와 같은 유형의 문제에 대한 답을 구하는 것이 MLE이다. 동전 던지기는 이항분포를 따르므로 확률 밀도 함수인 '$p(x)$'가 다음 식처럼 표현된다.

$$p(x) = \binom{n}{x} p^x (1-p)^{n-x} = \frac{n!}{x!(n-x)!} p^x (1-p)^{n-x}$$

문제는 100번 던져 56번 나왔으므로 구하고자 하는 답은 가장 큰 값을 갖는 확률을 찾는 것이다. 따라서 다양한 확률에 대해 확률 밀도값을 계산해 가장 큰 값을 갖는 확률을 선택하면 된다. 대략 0.5 전후에서 값이 결정될 것으로 예상되므로 0.48~0.6까지의 값을 차례대로 계산해 보자. '$P(E = x \mid T = 0.56)$'에서 x 값을 변화시키면서 가장 큰 값을 갖는 x의 값을 찾는 것이다.

$$p(x) = \binom{n}{x} p^x (1-p)^{n-x} = \frac{n!}{x!(n-x)!} p^x (1-p)^{n-x} \text{이므로}$$

$$p(0.48|0.56) = \frac{100!}{56!44!} 0.48^{56} 0.52^{44} = 0.0222$$

$$p(0.5|0.56) = \frac{100!}{56!44!} 0.5^{56} 0.5^{44} \quad = 0.0389$$

$p(0.52|0.56) = 0.0587 \cdots$ 위 예와 동일한 방식으로 계산한 결과이다.

$p(0.54|0.56) = 0.0739$

$p(0.56|0.56) = 0.0801$

$p(0.58|0.56) = 0.0738$

$p(0.60|0.56) = 0.0576 \cdots$ 위 예와 동일한 방식으로 계산한 결과이다.
(mathsolver.microsoft.com을 이용해 계산했다)

위 계산을 살펴보면 가장 큰 값을 갖는 것은 0.56이다. 따라서 동전을 100번 던져 앞면이 56번 나왔다면 이번에 동전을 던져 앞면이 나올 확률은 0.56이라고 할 수 있다. 이때 한 가지 **주의할 점은 주어진 데이터를 통해 모집단의 확률을 추정하는 것이 MLE이며, 사전 가정이나 기타 사항을 고려하지 않는다는 것이다.**

MAP에 대한 예

MLE는 사전 확률과 같은 것을 고려하지 않는다. 이제 같은 문제에 MAP를 적용해 보자. 동전을 100번 던져 앞면이 63번 나왔다. 경험이나 관찰로 얻은 사전 확률은 0.5이다. 이 상태에서 다음에 앞면이 나올 확률을 구하는 문제이다. 다음 식은 이 문제를 다른 방식으로 표현한 것으로, 이때 x 값을 0.5로 설정해 값을 구하는 문제라고 볼 수 있다.

$$P(T = x | E = 0.63) = P(E = 0.63 | T = x) \, P(T = x) / P(E = 0.63) \cdots x \text{ 값을 0.5로 설정}$$
$$= P(E = 0.63 | T = 0.5) \, P(T = 0.5) / P(E = 0.63)$$

위 식에서 'P(0.63|0.5)'의 값은 MLE와 같은 계산에 의해 얻을 수 있다. 'P(0.5)', 'P(0.63)'은 값을 알고 있다. 따라서 0.5에 대해 값을 계산할 수 있다. 즉, MLE의 답에 사전 확률을 반영하고 있다.

$$P(0.63 \mid 0.5) = \frac{100!}{50\%50\%} \, 63^{50} 37^{50} = 0.002$$ 이고, 나머지를 계산하면 $0.002 \times 0.5 \times 0.63 = 0.00063$ 이다(mathsolver.microsoft.com을 이용해 계산했다).

이 식을 다시 생각하면, '$P(T = x \mid E = 0.63) = P(E = 0.63 | T = x) \, P(T = x) / P(E = 0.63)$' 라는 식은 '$P(E = 0.63 \mid T = x)$'라는 MLE에 대해 사전 확률값 x의 변화에 따른 결과를 반영해 이 중 최댓값을 구하는 과정을 진행한 것으로, 이를 MAP라고 한다. 즉, MLE의 식에 사전 확률을 반영해 계산하고 있다.

지금까지 베이지안 정리 또는 베이지안 확률에 대한 개념에서 시작해 베이지안 추론에 관해 살펴보고, R을 이용해 베이지안 추론을 수행해 봤다. 베이지안 정리를 응용한 MLE와 MAP에 대해 이들의 차이점과 실무에 적용하는 데 필요한 개념도 예를 통해 살펴봤다. 베이지안 정리와 추론은 최근에 많은 관심을 받는 분야이다. 2장을 통해 정확한 개념을 이해하기 바란다.

2.2 EM 알고리즘

EM(Expectation Maximization) 알고리즘은 베이지안 통계를 사용한다. 특히, 통계 기반 NLP 모델에서 자주 등장하는 알고리즘이다.

▮ EM 알고리즘의 개념

EM 알고리즘이 왜 필요하며, NLP 모델에서 왜 자주 사용하는지를 예를 통해 알아보자. 이를 위해 'sragent.tistory.com/entry/EM – 튜토리얼'의 예제를 이용한다. 예를 들어, 1,000개의 단어가 중복을 허락하는 조건으로 하나의 주머니에 들어 있다. 여기서 8개의 단어 출현 횟수와 확률이 다음과 같다고 가정해 보자.

```
스파게티 : 5회 (0.005)
피자     : 4회 (0.004)
피클     : 3회 (0.003)
리조또   : 2회 (0.002)
짜장면   : 5회 (0.005)
짬뽕     : 4회 (0.004)
군만두   : 3회 (0.003)
단무지   : 2회 (0.002)
```

위 조건에서 4개의 단어로 구성된 2개의 문서가 다음과 같다고 가정해 보자.

```
d1={스파게티, 피자, 피클, 리조또} // 모든 단어가 서로 연관돼 있다.
d2={스파게티, 짬뽕, 피클, 단무지} // 짬뽕이 다른 단어와 어울리지 않는다.
```

$d1$, $d2$ 문서 중 어떤 문서가 출현할 확률이 더 높은지, 어떤 문서가 진짜에 가까운지 계산해 보자(이 부분에서 EM 알고리즘이 NLP 모델에서 자주 사용하는 이유를 알 수 있다).

계산의 편의를 위해 다음 사항을 가정한다. 가정이 변하면 계산을 다시 하면 되므로 원리에 집중해 내용을 살펴보자.

- 각 단어의 출현은 서로 영향을 미치지 않는다.
- 순서는 무시한다.
- 8개 이외의 다른 단어는 고려하지 않는다.

위 가정을 적용하면 $d1$, $d2$가 생성될 확률은 다음과 같다.

```
p(d1)=p(스파게티) * p(피자) * p(피클) * p(리조또)=0.005 * 0.004 * 0.003 * 0.002=1.2e-10
p(d1)=p(스파게티) * p(짬뽕) * p(피클) * p(단무지)=0.005 * 0.004 * 0.003 * 0.002=1.2e-10
```

사람의 눈으로 보면 $d1$이 $d2$보다 현실성이 있는 문서이지만, 생성될 확률은 같다. **사람은 $d2$보다 $d1$이 진짜 문서에 가깝다는 것을 알 수 있다.** 왜냐하면 $d1$은 이탈리아 음식 단어로 이뤄져 있고, $d2$는 여러 음식 단어가 섞여 있기 때문이다.

그런데 인공지능 기반의 NLP 모델에서는 처음 단어가 스파게티로 결정되면 두 번째 단어가 피자일 확률이 짬뽕일 확률과 같아서는 안 된다. 비록 1,000개의 단어 중 짬뽕과 피자의 개수가 동일하다고 하더라도 피자의 확률이 더 높아야 한다. 이와 반대로 처음 단어가 짬뽕으로 결정됐다면 그다음 단어인 군만두와 피클의 확률이 같아서는 안 된다. 당연히 군만두의 확률이 더 높아야 한다. 그래야만 생성할 수 있는 많은 문서 중 좀 더 현실성 있는 문서를 선별할 수 있다.

위 요구 사항을 만족하기 위해서는 조건 없는 독립 가정을 조건부 독립 가정으로 변경해야 한다. 즉, 베이지안 정리를 이용해 첫 번째 단어가 스파게티이면 두 번째 단어는 피자가 짬뽕보다 큰 확률을 갖게 하는 과정을 반복해 문서 $d1$이 $d2$보다 높은 확률을 가질 수 있도록 조정하는 과정을 수행하는 것이 EM 알고리즘이다.

▌EM 알고리즘의 예

EM 알고리즘은 기대(Expectation) 단계와 최대화(Maximization) 단계를 반복하면서 최적화된 값을 찾아가는 알고리즘이다. 그래서 이름이 EM이다. 다음 가정을 통해 EM 알고리즘을 살펴보자.

베이지안을 적용하기 위해 2개의 토픽 주머니에서 글자를 꺼내 문서 4개를 만들었다고 가정해 보자. 2개의 토픽 주머니는 베이지안을 적용하기 위한 가정이다(여기서 2개의 토픽 주머니는 참으로 대단한 아이디어이다). 이 가정의 목적은 $d1$이 $d2$보다 현실적인 문서이므로 알고리즘의 반복을 통해 $d1$이 나올 확률을 높이는 것이다. 이제 시작해 보자.

```
d1={스파게티, 피자, 피클}
d2={스파게티, 피자, 리조또}
d3={짜장면, 짬뽕, 군만두}
d4={짜장면, 짬뽕, 단무지}
```

Iteration 1: Expectation 단계

처음 시작을 위해 각 문서의 단어가 토픽 주머니 $t1$, $t2$에서 다음과 같이 꺼냈다고 가정한다(처음이므로 공정하게 정한다).

```
d1 → t1: t2=1      : 0(t1의 단어로만 이뤄진 문서)
d2 → t1: t2=0.5    : 0.5(t1, t2에서 균등하게 뽑아 만든 문서)
d3 → t1: t2=0      : 1(t2의 단어로만 이뤄진 문서)
d4 → t1: t2=0.5    : 0.5(t1, t2에서 균등하게 뽑아 만든 문서)
```

Iteration 1: Maximization 단계

$p(t1) = p(t2) = 0.5$ // $d1{\sim}d4$ 간 $t1$, $t2$에서 나올 확률은 앞의 가정에 근거하면 0.5이다.

$t1$에 대해 계산한다.

> p(스파게티 | $t1$) =($t1$ 문서에서 뽑은 스파게티 개수)/($t1$ 문서의 단어 개수)
>   =(1 * 1+0.5 * 1)/(3 * 1+3 * 0.5+3 * 0.5)=0.25

모든 문서에서 $t1$에서 뽑힌 단어로 된 문서는 $d1$, $d2$, $d3$이므로 3이고, 스파게티는 $d1$, $d2$에서 나오는데, $d1$은 나올 확률이 1, $d2$는 0.5이다($d1$은 $t1$ 문서의 단어로만 구성되고, $d2$는 $t1$ 문서의 단어가 절반이다).

$d1$ 문서의 단어 3개는 모두 $t1$에서 나오고($3{\times}1$), $d2$ 문서의 단어 3개 중 절반만 $t1$에서 나온다 ($3{\times}0.5$). 그리고 $d3$은 없고, $d4$ 문서의 단어 3개 중 절반만 $t1$에서 나온다($3{\times}0.5$).

스파게티는 $d1$, $d2$에 있고, $d1$에 있는 경우는 '$1{\times}1$', $d2$에 있는 경우는 '$0.5{\times}1$'이다. 나머지는 동일하게 계산한다.

> p(피자 | $t1$)=0.25
> p(피클 | $t1$)=0.1667
> p(리조또 | $t1$)=p(짜장면 | $t1$)=p(짬뽕 | $t1$)=p(군만두 | $t1$)=p(단무지 | $t1$)=0.5/6=0.0833

$t2$에 대해 계산한다.

> p(스파게티 | $t2$)=p(피자 | $t2$)=p(피클 | $t2$)=p(리조또 | $t2$)=p(단무지 | $t2$)=0.5/6=0.0833
> p(짜장면 | $t2$)=p(짬뽕 | $t2$)=0.25
> p(군만두 | $t2$)=0.1667

Iteration 2: Expectation 단계

$d1$에 대해 계산한다.

$$p(t1|d1) = \frac{p(d1|t1)\,p(t1)}{p(d1)} = \frac{p(d1|t1)\,p(t1)}{p(d1|t1)p(t1) + p(d1|t2)p(t2)}$$

여기서 비율을 구하는 것이므로 계산의 편의를 위해

$$= \frac{p(d1|t1)\,p(t1)}{p(d1|t1) + p(d1|t2)}$$로 계산한다.

> $p(d1|t1)$ =p(스파게티, 피자, 피클 | $t1$)
>   =p(스파게티|$t1$) * p(피자|$t1$) * p(피클|$t1$)=0.25 * 0.25 * 0.1667=0.01041875
> $p(d1|t2)$ =p(스파게티, 피자, 피클 | $t2$)
>   =p(스파게티|$t2$) * p(피자|$t2$) * p(피클|$t2$)=0.0833 * 0.0833 * 0.0833=0.000057801

그러므로 $p(t1|d1) = (0.01041875 \times 0.5)/(0.01041875 + 0.00057801) = 0.4737$

이와 동일한 방법으로 $p(t2|d1)$을 구하면 0.0263이 된다.

위 결과를 이용해 $d1$에서의 $t1$, $t2$의 비율을 구하면 다음과 같다.

$d1 \rightarrow t1: t2 = 0.4737/(0.4737 + 0.0263): 0.0263/(0.4737 + 0.0263) = 0.9474: 0.0526$

```
d2에 대해 계산하면 d2 → t1: t2=0.9001: 0.0999
d3에 대해 계산하면 d3 → t1: t2=0.0526: 0.9474
d4에 대해 계산하면 d4 → t1: t2=0.0999: 0.9001
```

지금 시점에서 Iteration 1의 Expectation 단계에서 $d1 \sim d4$에 대한 $t1$, $t2$를 다음과 같이 설정했던 것을 생각해 보자.

```
d1 → t1: t2=1      : 0(t1의 단어로만 이뤄진 문서)
d2 → t1: t2=0.5    : 0.5(t1, t2에서 균등하게 뽑아 만든 문서)
d3 → t1: t2=0      : 1(t2의 단어로만 이뤄진 문서)
d4 → t1: t2=0.5    : 0.5(t1, t2에서 균등하게 뽑아 만든 문서)
```

Iteration 1을 거치면서 $d1 \sim d4$ 문서의 $t1$과 $t2$의 비율이 조정됐다. 이제 조정된 비율을 이용해 Iteration 2의 Maximization 단계를 수행해 보자.

Iteration 2: Maximization 단계

Iteration2 Expectation 결과에 따라 각 문서의 $t1$, $t2$의 비율이 조정됐다.

```
d1 → t1: t2=0.9474: 0.0526
d2 → t1: t2=0.9001: 0.0999
d3 → t1: t2=0.0526: 0.9474
d4 → t1: t2=0.0999: 0.9001
```

$p(t1) = (0.9474 + 0.9001 + 0.0526 + 0.0999)/4 = 0.5$(비율은 유지되고 있다)

$p(t2) = 0.5$

Iteration 1과 동일한 계산 과정을 수행한다(실무에서는 컴퓨터가 수행한다). 결과는 다음과 같다.

$p(\text{스파게티} \mid t1)$

= ($t1$ 문서에 나타난 스파게티 개수)/(모든 $t1$ 문서의 단어 개수)

= $(0.9474 \times 1 + 0.9001 \times 1)/(0.9474 \times 3 + 0.9001 \times 3 + 0.0526 \times 3 + 0.0999 \times 3) = 0.3079$

```
p(피자 | t1)    =0.3079,
p(피클 | t1)    =0.1579
p(리조또 | t1)  =0.15
```

```
p(짜장면 | t1)    =0.0254
p(짬뽕 | t1)      =0.0254
p(군만두 | t1)    =0.0088
p(단무지 | t1)    =0.9167
- - - - - - - - - - - - -
p(스파게티 | t2) =0.0254
p(피자 | t2)      =0.0254
p(피클 | t2)      =0.0088
p(리조또 | t2)    =0.0167
p(단무지 | t2)    =0.150
p(짜장면 | t2)    =0.3079
p(짬뽕 | t2)      =0.3079
p(군만두 | t2)    =0.1579
```

이와 동일한 과정을 반복해야 한다. 하지만 원리를 파악하는 데 목적이 있으므로 여기까지만 계산한 후 $d1$과 $d2$ 중 어느 것이 더 나은 문서인지 판단해 보자.

$$p(d1) = p(t1) \times p(d1|t1) + p(t2) \times p(d1|t2)$$

$$p(d2) = p(t1) \times p(d2|t1) + p(t2) \times p(d2|t2) \text{이므로}$$

$$\begin{aligned} p(d1) = {} & p(t1) \times p(\text{피자}|t1) \times p(\text{스파게티}|t1) \times p(\text{피클}|t1) \times p(\text{리조또}|t1) \\ & + p(t2) \times p(\text{피자}|t2) \times p(\text{스파게티}|t2) \times p(\text{피클}|t2) \times p(\text{리조또}|t2) \\ = {} & 0.5 \times 0.3079 \times 0.3079 \times 0.1579 \times 0.15 + 0.5 \times 0.0254 \times 0.0254 \times 0.0088 \times 0.0167 \\ = {} & 0.001596761 \end{aligned}$$

$$p(d2) = 0.000015473$$

따라서 $d1$이 $d2$보다 좀 더 나은 문서라고 판단된다. 나머지 $d3$, $d4$의 과정은 같다. 여기까지의 계산으로도 EM 알고리즘의 의미와 가치를 파악할 수 있으므로 더 이상은 계산하지 않는다. **EM의 Iteration은 정해진 횟수만큼 반복하거나 파라미터의 변화가 기준 이하일 때까지 반복한다.**

EM을 실무에 사용한다면 좀 더 큰 환경에서 사용하게 될 것이다. 수백만 개의 문서와 어휘를 다루게 될 것이며, 도메인의 특성에 맞게 토픽 수도 수십~수백 개는 될 것이다. 당연히 사람이 계산할 수 없기 때문에 컴퓨터로 계산해야 한다. 다만, 어떤 개념으로 진행되며, 베이지안 통계가 EM에서 $t1$, $t2$의 도입으로 어떻게 활용되는지 확인해 봤다.

개인적으로 어떤 문서가 좀 더 현실적인지 판단하기 위해 토픽이라는 가상의 개념을 도입해 베이지안 확률을 계산하는 과정을 반복하고, 이를 통해 어떤 문서가 특정 토픽에 더 근접하는지를 계산하는 EM 알고리즘은 정교하고 멋지다고 생각한다. 독자들도 알고리즘의 아름다움을 느껴 보기를 바란다.

2.3 판별 분석

앞서 베이지안 확률과 베이지안 추론 그리고 이를 이용한 MLE, MAP와 더불어 베이지안 통계학을 이용하는 인공지능 알고리즘으로 EM 알고리즘을 살펴봤다. 이번에는 데이터 마이닝에서 베이지안 통계를 적용하는 기법 중 하나인 **판별 분석(Discriminant Analysis)**에 대해 알아보자. **판별 분석을 수행할 때 베이지안을 적용하는 경우와 그렇지 않은 경우를 비교함으로써 베이지안 통계학의 가치와 활용 방안에 대해 살펴본다.** 판별 분석에 대한 개념을 중심으로 설명하고, 판별 분석의 수행에서는 수식에 의한 설명은 생략하고, R 패키지만 이용해 수행한다.

판별 분석의 개념

판별 분석은 2개 이상의 모집단에서 추출된 표본이 지니고 있는 정보를 이용해 이 표본이 어느 모집단에서 추출된 것인지를 결정해 줄 수 있는 기준을 찾는 분석법이다. 예를 들어, 은행에서 부동산 담보 대출을 할 때 채무자가 대출금을 갚을 것인지의 여부가 중요한 관심사이다. 이때 과거에 대출금을 반환하지 않은 사람의 정보 유형(연령대, 소득, 결혼 유무 등)을 참고해 채무자의 장래 변제 가능성을 파악하고자 하는 데 사용할 수 있다.

판별 분석은 판별 함수의 형태에 따라 선형 판별 분석(Lineare Discriminant Analysis, LDA), 이차 판별 분석(Quadratic Discriminant Analysis, QDA)으로 구분할 수 있다. 판별 분석을 수행하는 데이터를 기준으로 살펴보면, 사전 분포 데이터가 없을 때 수행하는 판별 분석과 사전 분포 데이터가 있을 때 수행하는 판별 분석(베이지안 판별 분석)으로 나눌 수 있다. 판별 분석에서 종속변수가 2개일 때는 '판별 분석', 종속변수가 3개 이상일 때는 '다중 판별 분석(Multiple Discriminant Analysis, MDA)'이라고 한다. [그림 3-2]는 독립변수가 2개일 때의 판별 함수에 대한 개념으로, 판별 분석의 원리를 이해할 수 있다.

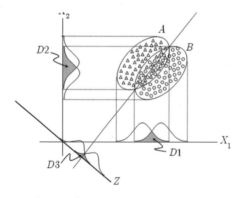

[그림 3-2] 독립변수가 2개인 경우의 판별 함수

[그림 3 – 2]를 보면 다음 사항을 확인할 수 있다.

- 데이터는 *A*, *B* 2개의 집단에서 생성됐다.
- 데이터 *X*1만을 이용하면 *A*, *B* 집단을 분류하는 데 *D*1 만큼의 오류가 생긴다.
- 데이터 *X*2만을 이용하면 *A*, *B* 집단을 분류하는 데 *D*2 만큼의 오류가 생긴다.
- *X*1, *X*2의 연계로 구성되는 새로운 판별식 *Z*를 이용하면 *D*3 만큼의 오류만 발생한다.

따라서 **판별 분석은 주어진 데이터를 분석하고, 이를 가장 잘 식별할 수 있는 판별식을 구한 후 이를 이용해 데이터를 판별하는 과정을 수행한다.**

▍판별 분석의 실습

판별 분석을 위한 공식이나 기타 수학적 설명은 이 정도로 마치고, R을 이용해 실습을 수행한다. 실습은 기본적이고 많이 사용하는 선형 판별 분석을 '사전 분포 데이터가 없는 경우'와 '사전 분포 데이터가 있는 경우(베이지안)'로 나눠 수행하고 결과를 해석하는 과정을 제시한다.

실습을 위한 자료 준비 과정

```
// R에서 선형 판별 분석을 수행한다. 데이터는 기본으로 제공되는 iris 데이터를 사용한다.
> library(MASS)
> data(iris)                          // iris 데이터를 사용하겠다는 선언
> train.data    <- iris[c(1 : 75)*2-1,]  // 학습용 데이터의 생성
> test.data     <- iris[c(1 : 75)*2,]    // 테스트용 데이터의 생성
>
// 데이터의 레이블을 간단하게 변경  S, C, V
> iris.labels   <- factor(c(rep("s",25), rep("c", 25), rep("v", 25)))
> train.data[,5]<-iris.labels
> test.data[,5] <- iris.labels
> tail(test.data)                      // label이 변경된 데이터의 모습 확인
      Sepal.Length   Sepal.Width   Petal.Length   Petal.Width   Species
140       6.9            3.1            5.4            2.1           v
142       6.9            3.1            5.1            2.3           v
144       6.8            3.2            5.9            2.3           v
146       6.7            3.0            5.2            2.3           v
148       6.5            3.0            5.2            2.0           v
150       5.9            3.0            5.1            1.8           v
>
```

사전 분포 데이터가 없는 판별 분석의 수행(판별 분석)

```
> Z1 <- lda(Species~., data=train.data)        // 사전 분포 데이터가 없는 판별 분석 수행
> Z1
Call :
lda(Species ~ ., data = train.data)

Prior probabilities of groups :                // 데이터가 있는 경우와 비교할 것
    c         s         v
0.3333333 0.3333333 0.3333333

Group means :
    Sepal.Length  Sepal.Width  Petal.Length  Petal.Width
c     5.992         2.776         4.308         1.352
s     5.024         3.480         1.456         0.228
v     6.504         2.936         5.564         2.076

Coefficients of linear discriminants :
                 LD1          LD2
Sepal.Length  -0.5917846   -0.1971830
Sepal.Width   -1.8415262    2.2903417
Petal.Length   1.6530521   -0.7406709
Petal.Width    3.5634683    2.6365924

Proportion of trace :
  LD1    LD2
0.9913 0.0087

// train.data를 대상으로 판별 분석 도구를 이용해 예측한 경우
> table(train.data[,5], predict(Z1)$class)     // 데이터가 있는 경우와 비교할 것

     c  s  v
  c 24  0  1
  s  0 25  0
  v  1  0 24

// test.data를 대상으로 판별 분석 도구를 이용해 예측한 경우
> table(test.data[,5], predict(Z1, test.data)$class)   // 데이터가 있는 경우와 비교할 것

     c  s  v
  c 24  0  1
  s  0 25  0
  v  2  0 23                                    // 2의 잘못된 판정이 있다.
>
```

사전 분포 데이터가 있는 판별 분석의 수행(베이지안 선형 판별 분석)

```
// 사전 분포 데이터가 있는 판별 분석 수행
// 사전 분포 확률은 iris의 3가지 꽃 종류에 1/6, 1/2, 1/3로 가정한다.
> Z2 <- lda(Species ~., data=train.data, prior=c(1,3,2)/6)
> Z2
Call :
lda(Species ~ ., data = train.data, prior = c(1, 3, 2)/6)
Prior probabilities of groups :                    // 데이터가 없는 경우와 비교할 것
     c         s         v
0.1666667 0.5000000 0.3333333

Group means :
     Sepal.Length  Sepal.Width  Petal.Length  Petal.Width
c       5.992         2.776        4.308         1.352
s       5.024         3.480        1.456         0.228
v       6.504         2.936        5.564         2.076

Coefficients of linear discriminants :
                  LD1          LD2
Sepal.Length   -0.5927403   -0.1942911
Sepal.Width    -1.8303213    2.2993059
Petal.Length    1.6494160   -0.7487334
Petal.Width     3.5762994    2.6191618

Proportion of trace :
  LD1    LD2
0.9955 0.0045

// train.data를 대상으로 Z2 판별 분석 도구를 사용해 예측한 경우
> table(train.data[,5], predict(Z2)$class)          // 데이터가 없는 경우와 비교할 것

    c  s  v
  c 24  0  1
  s  0 25  0
  v  0  0 25

// test.data를 대상으로 Z2 판별 분석 도구를 사용해 예측한 경우
> table(test.data[,5], predict(Z2)$class)          // 데이터가 없는 경우와 비교할 것

    c  s  v
  c 24  0  1
  s  0 25  0
  v  0  0 25                              // 2의 잘못된 판정 없이 정확하게 분류했다.
>
```

위 결과를 살펴보면, **사전 분포 데이터를 사용할 때 예측이 더욱 정확해지는 것을 확인할 수 있다.** 분석에 사용한 Iris 데이터가 충분히 크지 않은데도 예측에 차이가 나지만, 데이터가 충분히 크다면 예측 정확성의 차이는 더욱 크게 나타날 것이다. 결론적으로 베이지안 통계의 개념을 활용하면 판별 분석을 포함한 각종 분석에서 좀 더 정확한 결과를 얻을 수 있다.

03 마르코프 연쇄

Part 2의 2.3에서 오토마톤과 연계해 마르코프 연쇄에 대해 설명했다. 이번에는 마르코프 연쇄를 간단히 설명하고, 베이지안 통계학과 연계되는 은닉 마르코프 연쇄에 대해 중점적으로 설명한다.

3.1 마르코프 연쇄

'마르코프 체인(Markov Chain)'은 마르코프 성질(Markov Property)을 지니고 있는 이산 확률 과정(Stochastic Process)을 말한다. 여기서 마르코프 성질이란 'n + 1' 회의 상태(State)는 오직 n 회에서의 상태 또는 그 이전 일정 기간의 상태에만 영향을 받는 것을 말한다. 그래서 0차 마르코프 체인은 이전 상태의 영향을 받지 않은 것, 1차 마르코프 체인은 이전 단계에서만 영향을 받은 것을 말한다. 이와 유사하게 2차 마르코프 체인은 현단계가 전전 단계의 상태에서만 영향을 받은 것을 말한다.

마르코프 체인은 영향을 받아 상태가 변경될 때 상태 전이 확률(Transition Probability)을 가진다. 1차 마르코프 체인의 경우, 전날의 확률로 다음날의 확률을 계산하는 과정을 반복하다 보면, 어느 순간 특정일의 확률이 그 전날과 같아지는 경우가 발생한다. 이런 경우를 평형 상태에 도달했다고 하고, 이때의 확률 분포를 '평형 분포(Stationary Distribution)'라고 한다.

마르코프 모델은 마르코프 체인의 가정하에 확률 모델을 만든 것이다. 2.2.3에 보면 날씨 상태 전이 확률표를 바탕으로 마르코프 모델을 소개하는 부분이 있다. 마르코프 연쇄에 대한 개념이 필요할 때 참고하기 바란다.

3.2 은닉 마르코프 연쇄

은닉 마르코프 연쇄(Hidden Marcov Chain)는 각 상태가 마르코프 체인을 따르되, 은닉돼 있다고 가정하는 것이다.

▌은닉 마르코프 연쇄의 개념

예를 통해 은닉 마르코프 연쇄의 의미와 가치를 알아보자. 100년 전의 기후를 연구하는 경우를 가정해 보면 현재 얻을 수 있는 정보는 당시의 콜라 판매 기록뿐이다. 이를 이용해 100년 전 날씨가 더운지, 추운지에 대해 알고 싶을 때 은닉 마르코프 체인을 사용한다. [그림 3 – 3]은 날씨의 변화와 콜라 판매에 대한 상태 전이 확률을 보여 주는 마르코프 모델이다.

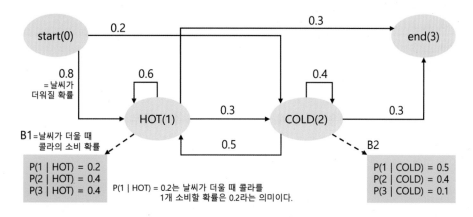

[그림 3 – 3] 100년 전 기후 변화에 대한 마르코프 연쇄

- 시작과 끝이 있다.
- 시작에서 더워질 확률은 0.8, 추워질 확률은 0.2이다.
- 더운 상태에서 콜라를 1개 소비할 확률은 0.2이다.
- 추운 상태에서 콜라를 1개 소비할 확률은 0.5이다.
- 더운 상태에서 계속 더울 확률은 0.6이다.
- 더운 상태에서 추워질 확률은 0.3이다.

우도 계산

[그림 3 – 3]의 모델에 대한 '우도'를 계산해 보자. **우도는 상태가 주어졌을 때(더운지, 추운지) 관측치(콜라 판매)가 나타날 확률을 말한다.** 예를 들어 100년 전에 콜라가 3, 1, 3의 형태로 팔렸다면, 날씨가 hot, hot, cold일 확률은 다음과 같이 계산할 수 있다.

$P(3, 1, 3 \mid hot, hot, cold)$

$= P(hot \mid start) \times P(hot \mid hot) \times P(cold \mid hot) \times P(3 \mid hot) \times P(1 \mid hot) \times P(3 \mid cold)$

$= 0.8 \times 0.6 \times 0.3 \times 0.4 \times 0.2 \times 0.1$

이처럼 계산할 수 있는 이유는 마르코프 모델에서 현상태는 직전 상태만 고려하면 되기 때문이다. 최종적으로 $P(3, 1, 3)$의 우도는 hot과 cold의 3가지 조합인 총 8개 항의 합으로 구할 수 있다. 구체적으로는 다음과 같이 계산하며, 이렇게 계산한 8가지 경우의 확률을 모두 합하면 $P(3, 1, 3)$에 대한 우도가 구해진다.

$$P(3, 1, 3) = P(3, 1, 3 \mid cold, cold, cold) + P(3, 1, 3 \mid cold, cold, hot)$$
$$+ P(3, 1, 3 \mid cold, hot, cold) + P(3, 1, 3 \mid hot, cold, cold)$$
$$+ P(3, 1, 3 \mid hot, hot, cold) + P(3, 1, 3 \mid cold, hot, hot)$$
$$+ P(3, 1, 3 \mid hot, cold, hot) + P(3, 1, 3 \mid hot, hot, hot)$$

→ 총 8가지 경우에 대해 계산한다.

위와 같이 우도를 전체 데이터를 대상으로 해 구하는 것을 '전향 알고리즘(Forward Algorithm)'이라고 한다. 이를 실무에 적용하려면 계산해야 할 경우의 수가 너무 많아 문제가 된다. 하지만 마르코프 체인은 이전 단계와 연관돼 있으므로 이전 단계의 계산 결과를 재활용해 다음 단계를 계산할 수 있다. 여기서 동적 프로그래밍 기법을 적용한다.

전향 알고리즘

[그림 3-4]는 전향 알고리즘에서 동적 알고리즘을 적용하는 개념을 정리한 것으로, 그 내용은 다음과 같다.

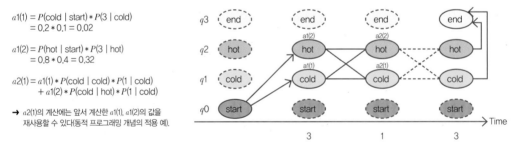

$a1(1) = P(cold \mid start) * P(3 \mid cold)$
$\quad = 0.2 * 0.1 = 0.02$

$a1(2) = P(hot \mid start) * P(3 \mid hot)$
$\quad = 0.8 * 0.4 = 0.32$

$a2(1) = a1(1) * P(cold \mid cold) * P(1 \mid cold)$
$\quad + a1(2) * P(cold \mid hot) * P(1 \mid cold)$

→ $a2(1)$의 계산에는 앞서 계산한 $a1(1)$, $a1(2)$의 값을 재사용할 수 있다(동적 프로그래밍 개념의 적용 예).

[그림 3-4] 전향적 알고리즘에서 동적 프로그래밍의 적용

- 시작 지점은 start이다.
- start에서 갈 수 있는 경우는 hot, cold이고, 각각의 경우를 $a1(1)$, $a1(2)$로 명명한다. 이때 콜라는 3개가 팔렸다.
- 콜라가 1개 팔렸을 때 갈 수 있는 경우는 hot, cold이고, 각각의 경우를 $a2(1)$, $a2(2)$로 명명한다. $a2(1)$은 $a1(1)$과 $a1(2)$에서 올 수 있다. $a2(2)$도 $a1(1)$과 $a2(2)$에서 올 수 있다.
- 동일한 상황이 반복된다.

[그림 3-4]에서 $a1(1)$, $a1(2)$를 계산하면 다음과 같다.

- $a1(1) = P(cold \mid start) \times P(3 \mid cold) = 0.2 \times 0.1 = 0.02$
- $a1(2) = P(hot \mid start) \times P(3 \mid hot) = 0.8 \times 0.4 = 0.32$
- 이어서 $a2(1) = a1(1) \times P(cold \mid cold) \times P(1 \mid cold) + a1(2) \times P(cold \mid hot) \times P(1 \mid cold)$4로 계산할 수 있다. 여기서 a1(1), a1(2)는 앞서 계산한 값을 재사용할 수 있다(동적 프로그래밍 적용).
- 동일한 방법으로 $a2(2)$를 비롯해 $a3(1)$, $a3(2)$도 동적 프로그래밍을 이용해 쉽게 계산할 수 있다.

앞서 [그림 3-3]의 모델이 주어졌을 때(더운지, 추운지) 관측치(콜라의 판매량)가 나타날 확률을 구해 봤다. 이를 '전향 알고리즘'이라고 한다. 이를 이용하면 P(3, 1, 3)의 확률을 구할 수 있다.

비터비 알고리즘

이번에는 모델(더운지, 추운지)과 관측치(콜라의 판매량)가 주어졌을 때 가장 확률이 높은 조합 (hot, cold, cold 등)을 찾아보자. 이를 '디코딩(Decoding)' 또는 '은닉 마르코프 체인(Hidden Markov Chain)'이라고 한다. 디코딩에는 비터비 알고리즘(Viterbi Algorithm)을 주로 사용한다. 다른 알고리즘은 고려하지 않는다.

전향 알고리즘과 비터비 알고리즘을 비교하면, 전향 알고리즘은 각 상태의 확률을 모두 곱해 원하는 확률을 얻는 것이고, 비터비 알고리즘은 각 상태의 확률 중 최댓값을 얻고자 하는 것이다. 비터비 알고리즘을 사용하면 큰 값을 취하게 되므로 역추적(Backtracking) 과정을 수행할 수 있다. [그림 3-5]와 그 내용을 살펴보자.

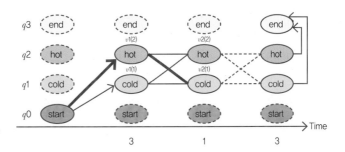

$v1(1) = \max \{P(cold \mid start) * P(3 \mid cold)\}$
$\quad = 0.2 * 0.1 = 0.02$
$v1(2) = \max \{P(hot \mid start) * P(3 \mid hot)\}$
$\quad = 0.8 * 0.4 = 0.32$
$v2(1) = \max \{v1(1) * P(cold \mid cold) * P(1 \mid cold),$
$\quad\quad\quad v1(2) * P(cold \mid hot) * P(1 \mid cold)\}$
$\quad = \max \{0.02 * 0.5 * 0.5, 0.32 * 0.3 * 0.5\}$
$\quad = 0.48$

→ $v2(1)$의 계산에는 앞서 계산한 $v1(1)$, $v1(2)$ 값을 재사용할 수 있다(동적 프로그래밍 개념의 적용 예).

→ Viterbi에서 Backtracking은 굵은 화살표로 표현했다. 따라서 콜라 판매가 (3, 1)로 관측됐다면 가장 확률이 높은 은닉 상태의 시퀀스는 [hot, cold]가 된다.

[그림 3-5] 은닉 마르코프 체인의 비터비 알고리즘

[그림 3 - 5]의 내용을 설명하면 다음과 같다.

- 시작 지점은 $start$이다.
- $start$에서 갈 수 있는 곳은 콜라가 3개 소비된 경우이고, 이 경우 hot, $cold$의 2가지가 가능하다. $cold$인 경우를 $v1(1)$, hot인 경우를 $v1(2)$이라고 하면, 다음과 같이 계산할 수 있다.

$$v1(1) = max \{ P(cold \mid start) \times P(3 \mid cold) = 0.2 \times 0.1 = 0.02$$
$$v1(2) = max \{ P(hot \mid start) \times P(3 \mid hot) = 0.8 \times 0.4 = 0.32$$

여기까지는 전향 알고리즘과 같다. 한곳에서 출발했으므로 최댓값을 선정하는 것이 의미가 없다. 하지만 다음 단계부터는 다르다.

- $v2(1) = max \{v1(1) \times P(cold \mid cold) \times P(1 \mid cold), v1(2) \times P(cold \mid hot) \times P(1 \mid cold)\}$
  $= max \{0.02 \times 0.5 \times 0.5, 0.32 \times 0.3 \times 0.5\} = 0.48$

$v2(1)$의 계산에는 앞서 계산한 $v1(1)$, $v1(2)$의 값을 재사용하고 있다. 또한 비터비 알고리즘은 선택 가능한 값 중 최댓값을 선택하는 것이므로 0.48이 선택됐다. 즉, 콜라가 1개 팔리던 시점에서 cold한 경우에 근접한 것은 콜라가 3개 팔리던 시점의 hot한 경우이다.

이와 같은 방식으로 계속 계산하면 콜라가 팔리던 시점에 대한 데이터를 이용해 온도의 변화 중 가장 가능성이 높은 조합을 선별할 수 있다.

앞의 예를 이용하면, 콜라가 (3, 1) 팔리던 시점에서 온도의 흐름(은닉 상태의 시퀀스)은 [hot, cold]라고 예상할 수 있으며, 이는 [그림 3 - 5]에 굵은 선으로 표시돼 있다. 이후의 과정에 대한 계산은 같으므로 생략한다. 다만, 은닉 마르코프 체인을 이용하면 콜라의 판매 자료를 바탕으로 온도의 흐름을 예측할 수 있다.

마르코프 연쇄와 전향 알고리즘 그리고 은닉 마르코프 체인의 비터비 알고리즘까지 살펴봤다. 마르코프 연쇄에 대해서는 아직 알아야 할 내용이 많다. 하지만 개념을 배우고 있는 현단계에서 **마르코프 연쇄가 무엇이고, 전향 알고리즘이 언제 사용되며, 비터비 알고리즘을 사용하면 콜라 판매 데이터로 온도의 변화와 같이 숨어 있는 정보를 알아 낼 수 있다는 것을 이해하는 것만으로도 충분하다.** 만일 은닉 마르코프 체인에 대해 흥미를 느낀다면 이론과 프로그램들이 공개된 관련 서적을 찾아보기 바란다.

04 몬테카를로 알고리즘

몬테카를로 알고리즘(Monte-Carlo Algorithm)은 쉽게 풀리지 않는 수학 문제의 해를 찾는 데 사용한다. 특히, 문제의 차원이 증가하면 다른 방법보다 효율성이 증가한다. Part 2의 몬테카를로 트리 탐색에서 가능한 트리 중 임의의 트리를 선택해 최적화하는 방법을 살펴본 바 있다. 여기서 검색할 가짓수가 증가할 때 몬테카를로 알고리즘의 효율성이 증가한다는 의미를 파악할 수 있다.

4.1 몬테카를로 알고리즘의 개념

몬테카를로 알고리즘은 여러 개의 표본을 추출해 전체적인 분포를 파악하는 방법으로, '결정적 알고리즘(Deterministic Algorithm)'의 반대 개념이다. 몬테카를로 알고리즘은 수식만으로 계산하기 어려운 문제에 대해 데이터의 무작위 표본을 얻은 후 이를 이용해 답을 구하는 방법을 말한다.

구체적인 예를 들면, 몬테카를로 알고리즘은 원과 원에 외접하는 정사각형을 그리고, 정사각형 안에 많은 수의 점을 찍어 점이 원의 내부에 찍힌 확률과 외접하는 사각형에 찍힌 확률을 계산해 원의 넓이를 근사적으로 구할 때 사용한다. 즉, 반지름이 1인 원을 그리고 원에 외접하는 사각형을 그릴 때 원의 면적은 πr^2이므로 3.14 정도가 된다. 사각형에 임의의 점을 찍으면 대략 0.8의 확률로 원 안에 점이 찍힌다. 사각형의 넓이는 4이므로 원의 넓이는 '4×0.8 = 3.2'가 된다. 즉, 면적의 근사치를 얻을 수 있다.

▌몬테카를로 알고리즘의 예 ❶

[그림 3-6]의 오른쪽과 같은 1/4 원에 해당하는 부분의 면적을 구하기 위해 몬테카를로 알고리즘을 적용해 보자. 프로그램은 R을 이용해 작성한다.

[그림 3-6]의 오른쪽에 있는 1/4 원내의 점은 '$z2 = x2 + y2$'로 구할 수 있다. 즉, '$z = \sqrt{x^2 + y^2}$'에서 z가 1보다 작으면 원 안에 있는 것이고, z가 1보다 크면 원 밖에 있는 것이다. 임의의 점이 많이 발생해 이것의 z 값을 구하고, 이것이 1보다 작은 확률을 구하면 면적에 근사한 값을 구할 수 있다. [그림 3-6]은 이 과정을 R로 프로그램한 코드와 결과로 나타낸 것이다.

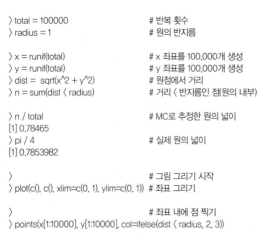
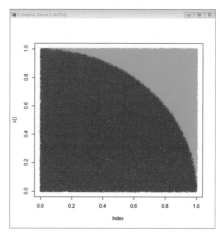

```
〉total = 100000              # 반복 횟수
〉radius = 1                  # 원의 반지름

〉x = runif(total)            # x 좌표를 100,000개 생성
〉y = runif(total)            # y 좌표를 100,000개 생성
〉dist = sqrt(x^2 + y^2)      # 원점에서 거리
〉n = sum(dist 〈 radius)      # 거리 〈 반지름인 점(원의 내부)

〉n / total                   # MC로 추정한 원의 넓이
[1] 0.78465
〉pi / 4                      # 실제 원의 넓이
[1] 0.7853982

〉                            # 그림 그리기 시작
〉plot(c(), c(), xlim=c(0, 1), ylim=c(0, 1))  # 좌표 그리기

〉                            # 좌표 내에 점 찍기
〉points(x[1:10000], y[1:10000], col=ifelse(dist 〈 radius, 2, 3))
```

[그림 3-6] 몬테카를로 알고리즘으로 원의 면적을 구하는 프로그램

앞의 예를 통해 몬테카를로 알고리즘이 언제 사용되며, 어떤 가치가 있는지를 살펴봤다. 실제로 많은 경우 근삿값을 얻기 위해 사용하는 알고리즘이다. 이번에는 다른 경우를 생각해 보자.

▌몬테카를로 알고리즘의 예 ❷

몬테카를로 알고리즘은 기계 학습이나 통계에서 확률의 합을 구할 때 자주 사용한다. 이항분포에서 누적 확률 분포(Cumulative Probability Distribution)를 구하는 경우를 생각해 보자. 이항분포는 연속된 n번의 독립 시행에서 각 시행이 확률 p를 가질 때의 이산 확률 분포이다.

예를 들어, 앞면이 나올 확률이 60%인 동전을 100번 던졌을 때 그중 앞면이 x번 나올 확률 같은 것이 이항분포이다. 이항분포의 누적 확률 분포는 0~x까지의 확률을 모두 더한 것을 말한다. 즉, '$x = 2$'의 누적 확률은 '$P(x = 0) + p(x = 1) + p(x = 2)$'가 된다.

이항분포의 계산 방법은 알려져 있지만, 실제 계산은 번거롭다. 특히 n이 커지면 더욱 그렇다. 이때 몬테카를로 알고리즘을 사용해 간단히 풀 수 있다. 무작위로 여러 번 해 보면 된다. [그림 3-7]은 몬테카를로 알고리즘의 예로, 앞면이 나올 확률이 50%인 동전을 100번 던졌을 때, 그중 앞면이 60번 나올 확률을 구하는 과정이다. 공식에서 구한 값과 몬테카를로 알고리즘으로 구한 값이 거의 같다는 것을 확인해 보자.

```
R Console                                                    [ - ] [ □ ] [ X ]

> total = 100000
> n = 10
> p = 0.5
>
> trial = runif(total * n) < p    # trial은 0.5보다 작으면 TRUE(앞면), 크면 FALSE(뒷면)
> m = matrix(trial, ncol = 10)    # 10번 던지는 상황을 반복해서 생성
> s = rowSums(m)   # 앞면이 나온 횟수를 구한다(=TRUE가 나온 횟수)
>
> sum(s <= 6) / total   # 앞면이 6번 보다 작은 것의 합을 전체로 나눈다(=누적값)
[1] 0.82857
> pbinom(6, 10, 0.5)   # 이항분포에서 성공확률이 0.5이고, 10번 던졌을 때 앞면이 6번 나올 확률
[1] 0.828125
> hist(s)                                              // 2개의 값이 거의 같다는 것을 확인한다.
> str(trial)
 logi [1:1000000] TRUE TRUE FALSE TRUE TRUE FALSE ...
> head(m)
      [,1]  [,2]  [,3]  [,4]  [,5]  [,6]  [,7]  [,8]  [,9] [,10]
[1,]  TRUE FALSE FALSE  TRUE  TRUE FALSE  TRUE FALSE FALSE  TRUE
[2,]  TRUE FALSE  TRUE  TRUE  TRUE  TRUE  TRUE FALSE  TRUE FALSE
[3,] FALSE  TRUE  TRUE  TRUE  TRUE FALSE  TRUE FALSE FALSE  TRUE
[4,]  TRUE  TRUE  TRUE FALSE FALSE  TRUE  TRUE  TRUE  TRUE FALSE
[5,]  TRUE FALSE  TRUE FALSE  TRUE  TRUE  TRUE  TRUE FALSE FALSE
[6,] FALSE  TRUE FALSE  TRUE FALSE  TRUE FALSE FALSE  TRUE  TRUE
> head(s)
[1] 5 7 6 7 5 5
>
```

[그림 3-7] 몬테카를로 알고리즘으로 이항분포 다루기

4.2 마르코프 체인 몬테카를로 방법

앞서 다룬 이항분포는 0~1 사이에서 숫자 하나를 뽑아 이를 p와 비교해 작으면 '1(TRUE)', 크면 '0(FALSE)'로 바꾸는 방식으로 모델을 구성하고, R 프로그램을 제작했다. 즉, 균등 분포에서 간단한 변환을 통해 이항분포를 따르는 난수를 무작위로 추출한 것이다. 그런데 다른 분포에서 이런 변환을 하려면 이항분포의 0, 1과 같은 분위 함수(Quantile Function)를 알고 있어야 한다. 이항분포는 간단하지만 다른 분포는 언제 변환하는지를 알아야 한다.

분위 함수는 누적 확률 분포의 역함수이다. 즉, x까지의 누적 확률이 p일 때 분위 함수에 p를 넣으면 x가 되는 것이다. 그러면 균등 분포에서 p를 뽑고 이를 분위 함수에 넣으면 해당 분포를 따르는 난수를 만들 수 있다. 즉, 누적 확률 분포를 만들려면 해당 분포를 따르는 난수가 필요한데, 이런 난수를 만들려면 누적 확률 분포를 알아야 한다. **이때 누적 확률 추정을 위해 사용하는 방법이 '마르코프체인 몬테카를로법(Markov Chain Monte Carlo Method, MCMC)'이다.** 앞의 예에서 모두 독립 시행으로 표본을 추출했다면, MCMC는 직전 시행에 따라 다음 시행이 달라지는 방법으로 표본을 추출한다. MCMC에서 재미있는 점은 이런 시행을 충분히 오래 하면 마치 독립 시행으로 추출한 것과 같은 표본을 얻을 수 있다는 것이다.

MCMC 알고리즘은 어떤 목표 확률 분포(Target Probability Distribution)에서 무작위(Random) 표본(Sample)을 얻는 방법이다. 이렇게 얻은 샘플에 알고리즘을 적용하고 초깃값의 영향을 받는 시기(Burn-in Period)를 지나면, 목표 분포를 따르는 샘플을 만들게 된다. 즉, 목표 누적 확률 분포를 얻을 수 있다. 알고리즘의 이름에 '마르코프'가 들어간 것은 앞서 시행한 것에 따라 다음 시행이 달라지기 때문이고, 몬테카를로가 들어간 것은 임의의 값을 선정해 작업하기 때문이다. MCMC에서 사용하는 알고리즘에는 메트로폴리스-헤이스팅스(Metropolis-Hastings) 알고리즘과 이를 보완한 깁스 샘플링(Gibbs Sampling) 등이 있다. 이 중 메트로폴리스-헤이스팅스 알고리즘의 방법에 대해 알아보자.

메트로폴리스-헤이스팅스 알고리즘

① 기존값 중 하나를 임의로 정한다.
② 기존값을 기준으로 제안 분포(Proposal Distribution)에서 후보값을 정한다.
③ 후보값의 확률과 기존값의 확률의 비율(알파, Alpha)을 구한다.
④ 0~1 사이의 난수를 뽑아 알파가 크면 후보값이 새로운 기존값이 된다.
⑤ ①~④ 과정을 반복한다.

MCMC를 이용하면 어떤 분포를 원하든 그것에 맞는 데이터를 얻을 수 있다. 예를 들면, R에서 MCMC를 이용해 정규분포의 누적 확률 분포를 구할 수 있다. 구체적인 소스는 제시하지 않지만, MCMC를 어디에 사용하는지 이해해 두자.

4.3 부트스트랩

앞서 살펴본 MCMC는 확률 분포 자체를 알거나 원한다는 가정을 하고 있다. 만약 확률 분포 자체도 모르는 상황에서는 부트스트랩(Bootstrap)을 사용한다. 부트스트랩은 실제 데이터를 반복 복원 추출해 분포를 추정하는 방법이다. 신뢰 구간 추정, 앙상블, 평균 차이 검정 등에서 부트스트랩을 사용한다. Part 3의 5. 통계 기반 기계 학습(지도학습)에서 설명할 앙상블에서 여러 모델을 얻기 위해 부트스트랩을 사용한다. 예를 들어 특정 데이터를 대상으로 평균의 신뢰 구간을 구하고 싶은 경우, 데이터를 반복 복원 추출해 여러 개의 표본을 만들고, 각 표본의 평균을 구해 신뢰 구간을 구하는 방식이 부트스트랩이다. 실제로 사용해 보면 공식을 이용해 구한 것과 큰 차이가 없다는 것을 확인할 수 있다.

통계, 데이터 마이닝, 빅데이터의 차이

데이터 마이닝

데이터 마이닝은 표본으로 모집단을 추정하는 통계와 달리, **전체 데이터를 대상으로 데이터의 숨은 의미를 찾아 낸다.** 데이터 마이닝에 속하는 분석 방법은 다음과 같다.

- 군집 분석(Cluster Analysis) → 비지도학습에 속한다.
- 자원 축소 기법(Dimension Reduction)
  - 주성분 분석(Principle Component Analysis)
  - 인자 분석(Factor Analysis)
  - 다차원 척도법(Multidimensional Scaling)
  - 독립 성분 분석(Independent Component Analysis)
- 연관 규칙 분석(Association Rule Analysis)
- 판별 분석(Discriminant Analysis)

빅데이터

빅데이터는 IoT 시대에 인터넷에 연결된 다양한 장비(핸드폰, 웹 서버, CCTV 등)에서 자동으로 생성되는 데이터를 말한다. 따라서 빅데이터는 '큰' 데이터가 아니라 '커질' 데이터를 가리킨다고 볼 수 있다(Part 3의 6. 통계 기반 기계 학습 ② - 비지도학습 참조).

베이지안에서 우도를 구하는 방법

베이지안을 활용할 때 우도는 중요한 요소이다. **우도는 상태가 주어졌을 때(폐암) 관측치(열, 기침)가 나타날 확률을 말한다.** 우도를 구하는 2가지 방법인 '순수 베이지안(Pure Baysian)'과 '나이브 베이지안(Naive Baysian)'의 차이점을 간단한 예를 통해 살펴보자. 일반적으로 순수 베이지안이 더 좋기는 하지만, 실무에 자료를 얻는 것이 어려우므로 간편한 나이브 베이지안을 사용한다.

폐암에 대한 2개의 증상에 대해 확률 분포를 구한 예

P(기침, 열 | 폐암)	기침 = 0	기침 = 1
열 = 0	0.3	0.2
열 = 1	0.1	0.4

- 순수 베이지안 적용
  P(열 = 0, 기침 = 0 | 폐암) = 0.3

폐암에 대한 2개의 증상에 대해 각각 확률 분포를 구한 예

	기침 = 0	기침 = 1
P(기침 | 폐암)	0.5	0.5

	열 = 0	열 = 1
P(열 | 폐암)	0.4	0.6

- 나이브 베이지안 적용
  P(열 = 0, 기침 = 0 \| 폐암) = 0.5 * 0.4 = 0.2

실습

- 베이지안 추론을 이용한 예측을 실습하시오.
- MLE, MAP의 예제를 직접 계산하고 검토하시오.
- EM 알고리즘의 예제를 검토하고, 나머지 부분을 계산해 보시오.
- 판별 분석의 실습 부분을 수행하시오(사전 분포 데이터가 있는 경우와 없는 경우를 분리해 실습하고 결과를 확인하시오).
- 은닉 마르코프 연쇄의 실습 부분에서 계산하지 않은 부분을 실제로 계산해 보시오.

요약

지금까지 베이지안 통계와 마르코프 연쇄 그리고 MCMC와 부트스트랩에 대해 살펴봤다. 인공지능에서 이러한 알고리즘과 지식이 어떻게 사용되는지 다음 그림을 참고해 자신의 스타일로 정리해 보자. 특히, 판별 분석에 베이지안이 추가돼 결과가 좋아지는 것을 확인하고, EM 알고리즘이 인공지능의 어떤 곳에 사용되는지 알아보자.

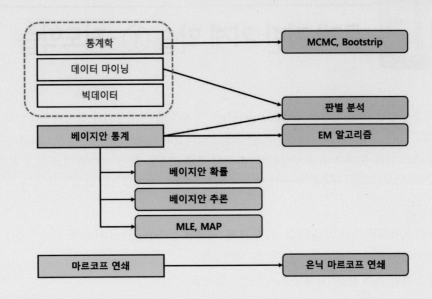

연습 문제

1. 통계를 정의하고 목적을 적으시오.

2. 베이지안 확률을 기계 학습에서 중요하게 사용하는 이유를 설명하시오.

3. 베이지안 모델이 사용하는 알고리즘을 나열하시오.

4. MLE와 MAP의 차이를 설명하시오.

5. EM 알고리즘의 수행 단계를 정리하시오.

6. 판별 분석은 무엇인지 설명하시오.

7. 은닉 마르코프 체인과 동적 프로그래밍의 관계를 설명하시오.

8. 몬테카를로 알고리즘은 언제 사용하는지 설명하시오.

9. MCMC와 부트스트랩에 대해 설명하시오.

05 통계 기반 기계 학습 ①-지도학습

기계 학습을 만든 아서 사무엘(Arthur Samuel)은 '기계 학습은 컴퓨터가 명시적으로 프로그램되지 않고도 학습할 수 있도록 하는 연구 분야'라고 정의했다. 일반적인 컴퓨터 프로그램의 결과는 인간이 만든 입력 조건에 따라 생성된다. 하지만 기계 학습은 특정 입력에 대해 특정 결과를 산출하는 조건을 찾도록 기계를 학습시키는 것이다. 기계를 학습시키는 대표적인 방법은 다음과 같다.

- **함수의 최적화를 통한 기계 학습: 회귀 분석, 시계열 분석**(Part 2의 4. 함수 최적화 참조)
- **통계 기법을 통한 기계 학습: 지도학습, 비지도학습**
- **신경망 기반 기계 학습: 딥러닝**(Part 3의 8. 딥러닝 참조)
- **규칙 기반 기계 학습**(Part 2의 1. 규칙 기반 기계 학습, Part 4의 3. 지능 로봇 참조)
- **강화학습 기반 기계 학습: 강화학습**(Part 3의 7. 강화학습 참조)

통계 기반 기계 학습은 실무에 사용하는 기법이므로 이론 중심의 설명보다 언제, 어떤 기법을 사용하면 어떤 결과를 얻을 수 있는지에 중심을 두고 살펴보는 것이 좋다. 따라서 여기서는 R을 사용해 실제 사례를 분석하는 과정을 상세하게 설명한다.

통계 기반 기계 학습을 수행하는 도구로는 R 외에 '파이썬 + 사이킷런'이 있다. 이 둘은 기능적으로 차이가 없다. 다만, 정형화된 데이터(고정적이고 잘 취합된 데이터)를 대상으로 하는 경우는 R, 비정형화된 데이터는 '파이썬 + 사이킷런'이 편하다. 실무에서는 대부분 정형화된 데이터를 다루므로 R을 사용하는 것이 유리하다. IoT에서 생성되는 데이터인 빅데이터를 분석할 때는 데이터의 모양과 형태에 따라 '파이썬 + 사이킷런'을 사용해야 하는 경우가 발생할 수 있다.

5.1 통계 기반 기계 학습의 분류

통계 기반 기계 학습은 지도학습과 비지도학습으로 분류할 수 있다. 두 분류의 기법과 종류에 대해 알아보자.

▌지도학습의 정의 및 분석 기법

지도학습은 자료가 입력 변수와 출력 변수로 주어지고, 입출력 변수 간의 함수적 의존 관계를 자료로부터 학습을 통해 추정함으로써 특정 입력이 주어졌을 때 출력을 예측할 수 있는 모형을 얻는 것을 말한다. 지도학습에 속하는 분석 기법은 다음과 같다.

- 회귀 분석: Part 2의 4.2 참조
  - 선형 회귀 분석
  - 비선형 회귀 분석
  - 로지스틱 회귀
  - 신경망
  - 커널 방법론(Kernel Methods)
- 의사결정 트리: Part 3의 5.2 참조
- 랜덤 포레스트: Part 3의 5.3 참조
- 서포트 벡터 머신: Part 3의 5.4 참조
- 베이지안 추론: Part 3의 2.1 참조

▌비지도학습의 정의 및 분석 기법

비지도학습은 주어진 자료의 숨은 의미를 찾는 분석 기법을 말한다. 입출력 형태의 자료가 아니라 임의의 데이터가 주어지는 경우에 적용한다. 따라서 함수적 의존 관계보다는 자료의 특성을 분류하거나 연관성을 찾는 작업을 주로 수행한다. 비지도학습에 속하는 분석 기법은 다음과 같다.

- 군집 분석(Cluster Analysis): Part 3의 6.1 참조
- 자원 축소 기법(Dimension Reduction): Part 3의 6. 2 참조
  - 주성분 분석(Principle Component Analysis)
  - 인자 분석(Factor Analysis)
  - 독립 성분 분석(Independent Component Analysis)
  - 다차원 척도법(Multidimensional Scaling)
- 연관 규칙 분석(Association Rule Analysis): Part 3의 6. 3 참조
- 판별 분석(Discriminant Analysis): Part 3의 2. 3 참조

5.2 의사결정 트리

의사결정 트리(Decision Tree)는 간단하면서 효과가 좋은 예측 기법이다. 실무에서는 스팸 메일 등을 거르기 위해 자주 사용한다. 회귀 분석이나 신경망, 다항 로지스틱 회귀 기법과 비교했을 때 분류와 예측을 수행한다는 관점에서는 유사한 기능을 수행하지만, 개념, 절차, 과정은 다르다. **의사결정 트리에서 사용하는 다음 알고리즘은 Part 2, Part 3에서 다룬 ID3 알고리즘을 바탕으로 하고 있다.** 의사결정 트리 알고리즘의 종류는 다음과 같다.

- **CART(Classification and Regression Tree)**: 가장 많이 사용하는 알고리즘이다.
- **C4.5와 C5.0**: CART와 달리, 각 마디에서 다지 분리(Multiple Split)가 가능하다.
- **CHAID(Chi-squared Automatic Interaction Detection)**: 범주형 변수에 적용한다.

▌CART 알고리즘

의사결정 트리 기법 중 이번에 설명할 것은 CART 알고리즘이다. 이는 R에서 Rpart 패키지에 구현돼 있다. 많이 사용하는 기법이므로 실습해 보자. 여기서는 R에서 제공하는 Iris 데이터로 실습한다. 이 실습의 목적은 Sepal.Length, Sepal.Width, Petal.Length, Petal.Width가 주어졌을 때, setosa, versicolor, virginica 중 어떤 종인지를 맞추는 것이다.

[실습]

```
# 필요한 패키지를 메모리에 올린다.
> library(rpart)

# rpart 패키지를 이용해 의사결정 트리를 만든다.
> rpartTree <- rpart(Species~., data=iris)
> rpartTree                            # 만들어진 의사결정 트리를 확인한다.

n= 150
node), split, n, loss, yval, (yprob)   # 다음 내용을 읽는 기준이다.
    *denotes terminal node

1) root 150 100              setosa     (0.33333333 0.33333333 0.33333333)
2) Petal.Length< 2.45 50   0 setosa     (1.00000000 0.00000000 0.00000000) *
3) Petal.Length>=2.45 100  50 versicolor (0.00000000 0.50000000 0.50000000)
6) Petal.Width< 1.75 54    5 versicolor (0.00000000 0.90740741 0.09259259) *
7) Petal.Width>=1.75 46    1 virginica  (0.00000000 0.02173913 0.97826087) *
```

앞의 결과를 기준에 따라 읽어 보면 다음과 같다.

1) 전체 데이터는 150개이고, y의 값을 setosa로 하면 100개가 설명되지 않는다. 각 종의 확률은 33%로 동일하다.

2) Petal.Length가 2.45보다 작은 것이 50개 있고, y의 값을 setosa로 했을 때 설명되지 않는 부분은 없다.

3) Petal.Length가 2.45보다 크거나 같은 것이 100개 있고, y의 값을 versicolor로 했을 때 50개가 설명되지 않는다. 이하 6), 7)은 각자 읽어 보자.

생성된 의사결정 트리는 숫자와 문자로 돼 있어 내용을 파악하기 어렵다. 따라서 그래프로 표현해 전체의 구조를 파악하는 방법을 사용한다.

```
〉 plot(rpartTree, margin=.1)     # 의사결정 트리를 그린다.
〉 text(rpartTree, cex=1)         # 의사결정 트리에 필요한 글자를 넣는다.
```

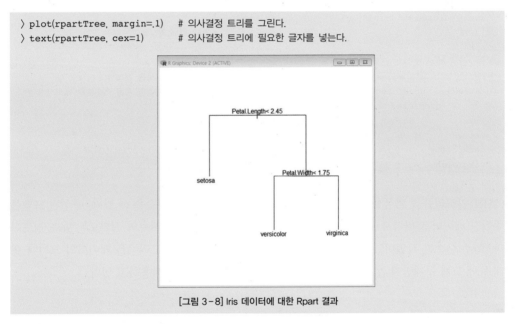

[그림 3-8] Iris 데이터에 대한 Rpart 결과

[그림 3-8]을 보면, Species의 종인 setosa, versicolor, virginica를 식별하기 위해 4개의 항목 중 Patal.Length와 Petal.Width만을 사용하고 있다는 것을 알 수 있다. 자료를 분석한 결과, 2가지이면 충분히 나눌 수 있다는 의미이다. [그림 3-8]을 이용해 어떤 종인지 판단하는 과정은 다음과 같다.

• Petal.Length가 2.45보다 작으면 setosa로 판단한다.

• Petal.Length가 2.45보다 크고, Petal.Width가 1.75보다 작으면 versicolor로 판단한다.

• 그 밖에는 virginica로 판단한다.

```
# 생성된 rpart Tree를 사용해 iris 데이터의 종을 전체를 대상으로 예측한다.
> predict(rpartTree, newdata=iris, type="class")
          1         2         3         4         5         6         7
      setosa    setosa    setosa    setosa    setosa    setosa    setosa
      ....중간 생략...
        144       145       146       147       148       149       150
   virginica virginica virginica virginica virginica virginica virginica

   Levels : setosa versicolor virginica

# 위 결과만으로는 정확성을 파악하기 어렵다. 따라서 정확도를 수치로 나타내 보자.
# 수행 결과를 predicted에 저장한다.
> predicted <- predict(rpartTree, newdata=iris, type="class")

# 저장된 것을 실제 Species와 비교해 성공 확률을 구한다.
> sum(predicted == iris$Species) / NROW(predicted)
[1] 0.96                                      # 96%의 적확성을 가진다는 의미이다.

# 단순한 수치 외에 실제 종과 예측한 종을 대비시켜 보는 것도 의미가 있다.
> real <- iris$Species                        # 실제 종의 정보를 저장한다.
> table(real, predicted)                      # 실제 종과 예측한 종을 테이블로 대비시켜 본다.
          predicted
real        setosa   versicolor   virginica
setosa         50           0           0
versicolor      0          49           1     # versicolor에 1개의 오류가 있다.
virginica       0           5          45     # virginica에 오류가 있다.
```

CART 알고리즘을 써서 Iris 데이터를 의사결정 트리로 구성하는 실습을 해 봤다. 구성된 모델은 주어진 데이터를 바탕으로 어떤 종인지를 예측하는 데 사용했다. 예측의 정확도는 96% 정도이다. 아주 단순한 작업이었는데도 예측의 정확도는 높다. CART 알고리즘은 데이터의 크기나 형태 등에 크게 구애받지 않고 정확성이 높은 기법으로, 실무에 많이 사용하고 있다.

▋조건부 추론 트리

CART 알고리즘으로 구현한 의사결정 트리에는 2가지 문제가 있다. 첫 번째는 통계적 유의성에 대한 판단 없이 노드를 분할하는 데 대한 과적합 문제이다. 과적합이 발생하면 특정 데이터는 정확도가 높은데, 다른 데이터는 정확도가 낮은 현상이 발생하기 때문이다. 두 번째는 다양한 값으로 분할 가능한 변수가 다른 변수에 비해 선호되는 문제이다. **이 2가지 문제를 해결한 새로운 방법이 '조건부 추론 트리(Conditional Inference Tree)'이고, R에서는 party 패키지에 ctree 명령어로 수행할 수 있다.**

여기서는 조건부 추론 트리를 실습하기 위해 CART 알고리즘처럼 Iris 데이터를 사용한다. CART 알고리즘에서는 전체 Iris 데이터를 이용해 학습 모델을 만들고 학습한 후 같은 데이터로 예측 테스트를 한다. 이 방법은 학습과 테스트가 같은 데이터를 사용하므로 정확성은 높아지지만, 신뢰성은 다소 낮아진다. 따라서 이번에는 **Iris 데이터를 학습 데이터와 테스트 데이터로 분리해 진행한다. 이 방법이 실무에서 일반적으로 사용된다.**

```
> str(iris)                    # iris 데이터의 구조를 보여 준다.
'data.frame' : 150 obs. of  5 variables :
 $ SepalLength : num  5.1 4.9 4.7 4.6 5 5.4 4.6 5 4.4 4.9 ...
 $ SepalWidth  : num  3.5 3 3.2 3.1 3.6 3.9 3.4 3.4 2.9 3.1 ...
 $ PetalLength : num  1.4 1.4 1.3 1.5 1.4 1.7 1.4 1.5 1.4 1.5 ...
 $ PetalWidth  : num  0.2 0.2 0.2 0.2 0.2 0.4 0.3 0.2 0.2 0.1 ...
 $ Species     : Factor w/ 3 levels "setosa","versicolor"... : 1 1 1 1 1 1 1 1 1 ...

> set.seed(1567)               # 난수 생성을 위한 초깃값 설정이다. 동일한 난수의 생성을 방지한다.

# 1, 2로 구성된 난수 150개(nrow(iris))를 7:3의 비율로 생성하는데, 복원 방식을 사용한다.
> num <- sample(2, nrow(iris), replace=TRUE, prob=c(0.7,0.3))
> num                          # 생성된 난수를 살펴본다.
  [1] 2 2 1 2 1 1 1 1 1 2 1 2 1 1 1 1 1 1 1 1 1 2 1 1 1 1 2 2 1 1 2 1 1 2 1 1
 [37] 1 2 1 2 1 2 2 1 2 2 2 1 1 2 1 1 2 1 1 1 1 1 2 1 2 1 1 1 2 2 1 2 1 2 1 2
 [73] 2 1 2 2 2 2 1 1 1 1 1 1 1 2 1 2 2 2 1 1 1 2 1 1 1 1 1 1 1 1 2 2 2 1
[109] 1 1 1 1 1 2 1 1 2 2 1 1 1 1 1 1 1 2 2 1 1 1 1 1 1 1 2 1 1 1 2 2 1 2 1
[145] 1 1 1 2 1 2
# iris 데이터 중 num이 1인 것을 뽑아 trainData를 구성한다.
> trainData <- iris[num==1,]

# 위 num을 보면 1인 것이 3, 5, 6, 7 등으로 구성된다. 실제 구성된 데이터를 살펴보자.
> head(trainData)              # 데이터가 3, 5, 6, 7, 8로 돼 있는 이유를 파악할 것
  Sepal.Length   Sepal.Width   Petal.Length   Petal.Width   Species
3      4.7           3.2           1.3            0.2         setosa
5      5.0           3.6           1.4            0.2         setosa
6      5.4           3.9           1.7            0.4         setosa
7      4.6           3.4           1.4            0.3         setosa
8      5.0           3.4           1.5            0.2         setosa
9      4.4           2.9           1.4            0.2         setosa

# 위와 동일하게 testData를 구성한다. 전체 데이터 중 30%에 해당한다.
> testData <- iris[ num == 2, ]
> head(testData)              # 데이터가 1, 2, 4, 10으로 돼 있는 이유를 파악한다.
   Sepal.Length   Sepal.Width   Petal.Length   Petal.Width   Species
1       5.1           3.5           1.4            0.2         setosa
2       4.9           3.0           1.4            0.2         setosa
4       4.6           3.1           1.5            0.2         setosa
10      4.9           3.1           1.5            0.1         setosa
12      4.8           3.4           1.6            0.2         setosa
22      5.1           3.7           1.5            0.4         setosa
```

```
# 분석을 위해 패키지를 메모리에 올린다.
> library(party)

# 복잡한 식을 간단히 하기 위해 미리 설정한다.
> myF <- Species~Sepal.Length+Sepal.Width+Petal.Length+Petal.Width

# ctree를 이용해 학습 모델을 만들고 학습을 수행한다.
> ctreeResult <- ctree(myF, data=trainData)

# 학습 모델의 예측값과 학습 데이터의 Species를 비교해 보자.
> table(predict(ctreeResult), trainData$Species)

            setosa  versicolor  virginica
setosa        32        0           0
versicolor     0       30           0
virginica      0        2          36

# 학습 모델을 이용해 testData를 대상으로 정확성을 확인해 보자.
 > ctreeResult2 <- ctree(myF, data=testData)
 > forcasted     <- predict(ctreeResult2, data=testData)

# 테스트 데이터의 값과 모델에서 예측한 테스트 데이터의 값을 테이블 형태로 살펴보자.
> table(forcasted, testData$Species)

forcasted   setosa  versicolor  virginica
setosa        18        0           0
versicolor     0       14           1
virginica      0        4          13
>
// 앞의 수행 결과를 그림으로 표현한다.
> plot(ctreeResult)
>
```

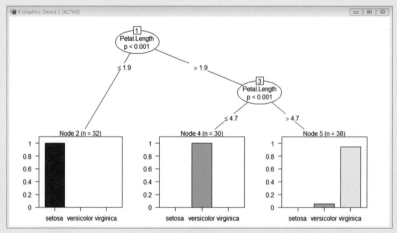

[그림 3-9] Iris 데이터에 대한 ctree 결과

ctree를 이용한 조건부 추론은 CART가 생성한 것과 다른 트리를 보여 주고 있다.

[그림 3 - 9]에 따른 종의 판단 절차는 다음과 같다.

① Petal.Length가 1.9보다 작으면 setosa로 판단한다.

② Petal.Length가 1.9보다 크고, Petal.Length가 4.7보다 작으면 versicolor로 판단한다.

③ 그 밖에는 virginica로 판단하는데, versicolor인 경우도 있다.

ctree를 이용한 조건부 추론은 CART 알고리즘과는 다른 의사결정 트리를 구성한다. 데이터 분석가가 특정 데이터를 이용해 미래 예측을 할 때 어떤 의사결정 트리 알고리즘을 적용할 것인지는 스스로 판단해야 하는 문제이다. 2개의 실습 과정을 다시 한번 살펴보고 판단해 보자. 어떤 것을 사용해도 결과는 거의 같다.

5.3 랜덤 포레스트

앙상블(Ensemble)은 주어진 자료로부터 여러 개의 예측 모형을 만든 후 이를 결합해 하나의 최종적인 예측 모형을 만드는 방법을 통칭한다. 앙상블 기법을 사용하는 랜덤 포레스트와 서포트 벡터를 사용하는 서포트 벡터 머신은 2010년 딥러닝이 나오기 전까지 가장 유행하던 기계 학습 방법이었다. 딥러닝은 큰 데이터와 엄청난 시간이 필요한 학습이기 때문에 많은 경우 랜덤 포레스트와 서포트 벡터 머신이 사용되고 있다.

의사결정 트리는 데이터의 작은 변화에 의해서도 예측 모델이 크게 변하는 문제점이 있다. 이러한 문제점을 개선하기 위해 유의성을 고려하는 조건부 추론 트리 기법이 도입됐다. **앙상블은 의사결정 트리의 문제점을 조건부 추론 트리와 다른 방식으로 보완하기 위해 개발된 방법이다.**

앙상블 기법을 사용해 개발된 방법 중 최초로 제안된 것은 레오 브레이만(Leo Breiman, 1996)의 '배깅(Bagging)'이다. 이후 부스팅(Boosting)이 도입되고, 랜덤 포레스트가 개발됐다. 최근 거의 랜덤 포레스트를 사용하지만, 다른 기법에 대한 것도 이해하고 있을 필요가 있으므로 개념을 간단하게 정리한다.

▌ 앙상블을 사용하는 기법

• **배깅**: 불안정한 예측 모형에서 불안전성을 제거함으로써 예측력을 향상시키는 기법이다. 여기서 '**불안정한 예측 모형**'은 '**데이터의 작은 변화에도 예측 모형이 크게 바뀌는 경우**'를 말한다. 배깅은 'Bootstrap Aggregating'의 준말이다. 주어진 자료에 대해 여러 개의 부트스트랩 자료를 생성하고, 각 부트스트랩 자료에 예측 모형을 만든 후 이를 결합해 최종 예측 모형을 만

드는 방법이다(**부트스트랩 자료**는 주어진 자료로부터 동일한 크기의 표본을 랜덤 복원 추출로 뽑은 것을 말한다. Part 3의 4 참조).

- **부스팅**: 데이터의 특성상 예측력이 약한 모형만 생성되는 경우, 예측력이 약한 모형을 결합해 강한 예측 모형을 만드는 방법이다. 여기서 **예측력이 약한 모형**은 랜덤하게 예측하는 것보다 약간 좋은 예측력을 가진 모형을 말한다. 개념만 설명하고 실습은 생략한다.
- **랜덤 포레스트**: 2001년 레오 브레이만이 개발했다. 배깅과 부스팅보다 많은 무작위성을 주어 약한 학습 모델을 생성한 후 이를 선형 결합해 최종 학습기를 만드는 방법이다. 랜덤 포레스트는 예측력이 매우 높은 방법이다. 특히, 입력 변수의 개수가 많을 때는 배깅, 부스팅보다 더 좋은 예측력을 보이므로 많이 사용한다.

▋ 배깅의 예

실습을 통해 배깅을 살펴보자. 앞의 예와 마찬가지로 Iris 데이터를 사용해 예측에 적용한다.

[실습]

```
> library(party)                              # 배깅의 수행에 필요한 패키지를 로드한다.
> library(caret)                              # 배깅의 수행에 필요한 패키지를 로드한다.

# 부트스트랩 자료를 생성한다. 기존 자료 중 5개를 임의로 뽑아 구성한다.
> data1 <- iris[sample(1 : nrow(iris), replace=T),]   # 기존 자료의 수만큼 임의로 뽑는다.
> data2 <- iris[sample(1 : nrow(iris), replace=T),]
> data3 <- iris[sample(1 : nrow(iris), replace=T),]
> data4 <- iris[sample(1 : nrow(iris), replace=T),]
> data5 <- iris[sample(1 : nrow(iris), replace=T),]

# 부트스트랩 자료에서 예측 모형을 만든다.
> ctree1 <- ctree(Species~., data1)
> ctree2 <- ctree(Species~., data2)
> ctree3 <- ctree(Species~., data3)
> ctree4 <- ctree(Species~., data4)
> ctree5 <- ctree(Species~., data5)

# 부트스트랩 예측 모형에서 예측을 수행한다.
> predicted1 <- predict(ctree1, iris)
> predicted2 <- predict(ctree2, iris)
> predicted3 <- predict(ctree3, iris)
> predicted4 <- predict(ctree4, iris)
> predicted5 <- predict(ctree5, iris)

# 예측 모형을 결합해 새로운 예측 모형을 만든다.
> test <- data.frame(Species=iris$Species, predicted1,predicted2,predicted3,
+ predicted4,predicted5)
```

```
〉 head(test)
    Species    predicted1   predicted2  predicted3    predicted4   predicted5
1   setosa     setosa       setosa      setosa        setosa       setosa
2   setosa     setosa       setosa      setosa        setosa       setosa
3   setosa     setosa       setosa      setosa        setosa       setosa
4   setosa     setosa       setosa      setosa        setosa       setosa
5   setosa     setosa       setosa      setosa        setosa       setosa
6   setosa     setosa       setosa      setosa        setosa       setosa

# 최종 모형을 통합하기 위해 사용하는 함수이다. 특별한 일이 없다면 그냥 사용한다.
〉 funcResultValue 〈- function(x) {
+       result 〈- NULL
+       for(i in 1 : nrow(x)) {
+           xtab 〈- table(t(x[i,]))
+           rvalue 〈- names(sort(xtab, decreasing = T) [1])
+           result 〈- c(result,rvalue)
+       }
+       return (result)
+   }

# 최종 예측 모형의 2~6번째를 통합해 최종 결과를 얻는다.
〉 test$result 〈- funcResultValue(test[, 2 : 6])

# 최종 결과를 원데이터와 비교해 정확성을 확인한다.
〉 table(test$result, test$Species)

             setosa    versicolor    virginica
setosa         50          0             0
versicolor      0         47             1
virginica       0          3            49
〉
```

위 결과를 살펴보면 배깅을 적용한 결과가 의사결정 트리를 적용한 것보다 좋게 나온 것을 확인할 수 있다. Iris 데이터가 작아서 정확성의 차이가 크게 느껴지지 않을 수도 있지만, 데이터가 커지면 눈에 띄게 커진다.

[연습]

배깅을 수행하기 위해 만들었던 5가지 모형과 의사결정 트리, 조건부 추론 트리의 차이를 확인해보는 연습을 해 보자. 앞서 수행한 예측 모형에 대한 그래프를 그린 후 그 의미를 읽어 보자.

〉 plot(ctree3) # 예를 들어 ctree3의 그림을 그렸다.

[그림 3 – 10]의 의미를 파악해 보자.

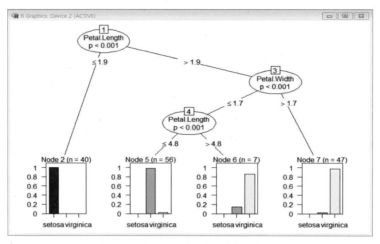

[그림 3-10] Iris 데이터에 대한 배깅 수행 결과

나머지에 대해서도 이와 동일한 작업을 수행하고, 의미를 파악해 보자. 그런 다음 CART 알고리즘이나 조건부 추론 트리의 결과와 비교해 보자. 데이터가 작아 큰 차이는 못 느끼겠지만, **동일 데이터에서 하나의 모델을 만드는 것과 여러 모델을 만드는 것의 차이를 생각해 보자.**

█ 랜덤 포레스트의 예

랜덤 포레스트는 많이 사용하는 기법이다. 실습을 통해 자세히 살펴보자.

[실습]

Iris 데이터를 이용해 학습 데이터와 테스트 데이터를 분리하고, 학습 데이터로 모델을 구축한 후 테스트 데이터로 모델을 테스트하는 과정으로 진행한다.

```
# 데이터의 모양을 확인한다.
〉 head(iris)
    Sepal.Length  Sepal.Width  Petal.Length  Petal.Width  Species
1      5.1          3.5          1.4           0.2         setosa
2      4.9          3.0          1.4           0.2         setosa
3      4.7          3.2          1.3           0.2         setosa
4      4.6          3.1          1.5           0.2         setosa
5      5.0          3.6          1.4           0.2         setosa
6      5.4          3.9          1.7           0.4         setosa

# 1, 2로 구성된 150개의 데이터를 7 : 3의 비율로 생성한다.
〉 idx 〈- sample(2, nrow(iris), replace=T, prob=c(0.7, 0.3))
〉 trainData 〈- iris[idx == 1, ]    # 1로 정의된 70%의 데이터로 학습 데이터를 만든다.
〉 nrow(trainData)
[1] 111
```

```
〉 testData 〈- iris[idx == 2, ]      # 2로 정의된 30%의 데이터로 테스트 데이터를 만든다.
〉 nrow(testData)
[1] 39

〉 library(randomForest)              # 랜덤 포레스트 패키지를 메모리에 올린다.

# 100개의 Tree를 다양한 방법(proximity=T)으로 만든다. 이를 결합해 최종 모델을
# 생성한다.
〉 model 〈- randomForest(Species~., data=trainData, ntree=100, proximity=T)
〉 model  # 생성된 모델의 내용을 확인한다. 읽기 어렵다.

Call :
 randomForest(formula = Species ~ ., data = trainData, ntree = 100, proximity = T)
               Type of random forest : classification
                     Number of trees : 100
No. of variables tried at each split : 2

        OOB estimate of  error rate : 4.5%
Confusion matrix :
           setosa  versicolor  virginica  class.error
setosa       39        0          0        0.00000
versicolor    0       38          2        0.05000
virginica     0        3         29        0.09375

# 생성된 모델의 특성을 파악하기 위해 그림을 그린다.
〉 plot(model, main="RandomForest Model of iris")
```

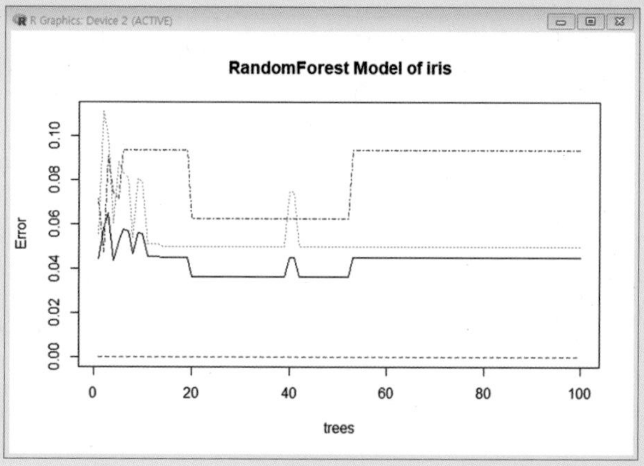

[그림 3-11] Iris 데이터에 대한 랜덤 포레스트 수행 결과 ❶

[그림 3-11]에 따르면, 생성된 모델의 에러(Error)는 트리가 20개 이상인 경우, 안정적인 상태를
보인다. 따라서 Iris 데이터에서 20개 이상의 트리를 생성해 랜덤 포레스트를 실행하면 만들어진
모델의 예측 결과에서 발생하는 에러가 큰 변화 없이 거의 동일한 결과를 만들어 낸다는 것을 알
수 있다.

이제 모델에 사용한 변수 중 무엇이 중요한지 확인해 보자.

```
> importance(model)
             MeanDecreaseGini
Sepal.Length     5.906592
Sepal.Width      1.636411
Petal.Length    28.743794
Petal.Width     36.730185
```

중요 변수가 많은 경우, 숫자이면 파악하기 어려우므로 그림으로 표현해 보자.

```
> varImpPlot(model)
```

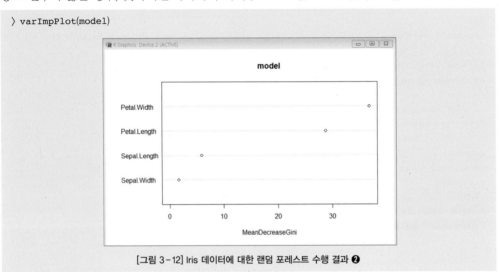

[그림 3-12] Iris 데이터에 대한 랜덤 포레스트 수행 결과 ❷

[그림 3-12]를 보면 트리를 구성할 때 중요한 변수는 Petal.Width 그리고 Petal.Length라는 것을 확인할 수 있다.

이제 모델을 활용한 예측의 정확성을 확인해 보자.

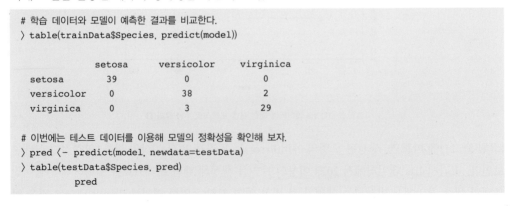

```
# 학습 데이터와 모델이 예측한 결과를 비교한다.
> table(trainData$Species, predict(model))

             setosa   versicolor   virginica
  setosa       39          0            0
  versicolor    0         38            2
  virginica     0          3           29

# 이번에는 테스트 데이터를 이용해 모델의 정확성을 확인해 보자.
> pred <- predict(model, newdata=testData)
> table(testData$Species, pred)
          pred
```

	setosa	versicolor	virginica
setosa	11	0	0
versicolor	0	9	1
virginica	0	1	17

```
# 테스트 데이터와 모델 간의 예측에 대한 정확도를 그림으로 살펴보자.
> plot(margin(model, testData$Species))
>
```

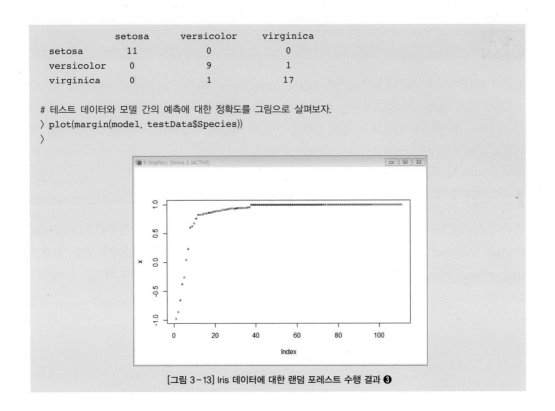

[그림 3 – 13] Iris 데이터에 대한 랜덤 포레스트 수행 결과 ❸

[그림 3 – 13]에 따르면, 데이터가 40개 이상이 되면 거의 정확한 답을 얻을 수 있다고 볼 수 있다.

지금까지 랜덤 포레스트에 대해 알아봤다. 랜덤 포레스트는 많이 사용하므로 단순한 예측 기법 외에도 데이터의 상태나 중요 변수, 예측 그래프 등에 익숙해질 필요가 있다. 앞의 예에서 사용한 데이터가 작아 예측 정확성에 대해 큰 차이를 느끼지 못할 수도 있지만, 랜덤 포레스트는 전반적으로 우수한 성능을 보이는 기법이다. 특히, 앞의 실습에서 제시한 순서대로 작업을 실행하면 모델의 개발 외에도 중요 변수의 식별이나 서브 모델의 개수 등에 대한 가이드를 얻을 수 있어 유용하다.

서포트 벡터 머신은 코리나 코르테스(Corinna Cortes)와 블라디미르 바프닉이 1995년에 제안했다. 분류 문제 외에 회귀에도 적용할 수 있으며, 예측이 정확하고 여러 자료에 적용하기 쉬워 많이 사용하는 기법이다. 데이터 분석의 관점에서 볼 때 서포트 벡터 머신은 유용한 여러 가지 개념을 포함하고 있으므로 간단하게 정리한다.

▌초평면

데이터를 곡선이 아닌 직선이나 평면으로 구별하는 방법을 '**최대 마진 분류기**(Maximum Margin Classifier)'라고 한다. 또한 **최대 마진 분류기가 경계로 사용하는 선이나 면을 '초평면 (Hyperplane)'이라고 한다.** [그림 3-14]에서 데이터를 분리하는 직선과 평면을 확인할 수 있다.

A hyperplane in R^2 is a line
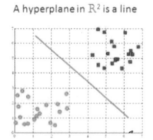

A hyperplane in R^3 is a plane
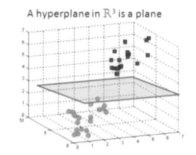

[그림 3-14] 2차원, 3차원 초평면의 개념

- 2차원 데이터는 선에 의해 분할된다(초평면은 1차원).
- 3차원 데이터는 평면에 의해 분할된다(초평면은 2차원).

▌분리 초평면

데이터를 완벽하게 분리하는 초평면이 존재하는 것을 '분리 초평면(Separating Hyperplane)'이라고 한다. 만일 [그림 3-15]처럼 여러 개의 분리 초평면이 존재할 경우, '어느 초평면을 선택해야 하는지'가 해결해야 할 문제이다.

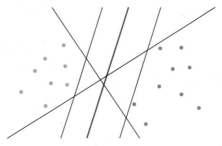

[그림 3-15] 분리 초평면의 시각적 표현

▌최대 마진 분류기

일반적으로 초평면을 사용해 데이터를 분리하면 여러 개의 초평면이 생긴다. 이때는 데이터로부터 가장 멀리 떨어진 분리 초평면을 선택해야 한다. 그래야만 데이터를 명확하게 나눌 수 있다. [그림 3-15]에서는 빨간색 선이 다른 선보다 데이터에서 멀리 떨어져 있다. 이때 **데이터와 초평면의 수직 거리(가장 짧은 거리)를 '마진(Margin)', 마진이 가장 큰 초평면을 '최대 마진 초평면(Maximum Margin Hyperplane)'이라고 한다.**

최대 마진 초평면은 데이터를 가장 완벽하게 분류할 수 있다. 데이터가 초평면에 의해 잘 분류된다고 가정할 때, 데이터가 초평면의 어느 쪽에 놓이는지를 바탕으로 데이터를 분류하는데, 이를 **'최대 마진 분류기'**라고 한다.

또한 초평면에 걸쳐 있는 데이터를 **'서포트 벡터(Support Vector)'**라고 하는데, 그 이유는 이 값이 약간 이동하면 최대 마진 초평면도 이동될 수밖에 없다는 의미에서 최대 마진 초평면을 '서포트'하기 때문이다. [그림 3-16]을 참고하면 마진과 서포트 벡터의 개념을 정확하게 이해할 수 있다.

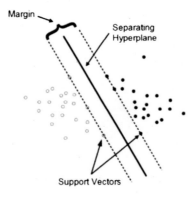

[그림 3-16] 서포트 벡터의 의미

서포트 벡터 분류기

최대 마진 분류기는 분리 초평면이 존재할 때 데이터를 분류하기 위한 가장 좋은 방법이다. 하지만 대부분은 분리 초평면이 존재하지 않을 수도 있기 때문에 최대 마진 분류기 또한 존재할 수 없는 경우가 많다. [그림 3 – 17]은 선이나 평면으로는 데이터를 분류할 수 없는 상황에 대한 예이다.

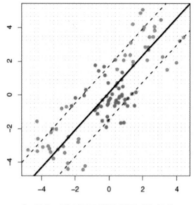

[그림 3 – 17] 서포트 벡터 분류기의 사례

이런 문제를 해결하기 위해 데이터를 분류할 때 약간의 오차를 허용하는 방식을 사용하기도 하는데, 이를 '**소프트 마진(Soft Margin)**'이라고 한다. **그리고 소프트 마진을 이용해 데이터를 분류하는 것을 '서포트 벡터 분류기(Support Vector Classifier)'라고 한다.** 결국 서포트 벡터 분류기는 최대 마진 분류기를 확장한 것으로, 몇몇 관측치를 희생하더라도 나머지 관측치를 더 잘 분류하는 방법이다.

[그림 3 – 18]을 보면, 빨간색 데이터 1개와 파란색 데이터 1개가 분리 초평면의 반대에 있다. 이런 오류를 허용하면 분류의 수행에서 과적합을 방지할 수 있다.

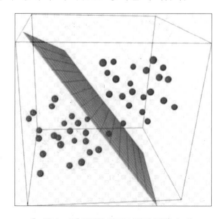

[그림 3 – 18] 3차원 서포트 벡터 분류기 예

일정 수준의 오류를 허용하기로 했으므로 이제는 허용하는 오류의 정도가 중요하다. 이를 '코스트(Cost)'라고 한다.

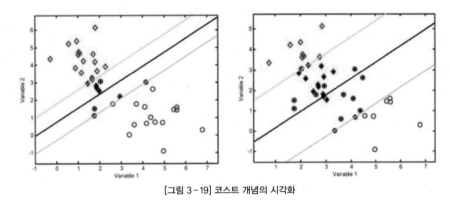

[그림 3-19] 코스트 개념의 시각화

[그림 3-19]에 따르면, 코스트가 작으면 큰 폭의 마진, 코스트가 크면 작은 폭의 마진을 갖게 된다. R에서는 tune.svm 함수를 이용해 코스트 값을 계산할 수 있다.

▌서포트 벡터 머신

'서포트 벡터 머신'은 서포트 벡터 분류기를 확장해 비선형의 클래스 경계를 수용할 수 있도록 개발된 분류 방법이다. 즉, 선형 분류기를 비선형 구조로 변경해 데이터를 분류한다. 대표적인 예로 앞서 살펴본 '커널 방법을 사용한 변수 공간 분리'를 들 수 있다. 이때 커널의 차원을 높이면 좀 더 다양한 경계를 만들 수 있는데, 이를 **다항식 커널(Polynomial Kernel)**'이라고 한다.

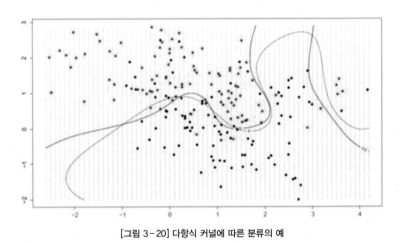

[그림 3-20] 다항식 커널에 따른 분류의 예

실제로 커널 방법을 사용해 [그림 3-14]와 같은 분류가 이뤄졌다고 가정하면, 중요한 파라미터는 2개가 있다. 이 2가지 파라미터는 분석을 수행하기 전에 결정돼야 한다.

- **코스트(Cost)**: 오차 허용 정도의 파라미터
- **감마(Gamma)**: 초평면이 아닌 커널과 관련된 파라미터

서포트 벡터 머신에서 범주형 변수의 처리 방안

- 타깃(Target) 변수가 팩터(Factor)형의 데이터라면 분류, 연속형의 데이터라면 회귀를 수행한다.
- 팩터형의 독립변수가 범주형 변수의 순서형 변수(예를 들어, 0-저소득, 1-중간 소득, 2-고 소득 같은 형태의 변수)라면 팩터 형태로 할 필요 없이 연속형 변수, 즉 int나 num 형태로 지정한 후에 분석을 수행할 수도 있다.
- 만약 범주형 변수인데 순서형이 아니면, 원-핫 인코딩을 수행해 각 요인별 관측값을 0, 1, … 형의 변수로 만들어 수행한다.

서포트 벡터 머신의 실습

서포트 벡터 머신으로 예측할 때 진행해야 하는 분석 절차는 다음과 같다.

① 필요한 데이터의 확보, 전처리 그리고 학습 데이터와 테스트 데이터를 생성한다.
② 서포트 벡터 머신을 수행하기 위한 파라미터를 구한다.
③ 확보된 파라미터를 이용해 서포트 벡터 머신을 이용한 예측을 수행한다.

[실습]

서포트 벡터 머신의 사용 방법을 알아보기 위해 크레디트(Credit) 데이터를 사용한다.

실습하기 전에 데이터를 로드하고, 데이터의 모양을 살피고, 분석하기 쉽게 데이터를 num에서 팩터형으로 전처리하는 작업을 수행한다.

```
> credit <- read.csv("credit.csv", header=TRUE)
> str(credit)
'data.frame':   1000 obs. of  21 variables :
 $ Creditability                  : int  1 1 1 1 1 1 1 1 1 1 ...
 $ Account.Balance                : int  1 1 2 1 1 1 1 1 4 2 ...
 $ Duration.of.Credit..month.     : int  18 9 12 12 12 10 8 6 18 24 ...
 $ Payment.Status.of.Previous.Credit : int  4 4 2 4 4 4 4 4 4 2 ...
 $ Purpose                        : int  2 0 9 0 0 0 0 3 3 ...
 $ Credit.Amount                  : int  1049 2799 841 2122 2171 2241 3398 1361 1098 3758 ...
 $ Value.Savings.Stocks           : int  1 1 2 1 1 1 1 1 1 3 ...
 $ Length.of.current.employment   : int  2 3 4 3 3 2 4 2 1 1 ...
 $ Instalment.per.cent            : int  4 2 2 3 4 1 1 2 4 1 ...
 $ Sex...Marital.Status           : int  2 3 2 3 3 3 3 3 2 2 ...
 $ Guarantors                     : int  1 1 1 1 1 1 1 1 1 1 ...
```

```
$ Duration.in.Current.address        : int  4 2 4 2 4 3 4 4 4 4 …
$ Most.valuable.available.asset      : int  2 1 1 1 2 1 1 1 3 4 …
$ Age..years.                        : int  21 36 23 39 38 48 39 40 65 23 …
$ Concurrent.Credits                 : int  3 3 3 3 1 3 3 3 3 3 …
$ Type.of.apartment                  : int  1 1 1 1 2 1 2 2 2 1 …
$ No.of.Credits.at.this.Bank         : int  1 2 1 2 2 2 2 1 2 1 …
$ Occupation                         : int  3 3 2 2 2 2 2 2 1 1 …
$ No.of.dependents                   : int  1 2 1 2 1 2 1 2 1 1 …
$ Telephone                          : int  1 1 1 1 1 1 1 1 1 1 …
$ Foreign.Worker                     : int  1 1 1 2 2 2 2 2 1 1 …
```

credit$Creditability 명령어로 확인해 보면 Creditability는 숫자 1과 0으로 구성돼 있다.
따라서 이를 팩터형 1과 2로 구성하도록 바꾼다.

```
> credit$Creditability <- as.factor(credit$Creditability)
> str(credit)
'data.frame':  1000 obs. of  21 variables :
 $ Creditability                    : Factor w/ 2 levels "0","1" : 2 2 2 2 2 2 2 2 2 2 …
 $ Account.Balance                  : int  1 1 2 1 1 1 1 1 4 2 …
 $ Duration.of.Credit.month.        : int  18 9 12 12 12 10 8 6 18 24 …
 $ Payment.Status.of.Previous.Credit : int  4 4 2 4 4 4 4 4 4 2 …
 $ Purpose                          : int  2 0 9 0 0 0 0 0 3 3 …
 .... 이하 생략 …
```

그다음으로 학습 데이터와 테스트 데이터를 생성한다.

```
> library(caret)              # 필요한 패키지를 메모리로 읽는다.

> set.seed(1000)              # 난수의 초깃값을 설정한다.

# Creditability를 기준으로 70%(700개)를 선발해 trainData에 할당한다.
> trainData <- createDataPartition(y = credit$Creditability, p=0.7, list=FALSE)
> head(trainData)             # trainData에 1, 2, 3, 5, 6, 7, …으로 700개가 할당됐다.
     Resample1
[1,]        1
[2,]        2
[3,]        3
[4,]        5
[5,]        6
[6,]        7

# credit 데이터에서 trainData 열에 해당하는 것을 뽑아 train 데이터를 만든다.
> train <- credit[trainData,]
> test <- credit[-trainData,]    # trainData 이외의 것을 뽑아 test 데이터를 만든다.
# 만들어진 train 데이터를 확인한다. 700개의 열이 있다는 것을 확인한다.
> str(train)
'data.frame':  700 obs. of  21 variables :
```

```
  $ Creditability              : Factor w/ 2 levels "0","1" : 2 2 2 2 2 2 2 2 2 .
  $ Account.Balance            : int  1 1 2 1 1 1 1 4 2 1 …
  …. 이하 생략 ….
>
```

이제 준비가 됐으므로 서포트 벡터 머신을 수행하기 위한 파라미터를 구한다.

```
> library("e1071")  # 패키지를 메모리로 읽는다.

# 커널(kernel)에 따른 기본형, 선형, 다항식에 대한 조정 인자의 조정 과정이다.

# 기본형에 대한 조정 과정
> result <- tune.svm(Creditability~., data=train, gamma=2^(-5 : 0), cost = 2^(0 : 4), kernel="radial")

# 선형 초평면 사용에 대한 조정 과정
> result1 <- tune.svm(Creditability~., data=train, cost = 2^(0 : 4), kernel="linear")

# 다항식 커널의 사용에 대한 조정 과정
> result2 <- tune.svm(Creditability~., data=train, cost = 2^(0 : 4), degree=2 : 4, kernel="polynomia")
>
# 튜닝된 파라미터의 확인
> result$best.parameters
    gamma cost
2 0.0625    1
> result1$best.parameters
  cost
2    2
> result2$best.parameters
  degree cost
5      3    2
>
```

구한 파라미터를 바탕으로 서포트 벡터 머신을 수행하고, 결과를 확인한다.

```
> normal_svm <- svm(Creditability~., data=train, gamma=0.0625, cost=1, kernel = "radial")
> normal_svm1 <- svm(Creditability~., data=train, cost=2, kernel="linear")
> normal_svm2 <- svm(Creditability~., data=train, cost=2, degree=3, kernel = "polynomia")

> summary(normal_svm)

Call :
svm(formula = Creditability ~ ., data = train, gamma = 0.0625, cost = 1, kernel = "radial")


            Parameters :
              SVM-Type : C-classification
            SVM-Kernel : radial
```

```
                    cost : 1
                 gamma : 0.0625

  Number of Support Vectors : 471

 ( 273 198 )


          Number of Classes : 2

Levels :
 0 1


>
```

normal_svm 외에 normal_svm1, normal_svm2의 내용도 파악한다. 이어서(아직은 크게 쓰이지 않겠지만) 모델의 서포트 벡터를 확인할 수 있다.

```
> normal_svm$index

> normal_svm1$index

> normal_svm2$index
```

이제 서포트 벡터 머신을 이용해 예측해 보자.

```
# 기본형을 이용해 예측한다.
> normal_svm_predict <- predict(normal_svm, test)
# 예측한 결과를 보여 준다.
> confusionMatrix(normal_svm_predict, test$Creditability)
Confusion Matrix and Statistics

          Reference
Prediction    0      1
         0    28     16
         1    62    194

                Accuracy : 0.74         # 예측의 정확도가 74%라는 의미이다.
                  95% CI : (0.6865, 0.7887)
     No Information Rate : 0.7
     P-Value [Acc > NIR] : 0.07228

                   Kappa : 0.2751
  Mcnemar's Test P-Value : 3.483e-07

             Sensitivity : 0.31111
             Specificity : 0.92381
          Pos Pred Value : 0.63636
          Neg Pred Value : 0.75781
```

```
               Prevalence : 0.30000
           Detection Rate : 0.09333
     Detection Prevalence : 0.14667
         Balanced Accuracy : 0.61746

          'Positive' Class : 0

# 다른 모델에 대해서도 예측하고 결과를 살펴보자.
> normal1_svm_predict <- predict(normal_svm1, test)
> confusionMatrix(normal1_svm_predict, test$Creditability)
Confusion Matrix and Statistics

          Reference
Prediction    0     1
         0   35    22
         1   55   188

               Accuracy : 0.7433
                 95% CI : (0.69, 0.7918)
    No Information Rate : 0.7
    P-Value [Acc > NIR] : 0.0560757

                  Kappa : 0.3174
 Mcnemar's Test P-Value : 0.0002656

            Sensitivity : 0.3889
            Specificity : 0.8952
         Pos Pred Value : 0.6140
         Neg Pred Value : 0.7737
             Prevalence : 0.3000
         Detection Rate : 0.1167
   Detection Prevalence : 0.1900
      Balanced Accuracy : 0.6421

          'Positive' Class : 0

> normal2_svm_predict <- predict(normal_svm2, test)
> confusionMatrix(normal2_svm_predict, test$Creditability)
Confusion Matrix and Statistics

          Reference
Prediction    0     1
         0   28    14
         1   62   196

               Accuracy : 0.7467
                 95% CI : (0.6935, 0.7949)
    No Information Rate : 0.7
    P-Value [Acc > NIR] : 0.04285

                  Kappa : 0.2884
 Mcnemar's Test P-Value : 6.996e-08

            Sensitivity : 0.31111
```

```
               Specificity : 0.93333
            Pos Pred Value : 0.66667
            Neg Pred Value : 0.75969
                Prevalence : 0.30000
            Detection Rate : 0.09333
      Detection Prevalence : 0.14000
         Balanced Accuracy : 0.62222

         'Positive' Class : 0
```

지금까지 서포트 벡터 머신에 대해 알아봤다. 서포트 벡터 머신에는 이번에 설명한 것보다 많은 원리와 응용 그리고 개념이 있다. 하지만 데이터 분석가의 관점에서 데이터를 파악하고 예측하는 것에 중점을 둬 살펴보고자 했으며, 이 정도의 내용을 이해하고 있다면 실무에 충분히 사용할 수 있다.

서포트 벡터 머신을 사용하기 위해서는 R에서 e1071 패키지 또는 컨랩(Kernlab) 패키지를 사용한다. **다음은 Iris 데이터를 대상으로 Kernlab을 이용해 예측하는 과정을 보여 주는 예이다.**

```
> library(kernlab)

// 서포트 벡터 머신의 모델을 만든다.
> model        <- ksvm(Species~., data=iris)

> predicted <- predict(model, newdata=iris)    # 모델을 사용해 예측한다.

> table(predicted, iris$Species)               # 예측한 결과의 정확성을 확인한다.

predicted    setosa   versicolor   virginica
  setosa        50         0            0
  versicolor     0        48            2
  virginica      0         2           48
>
```

서포트 벡터 머신은 이론은 복잡하지만, R에서 간단하게 실행할 수 있고, 실제 예측 결과의 정확성도 매우 높다. 따라서 분류나 예측을 수행할 때 랜덤 포레스트나 서포트 벡터 머신을 사용하는 경우가 많다.

06 통계 기반 기계 학습 ②-비지도학습

앞의 지도학습에서 비지도학습의 개념과 분석 기법의 종류에 대해 살펴봤다. 지도학습과 비지도학습의 차이를 다시 한번 간단하게 정리하면, **지도학습에 속하는 분석 기법은 데이터 마이닝에 사용하는 기법, 비지도학습에 속하는 분석 기법은 빅데이터 분석에 사용하는 기법이라고 할 수 있다.**

6장에서는 비지도학습에 속하는 각각의 분석 기법을 실습을 통해 살펴본다. 비지도학습에 속하는 대부분의 분석 기법은 빅데이터 분석에 유용하다. 따라서 이 내용을 잘 이해하면 빅데이터 분석의 세계에 한 걸음 더 다가가게 될 것이다.

▌빅데이터

웹과 많은 책이 빅데이터를 '큰 데이터'라고 설명하지만, 이는 '크다'라는 의미가 명확하지 않기 때문에 정확한 표현이 아니다. 빅데이터는 IoT 시대에 인터넷에 연결된 다양한 장비(핸드폰, 웹 서버, CCTV 등)에서 자동으로 생성되는 데이터를 말한다. 즉, **'큰 데이터'가 아니라 '커질 데이터'라는 의미이다.** 빅데이터의 대부분을 구성하는 'IoT에서 생성하는 데이터'의 특성은 다음과 같다.

- 시간의 흐름에 따라 데이터가 지속적으로 생성된다.
- 생성되는 데이터의 크기가 무한정 커진다('빅데이터'라는 단어의 유래).
- 장비마다 생성되는 데이터의 모양이 다양하다.
- 생성된 데이터가 잘못되거나 부정확한 정보를 포함하고 있는 경우가 많다.

앞서 살펴본 데이터 마이닝에서는 분석 기법의 다양성이 중요했지만, 빅데이터에서는 데이터의 모양을 통일시키고, 부정확한 정보를 보완하는 데이터 전처리 과정이 중요하며, 시간의 흐름을 고려한 분석 기법인 시계열 분석을 중요하게 사용한다.

6.1 군집 분석

군집 분석(Cluster Analysis)은 데이터를 구성하는 각 개체의 유사성을 측정해 상호 유사성이 높은 대상을 집단으로 분류하고, 군집에 속한 개체의 유사성과 서로 다른 군집에 속한 개체 간의 상이성을 파악하는 분석 방법이다. 군집 분석을 적용한 대표적인 예로는 트위터에서 여행에 관해 이야기하는 사용자 그룹과 음식에 관심이 있는 사용자 그룹을 군집 분석을 통해 분류하는 것을 들 수 있다. 이렇게 분류된 고객 그룹은 각기 다른 방식의 마케팅 활동을 할 수 있다.

군집 분석은 [그림 3-21]에서 볼 수 있듯이 군집 내의 객체는 동질적인 특성, 다른 군집은 서로 이질적인 특성을 갖도록 분류하는 것이 중요하다.

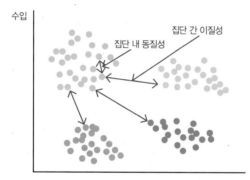

[그림 3-21] 데이터의 군집화 및 동질성, 이질성

▌군집 분석 방법

군집 분석을 수행할 때 데이터의 형태가 [그림 3-21]처럼 돼 있지 않고, 대부분 혼재된 모습을 지니고 있기 때문에 어려움을 겪는다. 이 경우에 대비해 다양한 군집 분석 기법이 개발돼 있다.

- **분할적 군집(Partitional Clustering)**: 특정 점을 기준으로 가까운 것끼리 묶는 것이다.
  - K-평균 군집법(K-Means Clustering)
  - K-Medoids 군집법(중앙 객체 군집법, K-Medoids Clustering)
  - 계층적 군집법(Hierarchical Clustering)
- **계층적 군집(Hierarchical Clustering)**: 트리 구조처럼 분리하는 것이다.
  - 밀도 기반 군집법(Density-based Clustering)

K – 평균 군집법

K – 평균 군집법은 k개의 평균(Mean)을 찾는 것이다. 각 군집(클러스터)은 평균값으로 대표되므로 N개의 점이 주어진 경우, k개의 군집으로 나눠 주는 방식이다. 각 점은 가장 가까운 군집에 속한다. 주어진 데이터를 몇 개의 군집으로 나눌 것인지를 정한 후에 분석을 수행한다.

[실습]

```
# 실습을 위해 iris 데이터를 사용한다. 분석의 목적상 Species가 필요하지 않으므로
# 전처리 과정을 수행해 Species를 제거한다.

> iris2 <- iris                 # iris 데이터를 iris2로 복사한다. 수정할 것이므로 복사본을 만든다.
> iris2$Species <- NULL         # Species에 NULL을 입력해 제거한다.
> head(iris2)                   # 만들어진 데이터의 모습을 확인한다.
   Sepal.Length Sepal.Width  Petal.Length  Petal.Width
1      5.1         3.5           1.4           0.2
2      4.9         3.0           1.4           0.2
3      4.7         3.2           1.3           0.2
4      4.6         3.1           1.5           0.2
5      5.0         3.6           1.4           0.2
6      5.4         3.9           1.7           0.4

# 준비된 데이터를 3개의 클러스터로 나눠 보자. 3개는 임의로 정한 것이다.
> kmeans_result <- kmeans(iris2, 3)
> kmeans_result
K-means clustering with 3 clusters of sizes 50, 38, 62       # 3개 군집의 크기

Cluster means :
   Sepal.Length Sepal.Width  Petal.Length  Petal.Width
1     5.006000    3.428000     1.462000      0.246000      # 첫 번째 군집에 대한 평균
2     6.850000    3.073684     5.742105      2.071053
3     5.901613    2.748387     4.393548      1.433871

Clustering vector :           # 각 데이터가 3개의 클러스터로 분리됐다. 1~50열은 1번 클러스터
  [1] 1 1 1 1 1 1 1 1 1 1 1 1 1 1 1 1 1 1 1 1 1 1 1 1 1 1 1 1 1 1 1 1 1 1 1 1 1 1 1 1 1 1 1 1 1 1
 [47] 1 1 1 1 3 3 2 3 3 3 3 3 3 3 3 3 3 3 3 3 3 3 3 3 3 3 3 3 3 3 3 3 3 3 3 2 3 3 3 3 3 3 3 3 3 3
 [93] 3 3 3 3 3 3 3 3 2 3 2 2 2 2 3 2 2 2 2 2 3 3 2 2 2 2 2 3 2 3 2 3 2 2 2 3 2 2 2 2 2 2 3 2 2 2
[139] 3 2 2 2 3 2 2 2 3 2 2 3   # 마지막은 3번 클러스터에 속한다.

Within cluster sum of squares by cluster :
[1] 15.15100 23.87947 39.82097
 (between_SS / total_SS =  88.4 %)

Available components :

[1] "cluster"    "centers"    "totss"      "withinss"   "tot.withinss" "betweenss"
[7] "size"       "iter"       "ifault"
```

위 결과를 보면 Iris2 데이터를 요구에 따라 3개의 군집으로 나눴다는 것을 확인할 수 있다. 그런데 결과는 읽기가 쉽지 않다. 따라서 이를 그림으로 표현하는 방법이 있다. 각 군집(클러스터)에 속하는 열을 그래프로 나타낸다. 예를 들어 Sepal.Length와 Sepal.Width만을 고려한 군집 상황을 그림으로 표현하는 경우를 생각해 보자. 1번 군집을 위 분석 결과를 바탕으로 보면 Sepal.Length가 5.006이고, Sepal.Width는 3.428이다. 따라서 그림에서 이 좌표를 평균값으로 인식하고 화면에 표시한다. 나머지 2개 군집의 좌표도 이와 동일하게 표시한다. 이후 다른 자료를 포함해 화면에 표시한 결과를 [그림 3-22]에서 확인할 수 있다.

```
> plot(iris2[c("Sepal.Length", "Sepal.Width")], col=kmeans_result$cluster)

# 점으로 표시된 클러스터에 평균값을 추가로 표시한다. 평균값은 별 모양이다.
> points(kmeans_result$centers[, c("Sepal.Length", "Sepal.Width")], col=1 : 3, pch=8, cex=2)
>
```

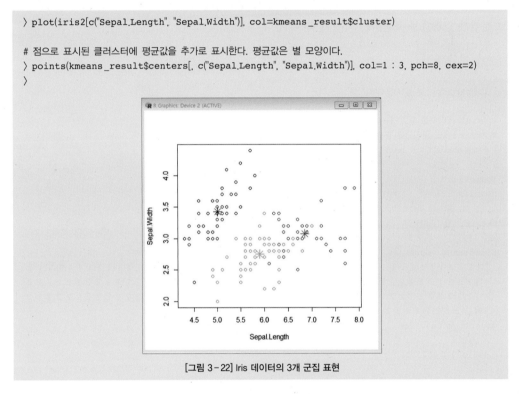

[그림 3-22] Iris 데이터의 3개 군집 표현

[그림 3-22]를 기준으로 볼 때 Iris 데이터를 Sepal.Length와 Sepal.Width를 기준으로 3개 클러스터로 나누면 1번 클러스터는 확실히 구분할 수 있지만, 2번과 3번 클러스터는 혼재되는 것을 확인할 수 있다. 2개나 4개의 클러스터로 분리한 후 그림을 그려 분류 결과를 확인하고, 그 결과로 Iris 데이터는 몇 개의 그룹으로 분리하는 것이 적당한지 판단해 보자.

K-Medoids 군집법

K-Medoids 군집법(중앙 객체 군집법) 알고리즘은 K-평균 군집법과 유사하다. 다만, K-평균 군집법은 임의의 좌표를 중심점으로 잡지만, K-Medoids 군집법은 실제 점 하나를 중심으로 잡아 계산을 수행한다는 점이 다르다. 이때 사용하는 대표적인 방법이 PAM(Partitioning Around Mediods) 알고리즘이다.

K-평균 군집법과 K-Medoids 군집법은 거의 동일한 결과가 산출되기 때문에 어떤 것을 사용할 것인지는 분석가의 취향에 달려 있다. 다만, K-Medoids가 주어진 데이터를 임의의 그룹 수로 분류해 그래프로 표현하는 과정이 좀 더 쉽다.

[실습]

```
> library(fpc)  # 필요한 패키지를 읽는다.

# iris2 데이터를 갖고 k-Medoids 군집 분석을 수행한다.
# 기본은 2개의 군집으로 분리한다. pamk(iris2, 3)으로 하면 3개의 군집으로 나눈다.
> pamk_result <- pamk(iris2)
> pamk_result               # 결과를 확인한다.
$pamobject
Medoids :
     ID Sepal.Length Sepal.Width Petal.Length Petal.Width
[1,]  8          5.0         3.4          1.5         0.2
[2,] 127          6.2         2.8          4.8         1.8
Clustering vector :          # 2개의 군집으로 나눠졌다는 것을 확인한다.
  [1] 1 1 1 1 1 1 1 1 1 1 1 1 1 1 1 1 1 1 1 1 1 1 1 1 1 1 1 1 1 1 1 1 1 1 1 1 1 1 1 1 1 1 1 1 1 1
 [47] 1 1 1 1 2 2 2 2 2 2 2 2 2 2 2 2 2 2 2 2 2 2 2 2 2 2 2 2 2 2 2 2 2 2 2 2 2 2 2 2 2 2 2 2 2 2
 [93] 2 2 2 2 2 1 2 2 2 2 2 2 2 2 2 2 2 2 2 2 2 2 2 2 2 2 2 2 2 2 2 2 2 2 2 2 2 2 2 2 2 2 2 2 2 2
[139] 2 2 2 2 2 2 2 2 2 2 2 2
Objective function :
    build       swap
0.9901187 0.8622026


Available components :
 [1] "medoids"   "id.med"    "clustering" "objective" "isolation" "clusinfo"  "silinfo"
 [8] "diss"      "call"      "data"

$nc
[1] 2

$crit
 [1] 0.0000000 0.6857882 0.5528190 0.4896972 0.4867481 0.4703951 0.3390116 0.3318516 0.2918520
[10] 0.2918482

> pamk_result$nc            # 몇 개의 군집으로 나눴는지를 확인하는 명령이다.
[1] 2
```

```
# iris의 Species가 2개의 군집의 어디에 어떻게 포함되는지를 요약해 보여 준다.
> table(pamk_result$pamobject$clustering, iris$Species)

     setosa  versicolor  virginica
 1     50         1          0
 2      0        49         50

# split.screen이나 par(mfrow)를 이용하지 않고 다른 방식으로 한 윈도우에서 여러 개의
# 그림을 그려 본다([그림 3 - 23]).
> layout(matrix(c(1,2),1,2))
> plot(pamk_result$pamobject)
```

[그림 3 – 17]과 같은 그림을 통해 주어진 데이터를 2, 3, 4,… 등으로 나눠 주는 경우, 어떤 것이 바람직한지를 결정해야 한다. 데이터 분석가의 입장에서 이것이 모든 분석의 출발점이 된다는 점을 기억해야 한다. [그림 3 – 17]을 살펴보면 2개의 군집으로 분리할 경우, 상호 혼재되지 않고 정확히 분리된다는 것을 확인할 수 있다. 즉, 좋은 결과를 보여 주고 있다.

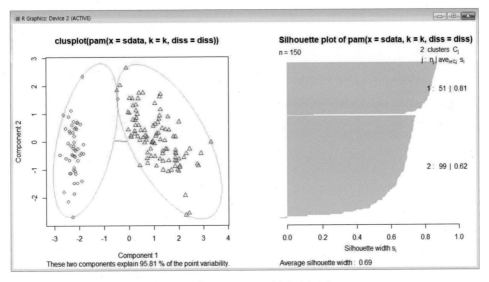

[그림 3 – 23] K – Medoids 군집법의 결과 그래프

█ 계층적 군집법

계층적 군집법(Hierarchical Clustering)을 수행 과정은 주어진 데이터를 순차적으로 가까운 값들끼리 묶어 주는 병합(Agglomeration) 방법과 관측값을 나눠 주는 분할(Division) 방법이 있으며, 주로 병합 방법을 사용한다.

[실습]

```
# 데이터 전처리 과정: 실습을 위해 데이터를 구성한다.
# 여기서는 iris에서 40개의 인덱스를 임의로 선정한다.
> idx <- sample(1 : dim(iris)[1], 40)
> idx                          # 선정된 인덱스를 확인한다.
 [1]  33  47  99  36 139  98 140  10  20   8  23  59  69  94   7  62  18 124 148 150  54  80  89
[24]  88   5 132  91 102  84 101 149  25  16  61 117   2  31  85  60  50
> irisSample <- iris[idx, ]    # 인덱스에 해당하는 열을 뽑아 실습 데이터를 구성한다.
> head(irisSample)
    Sepal.Length Sepal.Width Petal.Length Petal.Width    Species
33           5.2         4.1          1.5         0.1     setosa
47           5.1         3.8          1.6         0.2     setosa
99           5.1         2.5          3.0         1.1 versicolor
36           5.0         3.2          1.2         0.2     setosa
139          6.0         3.0          4.8         1.8  virginica
98           6.2         2.9          4.3         1.3 versicolor

> irisSample$Species <- NULL # Species를 제거한다.
> head(irisSample)
    Sepal.Length Sepal.Width Petal.Length Petal.Width
33           5.2         4.1          1.5         0.1
47           5.1         3.8          1.6         0.2
99           5.1         2.5          3.0         1.1
36           5.0         3.2          1.2         0.2
139          6.0         3.0          4.8         1.8
98           6.2         2.9          4.3         1.3

# 계층적 군집법의 수행
> hc_result <- hclust(dist(irisSample), method="ave")
> hc_result

Call :
hclust(d = dist(irisSample), method = "ave")

Cluster method : average
Distance       : euclidean
Number of objects : 40

# 계층적 군집법의 수행 결과를 그래프로 보여 준다.
> plot(hc_result, hang=-1, labels = iris$Species[idx])

# 보여 준 그래프를 3개의 그룹을 나누고 표시하라.
> rect.hclust(hc_result, k=3)
```

[그림 3-24]의 결과는 3개의 군집으로 분리했을 때 setosa는 잘 분리됐지만, virginica와 versicolor는 잘 분리되지 않았다. 이 점을 개선하기 위해 군집의 크기를 변경할 필요가 있다.

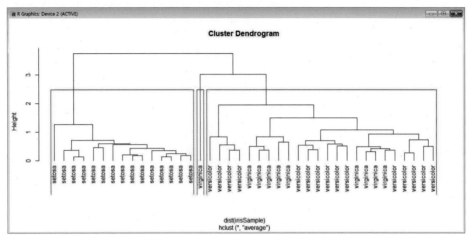

[그림 3-24] 계층적 군집법의 그림

█ 밀도 기반 군집법

밀도 기반 군집법(Density-based Clustering)은 특정 기준에 따라 많이 모여 있는 것을 군집으로 파악하는 방법이다.

[실습]

```
> library(fpc)
> iris2 <- iris[-5]
> head(iris2)
  Sepal.Length Sepal.Width Petal.Length Petal.Width
1          5.1         3.5          1.4         0.2
2          4.9         3.0          1.4         0.2
3          4.7         3.2          1.3         0.2
4          4.6         3.1          1.5         0.2
5          5.0         3.6          1.4         0.2
6          5.4         3.9          1.7         0.4
> db_result <- dbscan(iris2, eps=0.42, MinPts=5)
> db_result
dbscan Pts=150 MinPts=5 eps=0.42
        0  1  2  3
border 29  6 10 12
seed    0 42 27 24
total  29 48 37 36
```

위 결과에서 Iris2 데이터는 0, 1, 2, 3의 4개 군집으로 나눌 수 있고, 그에 따른 군집별 소속 데이터 숫자, 경계선에 있는 숫자 등을 보여 준다. 하지만 이것만으로는 상황을 정확히 판단할 수 없으므로 그림으로 표현해 본다([그림 3-25]).

```
> plot(db_result, iris2)
```

[그림 3 – 25]의 결과는 Iris2 데이터를 변수 간의 군집 상황을 전체적으로 보여 주고 있다. 이 그림을 통해 Iris2 데이터의 변수 간 관계에 대한 것을 파악할 수 있다.

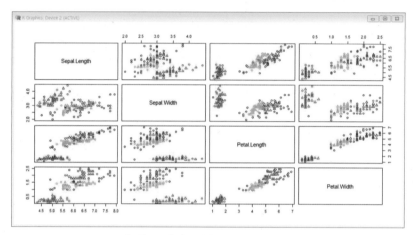

[그림 3 – 25] 밀도 기반 군집법 분석의 결과

여기까지 군집 분석에 대해 데이터 분석가로서 알아야 하는 사항에 중점을 두고 살펴봤다. 이론 설명은 부족하지만, R 패키지가 많은 부분을 보완해 주고 있으므로 이 내용을 이해한다면 데이터의 군집화 및 분석을 충분히 수행할 수 있다.

6.2 차원 축소 기법

차원 축소 기법(Dimensionality Reduction Method)은 분석 대상이 되는 변수의 개수를 줄이는 과정을 말한다. 변수가 많아질수록 이를 표현하는 모델링이 어려워지기 때문에 변수를 줄이는 방법을 많이 사용한다. 변수를 줄인다는 것은 '실제 데이터를 잘 설명할 수 있는 잠재 공간(Latent Space)을 찾는다'라는 의미이다. **데이터의 차원을 줄이는 방법에는 특징 선택(Feature Selection)과 특징 추출(Feature Extraction)을 들 수 있다.**

- 특징 선택: 특징의 부분 집합을 선택해 간결한 특징 집합을 만드는 것으로, 원본 데이터에서 불필요한 특징(변수)을 제거하는 방식이다(⚑ 다항 회귀에서 step 명령으로 불필요한 변수를 제거하는 것으로, 독립 성분 분석이 이에 해당한다).
- 특징 추출: 원데이터의 특징을 조합해 새로운 특징을 생성하는 것을 말한다(⚑ 주성분 분석, 인자 분석, 다차원 척도법이 이에 해당한다).

차원 축소 기법의 종류

- 주성분 분석(Principal Component Analysis)
- 인자 분석(Factor Analysis)
- 다차원 척도법(Multidimentional Scaling)
- 독립 성분 분석(Independent Component Analysis)

주성분 분석

주성분 분석은 많은 변수로 구성된 데이터에 주성분이라는 새로운 변수를 생성함으로써 기존 변수보다 차원을 축소해 분석을 수행하는 방법을 말한다. 예를 들어, 설문지 데이터 $x1 \sim x10$의 10개 변수를 $P1$, $P2$의 2개로 줄일 때 사용한다. 주성분 분석에서 주성분 $P1$은 데이터의 분산을 가장 많이 설명할 수 있는 것을 선택하고, 나머지는 $P1$과 수직인 성분을 만드는 방법이다. 주성분인 $P1$, $P2$가 서로 수직이므로 다중 공선성(Multicollinearity)도 해결할 수 있다.

다중 공선성은 통계학의 회귀 분석에서 독립변수(x)들 간에 강한 상관 관계가 나타나 종속변수에 영향을 미치는 경우를 말한다. 독립변수 간에 정확한 선형 관계가 존재하는 경우를 '완전공선성(Perfect Collinearity)', 독립변수 간에 높은 선형 관계가 존재하는 경우를 '다중 공선성'이라고 한다. 분석과 예측의 정확성을 위해서는 피하거나 해결해야 하는 요인이다.

실습은 Iris 데이터를 이용해 주성분 분석을 수행한다. Sepal.Length, Sepal.Width, Petal.Length, Petal.Width로 구성된 상황에서 효과는 동일하게 하면서 변수의 숫자를 줄여 보자.

```
# 사용할 데이터를 확인한다.
> head(iris)
  Sepal.Length  Sepal.Width  Petal.Length  Petal.Width  Species
1      5.1          3.5           1.4          0.2       setosa
2      4.9          3.0           1.4          0.2       setosa
3      4.7          3.2           1.3          0.2       setosa
4      4.6          3.1           1.5          0.2       setosa
5      5.0          3.6           1.4          0.2       setosa
6      5.4          3.9           1.7          0.4       setosa

# iris 데이터 간에 다중 공선성이 있는지 알아보기 위해 y(종속변수) 변수가 될 Speceis를 제외하고
# 나머지 데이터 간의 상관 계수를 구한다.
> cor(iris[1 : 4])
```

```
             Sepal.Length   Sepal.Width   Petal.Length   Petal.Width
Sepal.Length    1.0000000    -0.1175698      0.8717538     0.8179411
Sepal.Width    -0.1175698     1.0000000     -0.4284401    -0.3661259
Petal.Length    0.8717538    -0.4284401      1.0000000     0.9628654
Petal.Width     0.8179411    -0.3661259      0.9628654     1.0000000
```

위 상관 계수 표에 따르면, Sepal.Length와 Petal.Length는 0.87, Sepal.Length와 Petal.Width는 0.8로 독립변수 간의 상관 계수가 높다. **따라서 다중 공산성 문제의 발생이 예상된다. 그러므로 독립변수를 새로 설계할 필요가 있다(주성분 분석의 필요성).**

```
# 분석을 위한 데이터의 전처리 과정 수행
> iris2 <- iris[, 1 : 4]          # 분석을 위해 Iris 데이터의 4개 변수를 iris2에 저장한다.
> ir.species <- iris[,5]          # iris의 Species 부분을 별도의 변수 ir.species에 저장한다.

# 주성분 분석을 수행한다. 중앙은 0(center=T), 분산은 1(scale=T)로 설정한다.
> prcomp.result2 <- prcomp(iris2, center=T, scale=T)
> prcomp.result2
Standard deviations (1, .., p=4) :
[1] 1.7083611 0.9560494 0.3830886 0.1439265

Rotation (n x k) = (4 x 4) :
                    PC1            PC2            PC3           PC4
Sepal.Length    0.5210659    -0.37741762      0.7195664     0.2612863
Sepal.Width    -0.2693474    -0.92329566     -0.2443818    -0.1235096
Petal.Length    0.5804131    -0.02449161     -0.1421264    -0.8014492
Petal.Width     0.5648565    -0.06694199     -0.6342727     0.5235971
```

주성분 분석을 수행한 결과를 해석한다.

- Sepal.Length, Sepal.Width, Petal.Length, Petal.Width의 4개의 변수를 PC1, PC2, PC3, PC4의 4개 변수로 변환한다.
- 예를 들어, PC1 = 0.52 × Sepal.Length + (−0.269) × Sepal.Width + 0.58×Petal.Length + 0.56 × Petal.Width로 표현할 수 있다.
- 나머지 PC2, PC3, PC4도 이와 동일한 방식으로 표현할 수 있다.

다음 [그림 3 – 26]을 참고해 주성분 분석 결과를 바탕으로 주성분으로 몇 가지를 사용할 것인지를 결정한다.

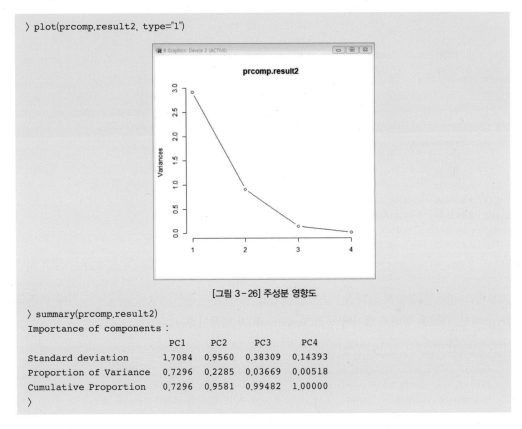

```
> plot(prcomp.result2, type="l")
```

[그림 3 – 26] 주성분 영향도

```
> summary(prcomp.result2)
Importance of components :
                          PC1     PC2     PC3     PC4
Standard deviation      1.7084  0.9560  0.38309 0.14393
Proportion of Variance  0.7296  0.2285  0.03669 0.00518
Cumulative Proportion   0.7296  0.9581  0.99482 1.00000
>
```

[그림 3 – 26]과 summary의 결과를 바탕으로 살펴보면 다음과 같은 내용을 알 수 있다.

- PC1 변수만으로도 전체 데이터 분산의 약 73%를 설명할 수 있다.
- PC1에 PC2를 추가하면, 전체 데이터 분산의 약 95.8%를 설명할 수 있다.
- 따라서 PC1~PC4 중 PC1과 PC2를 선택한다.

이제 새로운 모습의 데이터를 생성하고, 이를 바탕으로 예측 모델을 제작한다.

```
# prcomp.result2에서 데이터만 살펴본다.
> prcomp.result2$rotation
                   PC1          PC2          PC3          PC4
Sepal.Length     0.5210659  - 0.37741762    0.7195664    0.2612863
Sepal.Width    - 0.2693474  - 0.92329566  - 0.2443818  - 0.1235096
Petal.Length     0.5804131  - 0.02449161  - 0.1421264  - 0.8014492
Petal.Width      0.5648565  - 0.06694199  - 0.6342727    0.5235971
```

```
> head(iris2) # iris2 데이터의 모습을 확인한다.
   Sepal.Length  Sepal.Width  Petal.Length  Petal.Width
1        5.1          3.5           1.4           0.2
2        4.9          3.0           1.4           0.2
3        4.7          3.2           1.3           0.2
4        4.6          3.1           1.5           0.2
5        5.0          3.6           1.4           0.2
6        5.4          3.9           1.7           0.4
>

# iris2 데이터와 prcomp.result2 데이터를 매트릭스 곱(%*%)해 변환한다.
> NewResult <- as.matrix(iris2) %*% prcomp.result2$rotation
> head(NewResult)
          PC1          PC2          PC3          PC4
[1,]  2.640270    -5.204041    2.488621    -0.1170332
[2,]  2.670730    -4.666910    2.466898    -0.1075356
[3,]  2.454606    -4.773636    2.288321    -0.1043499
[4,]  2.545517    -4.648463    2.212378    -0.2784174
[5,]  2.561228    -5.258629    2.392226    -0.1555127
[6,]  2.975946    -5.707321    2.437245    -0.2237665
>
```

매트릭스 곱에 익숙하지 않다면, 일단 이해하고 넘어가자. 계산은 R이 해 준다. **이제 기존의 Iris2 대신, 새로운 형태의 데이터 구조(NewResult)가 만들어졌다.**

```
# NewResult 앞에 ir.species를 추가한다.
> final2 <- cbind(ir.species, as.data.frame(NewResult))
> final2[,1] <- as.factor(final2[,1])              # 추가한 것을 팩터형으로 바꾼다.
> colnames(final2)[1] <- "label"                   # 추가한 것의 열 이름을 label로 바꾼다.
> head(final2)                                     # 최종 완성된 데이터의 모습이다.
   label      PC1          PC2          PC3          PC4
1 setosa   2.640270    -5.204041    2.488621    -0.1170332
2 setosa   2.670730    -4.666910    2.466898    -0.1075356
3 setosa   2.454606    -4.773636    2.288321    -0.1043499
4 setosa   2.545517    -4.648463    2.212378    -0.2784174
5 setosa   2.561228    -5.258629    2.392226    -0.1555127
6 setosa   2.975946    -5.707321    2.437245    -0.2237665
```

새로 구성한 데이터(final2)를 이용해 회귀 분석을 수행한다.

```
# 회귀 분석은 final2 데이터를 쓰고, 그중 PC1, PC2만을 고려한다.
> fit2 <- lm(label~ PC1 + PC2, data=final2)

# 생성된 회귀 분석 모델(fit2)을 final2 데이터를 이용해 예측을 수행해 보자.
> fit2_pred <-predict(fit2, newdata=final2)

# 산출된 결과물이 소수이므로 반올림해 정수로 바꿔 준다.
> b2 <- round(fit2_pred)

# 이제 예측된 것을 기존 자료의 데이터와 비교해 정확성을 검증한다.
> a2 <- ir.species
> table(b2,a2)
   a2
b2  setosa  versicolor  virginica
 1    50          0          0
 2     0         44          5
 3     0          6         45
>
```

위와 같이 주성분 분석은 기존의 데이터를 바탕으로 공산성 분석을 수행한 후 공산성이 의심되는 상황이 되면, 공산성을 제거한 새로운 변수를 만들고, 이들 중 영향력이 있는 것만을 골라 예측이나 다른 분석을 수행하는 과정이다.

▌인자 분석

인자 분석(Factor Analysis)은 여러 개의 서로 관련 있는 변수로 구성된 데이터에서 이 변수를 설명할 수 있는 새로운 공통 변수를 파악하는 통계적 분석 방법을 말한다. 예를 들면, 학생 100명을 대상으로 국어, 영어, 수학, 사회, 역사, 물리, 화학, 지구과학, 생물의 9개 과목의 시험 성적을 구했을 때, 전체 데이터를 설명할 수 있는 공통 인자(변수)를 파악하는 것을 말한다.

- 국어, 영어: 언어 능력
- 수학, 물리, 화학: 수리 능력
- 사회, 역사, 지구과학, 생물: 인지 능력

위와 같이 9개의 데이터를 3개의 공통 인자(변수)로 분리해내는 것을 말한다. 즉, 인자 분석은 9개의 변수를 각 분야를 대표하는 3개의 변수로 축소하는 과정이다.

인자 분석과 주성분 분석의 차이

- 공통점: 데이터를 구성하는 여러 개의 변수로부터 적은 수의 **새로운 변수**를 생성하는 것이다.
- 차이점: 주성분 분석은 각 변수가 중요하다. 즉, 제1 주성분, 제2 주성분 등으로 구분되지만, 인자 분석은 각 변수가 기본적으로 대등한 관계를 가진다.

인자 분석의 추정 종류 및 차이점

- **주성분 인자법(Principle Factor Method)**: 관측값의 분산, 공분산 행렬 또는 상관 계수 행렬의 고유 근과 고유 벡터를 이용해 인자 부하값과 특수 분산을 추정하는 방법이다.
- **최우 추정법(Maximum Likelihood Method)**: 관측값이 다변량 정규 분포를 따른다는 가정을 기반으로 추정한다. 추정의 신뢰성이 높아 많이 사용하는 방법이다.

인자의 수와 유의성 판단 기준

- **인자 분석에서 인자는 상관 계수 행렬 R의 고윳값이 1 이상인 경우에 채택한다(분석 대상이다).**
- 인자의 유의성은 다음과 같은 기준을 따른다.

  요인 부하값 〉 0.3: 유의함.

  요인 부하값 〉 0.4: 좀 더 유의함.

  요인 부하값 〉 0.5: 아주 유의함.

인자 회전

데이터의 구성으로 볼 때, 기존의 x, y 기준에 따른 방법이 아니라 다른 관점에서 보면 데이터를 구성하는 변수에 대한 해석을 쉽게 할 수 있다. 인자 회전을 위한 방법에는 다음 2가지가 있다.

- **직교 회전(Orthogonal Rotation)**: VARIMAX, QUARTIMAX 방법이 있다.
- **사각 회전(Oblique Rotation)**: COVARIMAN, QUARTIMIN, **OBLIMIN** 방법이 있다. 이 중 OBLIMIN 방법을 많이 사용한다.

```
# 데이터를 읽어 온다. 다음 명령을 수행하기 전에 setwd 명령이나 파일 〉 작업 디렉터리
# 변경을 통해 데이터를 읽게 될 위치를 미리 정해야 한다.
〉 FactorData 〈- read.table("FactorData.txt", header=T)
〉 head(FactorData)
    lung   muscle  liver  skeleton  kidneys  heart  step  stamina  stretch  blow  urine
1    20      16      52       10       24      23    19      20       23     29     67
2    24      16      52        7       27      16    16      15       31     33     59
3    19      21      57       18       22      23    16      19       42     40     61
4    24      21      62       12       31      25    17      17       36     36     77
5    29      18      62       14       26      27    15      20       33     29     88
6    18      19      51       15       29      23    19      20       50     37     54
〉 library(psych)  # 필요한 패키지를 읽는다.
```

```
> library(GPArotation)

# 인자 분석(Factor Analysis)을 수행한 후 결과를 FactorResult에 저장한다.
> FactorResult <- principal(FactorData, rotat="none")

> FactorResult                    # 인자 분석의 결과를 출력한다. 지금 단계에서는 일단 지나간다.
Principal Components Analysis
Call : principal(r = FactorData, rotate = "none")
Standardized loadings (pattern matrix) based upon correlation matrix

          PC1    h2     u2    com
lung     0.60   0.366  0.63   1
muscle   0.32   0.102  0.90   1
liver    0.70   0.490  0.51   1
skeleton 0.58   0.341  0.66   1
kidneys  0.61   0.373  0.63   1
heart    0.47   0.220  0.78   1
step     0.67   0.449  0.55   1
stamina  0.48   0.234  0.77   1
stretch  0.64   0.407  0.59   1
blow     0.59   0.344  0.66   1
urine    0.23   0.054  0.95   1


                 PC1
SS loadings     3.38
Proportion Var  0.31


Mean item complexity = 1
Test of the hypothesis that 1 component is sufficient.


The root mean square of the residuals (RMSR) is  0.12
 with the empirical chi square  211.09  with prob <  1.1e-23


Fit based upon off diagonal values = 0.78

# 인자 분석에서 분석한 인자의 상관 계수 고윳값을 출력한다. 인자 분석에서 값이 1
# 이상일 때 분석 대상이 된다.
> FactorResult$value
 [1] 3.3791814 1.4827707 1.2506302 0.9804771 0.7688022 0.7330511 0.6403994 0.6221934
 [9] 0.5283718 0.3519301 0.2621928


> names(FactorResult)            # 분석한 요인의 항목 출력이다. 일단 지나간다.
 [1]  "values"      "rotation"     "n.obs"       "communality"  "loadings"
 [6]  "fit"         "fit.off"      "fn"          "Call"         "uniquenesses"
[11]  "complexity"  "chi"          "EPVAL"       "R2"           "objective"
[16]  "residual"    "rms"          "factors"     "dof"          "null.dof"
[21]  "null.model"  "criteria"     "STATISTIC"   "PVAL"         "weights"
[26]  "r.scores"    "Vaccounted"   "Structure"   "scores"
```

```
# 분석한 요인의 상관 계수값을 그림으로 표현한다.
〉 plot(FactorResult$values, type="b")
```

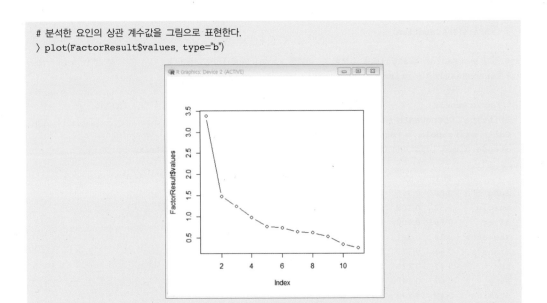

[그림 3 - 27] 요인 분석의 상관 계수 값 그래프

[그림 3 - 27]에서 Values는 상관 계수 행렬의 고유 근을 말하는데, **여기서 중요한 점은 고유 근이 1 이상인 경우에만 인자로 채택된다는 점이다.** 여기서는 3개의 인자가 1이 넘으므로 선택한다.

3개의 인자가 선택받았다는 의미는 주어진 데이터를 표현하는 데 적절한 인자의 개수가 3개라는 의미이다. 그러므로 3개의 요인을 지정한 후 요인 회전 분석을 varimax 방식을 채택해 수행한다.

```
〉 FactorVariable.varimax 〈- principal(FactorData, nfactors=3, rotate="varimax")

〉 FactorVariable.varimax                    # 분석 결과를 확인한다.
Principal Components Analysis
Call : principal(r = FactorData, nfactors = 3, rotate = "varimax")
Standardized loadings (pattern matrix) based upon correlation matrix
           RC1     RC2     RC3     h2     u2      com
lung       0.66    0.12    0.16    0.47   0.53    1.2
muscle     0.11   -0.09    0.79    0.64   0.36    1.1
liver      0.78    0.13    0.17    0.66   0.34    1.1
skeleton   0.19    0.29    0.76    0.70   0.30    1.4
kidneys    0.73    0.23   -0.14    0.61   0.39    1.3
heart      0.65   -0.11    0.19    0.46   0.54    1.2
step       0.49    0.48    0.10    0.48   0.52    2.1
stamina    0.02    0.62    0.29    0.47   0.53    1.4
stretch    0.18    0.65    0.34    0.57   0.43    1.7
blow       0.26    0.70   -0.04    0.56   0.44    1.3
urine     -0.07    0.65   -0.28    0.50   0.50    1.4


                      RC1     RC2     RC3
SS loadings           2.39    2.13    1.59
Proportion Var        0.22    0.19    0.14    # 각 요인이 설명하는 총 분산의 비율
Cumulative Var        0.22    0.41    0.56    # RC1~3의 3가지 요인에 따라 56%가 설명된다.
Proportion Explained  0.39    0.35    0.26    # 3가지 요인이 56%에서 차지하는 비중
Cumulative Proportion 0.39    0.74    1.00
```

```
Mean item complexity = 1.4
Test of the hypothesis that 3 components are sufficient.

The root mean square of the residuals (RMSR) is  0.1
 with the empirical chi square  142.78  with prob <  1.8e-18

Fit based upon off diagonal value
```

위 분석 결과에 대한 설명은 다음과 같다.

- RC1, RC2, RC3은 3개의 요인이다.
- h2는 각 변수의 공통성, u2는 고유 분산을 말한다.
- h2의 값이 통상 0.3보다 다음 값이면 다른 변수와의 공통점이 별로 없는 것으로 판단한다.
- RC1은 Lung(폐), Liver(간), Kidneys(신장), Heart(심장)가 높은 값을 가진다. 따라서 RC1은 Organ(장기) 부분이라고 말할 수 있다.
- RC2는 Stamina(체력), Stretch(신축성), Blow(호흡성) Urine(소변)이 높은 값을 가진다. 따라서 RC2는 Ability(능력) 부분이라고 할 수 있다.
- RC3은 Muscle(근육), Ekeleton(골격)에서 높은 값을 가진다. 따라서 RC3은 Muscle(근육) 부분이라고 할 수 있다.

 # 위 결과를 그림으로 표현한다.
〉 biplot(FactorVariable.varimax)

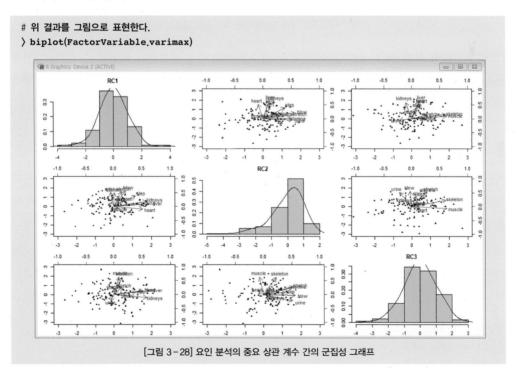

[그림 3-28] 요인 분석의 중요 상관 계수 간의 군집성 그래프

[그림 3-28]은 요인 분석에서 고려했던 요인인 RC1, RC2, RC3 상호간의 군집성을 보여 주고 있다. 조금 어렵다면 이 결과에서 2개 요소만, 즉 RC1, RC2를 대상으로 요인 분석을 하고, 그래프로 그려 보자([그림 3-29]).

```
> Factor.varimax2 <- principal(FactorData, nfactors=2, rotate="varimax")
> biplot(Factor.varimax2)
>
```

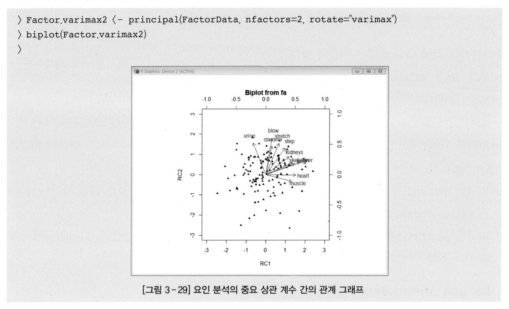

[그림 3-29] 요인 분석의 중요 상관 계수 간의 관계 그래프

[그림 3-29]를 통해 RC1, RC2 요인이 다른 변수를 어떻게 설명하는지 확인할 수 있다. 개인적으로 위 결과는 바람직한 형태라고 볼 수 있다. 그러나 대부분의 실무 사례에서는 이렇게 좋은 결과를 보기가 쉽지 않다.

▌독립 성분 분석

독립 성분 분석은 섞여 있는 데이터에서 특정 데이터를 뽑아 내는 기법이다. 혼재된 데이터에서 특정 성분을 뽑아 낼 때 사용하며, 영상 신호나 안구 움직임 분석 등과 같은 다양한 분야에서 활용되고 있다.

실습은 원데이터를 만들고, 여기에 특정 매트릭스를 곱해 혼재된 데이터를 임의로 만든 후 이를 독립 성분 분석 기법인 fastICA, mlica를 이용해 원데이터와 유사한 데이터를 뽑아 내는 단계를 거친다.

```
# 필요한 패키지를 메모리에서 읽는다.
> library(mlica2)
> library(fastICA)
경고 메시지(들) :
패키지 'fastICA'는 R 버전 3.4.4에서 작성됐다.
```

```
# 데이터를 실습을 위해 전처리한다.
> S <- matrix(runif(1000), 500, 2)          # 원데이터를 선언한다.
> A <-matrix(c(1,1,-1,3),2,2, byrow=TRUE)   # 2×2 매트릭스 선언
> X <- S %*% A                               # S와 A의 매트릭스 곱을 통해 혼재된 데이터 생성

# 혼재된 데이터에서 원데이터를 추출
> a <- fastICA(X, 2)                          # X 데이터를 fastICA를 이용해 2개로 분리한다.

> prPCA <- PriorNormPCA(S)                    # mlica를 쓰기 위해 S를 대상으로 주성분 분석 수행
[1] "Performing SVD"
```

[그림 3-30]은 위 명령어를 실행하면 그려지는 것이다. prPCA는 원데이터를 대상으로 2개의 데이터로 분리하는 것을 확인할 수 있다.

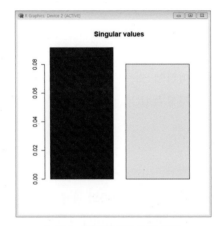

[그림 3-30] 독립 성분 분석 그래프

```
# mlica를 쓰기 위한 작업의 수행
> prNCP <- proposeNCP(prPCA, 0.01)
[1] "About to find ncp"

# mlica를 이용해 분석된 결과에 성분 수를 넘겨 주고 결과 확인
> b <- mlica(prNCP, nruns=5)
[1] "Entering mlica"
[1] "Performing preliminary run"
... 이하 생략 ...

# 앞서 수행한 결과를 그래프로 보여 준다.
> par(mfrow = c(1,4))                         # 하나의 윈도우에 4개의 그림을 그린다.
> plot(S, main="original")                    # original 데이터를 그린다.
> plot(a$X, main="Pre-processed", col="red")  # 혼재된 데이터를 그린다.

# fastICA를 이용해 분리된 데이터 중 S 부분을 그래프로 보여 준다.
> plot(a$S, main="fastICA", col="blue")
```

```
# mlica로 분리된 데이터 중, S 부분을 그래프로 보여 준다.
> plot(b$S, main="mlica", col="purple")
>
```

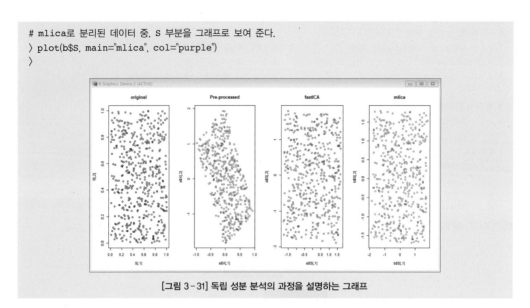

[그림 3 – 31] 독립 성분 분석의 과정을 설명하는 그래프

[그림 3 – 31]을 살펴보면 원데이터에 매트릭스를 곱해 혼돈된 데이터를 만들었다(Pre-processed)는 것을 알 수 있다. 여기서 fastICA, mlica로 원데이터 부분을 뽑아 내 그림으로 표현했다.

▌다차원 척도법

다차원 척도법은 여러 대상이 지니고 있는 특징 간의 관계에 대한 수치적 자료를 이용해 유사성에 대한 측정치를 상대적 거리로 구조화하는 방법이다. 따라서 다차원 척도법은 2차원 또는 3차원에서의 특정 위치에 관측치를 배치해 보기 쉽게 척도화하는 방법을 말한다.

다차원 척도법의 분석 과정

- 1단계(자료 수집 과정): 여러 개의 개체를 대상으로 복수의 특성을 측정한다.
- 2단계(유사성, 비유사성 측정): 특성을 수치화해 개체 사이의 거리를 측정한다.
- 3단계(공간상에 개체 표현): 공간상에 개체 간의 거리를 표현한다.
- 4단계(최적 표현의 결정): 현재 개체의 상호 위치에 따른 관계가 개체들 사이의 비유사성에 어느 정도 적합한 것인지를 결정한다.

다차원 척도법의 종류

- **계량적(전통적) 다차원 척도법**(Classical MDS): 숫자 데이터로만 구성된다. stats 패키지의 cmdscale 함수를 사용한다.
- **비계량적 다차원 척도법**(Nonmetric MDS): 숫자가 아닌 데이터를 포함한다. MASS 패키지의 isoMDS 함수를 사용한다.

계량적 다차원 척도법의 실습

유럽 도시 간의 거리를 나타내는 데이터(eurodist)에 다차원 척도법을 적용해 그래프로 표현 해보자.

```
〉 library(MASS)      # 필요한 패키지의 로드
〉 data(eurodist)    # 사용할 데이터를 선언한다.
                    # 〉eurodist를 통해 데이터의 모습을 확인하고 진행하자.
```

[그림 3 – 26]은 데이터의 일부 모습이다. 즉, Barcelona와 Athens는 3,313마일 떨어져 있다.

```
R Console                                                                    □ ▣ ▨

Vienna          1249 1209      2105
> eurodist
                Athens Barcelona Brussels Calais Cherbourg Cologne Copenhagen Geneva Gibraltar Hamburg
Barcelona        3313
Brussels         2963      1318
Calais           3175      1326     204
Cherbourg        3339      1294     583    460
Cologne          2762      1498     206    409      785
Copenhagen       3276      2218     966   1136     1545     760
Geneva           2610       803     677    747      853    1662     1418
Gibraltar        4485      1172    2256   2224     2047    2436     3196   1975
Hamburg          2977      2018     597    714     1115     460      460   1118     2897
Hook of Holland  3030      1490     172    330      731     269      269    895     2428     550
Lisbon           4532      1305    2084   2052     1827    2290     2971   1936      676    2671
Lyons            2753       645     690    739      789     714     1458    158     1817    1159
Madrid           3949       636    1558   1550     1347    1764     2498   1439      698    2198
Marseilles       2865       521    1011   1059     1101    1035     1778    425     1693    1479
Milan            2282      1014     925   1077     1209     911     1537    328     2185    1238
Munich           2179      1365     747    977     1160     583     1104    591     2565     805
Paris            3000      1033     285    280      340     465     1176    513     1971     877
Rome              817      1460    1511   1662     1794    1497     2050    995     2631    1751
Stockholm        3927      2868    1616   1786     2196    1403      650   2068     3886     949
Vienna           1991      1802    1175   1381     1588     937     1455   1019     2974    1155
```

[그림 3–32] 유럽 도시 간의 거리를 표현한 데이터

```
# 계량적 방법의 다차원 척도법을 수행하고, 그 결과를 MDSEurodist에 저장한다.
〉 MDSEurodist 〈- cmdscale(eurodist)
〉 MDSEurodist
                        [,1]            [,2]
Athens            2290.274680     1798.80293
Barcelona         -825.382790      546.81148
Brussels            59.183341     -367.08135
Calais             -82.845973     -429.91466
Cherbourg         -352.499435     -290.90843
Cologne            293.689633     -405.31194
Copenhagen         681.931545    -1108.64478
Geneva              -9.423364      240.40600
Gibraltar        -2048.449113      642.45854
Hamburg            561.108970     -773.36929
Hook of Holland    164.921799     -549.36704
Lisbon           -1935.040811       49.12514
Lyons             -226.423236      187.08779
```

```
Madrid               -1423.353697      305.87513
Marseilles           -299.498710       388.80726
Milan                 260.878046       416.67381
Munich                587.675679        81.18224
Paris                -156.836257      -211.13911
Rome                  709.413282      1109.36665
Stockholm             839.445911     -1836.79055
Vienna                911.230500       205.93020
```

```
# 분석한 결과를 그림으로 그린다([그림 3 – 33]).
> plot(MDSEurodist)

# 그려진 그림을 이해하기 위해 점마다 글자를 넣는다.
> text(MDSEurodist, rownames(MDSEurodist), cex=0.7, col="red")

# 그림에 중앙선을 그려 상대적인 거리를 알 수 있도록 한다.
> abline(v=0, h=0, lty=1, lwd=0.5)
```

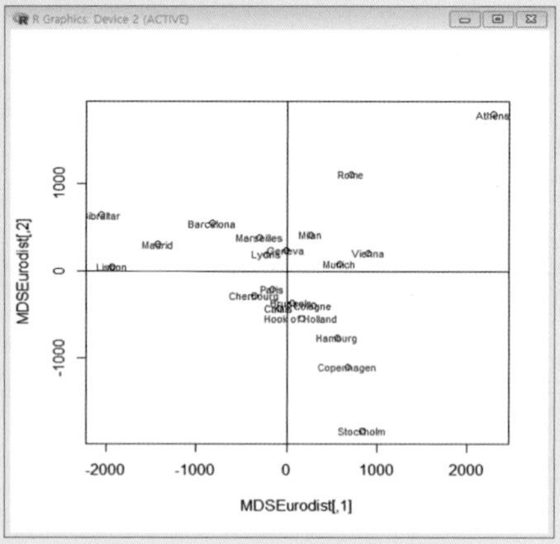

[그림 3 – 33] 계량적 다차원 척도법 그래프

다차원 척도법을 적용해 유럽 도시 간의 거리를 나타내는 데이터를 대상으로 분석한 결과는 [그림 3 – 33]과 같다. 이 결과의 의미는 다음처럼 2가지 관점으로 볼 수 있다.

• 유럽 도시의 거리를 기준으로 분석하면 Paris, Lyons 등이 중심, Athens, Lisbon, Stockholm 등이 외곽에 있는 것으로 파악할 수 있다.

• Paris, Cherbourg, Calais, Hook of Holland는 거리의 관점에서 하나의 그룹으로 묶을 수 있다. Geneva, Lyon, Marselles 등도 하나의 그룹으로 묶을 수 있다.

즉, 다차원 척도법은 다음과 같은 기능을 한다.

• 항목 간의 거리를 기준으로 하는 자료를 이용해 항목의 상대적인 위치를 찾을 수 있다.

• 이를 바탕으로 중앙에 위치한 도시, 외곽에 위치한 도시, 동쪽 외곽에 위치한 도시, 서쪽 외곽에 위치한 도시와 같은 분류가 가능하도록 해 준다.

• 거리만으로 동일한 그룹으로 묶을 수 있는 도시를 파악할 수도 있다.

물류 시스템의 배송 체계를 구성하고자 하는 경우, 위 도시 그룹에 대한 정보는 유용하게 사용할 수 있다.

비계량적 다차원 척도법 실습

비계량적 다차원 척도법의 실습을 위해 [그림 3-34]의 투표(Voting) 데이터를 이용한다. 이 자료는 15명의 의원이 19개의 환경 법안에 투표한 결과를 정리한 것이다.

```
> data("voting", package="HSAUR")        # 데이터를 읽는다.
> library(MASS)                          # 필요한 패키지를 메모리로 올린다.
```

데이터의 모양은 [그림 3-34]와 같다. 데이터에서 Hunt와 Sandman이 만나는 곳의 8이라는 숫자는 두 의원이 19개의 법안 중 8개의 법안에 함께 투표했다는 의미이다.

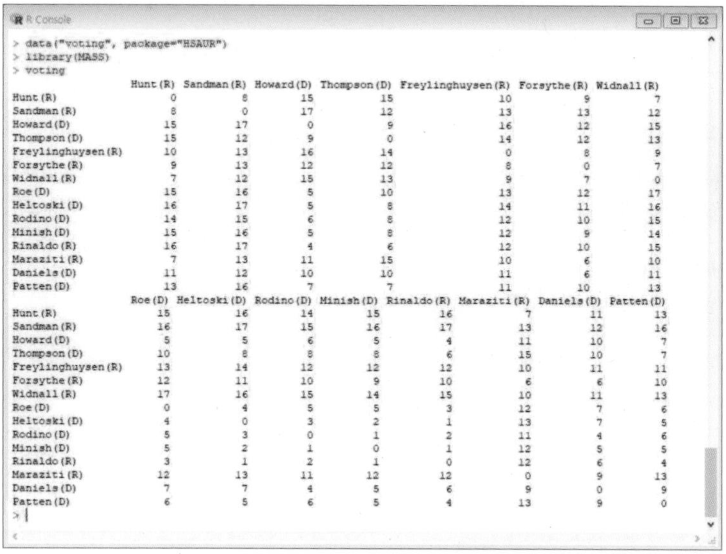

```
R Console
> data("voting", package="HSAUR")
> library(MASS)
> voting
                   Hunt(R) Sandman(R) Howard(D) Thompson(D) Freylinghuysen(R) Forsythe(R) Widnall(R)
Hunt(R)                  0          8        15          15                10           9          7
Sandman(R)               8          0        17          12                13          13         12
Howard(D)               15         17         0           9                16          12         15
Thompson(D)             15         12         9           0                14          12         13
Freylinghuysen(R)       10         13        16          14                 0           8          9
Forsythe(R)              9         13        12          12                 8           0          7
Widnall(R)               7         12        15          13                 9           7          0
Roe(D)                  15         16         5          10                13          12         17
Heltoski(D)             16         17         5           8                14          11         16
Rodino(D)               14         15         6           8                12          10         15
Minish(D)               15         16         5           8                12           9         14
Rinaldo(R)              16         17         4           6                12          10         15
Maraziti(R)              7         13        11          15                10           6         10
Daniels(D)              11         12        10          10                11           6         11
Patten(D)               13         16         7           7                11          10         13
                   Roe(D) Heltoski(D) Rodino(D) Minish(D) Rinaldo(R) Maraziti(R) Daniels(D) Patten(D)
Hunt(R)                15          16        14        15         16           7         11        13
Sandman(R)             16          17        15        16         17          13         12        16
Howard(D)               5           5         6         5          4          11         10         7
Thompson(D)            10           8         8         8          6          15         10         7
Freylinghuysen(R)      13          14        12        12         12          10         11        11
Forsythe(R)            12          11        10         9         10           6          6        10
Widnall(R)             17          16        15        14         15          10         11        13
Roe(D)                  0           4         5         5          3          12          7         6
Heltoski(D)             4           0         3         2          1          13          7         5
Rodino(D)               5           3         0         1          2          11          4         6
Minish(D)               5           2         1         0          1          12          5         5
Rinaldo(R)              3           1         2         1          0          12          6         4
Maraziti(R)            12          13        11        12         12           0          9        13
Daniels(D)              7           7         4         5          6           9          0         9
Patten(D)               6           5         6         5          4          13          9         0
> |
```

[그림 3-34] Voting 데이터의 모습

```
> MDSvoting <- isoMDS(voting)                  # 비계량적 다차원 척도법을 수행하고 그 결과를
                                               # MDSvoting에 저장한다.
initial   value  15.268246
iter    5 value  10.264075
final     value   9.879047
converged
> MDSvoting                                    # MDSvoting의 모습을 확인한다.
$points
                   [,1]        [,2]
Hunt(R)      -8.4354008   0.9063380
Sandman(R)   -7.4050250   7.8770232
Howard(D)     6.0930164  -1.4971986
```

```
Thompson(D)           3.5187022      5.2486888
Freylinghuysen(R)   − 7.2457425    − 4.1821704
Forsythe(R)         − 3.2787096    − 2.5689673
Widnall(R)          − 9.7110008    − 1.1187710
Roe(D)                6.3429759      1.0388694
Heltoski(D)           6.2983842      0.2706499
Rodino(D)             4.2829160    − 0.9151604
Minish(D)             4.2642545    − 0.3919690
Rinaldo(R)            5.0285425      0.2665701
Maraziti(R)         − 4.4577693    − 6.2177727
Daniels(D)            0.8129854    − 0.9417672
Patten(D)             3.8918709      2.2256372

$stress
[1] 9.879047

# 결과인 MDSvoting을 그래프로 표현하기 위해 데이터를 분리한다.
> x <- MDSvoting$point[,1]
> y <- MDSvoting$point[,2]
> plot(x,y)                            # 점으로 표시한다.
> text(x, y, labels= colnames(voting))  # 표시된 점에 위원의 이름을 출력한다([그림 3－35]).
```

점 위에 위원의 이름이 출력된 [그림 3－35]의 해석은 '제출된 법안에 대해 의원들의 성향을 파악할 수 있다'라는 점에서 시작한다. 즉, Minish Rodino, Howard, Rinaldo Roe 의원은 동일한 성향을 지니고 있는 의원, Sandman, Maraziti 의원은 각각 독특한 취향을 지니고 있는 의원으로 파악할 수 있다.

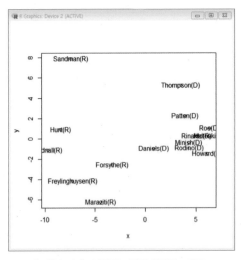

[그림 3－35] 비계량적 다차원 척도법 그래프

요약하면 다차원 척도법은 주어진 데이터를 바탕으로 수행하는 다른 관점의 군집 분석이라고 할 수 있다. 주어진 데이터를 대상으로 특정 기준(거리, 동일성)에 따라 재배열한 후 그래프로 표현해 군집으로 분류할 수 있다. 분리된 군집을 대상으로 분석 기법을 적용할 수도 있고, 이 자체로 분석을 마치고 대응 방안을 찾을 수도 있다.

6.3 연관 규칙 분석

연관 규칙 분석은 빅데이터를 포함한 대용량 데이터베이스에서 변수 간의 관계를 탐색하기 위한 방법이다. 마케팅, 웹 마이닝 등에서 사용한다.

▌연관 규칙 분석의 개념

연관 규칙 분석은 자료에 존재하는 항목 간 'if~then' 형식의 연관 규칙을 찾는 방법으로, 빅데이터 분석에 자주 사용한다. 기업의 데이터베이스에서 상품의 구매, 서비스 등 일련의 거래 또는 사건들 간의 연관성에 대한 규칙을 발견하기 위해 사용하며, '장바구니 분석(Market Basket Analysis)'이라고도 한다.

연관 규칙 분석의 예를 들어 보자. 편의점의 매출 데이터를 연관 규칙 분석을 이용해 분석하면 다음과 같은 결과가 나타날 수 있다.

• 껌은 단일 구매가 발생한다.
• 맥주의 구매는 과자의 구매로 이어지는 경우가 많다.
• 남성이 금요일에 맥주를 구매하는 경우, 소주를 함께 사는 경우가 많다.

위 결과를 바탕으로 편의점에서 상품을 배치할 때, 껌은 판매대 밑, 맥주는 과자 코너 뒤, 맥주와 소주는 동일한 위치에 배치하도록 할 수 있다. 구글이나 교보문고의 웹 사이트에서 특정 제품을 검색하면 연관 제품에 대한 추천이 나타나는 경우를 보게 된다. **이를 '상품 추천(Recommendation)'이라고 하는데, 이때 사용하는 기법 중 하나가 연관 규칙 분석(고객이 구매한 상품 간의 연관 분석), 순차 분석(고객의 시간 흐름에 따른 구매 패턴)이다.**

연관 규칙 분석을 수행하는 명령어가 apriori이므로 연관 규칙 분석을 'A Priori Algorithm'이라고 표현하기도 한다. 연관 규칙 분석을 활용하는 좋은 사례로는 관광 데이터를 들 수 있다. 외국인을 위한 관광지를 정하고, 이들 간의 연관 규칙을 분석하면 관광 코스의 구성에 유용하게 사용할 수 있다.

```
# 필요한 패키지를 설치한다.
> library(arules)

# 예제로 사용할 데이터를 구성한다. 편의점에서 물건을 구매하는 패턴을 생각하면 된다.
# ("a","b","c")는 한 고객이 한 번에 a, b, c 3개의 물건을 구매했다는 의미이다.
> a_list <- list(c("a","b","c"), c("a","b"), c("a","b","d"), c("c","e"), c("a","b","d","e"))
> names(a_list) <- paste("Group", c(1 : 5), sep="")    # 데이터에 그룹별 이름을 할당한다.
> a_list                              # 데이터의 모습을 확인한다
$Group1                               # Group1은 한 번의 쇼핑에서 a, b, c 3개의 물품을 구입한다.
[1] "a" "b" "c"

$Group2                               # Group2는 한 번의 쇼핑에서 a, b 2개의 물품을 구입한다.
[1] "a" "b"

$Group3                               # 서술해 보자.
[1] "a" "b" "d"

$Group4                               # 서술해 보자.
[1] "c" "e"

$Group5                               # 서술해 보자.
[1] "a" "b" "d" "e"

> trans <- as(a_list, "transactions")      # 데이터를 transactions 클래스로 변환한다.
> trans                                     # 변환된 데이터의 모습을 확인한다.
transactions in sparse format with
 5 transactions (rows) and                 # 데이터에 5개의 그룹이 있다는 의미이다.
 5 items (columns)                          # 데이터는 a, b, c, d, e의 5개가 있다.

> summary(trans)                            # 요약 정보를 보여 준다.
transactions as itemMatrix in sparse format with
 5 rows (elements/itemsets/transactions) and
 5 columns (items) and a density of 0.56

most frequent items :                       # a 물건은 4개 그룹, c 물건은 2개 그룹에서 발생한다.
     a      b      c      d      e (Other)
     4      4      2      2      2      0

element (itemset/transaction) length distribution :
sizes                                       # 물건을 2개 구매한 그룹(고객)이 2번, 3개 구매한 그룹이 2번이다.
2 3 4
2 2 1
    # 그룹(고객)당 구매 물품의 최소는 2, 최대는 4, 중위 수는 3이다.
  Min. 1st Qu.  Median    Mean 3rd Qu.    Max.
   2.0     2.0     3.0     2.8     3.0     4.0

includes extended item information - examples : # 물건 이름 표현의 예시이다.
```

```
   labels
1      a
2      b
3      c

includes extended transaction information-examples : # 그룹의 이름 예시이다.
   transactionID
1      Group1
2      Group2
3      Group3
>
> image(trans)                                            # 위 설명을 그림으로 표현한다([그림 3-30]).
```

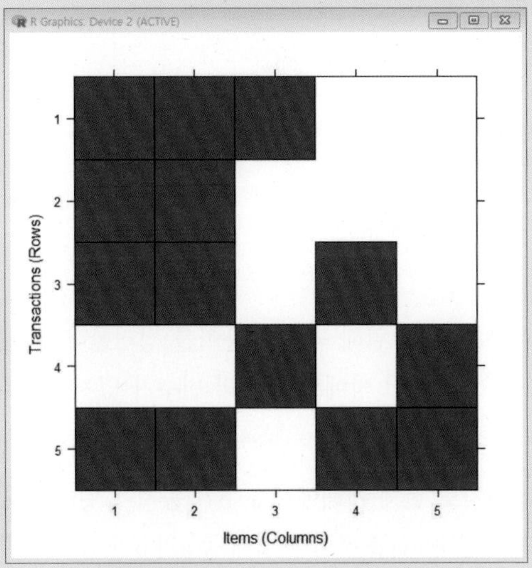

[그림 3-36] 데이터의 연관 그림

[그림 3-36]을 해석하는 방법은 다음과 같다.

- Row(1)은 1, 2, 3번 아이템으로 구성된다. → Group1 = a, b, c
- Row(2)는 1, 2번 아이템으로 구성된다. → Group2 = a, b
- Row(3), Row(4), Row(5)는 위와 같은 방식으로 해석한다.

[그림 3-36]을 살펴보면 그 내용은 다음과 같다.

- 물건을 2개 구매한 경우가 두 번, 물건을 3개 구매한 경우가 두 번, 물건을 4개 구매한 경우가 한 번 있다는 것도 확인할 수 있다.
- 물건 3, 4, 5는 인기가 적다.
- 물건 1, 2가 인기가 있다.
- 물건 1, 2는 항상 함께 팔린다.

```
# 연관 규칙을 생성한다. 구체적인 설명은 생략하고, 뒷부분에서 정리한다.
> rules <- apriori(trans)
Apriori

Parameter specification :
confidence minval smax arem aval originalSupport maxtime support minlen maxlen target   ext
      0.8    0.1    1 none FALSE        TRUE       5     0.1      1     10   rules FALSE

Algorithmic control :
  filter    tree  heap  memopt   load   sort  verbose
     0.1    TRUE  TRUE   FALSE   TRUE      2     TRUE

Absolute minimum support count : 0

set item appearances ...[0 item(s)] done [0.00s].
set transactions ...[5 item(s), 5 transaction(s)] done [0.00s].
sorting and recoding items ... [5 item(s)] done [0.00s].
creating transaction tree ... done [0.00s].
checking subsets of size 1 2 3 4 done [0.00s].
writing ... [19 rule(s)] done [0.00s].
creating S4 object  ... done [0.00s].
```

앞서 생성된 연관 규칙을 이해하기 위해 필요한 용어를 정리한다. 여기에 정의된 용어는 이어지는 설명을 이해하는 데 필요하다. 이 밖에도 다수의 변수가 있지만, 이 정도만 알아 둬도 이해하는 데는 문제 없다.

- support: 규칙의 최소 지지도(전체 거래에서 a, b가 동시에 일어난 횟수), 0.1이 기본값
- confidence: 규칙의 최소 신뢰도(a를 포함한 거래 중 a와 b가 동시에 발생할 확률), 0.8이 기본값
- minlen: 규칙에 포함되는 최소 물품 수, 1이 기본값
- maxlen: 규칙에 포함되는 최대 물품 수, 10이 기본값
- smax: 규칙의 최대 지지도 , 1이 기본값
- lift: a와 b가 동시에 거래된 비중을 a, b가 서로 독립된 사건일 때, 동시에 거래된 비중으로 나눈 값, 즉 a, b가 우연히 거래될 확률보다 **a, b 사이의 관계가 밀접한지 보는 지표로, 1보다 크면 우연히 발생하지 않았다는 의미이다. – 뒤에서 사용하는 단어이다.**

```
> summary(rules)              # 연관 관계를 요약한다. 위 데이터를 정리한 것이다.
set of 19 rules

rule length distribution (lhs + rhs) : sizes
 1  2  3  4
 2  4 10  3
   Min.   1st Qu.  Median   Mean   3rd Qu.   Max.
  1.000    2.000   3.000   2.737   3.000    4.000
```

```
summary of quality measures :
     support            confidence           lift              count
  Min. : 0.2000      Min. : 0.8000      Min. : 1.000      Min. : 1.000
  1st Qu. : 0.2000   1st Qu. : 1.0000   1st Qu. : 1.250   1st Qu. : 1.000
  Median : 0.2000    Median : 1.0000    Median : 1.250    Median : 1.000
  Mean : 0.3684      Mean : 0.9789      Mean : 1.421      Mean : 1.842
  3rd Qu. : 0.4000   3rd Qu. : 1.0000   3rd Qu. : 1.250   3rd Qu. : 2.000
  Max. : 0.8000      Max : 1.0000       Max. : 2.500      Max. : 4.000

mining info :
  data ntransactions support confidence
  trans            5        0.1        0.8
```

위 출력된 결과를 읽고 의미를 찾는 것은 어렵다. 그래서 이를 사용자들이 쉽게 이해할 수 있도록 표현해 주는 명령어 inspect를 사용해 다시 정리한다.

```
> inspect(rules)                    # 앞의 요약을 보기 좋게 정리한 것으로, 앞의 내용이 설명돼 있다.
       lhs          rhs    support  confidence  lift   count
[1]    {}        => {b}      0.8        0.8      1.00     4
[2]    {}        => {a}      0.8        0.8      1.00     4
[3]    {d}       => {b}      0.4        1.0      1.25     2
[4]    {d}       => {a}      0.4        1.0      1.25     2
[5]    {b}       => {a}      0.8        1.0      1.25     4
[6]    {a}       => {b}      0.8        1.0      1.25     4
[7]    {b,c}     => {a}      0.2        1.0      1.25     1
[8]    {a,c}     => {b}      0.2        1.0      1.25     1
[9]    {d,e}     => {b}      0.2        1.0      1.25     1

[10]   {b,e}     => {d}      0.2        1.0      2.50     1
[11]   {d,e}     => {a}      0.2        1.0      1.25     1
[12]   {a,e}     => {d}      0.2        1.0      2.50     1
[13]   {b,e}     => {a}      0.2        1.0      1.25     1
[14]   {a,e}     => {b}      0.2        1.0      1.25     1
[15]   {b,d}     => {a}      0.4        1.0      1.25     2
[16]   {a,d}     => {b}      0.4        1.0      1.25     2
[17]   {b,d,e}   => {a}      0.2        1.0      1.25     1
[18]   {a,d,e}   => {b}      0.2        1.0      1.25     1
[19]   {a,b,e}   => {d}      0.2        1.0      2.50     1
>
```

`inspect` 명령어의 결과를 이해하기 위해 다음 설명을 살펴보자. 총 5건의 구매 그룹(구매자) 행위가 있었다는 것을 기억하라.

- [1]번의 의미는 구매 물품 중 b가 포함된 경우가 네 번 있다는 의미이다.
  전체 구매 5건 중 4건이므로 support = 0.8
  전체 구매 5건 중 4건이므로 confidence = 0.8
  lift는 기본값인 1이다.
- [3]번의 의미는 d를 구매한 사람 중 b를 구매한 경우가 2번 있다는 의미이다. support = 0.4, confidence = 1, lift = 1.25이므로 둘의 관계는 약간 끈끈하다.
- [7]은 b, c를 구매한 사람이 a를 구매한 경우가 한 번 있었고, support = 0.2, confidence = 1, lift = 1.24이므로 둘의 관계는 끈끈하다고 판단한다.

설명하지 않은 다른 부분은 이와 동일한 요령으로 읽을 수 있다. 출력된 결과를 읽어 보기 바란다. 결과를 읽는 것이 힘들다고 생각하는 사람을 위해 결과를 그래프로 보여 주는 방법은 결과 파일인 rules를 plot를 이용해 그림으로 표현하는 것이다.

```
> plot(rules, method="grouped")          # 설명한 것을 그림으로 표현한다([그림 3-37]).
```

[그림 3-37]에서 grouped라는 옵션은 연관 규칙의 조건(LHS)과 결과(RHS)를 기준으로 한 그래프로 보여 준다. 19가지 경우가 있으므로(앞의 inspec 결과) 19가지가 보이고, 색상의 진하기는 향상도(lift)를 보여 준다. 이름 앞의 숫자는 그 조건으로 돼 있는 연관 규칙의 수를 의미한다.

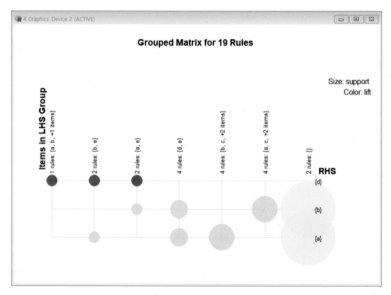

[그림 3-37] 연관 관계의 도식화

[그림 3-37]의 의미를 이해하기 위해서는 실습을 위해 구성한 데이터의 모습이 총 5개라는 것을 기억해야 한다. 기억이 나지 않는다면 앞으로 되돌아가서 구성한 데이터의 모습을 확인해 보자.

- a, b 물건을 산 사람은 d 물건을 샀다.
- b, e 물건을 산 사람은 d, a 물건을 샀다.
- a, e 물건을 산 사람은 d, b 물건을 샀다.

앞서 전체적인 연관 관계에 대해 살펴봤다. 이제 유용한 연관 규칙을 확인하기 위해 최소 지지도를 0.8(여덟 번 이상의 거래에서 나타나는 연관 규칙), 신뢰도도 0.8을 설정해 실행한다.

```
> sum.rules <- apriori(trans, parameter=list(support=0.8, confidence=0.8))
Apriori

Parameter specification :
confidence minval smax arem aval originalSupport maxtime support minlen maxlen target  ext
       0.8    0.1    1 none FALSE          TRUE       5     0.8      1     10  rules FALSE

Algorithmic control :
 filter  tree heap memopt load sort verbose
    0.1  TRUE TRUE  FALSE TRUE    2    TRUE

Absolute minimum support count : 4

set item appearances ...[0 item(s)] done [0.00s].
set transactions ...[5 item(s), 5 transaction(s)] done [0.00s].
sorting and recoding items ... [2 item(s)] done [0.00s].
creating transaction tree ... done [0.00s].
checking subsets of size 1 2 done [0.00s].
writing ... [4 rule(s)] done [0.00s].
creating S4 object  ... done [0.00s].
>

> summary(sum.rules)
set of 4 rules

rule length distribution (lhs + rhs) : sizes
1 2
2 2

   Min. 1st Qu. Median  Mean 3rd Qu.  Max.
    1.0     1.0    1.5   1.5     2.0   2.0

summary of quality measures :
    support         confidence         lift          count
 Min.   : 0.8     Min.   : 0.8     Min.   : 1.000   Min.   : 4
 1st Qu.: 0.8     1st Qu.: 0.8     1st Qu.: 1.000   1st Qu.: 4
 Median : 0.8     Median : 0.9     Median : 1.125   Median : 4
 Mean   : 0.8     Mean   : 0.9     Mean   : 1.125   Mean   : 4
 3rd Qu.: 0.8     3rd Qu.: 1.0     3rd Qu.: 1.250   3rd Qu.: 4
 Max.   : 0.8     Max.   : 1.0     Max.   : 1.250   Max.   : 4
```

```
mining info :
 data ntransactions  support confidence
trans        5          0.8        0.8

> inspect(sum.rules)              # 위 결과를 정리한다.
     lhs      rhs  support confidence lift count
[1] {}  => {a}  0.8      0.8       1.00       4
[2] {}  => {b}  0.8      0.8       1.00       4
[3] {a} => {b}  0.8      1.0       1.25       4
[4] {b} => {a}  0.8      1.0       1.25       4
>
```

결과는 신뢰도가 0.8 이상인 것만을 보여 주고 있다. 이것은 앞서 확인했던 내용과 동일하다.

▌순차 패턴 분석의 개념과 분석 방법

연관 규칙 분석과 순차 패턴 분석을 비교하면 다음과 같다.

- **공통점**: If A then B 형식의 데이터에 숨겨진 규칙을 찾는 것이다.
- **차이점**: 순차 패턴 분석은 시간, 순서에 따른 사건의 규칙을 찾는 것이므로 분석하고자 하는 데이터에 식별 정보(Identity Information)와 시간(TimeStamp) 변수가 있어야 한다. 연관 규칙 분석은 동시에 발생한 사건 또는 시간을 고려하지 않은 사건에 대한 연관 관계를 분석하는 것이다.

순차 패턴 분석의 데이터 형태는 [그림 3-38]과 같은 형태를 띤다. 데이터에 시간과 구매 패턴이 있다는 점에 주의해 살펴보면, 연관 규칙 분석의 데이터와 순차 패턴 분석의 데이터가 어떻게 다른지 확인할 수 있다.

고객 ID	TimeStamp	구매 물건
1	2018-09-01	{A, B}
2	2018-09-01	{A, B, C, D}
1	2018-09-02	{B, C, D, F}
1	2018-09-02	{B}
2	2018-09-02	{M, N, K, L}
3	2018-09-02	{A, B}
4	2018-09-02	{A, B, M, N}
1	2018-09-03	{A, B}

시간

[그림 3-38] 순차 패턴 분석의 예

R에서는 arulesSequences 패키지를 이용해 순차 패턴 분석을 수행할 수 있다. 이때 사용하는 알고리즘은 cSPADE이다.

R을 설치한 후 3.5, 3.6의 통계 분석 과정을 실습하시오. 실습을 수행할 기법은 다음에 정리했다. 실습을 하면서 단계별 명령어와 파라미터의 의미를 파악하고, 분석한 결과를 어떻게 해석하는지 확인하시오.

- 의사결정 트리(Decision Tree)
- 랜덤 포레스트(Random Forest)
- 서포트 벡터 머신(Support Vector Machine)
- 군집 분석(Cluster Analysis)
- 자원 축소 기법(Dimension Reduction)
  - 주성분 분석(Principle Component Analysis)
  - 인자 분석(Factor Analysis)
  - 다차원 척도법(Multidimensional Scaling)
  - 독립 성분 분석(Independent Component Analysis)
- 연관 규칙 분석(Association Rule Analysis)

요약

이번에는 인공지능 분야 중 기계 학습을 위해 개발된 통계 기반 방법을 알아봤다. [그림 3 – 39]는 통계 기반 기계 학습의 범위와 각 항목별로 사용 기법을 정리한 것이다.

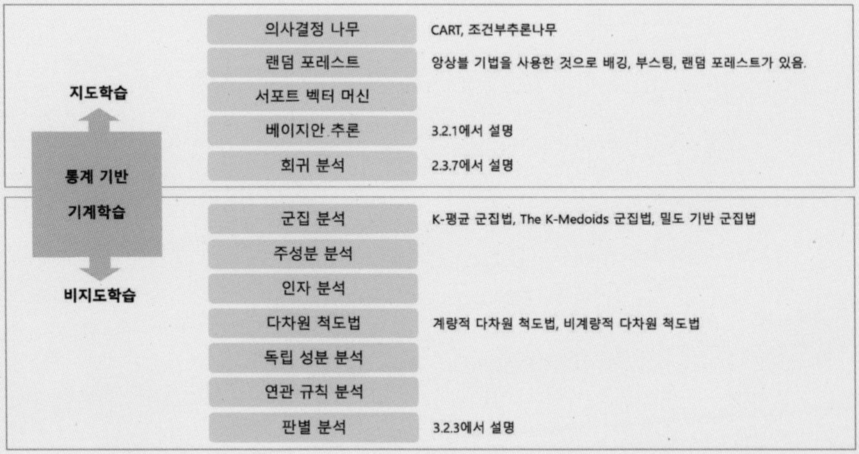

[그림 3 – 39] 통계 기반 기계 학습의 범위와 각 항목별 사용 기법

딥러닝이 대세를 이루고 있지만, 딥러닝을 적용하려면 많은 노력이 필요한데, 모델에 대한 조정 작업이 전문적으로 이뤄져야 한다는 단점이 있다. 반면, 통계 기반 기계 학습은 상대적으로 적은 데이터와 노력으로 딥러닝 수준의 결과를 얻을 수 있다. 따라서 실무에 사용하고자 할 때는 통계 기반 기계 학습이 딥러닝보다 적합하다. 통계 기반 기계 학습의 지도학습과 비지도학습에 소개된 다양한 기법에 익숙해져야 한다.

연습 문제

1. 지도학습과 비지도학습의 차이점에 대해 설명하시오.

2. 의사결정 트리에 사용하는 알고리즘의 종류에는 무엇이 있는지 설명하시오.

3. 앙상블과 랜덤 포레스트의 관계를 설명하시오.

4. 서포트 벡터 머신에서 사용하는 파라미터 2개의 의미를 설명하시오.

5. 군집 분석 방법과 기법을 정리하시오.

6. 주성분 분석과 인자 분석의 차이를 설명하시오.

7. 연관 규칙 분석을 빅데이터 분석에 자주 사용하는 이유를 설명하시오.

인공지능에서 주어진 데이터의 식별, 분류 및 예측을 수행하기 위해 앞서 살펴본 통계 기반 기계 학습(지도학습, 비지도학습)이 개발돼 2000년 초까지 많이 사용됐다. 대표적인 기법으로는 의사 결정 트리, 랜덤 포레스트, 서포트 벡터 머신 등을 들 수 있으며, 아직도 실무에 중요하게 생각하고 이용하고 있다. **이번에는 시행과 보상을 바탕으로 하는 인공지능 기법인 강화학습을 통해 주어진 환경에서 최적의 의사결정을 수행하는 방법을 알아본다.**

7.1 강화학습의 개념

강화학습은 1997년에 출판된 톰 미첼(Tom Mitchell)의 『Machine Learning』에도 소개될 만큼 오래전에 소개된 기법이지만, 큰 관심을 받지 못하다가 알파고에 사용돼 좋은 효과를 거두면서 새롭게 부각된 인공지능 기법이다.

기계 학습의 기법을 목적에 따라 분류하면 지도학습과 비지도학습 그리고 강화학습으로 나눠 볼 수 있다. [그림 3-40]에서 알 수 있듯이 강화학습은 주어진 환경에서 의사결정을 최적화(가치 극대화)할 때 사용한다. 그런데 지도학습은 랜덤 포레스트, 의사결정 트리, 서포트 벡터 머신 등으로 이뤄지며, 주로 예측과 식별에 사용한다. 비지도학습은 군집 분석, 연관 관계 분석 등으로 이뤄지며, 주로 특성 분류에 사용한다.

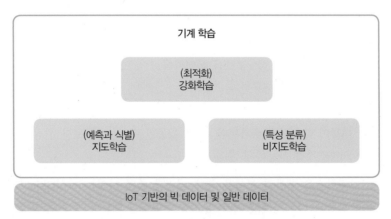

[그림 3-40] 기계 학습의 기법 분류

지도학습과 비지도학습은 데이터를 바탕으로 수행한다. 특히 **신경망**을 포함하는 지도학습의 경우에는 모델의 학습을 위한 데이터를 구성하기 어렵고, 많은 시간을 소모한다. 반면, **신경망에 속하는 딥러닝**의 경우에는 이미지 인식이나 번역 등과 같은 분야에서 좋은 결과를 보이고 있지만, 상용화가 가능한 학습 모델을 개발하기 위해 데이터를 만들고, 학습하고, 학습된 모델을 최적화하는 과정이 어렵고 힘들다. 반면, **강화학습**은 별도의 데이터를 준비하지 않고, 시행착오를 통해 얻은 보상을 바탕으로 행동 패턴을 최적화하도록 학습하는 과정을 모델화한 것으로, **기계학습의 기법 중 미래의 가치 극대화(Optimization)를 위한 방법이다.** 구체적으로 최적화 과정을 통해 기계가 사람처럼 미지의 데이터에 대응하도록 스스로 학습기를 변화시킬 수 있는 구조를 제공한다.

강화학습이라는 용어는 심리학의 '조작적 조건화(Operant Conditioning)'에 기반을 두고 자발적인 행동의 빈도를 증가시키는 것을 '강화(Reinforcement)'라고 말한 것에서 유래한 것이다. 강화학습은 '헬리콥터의 기동', '투자 포트폴리오 관리', '발전소 관리', '로봇 걷기' 또는 게임하기 등에 주로 사용한다. 강화학습은 인간이 게임을 하는 것과 유사한데, [그림 3-41]은 강화학습의 구조 및 진행 과정에 대해 정리한 것이다. 그림과 함께 내용도 살펴보자.

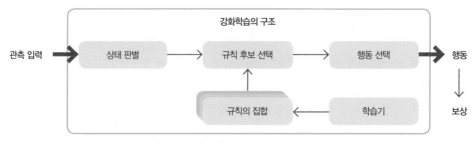

[그림 3-41] 강화학습의 구조 및 진행 과정

- 현상태를 관측하고 판단한다.
- 상태의 판별을 통해 행동할 수 있는 후보를 선택한다.
- 선택된 후보 중 하나를 선택해 행동한다.
- 행동에 대한 보상이 주어진다.
- 주어진 보상의 내용이 학습기에 추가된다. 향후 행동할 수 있는 후보를 선정할 때 이 내용을 참고해 더 나은 의사결정을 가능하게 한다.

이를 정리하면, **강화학습은 행동과 보상을 통해 에러를 줄여 나가는 방식(Trial and Error)을 사용한다. 그리고 행동의 결과가 나중에 보상으로 주어지기 때문에 좋은 행동에 대한 즉각적인 판단이 어렵다(Delayed Reward). 강화학습의 특징은 위 2가지(Trial and Error, Delayed Reward)라고 할 수 있다.**

강화학습은 행동의 주체가 주어진 환경의 상태에 맞춰, 어떻게 행동해야 가장 많은 보상을 받을 수 있는지를 찾아 내는 과정을 모델링한 것이다. 강화학습이 특징은 기계 학습에 속하는 지도학습이나 비지도학습과 달리, 학습 데이터 없이 시행착오만으로 학습하는 것이다. [그림 3 - 42]는 강화학습을 구성하는 다양한 기법과 개념을 정리한 것이다.

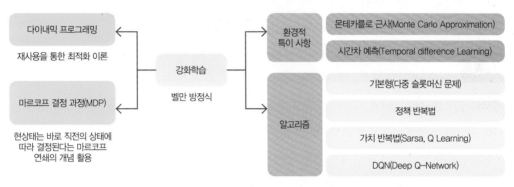

[그림 3 - 42] 강화학습에 사용하는 기법과 적용 분야

- 강화학습에서 현재 행동은 이전 단계에서 영향을 받고, 전전 단계나 그 밖의 단계에서 영향을 받지 않는다. 이것은 이미 설명한 마르코프 과정 또는 마르코프 연쇄의 특징이다. 즉, 강화학습은 마르코프 연쇄의 특징을 가진다. 마르코프 연쇄(과정)를 바탕으로 순차적인 행동 결정 문제를 수학적으로 정의한 것이 **마르코프 결정 과정(Markov Decision Process, MDP)**이다.
- 마르코프 결정 과정에서 이전에 수행했던 중간 결과를 재활용해 현단계의 가치를 평가할 때 활용하는데, 이것이 바로 **동적 프로그래밍의 특징**이다. 즉, 강화학습은 동적 프로그래밍의 특징을 활용한다.
- 강화학습은 다음 행동의 선택에서 가치를 중심으로 선택하는데, 이때 가치를 계산하는 방법이 **벨만 방정식**이다.
- 강화학습은 환경에 대한 정보가 없고, 특정 상태에서 선택할 수 있는 여러 선택에 대한 기대 보상의 평균으로 해당 동작이나 선택에 대한 가치를 결정한다. 이는 이미 학습한 **몬테카를로 근사(Monte Carlo Approximation)**의 특성이다. 즉, 강화학습은 환경적으로 몬테카를로 근사의 기법을 활용한다.
- 강화학습은 다음 상태의 정보를 이용해 현상태의 가치를 예측하는 방법을 사용한다. 이를 '**시간차 학습(Temporal Difference Learning)**'이라 하고, 이는 강화학습이 지니고 있는 환경적인 특징이다.

- 강화학습을 수행하는 데는 여러 가지 방법이 있다. 첫째, 전체 과정을 완료한 후 최종값을 기준으로 의사결정에 필요한 값을 수정, 보완하고, 다시 전체 과정을 반복 수행하는 **정책 경사법**이 있다. 둘째, 단계마다 시간차 학습을 이용해 단계별로 최적 정책을 탐색하는 **가치 반복법**이 있다. 가치 반복법에는 SARSA와 Q 학습 알고리즘을 사용한다. 강화학습의 행동 주체가 어떤 상태에서 선택할 방법이 너무 많은 경우, 각 선택에 따른 확률을 매트릭스로 관리하기 어렵다. 이 부분을 딥러닝을 이용해 수행하는 **DQN 모델**이 최근에 도입돼 활용되고 있다. **기본형을 포함한 용어의 깊은 이해는 다음 장의 예를 통해 확인할 수 있다.**

7.3 용어

강화학습은 특이한 용어를 사용하기 때문에 학습자가 많은 어려움을 겪는다. 용어의 이해가 개념을 파악하는 데 중요하므로 관련 용어를 정리한다.

- 에이전트와 환경: 강화학습에서 행동하는 주체를 '**에이전트**'라고 한다. 그리고 에이전트가 존재하는 세계를 '**환경(Environment)**'이라고 한다.
- 상태: '**상태(State)**'는 에이전트가 갖고 있는 관찰 가능한 상태의 집합을 말한다. 특정 시간 t에서 에이전트의 상태 s는 '$S_t = s,\ s \in S$'로 나타낼 수 있다. 여기서 S는 에이전트가 선택할 수 있는 상태 전체 s는 S에 속하는 특정 상태를 말한다. S_t는 특정 시간 t에서의 상태를 말하므로 '$S_t = s$'라고 표현할 수 있다. 수식으로 표현된 앞의 내용을 이해하기 위해 다음 그리드를 예로 설명한다. 그리드는 '5×5'의 형태이고, 에이전트는 (3, 3)에 있다.

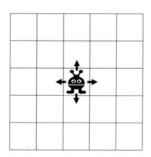

[그림 3-43] 에이전트 상태의 예시

이때 '$S = (x_i,\ y_j),\ (i, j = 1, 2, 3, 4, 5)$'로 표현할 수 있다. 이는 '$S = \{(1,1),\ (1,2)\cdots(5,5)\}$'와 같은 의미이지만, 좀 더 간단하고 멋지다. 그리고 확장도 가능하다. 현재 't = 1'인 시점에서 에이전트는 (3, 3)에 있으므로 '$S_1 = (3, 3)$'으로 표시할 수 있다.

- 행동: '행동(Action)'은 에이전트가 상태 S_t에서 가능한 동작으로, 전체 행동 집합 A에 속한다. 상태와 마찬가지로 에이전트가 특정 시간 t에 특정 행동 a를 하는 것은 'A_t = a, a $\in$ A'와 같이 나타낸다. 앞의 그리드는 'A = {up, down, left, right}'이고, 't = 1' 시점에서 에이전트가 오른쪽으로 이동하면 'A_1 = right'라고 표현할 수 있으며, 't = 2'인 시점에서 에이전트의 상태는 'S_2 = (3, 4)'가 될 것이다.

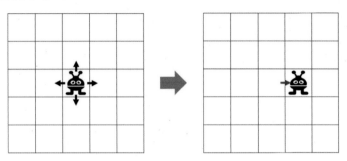

[그림 3-44] 상태 변환의 예

- 보상: '보상(Reward)'은 환경이 에이전트에게 주는 정보로, 에이전트가 학습할 수 있는 유일한 것이다. 에이전트가 'S_t = s'일 때 'A_t = a'라면 에이전트가 받을 보상에 대한 기댓값은 다음과 같이 표현할 수 있다.

$$R_s^a = [\, R_{t+1} | S_t = s,\, A_t = a \,]$$

상태 s에서 행동 a를 할 때 예상되는 보상(R_s^a)은 't + 1' 시점의 보상 기댓값이다. 이유는 에이전트가 t 시점의 상태 S_t에서 행동 A_t를 수행하지만, 환경은 't + 1' 시점에서 새로운 상태 'S_{t+1}'와 보상 'R_{t+1}'을 주기 때문이다.

- 상태 변환 확률: **'상태 변환 확률(State Transition Probability)'이란, 에이전트가 상태 s에서 행동 a를 취했을 때, 환경의 확률적인 요인에 의해 다른 상태 s'에 도달할 확률로서 다음과 같이 표현할 수 있다.** 수식이 복잡해 보이지만 의미를 살펴보면 말로 설명한 것을 수학식으로 표현한 것에 불과하다는 것을 알 수 있다.

$$P_{ss'}^a = P\,[\, S_{t=1} = s' \mid S_t = s,\, A_t = a \,]$$

예를 들어, 앞의 그리드에서 4번째 열에 0.3의 확률로 바람이 분다고 가정해 보자. 그러면 에이전트가 오른쪽으로 이동한 경우 바람이 불어서 에어전트는 다른 상태인 한 칸 아래로 이동한다.

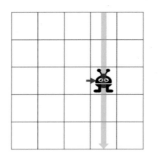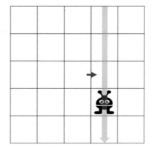

[그림 3-45] 상태 변환 확률의 예

따라서 에이전트는 오른쪽으로 행동하지만, 새로운 상태는 확률적으로 오른쪽으로 가는 경우(70%)와 오른쪽 아래로 가는 경우(30%)가 발생한다. 이를 상태 변환 확률로 표현하면 다음과 같다.

$$P\left[\,S_{t+1} = (3,4)\,|\,S_t = (3,3),\,A_t = right\,\right] = 0.7$$

$$P\left[\,S_{t+1} = (4,4)\,|\,S_t = (3,3),\,A_t = right\,\right] = 0.3$$

- **감가율**: '**감가율(Discount Factor)**'은 에이전트가 현재에 가까운 시점에 받는 보상을 미래에 받는 보상보다 가치 있게 해 주는 개념이다. 같은 보상이라도 시간이 지날수록 가치가 줄어드는 것을 반영하기 위해 감가율을 사용한다. 감가율(ε)은 0~1 사이의 값이 있으며, 현시간 t로부터 k 시간이 지난 후의 보상은 '$\varepsilon^{k-1} R_{t+k}$, $\varepsilon \in [0,1]$'로 표현한다. 의미는 보상에 감가율을 곱한다는 뜻이고, 감가율은 당연히 이전 단계의 감가율을 적용한다.

- **정책**: '**정책(Policy)**'은 모든 상태에 대해 에이전트가 할 행동으로, 다음과 같이 나타낸다.

$$\pi(a\,|\,s) = P\left[\,A_t = a\,|\,S_t = s\,\right]$$

강화학습의 목적은 정책 중 최적 정책을 학습하고자 하는 것이다. 예를 들면 앞의 그리드에서 에이전트가 수행할 행동을 구하는 것이다.

- **보상의 종류**: 행동 직후에 발생하는 보상을 '즉시 보상(Immediate Reward)', '미래에 발생하는 보상을 '지연 보상(Discounted Reward)'이라고 부른다.

- **수익**: 즉시 보상 외에 미래에 발생하는 지연 보상을 포함한 모든 보상의 합을 '수익(Interest)'이라고 한다.

- **가치**: 수익은 아직 발생하지 않은 미래의 일이어서 확실하지 않기 때문에 에이전트의 상태와 정책을 고려한 상태로 조건부 수익을 계산한 것이 가치이다. **결국 강화학습은 '가치 최대화'를 통해 '수익 최대화'를 이루고, 이를 바탕으로 '많은 보상을 받을 수 있는 정책'을 확정하는 과정이다.**

지금까지 강화학습에서 사용하는 용어에 대해 알아봤다. 이제 강화학습에서 학습이 수행되는 과정과 원리에 대해 알아보자. [그림 3 - 46]은 강화학습의 학습 과정을 요약한 것이다.

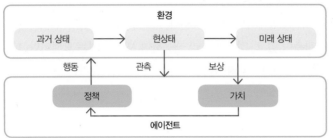

[그림 3 - 46] 강화학습에서 학습이 수행되는 과정

게임에서 수행되는 상황을 나타낸 [그림 3 - 47]과 그 설명을 통해 [그림 3 - 46]의 내용을 이해할 수 있다.

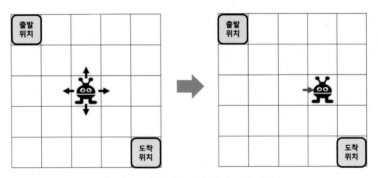

[그림 3 - 47] 강화학습이 수행되는 상황의 예

[그림 3 - 47]은 인형이 출발 위치에서 도착 위치로 up, down, right, left로 이동하는 게임이다. 여기서 환경은 게임이 수행되는 판을 의미하고, 에이전트는 판 위를 움직이는 인형을 말한다. 인형의 현상태는 (3, 3)이고, 이 시점에서 행동하는 정책은 'up: 0.2', 'right: 0.3', 'up: 0.2', 'dow: 0.3'으로 확률이 정해져 있다.

에이전트가 right로 움직이는 행동을 한 경우에는 현상태가 (4, 3)으로 변경된 것이 관측되고, 도착 위치에 근접하는 행동을 했으므로 보상이 주어진다. 주어진 보상은 정책의 확률에 영향을 미치고, 뒤에서 설명하는 과정을 거쳐 정책이 'up: 0.1', 'right: 0.4', 'up: 0.1', 'down: 0.4'로 변경된다. 이러한 과정을 반복해 출발 위치에서 도착 위치까지 최적으로 도착할 수 있는 정책을 찾는 과정이 강화학습의 핵심이다.

강화학습을 실무에 사용하기 위해 정책을 결정하는 과정에 따라 다음 3가지 표준 모델을 사용한다.

- **기본 모델**: 모델에서 환경의 상태와 관측이 없고, 행동과 정책을 임의로 선택하며, 보상이 있는 모델이다. 사용하는 알고리즘에는 ε-greedy와 UCB1이 있다. 7.5에서 자세히 다룬다.
- **정책 경사법 모델**: 환경의 상태와 관측이 있고, 정책에 따라 행동하며, 보상이 있는 모델이다. 정책에 따라 행동하며, 상태를 판단해 성공한 행동이 중요하다고 보고, 그 행동이 많이 선택되도록 정책을 갱신하는 방법이다. 이는 7.6에서 자세히 다룬다.
- **가치 반복법 모델**: 환경의 상태와 관측이 있고, 정책에 따라 행동하며 보상이 있는 모델이다. 다음 상태 가치와 현상태 가치의 차이를 계산하고, 그 차이만큼 현상태의 가치를 늘리는 방법이다. 사용하는 알고리즘에는 Sarsa, Q 학습, DQN이 있다. 7.7에서 상세한 예와 함께 자세히 다룬다.

7.5 기본 모델

강화학습의 기본 모델은 가장 간단한 형태를 띤다. 모델에 상태나 정책이 없고, 주어진 확률에 따라 행동하며 그에 따라 보상이 지급되는 형태이다.

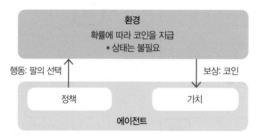

[그림 3-48] 기본 모델의 개요

[그림 3-48]의 기본 모델을 통해 '다중 슬롯머신'에 대해 알아보자.

- 슬롯머신과 사람이 있다. → 환경(슬롯머신)과 에이전트(사람)가 있다.
- 슬롯머신은 여러 개의 팔을 갖고 있고, 팔마다 코인이 나오는 확률은 정해져 있다. 하지만 그 확률값을 미리 알 수 없다. → 팔마다 코인이 나올 확률이 있다.
- 이때 어떤 팔을 당겨야 가장 돈을 많이 벌 것인지 알고 싶다.
- 행동은 1회만 수행한다. → 에피소드가 1이다(에피소드는 시작과 끝의 한 주기를 말한다).
- 상태는 없고, 행동은 '어떤 팔을 선택할 것인가?'이다.
- 보상은 코인이 지급되는 것이다.
- 행동 1회마다 파라미터(팔의 코인 당첨 확률)가 변경된다.

'다중 슬롯머신'에서 코인이 나올 확률이 가장 높은 팔을 선택해야 하지만, 그 확률은 사전에 알 수 없다. 따라서 처음에는 정보 수집을 위해 슬롯머신의 팔을 선택한다. 이 행동을 '**탐색 (Exploration)**'이라고 한다. 정보를 수집한 후 해당 정보를 바탕으로 보상이 가장 높다고 판단한 팔을 선택한다. 이 행동을 '**이용(Exploitation)**'이라고 한다. **최대의 이익을 위해 탐색과 이용의 균형이 중요하다. 균형을 잡는 방법에는 ε-greedy와 UCB1 알고리즘이 있다.**

▌탐욕 알고리즘

경로를 설정하는 문제에 대해 고려할 때 **Greedy 알고리즘**을 사용하면 주어진 환경에서 항상 같은 경로만을 선택할 수 있다. 즉, 여러 에피소드를 수행해도 동일한 경로만 선택한다. 다른 경로가 더 효과적일 수도 있지만, 그 경로를 선택할 방법이 없다는 것이 문제가 된다. 따라서 현단계에서 최선은 아니지만, 전체적으로 최선인 경로를 선택하기 위해 개발된 것이 ε-greedy **알고리즘**이다.

예를 들어 최대 이익을 얻어야 하는 상황에서 [그림 3-49]와 같은 주사위 숫자가 나왔다면, Greedy 알고리즘은 항상 최대 이익을 주는 6을 선택한다. ε-greedy 알고리즘은 ε 확률로 4개의 주사위 중 랜덤하게 1개, $1-\varepsilon$ 확률로 6을 선택하는 방법이다. 즉, 특정 상황에서 항상 6을 선택하는 것을 방지한다.

[그림 3-49] 게임 진행 중 화면

ε-greedy 알고리즘을 사용할 경우, ε가 0.1일 때 최적인 경우가 많다. 즉, 90%는 최대 이익을 주는 경로를 선택하고, 10%는 나머지 경로 중 하나를 선택하는 경우가 최적인 경우가 많다. ε-greedy 알고리즘을 사용하기 위해서는 **특정 행동에 대한 가치**를 알아야 한다. 특정 행동에 대한 가치를 알아야 알고리즘에서 90%는 최대 가치를 주는 것을 선택하고, 10%는 다른 것을 선택할 수 있다.

ε – greedy 알고리즘에서 사용하는 가치는 다음 순서에 따라 지속적으로 갱신된다.
- n은 선택한 팔의 시행 횟수 +1로 계산한다.
- 선택한 팔의 가치는 다음 공식을 통해 구할 수 있다. 공식의 의미를 파악해 보자.

$$V_t = \frac{n-1}{n} \times V_{t-1} + \frac{1}{n} \times R_t$$

V_t : 이번 시행의 가치
n : 시행 횟수
V_{t-1} : 이전 시행의 가치
R_t : 이번 시행의 보상

간단한 상황을 가정해 ε – greedy 알고리즘으로 가치의 변화를 추적해 보자. 슬롯머신이 있고, 팔이 2개 있다. 팔 A를 세 번 당겨 '성공', '성공', '실패'했다고 가정해 보자. 각 단계에서 슬롯머신의 팔 A의 가치를 계산해 보자. [그림 3 – 50]에서 계산 결과를 확인할 수 있다. 팔 B에 대해서도 '실패', '성공', '실패'라고 가정하고 계산해 볼 수 있다.

- 시행 횟수가 1인 경우 : n= 2이고 성공하여 R=1인 경우

$$V_t = \frac{n-1}{n} \times V_{t-1} + \frac{1}{n} \times R_t = \frac{2-1}{2} \times 0 + \frac{1}{2} \times 1 = \frac{1}{2}$$

- 시행 횟수가 2인 경우 : n= 3이고 성공하여 R=1인 경우

$$V_t = \frac{n-1}{n} \times V_{t-1} + \frac{1}{n} \times R_t = \frac{3-1}{3} \times \frac{1}{2} + \frac{1}{3} \times 1 = \frac{2}{3}$$ → 가치 증가

- 시행 횟수가 3인 경우 : n= 4이고 실패하여 R=0인 경우

$$V_t = \frac{n-1}{n} \times V_{t-1} + \frac{1}{n} \times R_t = \frac{4-1}{4} \times \frac{2}{3} + \frac{1}{4} \times 0 = \frac{1}{2}$$ → 가치 감소

[그림 3 – 50] 팔 A를 세 번 당겨 '성공, 성공, 실패'인 경우의 가치 계산

위와 같이 슬롯머신의 팔 A에 대해 매번 가치를 계산하고, 같은 과정을 팔 B에 대해 적용한 후 단계별로 팔 A, B에 대해 계산된 가치의 값을 기준으로 ε – greedy 알고리즘을 적용할 수 있다. 즉, 90%는 큰 가치를 갖는 팔을 선택하고, 10%는 임의의 팔을 선택한다. 팔이 4개, 5개가 돼도 같은 과정이 반복된다.

▌UCB1 알고리즘

UCB1(Upper Confidence Bound1) 알고리즘은 '성공률 + 바이어스(Bias)'를 최대로 만드는 행동을 선택하는 방법이다. 성공률은 '성공 횟수/시행 횟수'를 말하며, 바이어스는 '우연에 따른 성공률의 분포 크기'를 말한다. 바이어스는 해당 행동의 시행 횟수가 적을수록 커진다. UCB1에서의 가치(V)는 다음과 같이 '성공률 + 바이어스'로 구할 수 있다.

$$V = \frac{w}{n} + \sqrt{\left(\frac{2 \times \log(t)}{n}\right)^{\frac{1}{2}}}$$

UCB1 알고리즘의 가치는 다음 순서에 따라 지속적으로 갱신된다.

- n은 선택한 팔의 시행 횟수 + 1
- 성공 시 선택한 팔의 성공 횟수 + 1
- 시행 횟수가 0인 팔이 존재하면, 가치를 갱신하지 않는다.
- 각 팔의 가치 갱신

간단한 상황을 가정하고, UCB1 알고리즘을 적용해 가치의 변화를 추적해 보자. 슬롯머신이 있고, 팔이 2개 있다. 시행 횟수가 0인 팔이 존재하면, 가치를 갱신하지 않으므로 처음 시도에서 팔 1은 실패, 팔 2는 성공했다고 가정한다. 이 상태에서 다음 실행 시 팔 1, 팔 2가 성공할 가치를 계산하면 [그림 3 – 51]과 같다.

팔 1은 실패하고, 팔 2는 성공한 후 두 번째 시행의 단계가 됐다.

(1) 팔 1에서 성공한 경우 : 팔 1의 기댓값을 계산한다.

$n = 2 \rightarrow 3$ (팔 1의 시행 횟수)
$t = 3$ (전체 시행 횟수)
$w = 1 \rightarrow 2$ (팔 1의 성공 횟수)

$$V = \frac{2}{3} + \sqrt{\left(\frac{2 \times \log(3)}{3}\right)^{\frac{1}{2}}} = 1.4$$

(2) 팔 2에서 성공한 경우: 팔 2의 기댓값을 계산한다.

$n = 2 \rightarrow 3$ (팔 2의 시행 횟수)
$t = 3$ (전체 시행 횟수)
$w = 2 \rightarrow 3$ (팔 2의 성공 횟수)

$$V = \frac{3}{3} + \sqrt{\left(\frac{2 \times \log(3)}{3}\right)^{\frac{1}{2}}} = 1.74$$

[그림 3 – 51] UCB1 알고리즘의 가치 계산

처음 시도에서 팔 1이 실패, 팔 2가 성공했다면, 다음 시도에서 성공할 가치가 높은 것은 팔 2라는 것을 알 수 있다. 앞 과정을 모든 단계와 경우에 적용하면 최적의 결과를 얻는 선택을 할 수 있다.

ε – greedy와 UCB1 알고리즘에서 가치를 계산하는 공식이 구해진 과정까지는 여기서 다루지 않지만, **가치를 구하는 공식을 이용해 실제로 어떻게 계산하고 적용하는지 예를 들어 자세히 알아보면서 그 개념을 살펴봤다. 개념이 이해됐다면 실제** ε – greedy와 UCB1 알고리즘을 구현한 프로그램을 이해하고 활용하는 데 문제가 없을 것이다.

강화학습의 기본 모델은 아무런 사전 정보가 없는 상황에서 시행착오를 통해 최적의 방안을 찾아가는 방법을 제시했다는 점에서 매우 중요하다. 이제 ε – greedy와 UCB1 알고리즘을 통해 객관적으로 최적화된 방법을 적용할 수 있다.

정책 경사법 모델

기본 모델에서는 현상태를 고려하지 않았다. 이번에는 주어진 환경에서 상태를 갖고 관측하는 기능을 추가한 경우를 생각해 보자. 이런 모델이 강화학습에서 사용하는 가장 일반적인 모델 유형이다. 에이전트가 정책에 따라 행동해 성공하면 이때의 행동이 중요한 것으로 판단해 이 행동을 다음 번 수행에서 많이 하도록 정책을 갱신하는 방법이 있다. 즉, 에피소드가 완료된 후 정책이 갱신되는데, 이 방법을 '정책 경사법(Policy Gradient Method)'이라고 하며, 이 알고리즘은 정책 경사법 모델에서 사용한다. [그림 3 – 52]는 정책 경사법 모델의 내용을 설명한 것이다.

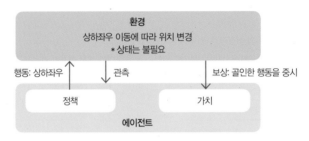

[그림 3 – 52] 정책 경사법 모델의 개요

[그림 3 – 52]에 대한 설명은 다음과 같다.

- 미로와 사람이 있다.
- 목적은 출발점에서 시작해 골인 지점에 도착하는 것이다.
- 하나의 에피소드는 골인 지점에 도착할 때까지의 과정이다.
- 게임의 상태는 사람의 현위치이다.
- 게임에서 사람이 할 수 있는 행동은 상하좌우로의 이동이다.
- 보상은 골인 지점에 도착한 행동을 중요하게 생각하는 것이다.
- 학습 방법은 정책 경사법을 사용하므로 하나의 에피소드가 성공적으로 완료되면 이를 더 많이 선택하도록 정책을 조정한다(에피소드는 시작에서 골인까지 수행한 하나의 주기를 말한다).
- **정책의 갱신은 1 에피소드마다 수행한다.**

정책 경사법을 사용하는 모델의 예로 [그림 3 – 53]과 같은 미로 게임을 생각할 수 있다. 미로 게임은 에이전트가 출발점에서 상하좌우로 이동해 골인 지점에 도착하는 것이다. 에이전트의 행동과 보상이 있고, 환경에서 현상태가 있으며, 관측할 수 있다. 이때 정책의 개선은 한 번의 에피소드(시작에서 종점까지 완료한 것) 후 수행한다.

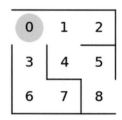

[그림 3 – 53] 정책 경사법을 설명하기 위한 미로 게임의 모습

▌ 정책 경사법의 학습 순서

정책 경사법은 학습에 따라 정책(θ, 파라미터)을 단계별로 최적화한다.

① 초기 정책을 준비한다.

② 정책을 파라미터로 변환한다.

③ 파라미터에 따라 골인 지점에 이를 때까지 행동을 반복한다.

④ 성공한 경우, 성공한 행동을 많이 받아들이도록 파라미터를 변경한다.

⑤ 파라미터 변화량이 임곗값 이하가 될 때까지 앞의 ③, ④ 과정을 반복한다.

초기 정책 준비와 파라미터 변환

[그림 3 – 54]는 앞의 [그림 3 – 53]을 기준으로 초기 정책을 준비하고, 정책을 파라미터로 변환하는 과정에 대한 예를 나타낸 것이다. 정책에서 'a0 → up', 'a1 → right', 'a2 → down', 'a3 → left'를 의미한다. [그림 3 – 54]의 내용에 대한 설명을 살펴보자.

정책을 표시하는 배열

상태＼행동	a0	a1	a2	a3
s0	np.nan	1	1	np.nan
s1	np.nan	1	1	1
s2	np.nan	np.nan	np.nan	1
s3	1	np.nan	1	np.nan
s4	1	1	np.nan	np.nan
s5	np.nan	np.nan	np.nan	1
s6	1	1	np.nan	np.nan
s7	np.nan	np.nan	np.nan	1

(np.nan은 정해지지 않은 값)

파라미터 θ를 의미하는 배

상태＼행동	a0	a1	a2	a3
s0	0	0.5	0.5	0
s1	0	0.3333	0.3333	0.3333
s2	0	0	0	1
s3	0.5	0	0.5	0
s4	0.5	0.5	0	0
s5	0	0	0.5	0.5
s6	0.5	0.5	0	0
s7	0	0	0	1

(파라미터 θ는 정해지지 않은 값)

[그림 3 – 54] 정책과 파라미터의 변환

정책을 표시하는 배열은 미로의 구성을 서술한다. [그림 3 - 53]의 미로를 참고하면, 시작점(s0)에서 갈 수 있는 곳은 right(a1)과 down(a2)이다. 따라서 정책에서는 a1, a2에 가능하다는 것을 표시한다(1). 나머지는 할 수 없으므로 np.nan으로 표현한다.

- 정책이 파라미터로 변환되는 과정에서 시작점에서 갈 수 있는 곳이 두 곳이므로 처음에는 각각 0.5를 할당한다(확률이므로 합해 1이 돼야 하기 때문이다). 그리고 나머지는 0으로 설정한다.
- 다른 위치(s1, s2,…, s7)에 대한 정책과 파라미터는 위 설명에 근거해 이해할 수 있다. 이상의 과정을 거쳐 미로 게임의 정책 파라미터의 초기화가 수행한다.

파라미터에 따른 과정 수행

초기화된 파라미터에 따라 시작점에서 골인 지점에 이르기까지의 과정을 수행한다. [그림 3 - 55]는 실제 프로그램의 수행 결과 중 처음에 수행된 결과를 보여 준다.

(0, 2) → 0에서 down을 수행 , 3으로 이동
(3, 0) → 3에서 up을 수행, 0으로 이동
(0, 1) → 0에서 right를 수행, 1로 이동
(1, 2) → 1에서 down을 수행, 4로 이동
(4, 0) → 4에서 up을 수행, 1로 이동
(1, 2) → 1에서 down을 수행, 4로 이동
(4, 1) → 4에서 right를 수행, 5로 이동
(5, 3) → 5에서 left를 수행, 4로 이동
(4, 1) → 4에서 right를 수행, 5로 이동
(5, 2) → 5에서 down을 수행, 8로 이동
(8, na) → 목표점에 도착

[그림 3 - 55] 미로 게임의 처음 에피소드 과정

[그림 3 - 55]는 [그림 3 - 54]에 설명한 파라미터에 따라 시작점에서 골인 지점까지 이동한 경로를 설명하고 있다. 총 11회의 실행으로 골인 지점(목표 지점)에 도착했다.

파라미터의 갱신

앞 과정에서 하나의 에피소드를 성공적으로 마쳤으므로 파라미터의 갱신이 수행된다. 정책 경사법에서 파라미터의 갱신은 다음 식에 따라 수행한다.

$$\theta(s, a) \leftarrow \theta(s, a) + \epsilon \times \frac{N(s,a) - P(s,a) \times N(s)}{T}$$

$\theta(s, a)$: 상태 s에서 행동 a를 선택하는 파라미터 θ

$P(s, a)$: 상태 s에서 행동 a를 선택하는 정책

ϵ: 학습률(1회 학습에서의 갱신크기)

$N(s)$: 상태 s에서 무엇인가 행동을 선택한 횟수

$N(s, a)$: 상태 s에서 행동 a를 선택한 횟수

T: 골인 지점까지 걸린 총 횟수

파라미터 갱신 과정을 자세히 살펴보자. 초기 파라미터의 s0에서 'right(1)'로 갈 때, 파라미터의 값은 0.5로 돼 있다([그림 3 – 54] 참조). [그림 3 – 55]를 수행한 후 s0에서 right로 가는 경우의 파라미터 값을 갱신해 보자.

- 학습률: 0.1(임의 설정)
- T: 11
- N(s,a): 1(수행한 에피소드의 11단계 중 s0에서 right한 경우는 1번이다)
- P(s,a): 0.5(s0에서 right하는 정책의 값이 0.5이다)
- N(s): 2(수행한 에피소드의 11단계 중 s0에서 행동한 경우는 2번이다)

변수가 설정됐으므로 갱신된 파라미터는 다음 식에 따라 0.5로 불변이다.

$$\theta(s, a) \leftarrow 0.5 + 0.1 \times \frac{1 - 0.5 \times 2}{11}$$

만약, s0에서 행동한 횟수(N(s))가 4, right를 선택한 횟수(N(s,1))가 3이라고 가정하면, 파라미터의 값은 0.5보다 큰 값(0.509)으로 재설정된다. 성공한 에피소드의 경로가 더 잘 선택되도록 조정된 것이다.

$$\theta(s, a) \leftarrow 0.5 + 0.1 \times \frac{3 - 0.5 \times 4}{11} = 0.509$$

위 계산 과정을 [그림 3 – 54]의 정책 테이블의 다른 곳에 적용해 값을 변경한다. 예로 s3에서 a2(down)하는 경우를 계산해 해당하는 정책 테이블의 값을 변경한다.

나머지 파라미터에 대해서는 위와 같은 과정을 거쳐 수정하는 과정을 진행하면 된다. 수정된 파라미터를 기준으로 새로운 에피소드를 수행하고, 성공하는 경우에는 앞과 마찬가지로 파라미터의 값을 지속적으로 수정한다(대부분 성공한다. 다만 거치는 단계가 늘어나거나 줄어든다). **이때 파라미터의 수정되는 크기가 사전에 정의된 임계치(예 0.0004)보다 작을 때까지 알고리즘이 반복된다.**

여기까지 정책 경사법 모델의 대표적 형태인 미로 게임의 초기 정책과 파라미터의 설정 그리고 이를 이용해 단위 에피소드를 수행하고, 그 결과를 바탕으로 파라미터를 전체적으로 수정하는 과정을 알아봤다. 정책 반복법을 위와 같이 이해하고 있으면, 실제로 이를 적용한 프로그램의 이해나 응용에 큰 어려움이 없이 대응할 수 있다.

7.7 가치 반복법 모델

정책 경사법은 성공할 때의 행동을 중시해 정책을 최적화하는 방법이지만, 이번에 소개하는 가치 반복법은 어떤 행동을 선택할 때 다음 상태 가치와 현상태 가치의 차이를 계산하고, 그 차이만큼 현상태의 가치를 증가시키는 방법이다. 정책 경사법은 하나의 완전한 사이클이 완료된 후(에피소드)에 파라미터가 갱신되지만, 가치 반복법은 단계마다 파라미터가 갱신된다는 점이 다르다. 가치 반복법에 이용하는 알고리즘에는 Sarsa와 Q 학습이 있다.

가치 반복법을 사용하는 모델의 예로, 정책 경사법처럼 미로 게임을 생각할 수 있다. 미로 게임의 목적은 에이전트가 출발점에서 상하좌우로 이동해 골인 지점에 도착하는 것이다. 에이전트의 행동과 보상이 있고, 환경에서 현상태가 있으며, 관측할 수 있다. 이때 정책의 개선은 한 번의 에피소드 후 수행한다. [그림 3 – 56]은 가치 반복법을 설명한 것이며, 모델의 예로 미로 게임에 대해 설명한다.

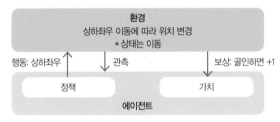

[그림 3 – 56] 가치 반복법 모델의 개요

- 미로와 사람이 있다.
- 목적은 출발점에서 시작해 골인 지점에 도착하는 것이다.
- 하나의 에피소드는 골인 지점에 도착할 때까지의 과정이다.
- 게임의 상태는 사람의 현위치이다.
- 게임에서 사람이 할 수 있는 행동은 상하좌우로의 이동이다.
- 보상은 골인 지점에 도착하면 1을 제공한다.
- 학습 방법은 Sarsa나 Q 학습을 이용한다.
- **정책의 갱신은 행동 1회마다 수행한다**(에피소드는 시작에서 골인까지 수행한 하나의 주기를 말한다).

가치 반복법을 포함한 강화학습의 목표는 즉시 보상뿐만 아니라 미래에 발생하는 모든 지연 보상을 포함하는 보상 합계를 최대화하는 것이다. 이를 '수익'이라고 하며, 수식으로 표현하면 다음과 같다.

수익 $= R_{t+1} + R_{t+2} + R_{t+3} + \dots$

[현단계(t)에서 행동했을 때 다음 단계의 보상(R_{t+1})과 그다음 단계들의 보상을 합친 것]

에이전트는 환경에서 얻는 보상을 최대화하도록 스스로 설정하고 움직인다. 이때 환경에서 얻는 보상을 현실화하려면, 먼 미래의 보상은 가치를 적게 해야 한다. 이를 고려한 것이 할인 보상 합계이며, 다음과 같이 표현한다.

할인 보상 합계 $= R_{t+1} + \varepsilon R_{t+2} + \varepsilon^2 R_{t+3} + \dots$

[R_{t+1}은 즉시 보상, ε은 시간 할인률(0~1 사이의 값)]

수익은 아직 발생하지 않은 미래에 일어날 가능성이 있는 일을 포함한, 확정되지 않은 값이기 때문에 **에이전트는 상태와 정책을 고정한 후 수익을 조건부로 계산하는데, 이를 '가치'라고 한다. 가치가 크게 되는 조건을 찾아 내면 모델이 학습됐다고 간주한다.**

가치를 계산하는 함수로는 행동 가치 함수와 상태 가치 함수가 있다. 각 함수의 설명과 요구 사항을 이해하기 위해 [그림 3 - 57]의 미로 게임을 이용한다. 미로 게임의 목표는 0에서 시작해 8에 도달하는 것이며, 8에 도착하면 보상 1을 받는다.

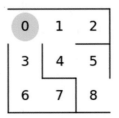

[그림 3 - 57] 가치 함수를 설명하기 위한 미로 게임

▌행동 가치 함수

행동 가치 함수(Action Value Function)는 특정한 상태에서 특정한 행동을 선택하는 가치를 계산하는 함수이다. 행동 가치 함수는 기호 Q로 표시하므로 'Q 함수'라고 부른다. 행동 가치 함수는 다음과 같이 계산한다.

- 에이전트가 5에 있다. 이때 행동(a)을 '하'로 선택하면 골인 지점인 8에 도착하고, 보상 1을 받는다. 이를 식으로 표현하면 다음과 같다.

$$Q(s = 5, a = 하) = R_{t+1} = 1$$

- 에이전트가 4에 있다. 골인 지점인 8에 도착하기 위해서는 4, 5, 8로 이동해야 한다. 2개 단계가 필요하므로 시간 할인율(ε)을 적용해 보상을 계산하면 다음과 같다.

$$Q(s = 4, a = 우) = R_{t+1} + \varepsilon Q(s = 5, a = 하)$$
$$= 0 + \varepsilon \times 1 = \varepsilon$$

- 에이전트가 5에 있다. 이때 행동(a)을 '좌'로 선택하면 골인 지점인 8에 도착하기 위해서는 4, 5, 8로 이동해야 한다. 이때의 계산은 다음과 같다. 이때 $Q(s = 4, a = 우)$는 다시 계산하지 않고 위 계산을 활용한다(동적 프로그래밍의 특징).

$$Q(s = 5, a = 좌) = R_{t+1} + \varepsilon\, Q(s = 4, a = 우)$$
$$= 0 + \varepsilon \times \varepsilon \times 1 = \varepsilon^2$$

- 에이전트가 1에 있다. 골인 지점인 8에 도착하기 위해서는 1, 4, 5, 8로 이동해야 한다. 3개의 단계가 필요하므로 시간 할인율(ε)을 적용해 보상을 계산하면 다음과 같다.

$$Q(s = 1, a = 아래) = R_{t+1} + \varepsilon\, Q(s = 4, a = 우)$$
$$= 0 + \varepsilon \times \varepsilon = \varepsilon^2$$

▌상태 가치 함수

상태 가치 함수(State Value Function)는 특정 상태의 가치를 계산하는 함수이다. 계산하는 과정은 다음과 같다.

- 에이전트가 5에 있다. 이때 행동(a)을 '하'로 선택하면 골인 지점에 도착하고, 보상 1을 받는다.

$$V(s = 5) = R_{t+1} = 1$$

- 에이전트가 4에 있다. 골인 지점인 8에 가기 위해서는 4, 5, 8로 이동해야 한다.

$$V(s = 4) = R_{t+1} + \varepsilon\, V(s = 5)$$
$$= 0 + \varepsilon \times 1 = \varepsilon$$

▌벨만 방정식

앞서 설명한 '행동 가치 함수'와 '상태 가치 함수'를 일반적인 형태로 서술하면 다음과 같다. 이를 '벨만 방정식(Bellman Equation)'이라고 한다.

$$Q(s_t, a_t) = R_{t+1} + \varepsilon \times Q(s_{t+1}, a_{t+1})$$
$$V(s_t) = R_{t+1} + \varepsilon \times V(s_{t+1})$$

벨만 방정식이 성립하기 위해서는 환경이 마르코프 결정 과정을 따라야 한다. 즉, 다음 상태는 현상태에서 선택한 행동에 따라 결정돼야 한다. **벨만 방정식으로부터 행동 가치 함수를 학습하는 방법에는 Sarsa와 Q 학습이 있다.** 상태 가치 함수를 학습하는 방법으로는 Dueling Network, A2C(Advantage Actor Critic) 등이 있다. 여기서는 행동 가치 함수 학습 방법을 자세히 설명하고, 상태 가치 함수는 이 책의 범위를 벗어나므로 다루지 않는다.

행동 가치 함수를 이용하는 학습의 개념

이제 예를 통해 행동 가치 함수를 이용하는 학습의 개념을 살펴보자. [그림 3-58]의 목표는 에이전트가 현위치에서 집에 도착하는 것이다. 이때 행동 가치 함수에서 사용하는 Q 테이블은 [그림 3-59]와 같다.

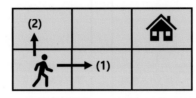

[그림 3-58] 행동 가치 함수를 설명하기 위한 게임 환경

	(B)				(A)	
	0 0 0 / 1 0 0	0 0 0 / 0 1 0	0 0 0 / 0 0 1	1 0 0 / 0 0 0	0 1 0 / 0 0 0	0 0 1 / 0 0 0
↑	0.2	0.4	1.0	−0.4	−0.5	0
↓	−0.3	−0.5	−0.2	−0.04	−0.2	0
→	0.21	0.4	−0.3	0.5	1.0	0
←	−0.5	−0.1	−0.1	−0.3	−0.01	0

[그림 3-59] 행동 가치 함수의 Q 테이블

[그림 3-59]에 있는 Q 테이블의 의미는 다음과 같다. 테이블의 첫 행은 상태를 표현하고 있고, 첫 열은 가능한 행동을 보여 주고 있다. 나머지는 선택할 확률이다.

- A 부분을 설명하면, 에이전트가 집에 도착하기 위해서는 현상태에서 오른쪽 이동을 선택해야 한다(1.0). 그 밖의 다른 행동은 도움이 되지 않으므로 마이너스로 설정한다(값의 숫자는 논리에 맞춰 임의로 설정한다).
- B 부분을 설명하면, 에이전트가 목표에 도달하기 위해서는 오른쪽으로 이동하거나 위쪽으로 이동해야 한다는 것을 의미한다. 그 밖의 다른 방향은 도움이 되지 않으므로 마이너스로 설정한다.
- 나머지도 같이 읽으면 된다. Q 테이블의 값은 초기에 0이나 가능성에 근거해 임의로 설정해 사용한다.

앞서 설명한 바와 같이 행동 가치 함수 식은 다음과 같다.

$$Q(s, a) = r(s, a) + \in Q(s', a)$$

에이전트가 [그림 3-58]의 위치에 있을 때 어느 쪽으로 갈 것인지를 결정하기 위해 행동 가치 함수를 계산하면 [그림 3-60]과 같다. 이때 시간 할인율(ε)은 0.95를 사용한다고 가정한다.

(1)의 경우 Q 테이블 수정
현재 상태　　　0 0 0 　　　　　　　1 0 0
선택한 행동　　➡
보상(r)　　　　0
다음 상태　　　0 0 0 　　　　　　　0 1 0
New Q(s,a) = 0 + 0.95*0.4 = 0.38

(2)의 경우 Q 테이블 수정
현재 상태　　　0 0 0 　　　　　　　1 0 0
선택한 행동　　⬆
보상(r)　　　　0
다음 상태　　　1 0 0 　　　　　　　0 0 0
New Q(s,a) = 0 + 0.95*(0.5) = 0.47

[그림 3 - 60] 행동 가치 함수의 계산 예

[그림 3 - 58]을 보면, 에이전트는 (1), (2) 중에서 행동을 선택할 수 있다. 각각의 경우, 행동 가치 함수를 계산하면 0.38, 0.47이 나온다. 나오는 과정은 현상태에서 (1)번 행동을 선택한 경우, 보상은 없다고 보고, 선택한 행동의 결과 나온 상태에서 목표치에 도착할 수 있는 가장 큰 값이 0.4이므로 이를 반영한다. (2)번 행동을 선택한 예도 행동에 따라 변환된 상태에서 목표치에 도달하기 위한 최댓값이 0.5이므로 이를 반영한다. [그림 3 - 61]은 이와 같은 과정을 거쳐 얻은 값을 Q 테이블에 반영한 것이다.

	0 0 0 1 0 0	0 0 0 0 1 0	0 0 0 0 0 1	1 0 0 0 0 0	0 1 0 0 0 0	0 0 1 0 0 0
⬆	0.47	0.4	1.0	-0.4	-0.5	0
⬇	-0.3	-0.5	-0.2	-0.04	-0.2	0
➡	0.38	0.4	-0.3	0.5	1.0	0
⬅	-0.5	-0.1	-0.1	-0.3	-0.01	0

[그림 3 - 61] 새로운 값이 반영된 Q 테이블

이와 같이 가치 반복법은 주어진 환경에서 매번 가능한 행동을 했을 경우의 기댓값을 이용해 현재의 기댓값에 반영한다. 앞의 예와 같이 에이전트는 가능한 상황이 반영된 [그림 3 - 61]의 Q 테이블에 근거해 위로 이동한다. 즉, 단계마다 Q 테이블이 개편되는 과정을 거친다. 이 점이 정책 경사법과 다르다.

[그림 3 - 61]을 구한 상태에서 가장 큰 값을 갖는 것을 무조건 선택하는 것이 'Q 학습 알고리즘', 0~1 사이의 값 a를 정한 후 'p = 1 - a'의 확률로 가장 큰 값을 선택하고, 'p = a'의 확률로 무작위로 다른 행동을 선택하는 것이 'Sarsa 알고리즘'이다.

가치 반복법 모델은 다음 단계를 거쳐 행동 가치 함수를 최적화한다.

① 환경의 준비

② 행동 가치 함수의 준비(환경을 고려해 임의로 준비)

③ 에이전트가 가능한 행동을 정리

④ 에이전트가 가능한 행동별로 행동 가치 함수를 개편

⑤ 개편된 행동 가치 함수를 바탕으로 다음 행동을 선택(Sarsa 또는 Q 학습 알고리즘 사용)

⑥ 골인 지점에 도달할 때까지 3~5단계 반복

가치 반복법은 주어진 문제에 대해 현재 선택 가능한 방안을 찾아 방안별로 사전에 설정된 Q 테이블의 값에 근거해 벨만 방정식으로 계산한다. 벨만 방정식은 상태와 행동을 동시에 고려하는데, 일반적으로 행동을 중심으로 계산한다. 여기서도 예제에서 행동을 중심으로 계산했다. 계산된 결과에 따라 현상태의 Q 테이블 내용이 바뀌고, 이를 바탕으로 방안을 선택한다. 이때 방안의 선택에서 항상 최고의 가치를 갖는 것만을 선택하는 것이 Q 학습 알고리즘, 일정 확률로 다른 것을 선택할 수 있도록 한 것이 Sarsa 알고리즘이다. **일반적으로 Q 학습 알고리즘이 정답에 빠르게 수렴하지만, 국소적인 정답에 갇히기 쉽다.**

7.8 DQN

가치 반복법을 실무에 사용하고자 할 때 존재 가능한 상태와 행동의 가짓수는 무한히 커진다. 당연히 Q 테이블도 커진다. 이 문제를 해결하기 위해 가치 반복법과 딥러닝을 합친 것이 DQN(Deep Q Networks)이다. 핵심 아이디어는 Q 테이블 대신 신경망을 사용해 신경망 모델이 Q 가치에 근접하도록 학습시키는 것이다. 신경망 모델을 만들려면 비용 함수가 정의돼야 하고, 이를 최소화하도록 모델을 학습해야 한다. [그림 3 - 62]는 DQN과 Q 학습의 차이를 정리한 것이다.

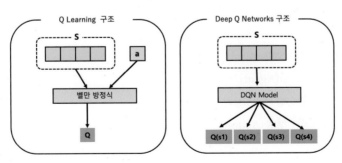

[그림 3 - 62] DQN과 Q 학습의 비교

DQN에서 수행 과정을 간단히 살펴보면 훈련 데이터가 없고, 에이전트가 행동을 취함에 따라 나타나는 데이터가 점점 누적된다. 에이전트는 그 순간 최적이라고 판단하고 목표에 도달할 때까지 상태, 행동, 보상 그리고 다음 상태에 대한 데이터를 누적해 학습을 수행한다.

이런 결과가 누적되면 상태만으로 각 상태에 대한 Q 값을 알 수 있게 된다. 마치, 가치 반복법의 계산을 적용한 것과 같은 결과를 얻을 수 있다. 이렇게 특정한 입력이 들어오면 해당하는 최적 동작이 출력된다. 가치 반복법에서 상태와 행동에 대해 Q 테이블을 수정하고, 선택했던 과정이 DQN에서는 딥러닝 모델의 학습으로 최적화돼 결과로 나오게 된다. **반복되는 학습 과정이 Q 테이블을 최적화시키는 것과 같은 역할을 하고 있다는 점을 확인할 수 있다.**

7.9 강화학습의 예

앞서 강화학습을 설명하기 위해 여러 개념을 알아봤다. [그림 3 – 52]는 게임하는 사람을 대상으로 강화학습의 **핵심 개념**과 파생된 것들이 어떻게 연계되는지 정리한 것이다.

[그림 3 – 63] 게임하는 사람을 통한 강화학습의 개념 정리

- 게임: 환경(Environment)
- 게임 화면: 상태(State)
- 게임에서의 상과 벌: 보상(Reward)
- 게임하는 사람: 에이전트(Agent)
- 게임하는 사람의 판단: 정책(Policy)
- 게임하는 사람의 조작: 행동(Action)

환경인 게임은 보상(Reward)과 상태(State)를 에이전트에게 제공하고, 과거의 보상이나 상태가 아니라 바로 전의 보상이나 상태에 따라 정책을 강화하며, 선택된 정책에 따라 게임을 진행한다 (Action). 강화학습의 핵심은 더 많은 보상을 받을 수 있는 정책을 만드는 것이다. 알파고가 바둑을 두는 것이나 자동차의 자율주행 기능의 구현에 사용한다(자동차의 주차 학습, https://www.youtube.com/watch?v=VMp6pq6_QjI).

이 책에서는 텐서플로와 같은 인공지능 도구를 사용해 강화학습을 실제로 구현한 사례를 제공하지 않는다. 다만, 궁금해하는 독자를 위해 특별한 웹 사이트를 소개한다. 이 웹 사이트를 방문하면 강화학습을 통해 자동차가 주차하는 방법을 배워 나가는 과정을 볼 수 있다. 실무에 강화학습이 어떻게 사용되는지 확인할 수 있는 좋은 예가 될 것이다.

강화학습에서 '다음 상태'는 '이전 상태'에 의존하므로 마르코프 의사결정 절차를 따르며, 계산을 하기 위해 이전에 계산된 결과를 재사용하기 때문에 동적 프로그래밍을 사용한다고 할 수 있다. 강화학습의 환경적인 특이 사항은 기존 환경에 대한 정보 없이 수행하면서 진행한다는 점(몬테카를로 근사)과 현재 내가 취하는 행동은 다음 단계의 상태와 조건에 따라 결정된다는 점(시간차 예측)이다. 강화학습은 행동과 가치의 2가지를 고려해 진행되는데, 이를 수식으로 표현한 것이 벨만 방정식이다.

지금까지 강화학습에 대해 알아봤다. 강화학습은 알파고를 포함한 다양한 환경에서 사용하는 유용한 기법이다. 강화학습이 3가지 모델인 기본 모델, 정책 반복 모델, 가치 반복 모델의 개념과 수행 절차에 대한 원리를 기억해 두자. 모델별로 샘플 프로그램을 제시하지 않은 점은 조금 아쉽지만, 원리만 이해한다면 실무 적용을 위한 모델별 프로그램도 무난히 이해할 수 있다.

전이 학습

전이 학습(Transfer Learning)은 새로운 작업을 해결해야 하는 상황에서 새로운 작업을 효율적으로 해결하기 위해 유사한 기존 작업에서 얻은 학습 데이터와 학습 결과를 재사용하는 것을 말한다.

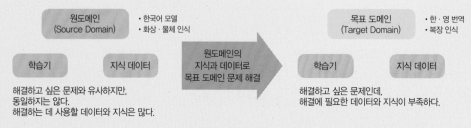

[그림 3-64] 전이 학습의 개념

메타러닝

메타러닝(Meta Learning)은 학습을 빠르게 하기 위해 **배우는 방법, 학습하는 과정을 학습하는 모델**을 말한다. 일종의 자동화된 딥러닝 모델이라고 할 수 있다. 이것이 발전하면 딥러닝 문제를 보고 적당한 딥러닝 모델을 만들기 때문에 더 이상 딥러닝 모델을 만들 필요가 없다. 수행하고자 하는 것과 유사한 것의 학습 과정을 가져와 수행하고자 하는 것의 학습 속도를 가속화한다는 점에서 전이 학습과 유사하다.

인공지능 기술은 Narrow AI(특정 업무 종속)에서 General AI(사람 수준)으로 발전하며, 궁극적으로 Super AI(사람보다 뛰어난)를 목표로 한다. 현시점은 Narrow AI의 수준인데, 이를 General AI로 발전시키려면 메타러닝이 필요하다. 메타러닝은 배우는 방법을 배우는 것으로, 다른 업무에서 적용한 과거의 경험을 바탕으로 학습을 효율적으로 수행하는 것이다. 학습하는 방법은 2가지로 나눌 수 있다.

- **모델 학습(Model Learning)**: 모델의 파라미터를 학습을 통해 최적화하는 것으로, CNN, RNN 등이 이에 속한다.
- **메타러닝**: 여러 모델 학습을 운용해 최적의 것을 고르는 것으로, 현재 연구 중인 분야이다(인공지능 기술의 발전 단계).

- **룰 방식(Rule-based):** 대상에서 필요로 하는 규칙을 식별해 사용하는 것으로, 인간이 모든 가능한 경우에 대한 룰을 정의해야 한다.
- **딥러닝:** 데이터를 바탕으로 학습을 수행해 사용하는 것으로, 데이터를 모으고 특징 추출과 식별 그리고 데이터와 레이블을 준비해야 한다. 이때 준비된 데이터를 통해 사용한 모델이 룰을 자동으로 생성하는데, 이를 '데이터의 터무니없는 효과'라고 한다. 자동 생성된 룰을 통해 분류나 예측을 수행한다.
- **메타러닝:** 딥러닝은 데이터를 준비하기 어렵다. 특히, 데이터의 레이블을 준비하는 것이 어렵다. 따라서 작은 데이터만으로도 잘 식별할 수 있도록 만들고자 하는 것이 메타러닝이다.

08 딥러닝

인공지능을 구현하는 방법은 7장에서 설명한 것처럼 매우 다양하다. 그중 사람의 뇌를 구성하는 신경 세포 구조를 모방한 퍼셉트론을 이용해 인공지능을 구현하는 방식은 1960년대 이후 계속 연구돼 왔다. 딥러닝은 기존의 퍼셉트론을 여러 층으로 쌓아 모델을 구성하는 이론(다층 퍼셉트론)의 단점을 보완한 것으로, 번역, 영상 인식 등에서 사용하는 대표적인 퍼셉트론 활용 기법이다.

8장에서는 영상 인식이나 번역에 있어서 인간보다 우월한 성능을 보이면서 인공지능의 새 역사를 쓰고 있는 딥러닝을 공부한다. 딥러닝에 속하는 다양한 모델의 특징, 용도와 개념을 중심으로 설명하며, 케라스, 텐서플로, 파이토치 등을 사용한 간단한 사례를 제시한다.

8.1 신경망의 개념 및 다층화

신경망, 퍼셉트론, 다층 퍼셉트론과 역전파 그리고 다양한 신경망 모델에 대해 알아보자. 인공지능을 실무에 사용할 때 반드시 알아야 하는 중요한 개념이다.

신경망

신경망은 인간 두뇌의 생리적 활동을 모방하는 계산적 모델을 통해 인공지능을 구현하려는 시도이다. 이 밖에도 룰을 바탕으로 인공지능을 구현하거나 추론을 이용해 인공지능을 구현하려는 시도(Part 2의 3. 탐색과 최적화 기법 참조)가 있으며, 다양한 방식으로 인간의 지식을 저장하고 이를 탐색해 인공지능을 구현하려는 시도(Part 2의 1. 지식 표현 및 3. 탐색과 최적화 기법 참조)도 있다. 이 밖에 최적화를 통해 의사결정을 수행하는 인공지능 시스템도 있다(Part 2의 4. 함수 최적화 참조).

인간의 뇌는 [그림 3-65]에 제시한 신경 세포가 수십억 개 연결돼 구성된다. 가지돌기를 통해 신경 세포가 받아들인 정보가 일정 임계치 이상이면 축삭돌기를 통해 신호를 보내고, 다른 신경 세포들과 연결된다. 이런 과정이 수없이 많은 신경 세포체의 연속을 통해 이어지고, 이를 바탕으로 지능, 감정, 신념, 의식, 기억이 발생한다.

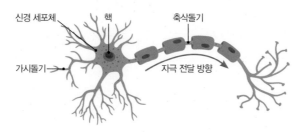

[그림 3-65] 인간의 뇌를 구성하는 신경 세포

[그림 3-65]의 신경 세포는 연결된 신경 세포에서 전기 신호를 받을 때 전기 신호가 일정 기준을 넘으면 연결된 다른 신경 세포로 신호를 전달한다. 이 과정을 수학적 모델로 만든 것 중 가장 널리 알려진 것이 1943년에 제안된 맥컬록–피츠(McCulloch–Pitts) 모델이다. [그림 3-66]은 [그림 3-65]의 신경 세포를 수학적 모델로 표현한 것이다. [그림 3-66]의 왼쪽은 모델의 기본형, 오른쪽은 기본형을 축약해 표현한 것이다. 이 2개는 같은 내용을 표현한 것이다.

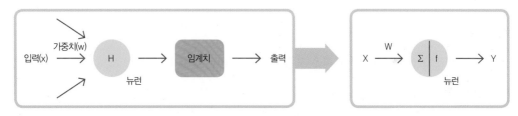

[그림 3-66] 인공 신경 세포의 구성 및 표현

[그림 3-66]의 인공 신경 세포는 신경 세포의 가지돌기 역할을 하는 입력(x)이 있고, 각 입력이 핵에 전달될 때 가중치(w)를 부여하게 돼 있으며, 여러 가지돌기의 입력이 핵에서 합쳐지는 것처럼 뉴런에도 입력을 합하는 기능이 있다. 합한 입력이 특정 임계치를 넘으면 출력을 외부로 내보내는 축삭돌기의 기능을 하는 부분도 있다.

[그림 3-66]의 인공 신경 세포를 여러 개 연결해 '수학적인 신경 회로'를 구성한 것이 신경망이다. 여러 신경망 모델 중 앞서 설명한 맥컬록–피츠 모델은 인공 신경 세포를 이용해 AND, OR, NOT을 구현함으로써 어떤 논리적 표현도 실현할 수 있다([그림 3-67]). 따라서 이를 여러 개 합쳐 응용하면 범용적인 컴퓨터를 만들 수 있다.

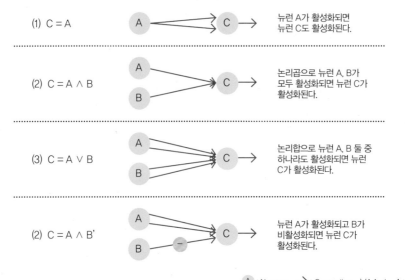

(1) C = A	A → C	뉴런 A가 활성화면 뉴런 C도 활성화된다.
(2) C = A ∧ B	A, B → C	논리곱으로 뉴런 A, B가 모두 활성화되면 뉴런 C가 활성화된다.
(3) C = A ∨ B	A, B → C	논리합으로 뉴런 A, B 둘 중 하나라도 활성화되면 뉴런 C가 활성화된다.
(2) C = A ∧ B'	A, B(−) → C	뉴런 A가 활성화되고 B가 비활성화되면 뉴런 C가 활성화된다.

Ⓐ : Neurons　→ : Connection　∨ : And　∧ : OR　' : Not

[그림 3-67] 인공 신경 세포를 이용한 AND, OR, NOT의 구성

인공 신경 세포를 이용한 맥컬룩-피츠 모델의 가설의 내용은 다음과 같다.

- 인공 신경 세포는 활성화되거나 활성화되지 않은 2가지 상태를 가진다.
- 어떤 인공 신경 세포를 작동하게(Excited) 하려면 2개 이상의 고정된 수의 시냅스가 일정한 시간 내에 활성화(Activated)돼야 한다.
- 신경 시스템 내에서 유일하게 의미 있는 시간 지연(Delay)은 시냅스 지연(Synaptic Delay)이다.
- 억제적인(Inhibitory) 시냅스는 그 시각의 뉴런 활성화(Activation)를 절대적으로 방지한다.
- 신경망의 구조는 시간에 따라 변하지 않는다.

맥컬룩-피츠 모델은 인공 신경 세포를 이용해 AND, OR, NOT을 구현함으로써 인공지능 분야에서 인공 신경 세포가 중요한 요소로 자리잡고 활용되는 데 크게 기여했다. 이러한 흐름은 인공 신경 세포를 좀 더 발전시킨 퍼셉트론으로 이어진다.

▌퍼셉트론

퍼셉트론은 1958년 프랭크 로젠블랏이 제안한 신경망 모델로, 인공 신경 세포의 구조를 확장해 네트워크 형태의 계산 모델로 표현한 것이다.

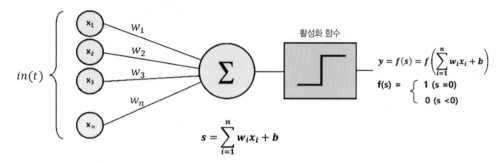

[그림 3-68] 퍼셉트론의 구조

[그림 3-68]의 내용을 살펴보면 다음과 같다. 여러 입력값(x)과 각각의 입력값에 대한 가중치 (w)를 곱한 것을 합한 후 편차(b)를 더한 값(s)을 전달 함수(Transfer Function) 또는 활성화 함수 (Activation Function)인 f에 넣고, 값의 변화에 따라 1 또는 0의 값을 출력한다.

퍼셉트론은 인공 신경 세포를 확장한 것으로, 인공 신경 세포보다 정확한 수학 모델과 활성화 함수를 사용해 인공 신경 세포를 이용하는 인공지능의 연구에 많이 적용됐다. 하지만 퍼셉트론은 결과가 0 또는 1이 나오는 것이므로 결과가 선형 분리돼야 한다. 그래야만 어떠한 입력 형태와 연산(AND, OR, NOT)에 대해서도 0, 1로 분리되는 결과가 나타난다. 그런데 단일 퍼셉트론은 XOR의 경우, 선형 나눌 수 없으므로 [그림 3-69]에서 알 수 있듯이 특정 입력과 연산에 정해진 결과가 나타날 수 없다.

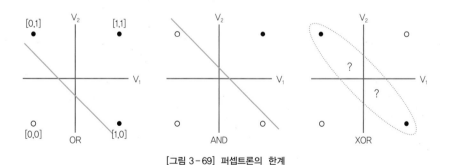

[그림 3-69] 퍼셉트론의 한계

OR은 두 입력 $V1$과 $V2$의 4가지 입력 (0,0), (0,1), (1,0), (1,1)에 대해 [그림 3-69]에서 확인할 수 있는 것처럼 선형 분리된다. AND도 이와 같은 과정을 거쳐 [그림 3-69]의 두 번째 그림에서 확인할 수 있듯이 선형 분리된다. 그런데 XOR은 (0,1), (1,0)일 때는 1, (0,0), (1,1)일 때는 0을 출력해야 하므로 [그림 3-69]의 세 번째 그림에서 확인할 수 있는 것처럼 선형 분리되지 않는다. 즉, 퍼셉트론은 XOR을 지원하지 못하므로 특정 상황에서 완전하게 분리되지 않는다. 이러한 이유로 인공 신경 세포와 퍼셉트론을 바탕으로 하는 인공지능 분야는 침체기를 맞게 된다.

▌다층 퍼셉트론

퍼셉트론이 유용한 방법이기는 하지만, XOR 문제를 해결하지 못하는 단점이 있었다. 이 문제로 수십 년간 침체기를 맞이했던 신경망 기반의 인공지능 분야는 1980년대에 퍼셉트론을 다층으로 만들면 XOR을 해결할 수 있다는 것이 증명되면서 새로운 도약을 한다.

[그림 3-70]은 다층 퍼셉트론의 구현 원리를 나타낸 것이다. 퍼셉트론을 $f1$, $f2$, $f3$의 3개로 분리해 배치하고, 각 퍼셉트론의 진실표를 제시한다. 마지막 퍼셉트론인 $f3$ 다음에는 활성화 함수인 시그모이드(Sigmoid) 함수를 위치시킨다. 시그모이드 함수는 입력이 1이면 1, 입력이 -1이면 0을 출력한다.

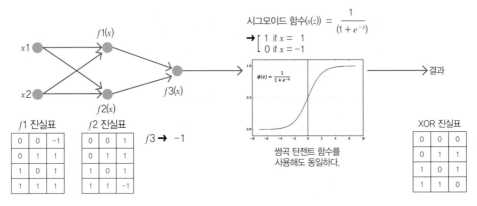

[그림 3-70] 다층 퍼셉트론을 활용한 퍼셉트론의 한계 극복

이처럼 퍼셉트론 3개와 시그모이드 함수를 위치시킨 상태에서 $x1$, $x2$를 입력하면 결과는 XOR과 같이 작동한다. 이 내용을 구체적으로 서술하면 다음과 같다.

- $x1 = 0$, $x2 = 1$이 들어오면 $f1 = 1$, $f2 = 1$이 된다. $f3 = -1$이므로 입력을 합치면 1이 나온다. 이것이 시그모이드 함수로 들어가면 결과는 1이다.
- $x1 = 0$, $x2 = 0$이 들어오면, $f1 = -1$, $f2 = 1$이 된다. $f3 = -1$이므로 입력을 합치면 -1이 나온다. 이것이 시그모이드 함수로 들어가면 결과는 0이다.

- $x1 = 1$, $x2 = 0$이 들어오면, $f1 = 1$, $f2 = 1$이 된다. $f3 = -1$이므로 입력을 합치면 1이 나온다. 이것이 시그모이드 함수로 들어가면 결과는 1이다.

- $x1 = 1$, $x2 = 1$이 들어오면, $f1 = 1$, $f2 = -1$이 된다. $f3 = -1$이므로 입력을 합치면 -1이 나온다. 이것이 시그모이드 함수로 들어가면 결과는 0이다.

이 결과를 요약하면 $(0,0) \rightarrow 0$, $(0,1) \rightarrow 1$, $(1,0) \rightarrow 1$, $(1,1) \rightarrow 0$이 된다. 이는 [그림 3 - 70]의 오른편에 있는 XOR 진실표와 같다. 따라서 퍼셉트론을 다층으로 구성하면 XOR을 구현할 수 있다. 이처럼 다층 퍼셉트론을 사용해 XOR의 구현이 가능하다는 것을 확인했으므로 이번에는 '$y = ax + b$'와 같은 함수식에서 a, b 값의 조정에 따라 XOR이 가능하다는 것을 [그림 3 - 71]의 사례를 통해 확인해 보자.

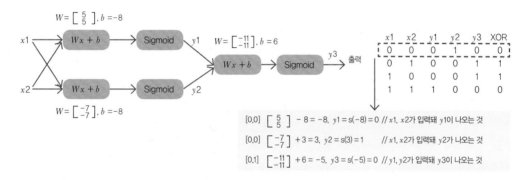

[그림 3 - 71] 다층 퍼셉트론을 활용한 사례

[그림 3 - 71]의 내용을 살펴보면 다음과 같다.

- $x1 = 0$, $x2 = 0$이 들어오고 W의 값이 $\binom{5}{5}$이고 b 값이 -8이면, 시그모이드 입력은 -8이 되고, $\text{sigmoid}(-8) = 0$이므로 $y1$의 값은 0이 된다.

- $x1 = 0$, $x2 = 0$이 들어오고 W의 값이 $\binom{-7}{-7}$이고 b 값이 3이면, 시그모이드 입력은 3이 되고, $\text{sigmoid}(3) = 1$이므로 $y2$의 값은 1이 된다.

- $y1 = 0$, $y2 = 1$이 들어오고 W의 값이 $\binom{-11}{-11}$이고 b 값이 6이면, 시그모이드 입력은 -5가 되고 $\text{sigmoid}(-5) = 0$이므로 $y3$의 값은 0 이 된다.

지금까지의 결과를 보면 '$x1 = 0$', '$x2 = 0$'이면 '$y3 = 0$'이 나온다. 나머지도 이와 동일한 과정을 거쳐 실행하면 [그림 3 - 71]에서 알 수 있듯이 **y3 값은 XOR 값과 일치한다.** 따라서 퍼셉트론을 [그림 3 - 71]처럼 배치하면 XOR을 구현할 수 있다는 것을 확인할 수 있다.

또한 [그림 3 - 71]을 [그림 3 - 72]와 같이 행렬식을 이용해 표현할 수 있다. 이렇게 표현하는 데 어려운 점은 없고, 계산하거나 다루기가 쉬워지는 장점이 있다는 것을 알아 두자.

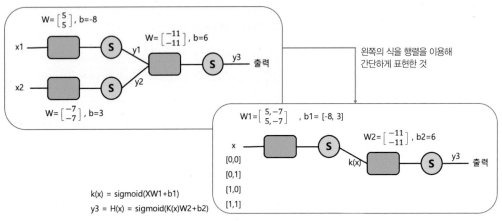

[그림 3 - 72] 다층 퍼셉트론을 행렬로 표현하는 방법

퍼셉트론을 이용해 모든 종류의 입력에 대한 처리가 가능해짐으로써(AND, OR, XOR) 퍼셉트론을 이용해 인공지능을 구현하려는 시도는 다시 활기를 얻게 됐다. 그래서 퍼셉트론을 수십, 수백 층을 이루도록 구성해 인공지능을 구현하려는 시도가 이뤄지게 됐다. 이때 퍼셉트론을 구성하는(주어진 문제를 해결하는) 수십, 수백 층의 W, b 값을 구하는 방법이 개발됐는데, 이것이 바로 다음에 살펴볼 '역전파(Back Propagation)'이다.

▌역전파

앞서 퍼셉트론을 여러 층으로 쌓으면 XOR 문제를 해결할 수 있다는 것을 살펴봤다. 이를 이용해 문제를 해결하는 인공지능 모델을 만들 때는 다층 퍼셉트론을 구성하는 각 퍼셉트론의 변수 W, b 값을 구해야 한다. 이때 특정 조건을 만족하는 W, b 값을 앞에서부터 순차적으로 계산하는 것을 '순전파(Forward Propagation)'라고 한다. 그리고 순전파에 따라 결정된 값을 최적화하기 위해 이와 반대로 진행하면서 W, b 값을 조정하는 개념이 '역전파'이다. 역전파에 따른 변수 최적화의 개념은 1974년 폴 웨어보스(Paul Werbos)에 의해 제안됐고, 1986년 딥러닝을 제안한 제프리 힌튼 교수에 의해 재발견돼 적용된 개념이다.

역전파에 따른 최적화 과정

순전파와 역전파를 반복하면서 다층 퍼셉트론의 변수인 W, b의 값을 최적화하는 과정은 딥러닝을 이해하는 데 중요하다. 따라서 최적화하는 과정을 단계별로 나눠 살펴보자.

[그림 3 – 73]은 순전파와 역전파를 살펴보기 위한 예시이다. 2개의 층으로 이뤄져 있고, 초기 x1, x2 값과 가중치인 w1~w8 그리고 시그모이드 함수로 h1, h2가 제공된다. 중간 계산값은 z1~z4, 최종 계산값은 o1, o2로 표현한다. 여기서 사용한 계산은 Mathsolver.microsoft.com을 이용한다. 편의상 'y = wx + b'의 식에서 b는 고려하지 않는다.

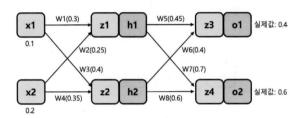

[그림 3 – 73] 순전파와 역전파를 설명하기 위한 예

- **[1단계] 순전파를 이용한 출력값의 계산과 오차값 얻기**

  함수는 $y = w \times x$를 사용한다.

  1, x2의 값이 z1, z2에 입력으로 들어가고, 각각의 가중치인 w1~w4는 [그림 3 – 73]에 있다.

  $z1 = W1 \times x1 + W2 \times x2 = 0.3 \times 0.1 + 0.25 \times 0.2 = 0.08$

  $z2 = W3 \times x1 + W4 \times x2 = 0.4 \times 0.1 + 0.35 \times 0.2 = 0.11$

  출력값 z1, z2에 시그모이드 함수를 적용해 중간 출력을 계산한다.

  $h1 = sigmoid(z1) = \dfrac{5}{1 + e^{-z1}} = 0.5199 \rightarrow Mathsolver$로 계산한다.

  $h2 = sigmoid(z2) = 0.5274$

  h1, h2의 값이 z3, z4에 입력으로 들어간다. 각각의 가중치인 w5~w8은 [그림 3 – 73]에 있다.

  $z3 = W5 \times h1 + W6 \times h2 = 0.45 \times 0.5199 + 0.4 \times 0.5274 = 0.4449$

  $z4 = W7 \times h1 + W8 \times h2 = 0.7 \times 0.5199 + 0.6 \times 0.5274 = 0.6804$

  출력값 z3, z4에 시그모이드 함수를 적용해 최종 출력을 계산한다.

  $o1 = sigmoid(z3) = 0.6094$

  $o2 = sigmoid(z4) = 0.6638$

최종 출력과 [그림 3-73]에 표시된 실제 값과의 오차를 계산해 전체 오차를 얻는다.

$$Eo1 = \frac{1}{2}(real - forcast)^2 = \frac{1}{2}(0.4 - 0.6094)^2 = 0.0219$$

$$Eo2 = \frac{1}{2}(real - forcast)^2 = \frac{1}{2}(0.6 - 0.6638)^2 = 0.002$$

$$Total\ Error(E_{total}) = Eo1 + Eo2 = 0.0239$$

여기까지가 주어진 문제에 대해 순전파를 사용해 예상되는 출력값을 계산하고, 에러 값을 확인하는 과정이다. 이제 지금까지의 계산을 바탕으로 역전파를 적용해 W의 값을 보완하자.

• **[2단계] 역전파를 이용한 변숫값의 조정 1단계**

먼저 계산상의 편의를 위해 [그림 3-74]의 뒷부분을 대상으로 역전파를 적용해 보자.

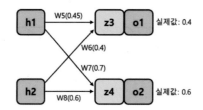

[그림 3-74] 역전파를 설명하기 위한 예의 뒷부분

처음 업데이트해야 하는 가중치는 $W5$, $W6$, $W7$, $W8$이다. 먼저 $W5$에 대해 업데이트를 진행한다. 경사 하강법을 사용해 가중치 $W5$의 최적값을 구하려면 다음 식을 이용한다.

$$w_5' = w_5 - \alpha\frac{\partial E_{total}}{\partial w_5}(\text{여기서 } \alpha \text{는 학습률로, } 0.5\text{로 정한다})$$

업데이트된 값(w_5')을 구하기 위해 $\frac{\partial E_{total}}{\partial w_5}$를 계산해야 한다.

$$\frac{\partial E_{total}}{\partial w_5} = \frac{\partial E_{total}}{\partial o1} \times \frac{\partial o1}{\partial z3} \times \frac{\partial z3}{\partial w_5}\ (W5\text{가 } E_{total}\text{에 미치는 영향을 구하는 것})$$

$$E_{total} = \frac{1}{2}(target_{01} - output_{01})^1 + \frac{1}{2}(target_{02} - output_{02})^2$$

$$\frac{\partial E_{total}}{\partial o1} = 2 \times \frac{1}{2}(target_{01} - output_{01})^{2-1} \times (-1) + 0 = -(0.4-0.6094) = 0.2094$$

위 식에서 -1을 곱한 것은 편미분값이 음수가 되는 것을 방지하기 위한 것이다. 입력이 x일 때, 시그모이드 함수의 미분은 $'f(x) \times (1-f(x))'$이다. 따라서 시그모이드 함수인 $o1$에 대한 미분은 다음과 같이 수행한다. 이때 $o1$의 값은 0.6094로, 앞서 구한 것을 재사용한다.

$$\frac{\partial o1}{\partial z3} = o1 \times (1-o1) = 0.6094(1-0.6094) = 0.2380(\text{입력이 } z3\text{일 때 } o1\text{의 미분으로, 앞서 구했다})$$

$$\frac{\partial z3}{\partial w_5} = h1 = 0.5199(z3\text{에 대한 } w_5\text{의 영향력은 } h1\text{으로, 앞서 구했다})$$

따라서 결과는 $0.2094 \times 0.2380 \times 0.5199 = 0.0259$이다. 이제 필요한 값을 구했으므로 처음으로 돌아가 경사 하강법을 통해 가중치를 최적화(업데이트)한다. 학습률은 0.5라고 가정한다.

$$w_5{'} = w_5 - \alpha \frac{\partial E_{total}}{\partial w^5} = 0.45 - 0.5 \times 0.0259 = 0.4370$$

이와 같은 방법으로 $W_6{'}$, $W_7{'}$, $W_8{'}$를 계산할 수 있다.

$$W_6{'} = 0.3868$$

$$W_7{'} = 0.6962$$

$$W_8{'} = 0.5962$$

- **[3단계] 역전파를 이용한 변숫값의 조정 2단계**

2단계보다 앞에 있는 부분을 따로 분리해 2단계와 같은 과정을 수행해 보자. 요약하면, 2단계에서 $w5 \sim w8$의 값을 다음과 같이 수정했다.

$$W_5{'} = 0.4370 \quad // \text{ 0.45가 원래의 값}$$

$$W_6{'} = 0.3868 \quad // \text{ 0.4가 원래의 값}$$

$$W_7{'} = 0.6962 \quad // \text{ 0.7이 원래의 값}$$

$$W_8{'} = 0.5962 \quad // \text{ 0.6이 원래의 값}$$

이번에 수행할 단계에 대한 것을 [그림 3 – 75]에 나타낸다.

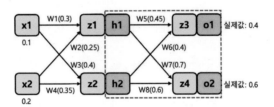

[그림 3 – 75] 역전파의 설명하기 위한 예의 앞부분

이번에는 $w1$, $w2$, $w3$, $w4$의 대해 업데이트를 수행한다.

$$\frac{\partial E_{total}}{\partial w_1} = \frac{\partial E_{total}}{\partial h1} \times \frac{\partial h1}{\partial z1} \times \frac{\partial z1}{\partial w_1}$$

($W1$이 E_{total}에 미치는 영향 = $w1$이 $z1$에 미치는 영향 $\times$ $z1$이 $h1$에 미치는 영향 $\times$ $h1$이 E_{total}에 미치는 영향)

앞 식에서 첫 번째 항목은 다음과 같이 표현할 수 있다.

$$\frac{\partial E_{total}}{\partial h_1} = \frac{\partial E_{01}}{\partial h_1} \times \frac{\partial E_{02}}{\partial h_1}$$

$$\frac{\partial E_{01}}{\partial h_1} = \frac{\partial E_{01}}{\partial z_3} \times \frac{\partial z_3}{\partial h_1} = \frac{\partial E_{01}}{\partial_{01}} \times \frac{\partial_{01}}{\partial z_3} \times \frac{\partial z_3}{\partial h_1} = (target_{01} - output_{01}) \times (01 \times (1-01)) \times w_5$$

$$= 0.2094 \times 0.2380 \times 0.45 = 0.0224(모두 \ 앞서 \ 계산한 \ 것을 \ 재사용한다)$$

$$\frac{\partial E_{01}}{\partial h_1} = \frac{\partial E_{02}}{\partial_4} \times \frac{\partial z_4}{\partial h_1} = \frac{\partial E_{01}}{\partial_{02}} \times \frac{\partial_{02}}{\partial z_4} \times \frac{\partial z_4}{\partial h_1} = 0.0099$$

$$\frac{\partial E_{total}}{\partial h_1} = 0.0224 + 0.0099 = 0.0324$$이다. 첫 번째 항을 구했다.

나머지 $\frac{\partial h_4}{\partial z_1} = h_1 \times (1-h_1) = 0.5199(1-0.5199) = 0.2496.$ $\frac{\partial z_1}{\partial w_1} = x1 = 0.1$과 같다.

따라서 $\frac{\partial E_{total}}{\partial w_1} = 0.0324 \times 0.2496 \times 0.1 = 0.0008$이다.

$$W_1' = W_1 - a\frac{\partial E_{total}}{\partial w_1} = 0.1 - 0.5 \times 0.0008 = 0.2995$$이다.

위와 같은 방법으로

$$\frac{\partial E_{total}}{\partial w_2} = \frac{\partial E_{total}}{\partial h_1} \times \frac{\partial h_1}{\partial z_1} \times \frac{\partial z_1}{\partial w_2}$$를 구한 후 $W_2' = W_2 - a\frac{\partial E_{total}}{\partial w_2} = 0.2491$

$$\frac{\partial E_{total}}{\partial w_3} = \frac{\partial E_{total}}{\partial h_2} \times \frac{\partial h_2}{\partial z_2} \times \frac{\partial z_2}{\partial w_2}$$를 구한 후 $W_3' = W_3 - a\frac{\partial E_{total}}{\partial w_3} = 0.3996$

$$\frac{\partial E_{total}}{\partial w_4} = \frac{\partial E_{total}}{\partial h_2} \times \frac{\partial h_2}{\partial z_2} \times \frac{\partial z_2}{\partial w_4}$$를 구한 후 $W_4' = W_4 - a\frac{\partial E_{total}}{\partial w_4} = 0.3492$

- **[4단계] 역전파를 이용한 변숫값의 조정 후 오차 감소 확인 단계**

  앞의 과정을 통해 멀티 퍼셉트론을 구성하는 $w1 \sim w8$의 값이 새롭게 조정됐다. 이를 적용해 순전파를 수행함으로써 실제 값과 예측값의 오차가 줄었는지 확인해 보자.

  $$z1 = W1x1 + W2x2 = 0.2995 \times 0.1 + 0.2491 \times 0.2 = 0.0797$$

  $$z2 = W3x1 + W4x2 = 0.3996 \times 0.1 + 0.3492 \times 0.2 = 0.1098$$

  $$h1 = sigmoid(z1) = 0.5199$$

  $$h2 = sigmoid(z2) = 0.5274$$

$$z3 = W5h1 + W6h2 = 0.4370 \ X \ 0.5199 + 0.3868 \times 0.5274 = 0.4312$$

$$z4 = W7h1 + W8h2 = 0.6962 \ X \ 0.5199 + 0.5962 \times 0.5274 = 0.6765$$

$$o1 = sigmoid(z3) = 0.6061$$

$$o2 = sigmoid(z4) = 0.6629$$

$$E_{01} = \frac{1}{2}(target_{01} - output_{01})^2 = \frac{1}{2}(0.4 - 0.6061)^2 = 0.0212$$

$$E_{01} = \frac{1}{2}(target_{02} - output_{02})^2 = 0.0019$$

$$E_{total} = E_{01} + E_{02} = 0.0232$$

처음에 순전파를 적용해 실제 값과 예측값의 차이를 구한 값은 0.0239인데, 이번에 역전파를 적용한 후 다시 순정파를 적용해 구한 실체값과 예측값의 차이는 0.0232이다. 에러 값이 줄었고, 정확해졌다. **이 과정을 무한 반복해 에러를 줄여 나가는 것이 역전파를 이용한 신경망 학습의 원리이다.**

지금까지 수행한 것은 퍼셉트론으로 구성된 다층망을 구성하는 w와 b의 최적값을 찾아가는 과정이었다. **처음에는 주어진 다층 퍼셉트론에 임의의 값을 부여하고, 이를 바탕으로 순정파를 적용한 후 그 결과로 역전파를 적용해 w와 b 값을 수정하고, 수정된 값으로 순정파를 적용해 결과를 확인한 후 다시 역전파를 적용하는 과정을 반복함으로써 다층 퍼셉트론을 구성하는 각 퍼셉트론의 변수 w, b를 최적화 또는 학습시킬 수 있다는 것을 확인했다.** 실제로 딥러닝에 관련된 거의 모든 인공지능 모델이 이와 유사한 과정을 거쳐 학습을 수행한다.

지금까지 퍼셉트론 기반의 인공지능 모델이 학습한다는 것이 무엇이며, 어떤 과정을 거쳐 수행하는지 알아봤다. 특히 최근 대세인 딥러닝에서 수행하는 학습이 실제로 어떻게 수행되는지를 살펴봤다. 간단한 형식으로 살펴봤지만, 이를 이해하는 것은 실무에 사용하는 다양한 모델의 응용에 매우 중요하다. 나중에는 간단한 라이브러리를 불러 앞서 수행한 과정을 진행하겠지만, 내부적으로 어떤 과정이 수행되는지는 이해하고 있어야 한다.

앞서 신경망, 특히 멀티 퍼셉트론을 이용한 신경망이 학습하는 과정을 살펴봤다. 이번에는 멀티 퍼셉트론을 이용해 구성된 신경망 모델 외에 인공지능 분야에서 사용하는 모델은 어떤 것이 있는지 알아보자. 각 모델에 대한 것은 매우 중요하고, 전문가가 되기 위해 반드시 이해해야 하는 과정이다. 이 책에서는 인공지능 모델 전체를 설명하기보다는 전체적인 개념을 소프트웨어 인공지능 모델과 하드웨어 인공지능 모델로 분리해 설명하고, 반드시 이해해야 하는 합성곱 신경망(Convolutional Neural Network, CNN), 순환 신경망(Recurrent Neural Network, RNN), 오토인코더, 심층 신뢰 신경망, 대립 쌍 신경망에 대해 자세히 설명한다.

소프트웨어 인공지능 모델의 종류

RBF망

어떤 함수를 RBF(Radial Basis Function) 함수들의 선형 결합 형태로 근사시키는 모델로, 군집화를 위한 분류에 사용한다. 은닉 계층이 한 층만 있으며, 각 은닉 단위는 RBF이다. 역전파 알고리즘과 유클리디안 거리(직선 거리)를 사용한다. 대표적인 모양은 [그림 3-76]과 같다.

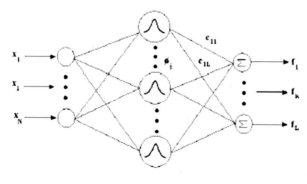

[그림 3-76] RBF의 예

자기 조직화 지도

자기 조직화 지도(Self Organizing Feature Map, SOM)는 인간의 대뇌피질 중 시각 피질의 학습 과정을 모델화한 인공 신경망이다. 사람의 눈으로 볼 수 있는 저차원(2, 3차원) 격자에 고차원 데이터의 객체가 대응하도록 해 군집을 도출하는 방법이다.

[그림 3-77]은 25개의 녹색 점이 많은 데이터에 할당돼 각 데이터의 특성을 대변하고 있다. 처음에는 25개의 녹색 점이 임의의 위치에 있지만, 반복하면서 많은 점을 대표하는 위치로 이동한다. 분석을 수행할 때 이 점을 중심으로 분석하면 많은 데이터의 특성을 쉽게 파악할 수 있다.

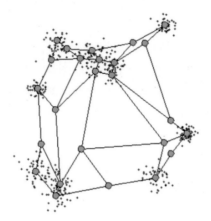

[그림 3-77] 자기 조직화 지도의 예

홉필드 망

SOM이나 인공 신경망에서 사용하는 퍼셉트론 등은 연산이나 학습 과정에서 계속 가중치가 변경되는 알고리즘이다. 이와 달리 홉필드 망(Hopfield Network)은 학습 패턴에 대해 계산된 고정 가중치 행렬을 저장하고, 입력 패턴이 들어올 때마다 가중치 행렬을 이용해 입력 패턴에 대한 학습 패턴을 연상하고 맞으면 종료하고, 맞지 않으면 가중치와 입력 패턴을 다시 조작해 수행하는 방식이다. 최적화나 연상 기억 등에 사용한다.

적응 공명 이론(Adaptive Resonance Theory, ART)

적응 공명 이론(Adaptive Resonance Theory, ART)은 기존에 학습됐던 것이 새로운 학습에 따라 지워지지 않도록 새로운 지식을 자동으로 전체 지식 베이스에 일관성 있는 방법으로 통합하는 방식이다. 기존 신경망 모델이 새로운 정보를 추가로 학습하고자 할 때 전부를 다시 학습시켜야 하는 한계를 극복하기 위해 개발된 방식이다.

이 밖에 CNN, RNN, 오토인코더, 심층 신뢰 신경망, 대립 쌍 신경망이 있으며, 이들은 별도로 자세히 살펴본다.

▌하드웨어 인공지능 모델의 종류

- 미국 국방성의 지원을 받아 IBM이 SyNAPSE(System of Neuromorphic Adaptive Plastic Scalable Electronics) 프로젝트를 수행해 10^6개의 뉴런과 268×10^6개의 신경 연결에 해당하는 요소를 포함하는 칩을 개발했다.
- 신경망 하드웨어인 뉴로모픽 칩(Neuromorphic Chip)에 관한 연구가 진행 중이다. 뉴로모픽 칩은 신경망 연산을 하드웨어적으로 구현한 저전력 칩을 말한다. 퀄컴(Qualcomm)의 제로스(Zeroth) 칩, IBM의 트루노스(TrueNorth) 칩 그리고 제너럴 비전(General Vision)의 CMIK 칩인 NM500으로 상용화됐다. 1개의 칩에는 576개의 뉴런이 들어간다.

8.3 딥러닝 모델

앞서 설명한 다층 퍼셉트론은 퍼셉트론을 이용해 AND, OR, XOR 문제를 해결하고, 순전파와 역전파를 이용해 변수를 최적화(학습)하는 과정을 수행할 수 있다. 그래서 많은 인공지능 전문가는 다층 퍼셉트론을 사용해 다양한 모델을 개발하고 실무에 적용하고자 노력했다. **하지만 다층 퍼셉트론은 층(레이어)이 많아지면 전체 레이어의 변수가 최적화(학습)되지 않는 문제가 발견됐다. 즉, 3~4개 층까지는 역전파를 이용해 w, b, x에 대한 학습이 가능하지만, 그 이상이 되면 학습되지 않는다.** 이러한 문제로 다층 퍼셉트론을 이용한 인공지능은 다시 한번 침체기에 들어선다.

그런데 2005년경 다층 퍼셉트론에서 학습되지 않는 문제는 초깃값의 설정과 시그모이드 함수의 특성 때문이라는 것이 밝혀졌고, 초깃값을 잘 설정하고 시스모이드 함수 대신, ReLU 함수를 포함한 다른 함수를 사용하면 학습된다는 것이 입증됐다. 이러한 움직임을 주도한 사람은 제프리 힌튼 교수이며, 기존 연구와의 차별성을 위하여 이름을 '딥러닝'으로 정하였다. 즉, 딥러닝은 다층 퍼셉트론을 개선한 것이며, 이후 딥러닝은 영상 인식, 자동 번역 등의 분야에서 탁월한 결과를 보이면서 인공지능의 핵심으로 부상했다. 최근 딥러닝의 활성화 함수로 ReLU 함수 외에도 다양한 함수가 사용되고 있다. 함수별로 특성이 있기 때문에 업무를 고려해 선정하면 된다.

▌딥러닝 활성화 함수의 종류

- **시그모이드 함수**: '로지스틱(Logistic) 함수'라고도 하며, y 값은 x 값의 변화에 대해 0~1 사이의 값을 가진다. 함수의 중심값이 0이 아니므로 학습이 느려질 수 있고, 딥러닝 환경에서 학습이 잘되지 않는다.

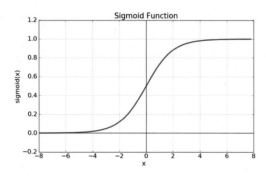

[그림 3-78] 시그모이드 함수의 모습

• **탄젠트 함수(Tangent Function):** 함수의 중심값을 0으로 옮겨 시그모이드 함수의 최적화 과정이 느려지는 문제를 해결했다.

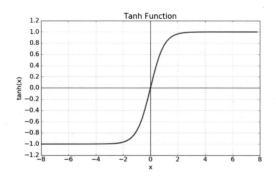

[그림 3-79] 탄젠트 함수의 모습

• **ReLU 함수(Rectified Linear Unit Function):** 학습을 빠르고 간단하게 구현할 수 있고, 딥러닝에서 잘 학습되므로 가장 많이 사용한다. 'x⟨0'에서 뉴런이 죽는 현상이 발생한다(값이 0이다).

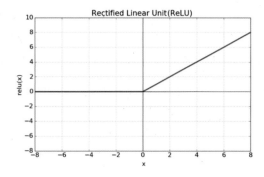

[그림 3-80] ReLU 함수의 모습

- Leakly ReLU: ReLU에서 0으로 수렴해 뉴런이 죽는 현상(dying ReLU)을 해결하기 위해 고안된 함수이다.
- PReLU: Leakly ReLU에 새로운 파라미터를 추가해 'x<0'에서 기울기를 학습할 수 있게 한 함수이다.
- Exponential Linear Unit(ELU): ReLU의 장점을 유지하면서 뉴런이 죽는 현상을 해결하고, 출력이 거의 0에 가깝다.
- Maxout 함수: ReLU의 장점을 유지하면서 뉴런이 죽는 현상을 해결하는데, 계산이 복잡하다.

▌딥러닝 모델의 특징 및 분류

전통적인 신경망이 원시 데이터에서 특징을 추출한 후 신경망을 만들어 결과를 얻는 과정을 수행하지만, **딥러닝 신경망은 원데이터에서 바로 딥러닝 신경망을 통해 특징 추출과 문제 해결을 동시에 수행해 결과를 얻는 특징이 있다.**

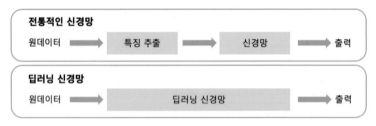

[그림 3-81] 딥러닝 신경망의 특징

결과적으로 딥러닝은 데이터로부터 규칙을 자동 추출하고, 식별, 예측과 같은 동작을 수행하는데, 이를 '**데이터의 터무니없는 효과**'라고 한다. 딥러닝 기반의 인공지능은 과거의 인공지능이 인간이 지니고 있는 규칙을 모두 발견해 적용하려 했던 것(규칙 기반의 인공지능)에 비하면, 데이터를 통해 모델에서 자동으로 규칙을 발견하는, 좀 더 현실적인 방법이라고 할 수 있다. 규칙 기반의 인공지능이 끝내 성공하지 못한 이유가 모든 규칙을 발견하는 것이 불가능하고, 상황이 바뀌면 규칙이 바뀌기 때문이라는 것을 고려하면 딥러닝의 접근 방식은 합리적이라고 볼 수 있다.

데이터를 이용해 규칙을 자동으로 생성하는 특징이 있는 딥러닝 신경망은 다양한 형태의 모델이 목적에 맞게 개발돼 적용되고 있는데, 이를 분류하면 [그림 3-82]와 같다.

[그림 3 - 82] 딥러닝 신경망의 분류

[그림 3 - 82]를 살펴보면 딥러닝의 형태를 띠고 있는 다양한 모델은 지도학습과 비지도학습(자율학습)을 기준으로 분류할 수 있다. 가장 큰 차이점은 **지도학습에 속하는 모델은 순전파와 역전파를 동시에 사용하고, 비지도학습에 속하는 모델은 순전파만을 사용한다는 것이다.** 지도학습에 속하는 모델에는 다층 퍼셉트론과 CNN, RNN, 비지도학습(자율학습)에는 제한 볼츠만 머신, 심층 신뢰 신경망, 오토인코더 그리고 대립쌍 생성망이 있다.

8.4 제한 볼츠만 머신과 심층 신뢰 신경망

비지도학습에 속하는 모델 중 가장 먼저 제한 볼츠만 머신을 살펴보자. 다층 퍼셉트론에서 역전파 작업을 수행할 때 3개 층 이상이 되면 기울기 소실 문제(Vanishing Gradient Problem)가 발생해 입력값이 출력값에 영향을 미치지 못하는 문제가 발생한다. 제프리 힌튼 교수는 모델 초기의 무겟값(Weight)에 대한 설정이 미숙하기 때문에 나타나는 문제라는 것을 밝혀 내고, 모델의 변숫값을 초기화하기 위한 방안을 제시했는데, 이것이 바로 '제한 볼츠만 머신(Restricted Boltzmann Machine, RBM)'이다.

[그림 3 - 83]의 다층 퍼셉트론 환경을 참고해 제한 볼츠만 머신을 알아보자. 각 층의 노드는 상호 완전 연결돼 있다(그림이 부족하지만, 완전 연결로 간주한다).

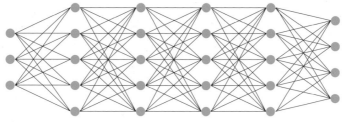

[그림 3 - 83] 완전 연결 형태의 딥러닝 예

[그림 3 – 83]의 예를 [그림 3 – 84]와 같이 2개의 층만을 고려해 5개의 단계로 나눈다. 그런 다음 단계별로 다음 작업을 수행한다(상세 작업의 내용 및 단계는 역전파에서 살펴봤다).

- 순방향(Forward) 방식으로 x, w, b 값을 주고, 이 상태에서 나온 결괏값을 구한다.
- 결괏값을 기준으로 역방향(Backward) 방식으로 계산해 나온 값을 상호 비교한다.
- 값의 차이가 최소가 되도록 하는 x, w, b 값을 초깃값으로 설정한다.

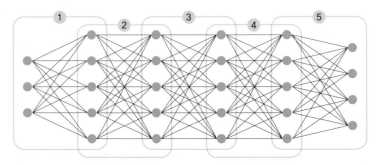

[그림 3 – 84] RBM의 수행 단계 예시

참고로 제한 볼츠만 머신은 2개 층으로 구성되는데, [그림 3 – 83]은 제한 볼츠만 머신을 여러 층으로 쌓은 형태를 띤다. 이를 '심층 볼츠만 머신'이라고 한다.

최근 제한 볼츠만 머신보다 나은 초기화 설정 방법이 개발돼 사용되고 있는데, 간단하게 모델별 초기화 설정 방법의 점수를 정리하면 [표 3–1]과 같다. 일반적으로 점수가 높으면 좋은 결과를 얻을 가능성이 높다. [표 3–1]은 초기화 방법에 따라 다양한 활성화 함수를 사용했을 때 측정한 정확도를 제시한 것이다. 자세한 설명은 생략하지만, 딥러닝을 공부하는 입장에서 좋은 방법을 선택하기 위한 참고 자료로 활용할 수 있다.

초기화 방법	maxout	ReLU	VLReLU	tanh	Sigmoid
LSUV	93.94	92.11	92.97	89.28	n/c
OrthoNorm	93.78	91.74	92.40	89.48	n/c
OrthoNorm – MSRA scaled	–	91.93	93.09	–	n/c
Xavier	91.75	90.63	92.27	89.82	n/c
MSRA	n/c	90.91	92.43	89.54	n/c

[표 3–1] 활성화 함수와 초기화 방법의 효율 요약

[표 3–1]의 내용을 살펴보면, ReLU 함수는 LSUV 초기화 방법을 이용했을 때, 탄젠트 함수는 Xavier 초기화 방법을 이용했을 때 가장 좋은 결과를 얻을 수 있다.

2006년 제프리 힌튼 교수 등은 제한 볼츠만 머신을 이용한 다층화를 제안했는데, 이를 '심층 신뢰 신경망(Deep Belief Network, DBN)'이라고 한다. 개념 및 모양은 심층 볼츠만 머신과 유사하며, 구성을 그림으로 표현하면 [그림 3 – 85]와 같다.

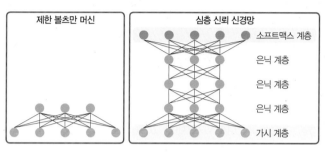

[그림 3 – 85] RBM과 심층 신뢰 신경망의 비교

심층 신뢰 신경망은 뉴럴 네트워크를 여러 층 쌓고, 여기에 입출력을 담당하는 가시 계층과 소프트맥스(Softmax) 계층을 추가한 것이다. 이에 대한 예는 앞서 다룬 다층 퍼셉트론에서 찾을 수 있다. 심층 신뢰 신경망은 신경망 모델의 기본형이며, 딥러닝을 위한 초보 단계의 모델이다. 이 모델이 발전해 CNN, RNN 등과 같은 다양한 형태로 발전한다.

8.5 오토인코더

오토인코더(Autoencoder)는 입출력층의 뉴런 수가 동일하며, 1개의 숨어 있는 계층(Hidden Layer)을 갖는 신경망을 말한다([그림 3 – 86]).

오토인코더는 입력을 출력으로 복사하는 신경망이다. 구조는 간단하지만 네트워크에 여러 가지 방법으로 제약을 줌으로써 다양한 신경망을 구성할 수 있다. 예를 들어, 숨어 있는 계층의 뉴런 수를 입력층의 뉴런 수보다 적게 해 데이터 압축의 효과를 얻을 수 있고, 입력 데이터에 잡음(Noise)을 추가한 후 원본 입력을 복원하도록 네트워크를 학습시키는 경우 등을 생각해 볼 수 있다. 이 중 숨겨진 계층의 뉴런이 입력층보다 작은 것을 '불완전 오토인코더(Undercomplete Autoencoder)'라고 하는데, 입출력을 동일하게 하기 위해서는 학습의 과정이 필요하다. 이러한 학습 과정을 통해 입력 데이터의 중요한 특성을 학습할 수 있다.

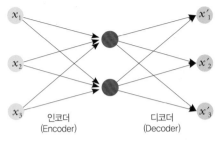

[그림 3-86] 오토인코더의 구조

[그림 3-86]은 오토인코더의 구조를 표현한 것인데, 여기서 인코더는 입력 데이터를 내부 표현으로 변환하는 작업을 수행하고, 디코더는 내부 표현을 출력으로 변환하는 작업을 수행하는 것을 알 수 있다.

다시 정리하면, 오토인코더는 비지도학습에 속하는 기법으로, 데이터에 대한 레이블이 주어지지 않은 상태에서 컴퓨터를 학습시키고, 데이터에 있는 어떤 관계를 찾아 내는 것에 목적이 있다. 오토인코더를 사용하는 사례를 살펴보면, 신용카드 거래 데이터를 분석해 비정상적인 거래를 검출하는 모델을 개발해 적용하거나 설비의 고장 진단을 위한 패턴을 추출하기 위해 사용한다.

8.6 대립쌍 생성망

대립쌍 생성망(Generative Adversarial Net, GAN)은 2014년 구글의 이안 굿펠로우(Ian Goodfellow)가 비지도학습의 모델로 개발했다. 대립쌍 생성망은 생성자(Generator)와 감별자(Discriminator)의 두 신경망 모델이 경쟁을 통해 학습하고 결과를 만들어 낸다.

[그림 3-87] 대립쌍 생성망의 구조

[그림 3-87]은 대립쌍 생성망의 구조를 표현한 것으로, 그 내용은 다음과 같다.
- 생성자(Generator)는 실제 데이터를 학습하고, 이를 바탕으로 실제와 가까운 거짓 데이터를 생성한다.
- 감별자(Discriminator)는 생성자가 내놓은 데이터가 참인지, 거짓인지를 판별하도록 학습한다.

- 위 과정이 반복되면서 점점 더 실제에 가까운 거짓 데이터를 만들 수 있다. 대립쌍 생성망은 주로 이미지 생성에 활용한다. 가상 인물의 생성, 가짜 동영상 생성, 가짜 사진 및 그림의 제작 등에 사용되며, 간단한 스케치를 활용한 제품 디자인이나 손상된 이미지의 복원과 같은 분야에 좋은 효과가 있다.

대립쌍 생성망을 사용한 이미지 또는 영상 생성의 사례로는 2017년 워싱턴대학교 연구팀에서 영상 합성에 대립쌍 생성망을 사용해 만든 '오바마 전미국 대통령의 가짜 영상'을 들 수 있다.

[그림 3 – 88] 오바마의 가짜 영상

또 다른 적용 사례로는 페이스북에서 개발한 '리얼아이오프너(Real – eye – opener)'를 들 수 있다. 이는 사진을 찍는 순간 실수로 눈을 감았을 때 가짜 눈을 생성함으로써 눈을 뜨고 있는 모습으로 수정해 사진을 만들어 주는 기술이다.

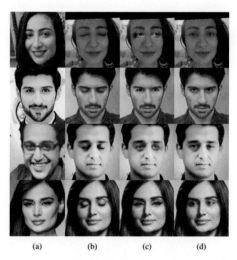

(a)   (b)   (c)   (d)

[그림 3 – 89] Real – eye – opener

대립쌍 생성망은 라이브러리로 제공되며 케라스, 텐서플로를 포함한 대부분의 인공지능 개발 도구에서 편리하게 사용할 수 있다. 여기서는 대립쌍 생성망의 개념과 용도 그리고 가치를 파악하는 데 집중한다.

지도학습에 속하는 다층 퍼셉트론은 퍼셉트론을 입력층과 출력층만으로 구성하지 않고, 중간에 층을 많이 추가하는 모델을 말한다. 이때 입력층과 출력층 사이에 추가되는 층을 '은닉층'이라고 한다. [그림 3 - 90]에는 하나로 표현됐지만, 실제로는 여러 개의 층이 있다.

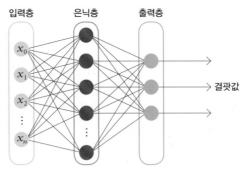

[그림 3 - 90] 다층 퍼셉트론의 구성

다층 퍼셉트론으로 구성된 인공 신경망을 '심층 신경망(Deep Neural Network)'이라고 하며, 딥러닝은 DNN이 학습이 가능하도록 고안된 방법을 적용한 것을 말한다. ReLU 함수, 소프트맥스 함수 그리고 변수의 초기화 기법 등이 DNN을 학습할 수 있도록 해 주는 기법이고, 이것이 적용된 DNN이 '딥러닝'이다. **결론적으로 다층 퍼셉트론은 딥러닝의 가장 기본적인 모델이라고 할 수 있다.** [표 3-1]에 정리했던 소프트맥스나 시그모이드 함수를 사용해 역전파에서 발생하는 문제를 해결해 보자.

▌다층 퍼셉트론 모델의 활용

딥러닝에 속하는 모델은 주로 분류와 예측에 사용한다. 분류는 여러 특징을 가진 데이터를 바탕으로 데이터를 식별하는 것이다. 예를 들어, 특정 사진의 이미지가 집인지, 고양이인지를 분류하는 것이다. 예측은 여러 특징을 지닌 데이터를 바탕으로 예측을 수행하는 것이다. 예를 들어 특정 조건에 대한 데이터를 주면 집의 매매 가격을 예측하는 것을 말한다.

딥러닝에 속하는 모델 중 가장 기본적인 다층 퍼셉트론을 이용해도 분류와 예측을 수행할 수 있지만, 다층 퍼셉트론을 보완해 특정 상황에 적합하게 만든 다양한 모델이 개발돼 이용되고 있다. **다음에 다룰 CNN은 다층 퍼셉트론을 바탕으로 만들어진 딥러닝 모델로, 이미지를 인식해 분류와 예측을 수행하는 모델이며, 순환 신경망은 주어진 데이터를 바탕으로 다음에 무엇이 나올 것인지를 예측하는 것에 특화된 딥러닝 모델로, 자동 번역 등의 기능 구현에 사용한다.**

▌다층 퍼셉트론의 활용 예시

다층 퍼셉트론을 이해하기 위해 다층 퍼셉트론을 이용해 손글씨를 인식하는 프로그램을 개발하는 과정을 살펴보자.

MNIST 데이터는 손으로 쓴 0~9까지의 숫자 이미지와 정답을 묶은 데이터이다. 모델의 훈련을 위해 60,000개, 테스트를 위해 10,000개의 데이터(손으로 쓴 글씨 이미지)가 준비돼 있다. 손으로 쓴 숫자 데이터의 이미지는 28×28 크기로 이뤄져 있다. 예를 들어, 사람이 손으로 쓴 숫자, 예를 들어 8을 28×28 크기의 이미지로 변환하고, 이것이 8이라고 정의한 데이터가 70,000개 있다는 이야기이다. 이 데이터를 이용해 다층 퍼셉트론 모델을 학습시키고, 학습이 끝난 모델에게 손으로 쓴 숫자 이미지 데이터를 입력하면 모델이 숫자를 맞추는 것이다. 사람의 손으로 쓴 숫자가 이미지로 바뀌는 과정을 설명하기 위해 손으로 쓴 8 이미지가 18×18 흑백 이미지로 어떻게 표현되는지를 [그림 3-91]에서 확인할 수 있다.

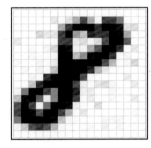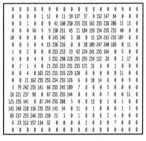

[그림 3-91] 숫자 이미지가 18×18 이미지로 변환되는 예

[그림 3-91]을 통해 인간이 손으로 쓴 이미지는 흑백으로 표현하면 밝고 어두움의 정도로만 표현된다는 것을 알 수 있다. 0은 흰색, 255는 검은색이며 나머지는 중간의 숫자로 표현된다. 숫자 8을 18×18 크기의 이미지로 변환했다면, 결국 [그림 3-92]처럼 324개의 숫자 배열로 표현할 수 있다.

[그림 3-92] 숫자 이미지가 324개의 숫자 배열로 표현되는 예

손으로 쓴 숫자 이미지가 배열로 변환되는 과정을 살펴봤다. 이제 배열로 변환된 데이터를 이용해 학습을 수행할 다층 퍼셉트론 모델에 대해 알아보자. 입력으로 사용할 이미지는 28×28 크기로 변환된 배열로 표현돼 있으므로 60,000개의 학습 데이터를 모델에 차례대로 넣어 모델을 학

습시킨다. 이때 우리가 구성할 다층 퍼셉트론은 입력층, 출력층 외에 은닉층을 1개 사용하도록 구성한다(은닉층의 숫자와 크기는 모델을 제작하는 사람이 결정한다). [그림 3 – 93]은 데이터의 모델에 대한 사항을 상세하게 정리한 것이다.

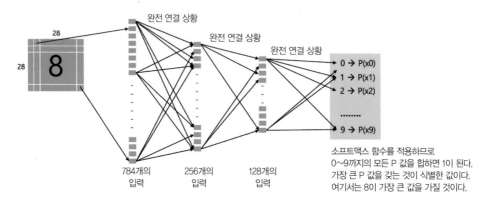

[그림 3 – 93] 완전히 연결된 다층 퍼셉트론 모델(2개의 은닉층)

[그림 3 – 93]에 대한 설명은 다음과 같다.

- 이미지가 28 × 28 크기이므로 입력은 784개가 된다.
- 784개의 입력이 256개의 퍼셉트론을 가진 입력층과 완전히 연결된다. 그림에는 표시하지 않았지만, 모든 노드가 완전히 연결된 것으로 가정해 보자. 입력층의 숫자인 256은 모델 설계자가 결정한다.
- 입력층의 256개 입력이 은닉층의 128개 노드와 완전히 연결된다.
- 은닉층의 노드 숫자는 시행착오를 거쳐 가장 정확한 결과를 보이는 숫자로 결정한다.
- 은닉층의 128개 노드는 출력층의 10개 노드와 완전히 연결된다.
- 출력층의 결과에 소프트맥스 함수를 적용하면, 0~9로 구성된 출력층 노드 각각에 확률로 변환된 결과가 할당된다.
- 가장 큰 확률을 갖는 노드의 숫자가 예측한 숫자이다. 아마도 여기서는 8이 가장 큰 확률을 갖게 될 것이다.

[그림 3 – 93]의 모델을 케라스와 텐서플로를 이용해 모델링하면 [그림 3 – 94]와 같다. 다른 인공지능 언어를 이용해도 모양은 거의 같다.

```
# 모델 생성
model = Sequential()  # 입력은 784개가 많이 들어오고, 출력은 256개로 설정한다. 평가 함수는 시그모이드를 사용한다.
model.add(Dense(256, activation='sigmoid', input_shape=(784,)))  # 입력 레이어
# 256개와 128개가 Fully connected layer를 구성한다.
model.add(Dense(128, activation='sigmoid'))              # 히든 레이어
model.add(Dropout(rate=0.5))                             # 드롭아웃
model.add(Dense(10, activation='softmax'))              # 출력 레이어
```

[그림 3 – 94] 완전히 연결된 다층 퍼셉트론 모델의 프로그램 예

[그림 3 – 94]를 보면 상세한 계산 과정이 보이지 않는다. 입력 노드의 숫자와 함수, 은닉 계층의 노드 수와 함수 등에 대한 것만 명시하면, 나머지 작업은 자동으로 수행한다. 데이터에 따라 입력층의 노드 개수가 정해질 것이고, 얻고자 하는 결과에 따라 출력층의 노드 값이 정해진다. 중간의 은닉층은 모델을 만드는 사람이 시행착오를 거쳐 최적의 노드 수와 은닉층의 개수를 찾아내야 한다.

[그림 3 – 94]에 제시한 것 외에도 실제 프로그램은 데이터의 정제 과정, 모델 구성, 학습 과정, 테스트 과정, 적용 과정 및 평가의 많은 부분을 갖게 된다. 이 책에서는 다층 퍼셉트론의 개념에 집중하기 때문에 모델에 관련된 소스만 제공했지만, 다층 퍼셉트론이 어떻게 만들어지고, 작동하는지를 이해하는 데는 충분할 것으로 생각한다.

8.8 합성곱 신경망

합성곱 신경망(Convolution Neural Network, CNN)은 딥러닝 모델 중 가장 기본이 되는 다층 퍼셉트론 모델로 이미지의 인식, 예측 등에 다양하게 활용되고 있다. 더 나아가 이 다층 퍼셉트론을 바탕으로 하는 딥러닝의 응용 모델도 활발히 이용되고 있다. 그중 CNN은 영상 인식 분야에서 가장 많이 사용하는 모델이다. CNN은 동물의 시각 피질 구조에서 영감을 받아 만들어졌다. 즉, 동물들은 입력된 시각 정보를 전체가 아닌 부분적으로 분리, 계층화한 후 처리하면서 점차 추상적인 특징을 추출해 시각 인식을 수행한다는 점에 착안해 개발된 것이다.

CNN은 1989년 르쿤(LeCun)이 발표한 논문「Backpropagation applied to handwritten zip code recognition」에서 처음 소개됐고, 2003년 벤케(Behnke)의 논문「Hierarchical Neural Networks for Image Interpretation」을 통해 일반 사람에게 알려졌다. 이후 시마드(Simard)의 논문「Best Practices for Convolutional Neural Networks Applied to Visual Document Analysis」에서 정리된 형태로 제안됐다.

▌합성곱 신경망의 특징

다층 퍼셉트론을 이용한 모델은 여러 계층의 퍼셉트론이 서로 완전히 연결된 완전 연결 계층 (Full Connected Layer)과 활성화 함수의 반복으로 이뤄져 있다. 물론 맨 마지막에는 결론을 내기 위해 활성화 함수를 소프트맥스 함수로 대신한다. **반면, CNN은 여러 개의 완전 연결 계층과 활성화 함수를 사용하는 대신, 합성곱 계층(Convolution Layer)과 풀링 계층(Pooling Layer)을 활성화 함수의 앞과 뒤에 배치하는 형태를 띤다.** [그림 3 - 95]는 다층 퍼셉트론과 CNN을 비교한 것이다.

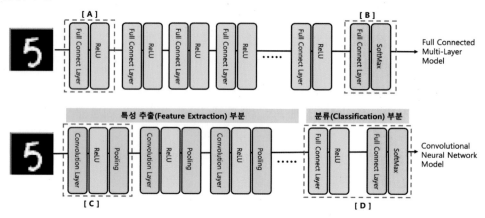

[그림 3 - 95] 다층 퍼셉트론과 CNN의 구조적인 특징 비교

[그림 3 - 95]의 내용은 다음과 같다.

- [A]는 다층 퍼셉트론을 구성하는 모델의 기본 단위로, 완전 연결 계층과 활성화 함수로 구성된다. 이것이 반복적으로 연결돼 모델을 구성한다. 역전파를 포함한 멀티 퍼셉트론 부분에서 사용한 모델이다.
- [B]는 완전 연결 다층 계층 모델(Full Connected Multi Layer Model)에서 결론을 얻어야 하므로 최종 결괏값을 0, 1 등의 형태로 출력하는 함수(소프트맥스 등)를 마지막에 배치한다.
- [C]는 CNN을 구성하는 단위이다. 합성곱 계층, 활성화 함수 그리고 풀링 계층으로 구성된다. 각 부분은 뒤에서 설명한다. 이 부분의 반복적 수행을 통해 입력 이미지의 특성을 추출하는 기능을 수행한다.
- [D]는 특성 추출 부분의 결과를 받은 후 분류를 수행해 결과를 얻는 기능을 수행하며, 기존의 다층 퍼셉트론 구조와 같다. [그림 3 - 95]의 윗부분에 있는 것과 반복되는 층수는 다르지만, 구조는 같다.

기존 다층 퍼셉트론 모델과 CNN이 어떻게 다른지를 설명하는 내용은 중요하기 때문에 정확하게 인식해야 한다.

▌이미지 배열 표현의 문제점

[그림 3 - 95]의 위쪽 그림처럼 완전 연결 계층을 이용해 데이터를 분류하는 모델을 만들려면 [그림 3 - 96]처럼 5와 같은 이미지 데이터를 1차원의 데이터로 펼쳐 입력층에 넣어야 한다. 즉, 28×28의 크기를 갖는 이미지가 768개의 일차원 데이터로 변경된다.

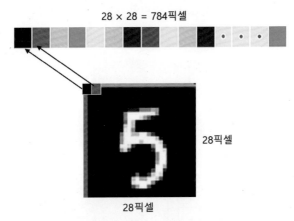

[그림 3 - 96] 완전 연결 계층의 입력 형태 변환

이렇게 되면 원데이터가 갖는 형상, 즉 공간적 구조가 무시된다. 이 점은 모델의 이미지 인식 성능을 저하시키는 요인이다. 따라서 이미지 데이터는 공간 구조를 고려하는 조작이 필요하다. 이것이 바로 CNN이 도입된 이유이다. 즉, 이미지를 동물이 인식하는 것처럼 부분적으로 분리해 특성을 추출하는 과정을 반복해 이미지가 갖는 추상적인 특징을 추출하고, 이를 이용해 이미지를 인식하도록 만드는 것이 CNN에서 하고자 하는 것이다. 이를 위해 CNN에서는 합성곱 계층, 활성화 함수, 폴링 계층을 도입해 작업을 수행한다. 계층별로 이미지가 처리되는 과정을 상세하게 알아보자.

합성곱 계층의 계산 원리

완전 연결 계층이 이미지 데이터가 갖는 공간적 구조를 무시하는 단점을 보완하기 위해 고안된 것이 CNN의 특성 추출 부분으로, 합성곱 계층, 활성화 함수 그리고 풀링 계층으로 구성된다([그림 3-97] 참조). 합성곱 계층은 주어진 이미지의 공간적 구조를 살리면서 원하는 특성을 식별하기 위해 개발됐다. [그림 3-97]은 이 원리를 정리한 것이다.

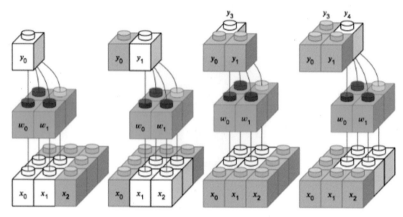

[그림 3-97] 합성곱 계층을 구성하는 원리

합성곱 계층을 구성하는 원리는 '$y = wx + b$'의 식과 같이 원이미지의 각 픽셀을 x로 보고, 여기에 필터로 불리는 w 값을 곱해 y 값을 구하는 방식을 사용한다. 이렇게 하면 원이미지의 공간적 구조를 고려하고, w 값을 조정해 강조할 점은 강조할 수 있다. [그림 3-80]은 원이미지가 3×3 크기일 때 원이미지의 특성을 추출하기 위해 가중치에 해당하는 w를 2×2 크기의 형태로 적용하고 x, y축으로 한 칸씩 이동한 것이다. [그림 3-97]을 예로 들어 이 내용을 나타내면 [그림 3-98]과 같다.

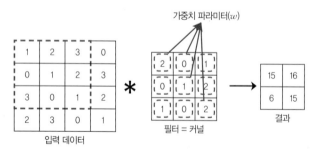

[그림 3-98] 필터를 적용하는 원리

[그림 3-98]은 4×4 크기의 이미지에 w의 역할을 하는 3×3 크기의 필터를 1개 적용하고, 필터는 1칸씩 이동(스트라이드는 1)해 결과를 구하는 경우이다. 결과의 첫 번째 값인 15는 그림의 빨간색 부분과 필터를 곱해 나온 값이다. 구체적으로 다음과 같이 계산한다.

$$(1\times2)+(2\times0)+(3\times1)+(0\times0)+(1\times1)+(2\times2)+(3\times1)+(0\times0)+(1\times2)=15$$

필터가 1칸씩 이동하므로(1 스트라이드) 16은 입력 데이터를 하나 이동한 후 다음 부분에 필터 값을 적용해 계산한 값이다.

1	2	3	0
0	1	2	3
3	0	1	2
2	3	0	1

[그림 3-99] 스트라이드의 의미

이와 같은 과정을 통해 6과 15도 계산할 수 있다. **이처럼 작업하면 주어진 원이미지의 공간적 특성을 식별하고, 필터 값을 조정해 이미지가 갖고 있는 특징을 식별할 수 있다. 그 예가 [그림 3-98]에 있는 결괏값이다.**

[그림 3-98]처럼 계산하면 필터를 통과하기 때문에 원이미지가 필터를 적용할 때마다 적어지는 문제가 발생한다. 그러면 주어진 이미지에서 여러 단계에 걸쳐 이미지의 특성을 추출하고자 하는 의도를 이룰 수 없다. 이 문제를 해결하기 위해 원이미지의 외부에 0으로 된 픽셀을 추가해 계산하는 경우가 있는데, **이를 '패딩(Padding)'이라고 한다. 패딩을 하게 되면 필터를 적용해도 이미지가 작아지는 문제를 피할 수 있다.** [그림 3-98]의 입력 데이터에 한 폭짜리 제로 패딩(Zero-Padding)을 적용한 이미지의 모습은 [그림 3-100]과 같다.

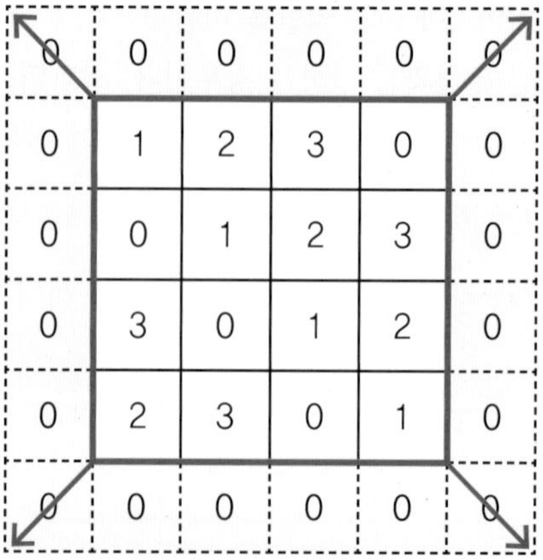

[그림 3 – 100] 입력 데이터에 1개의 제로 패딩을 적용한 모습

[그림 3 – 100]의 결과를 [그림 3 – 98]의 입력 데이터로 설정한 후 필터를 적용하면 결과는 4×4의 모습을 갖게 되며, 원이미지와 같은 크기를 가진다. **패딩 기법은 같은 이미지에서 여러 단계를 거쳐 이미지의 특성을 추출하고자 하는 의도를 만족시키기 위한 것으로, 합성곱 신경망에서 일반적으로 사용하는 기술이다.**

▌합성곱 계층 활용 방법

앞서 합성곱 계층을 만들기 위해 필터를 사용하는 방법과 패딩, 스트라이드에 대해 알아봤다. 이제는 이를 이용해 합성곱 계층을 만드는 방법을 자세히 알아보자.

구체적인 내용을 설명하기 전에 사용하는 용어를 정리해 보자.

- 원이미지에 필터를 통해 생성된 것을 '특징 지도(Feaure Map)'라고 하며, 이는 [그림 3 – 98]의 결과에 해당하는 부분이다.
- 필터를 6개 사용하면 6개의 특징 지도가 생성된다. 이때 생성되는 특징 지도를 '컨볼루션 계층(Convolution Layer)'이라고 한다([그림 3 – 95]의 C 부분 참조).
- 컨볼루션 계층에 ReLU 등의 활성화 함수를 적용한 것을 '활성화 계층(Activation Layer)'이라고 한다([그림 3 – 95]의 C 부분 참조).

합성곱 계층의 구성 방법

[그림 3-101]은 합성곱 계층을 구성하는 방법을 정리한 것이다. (가)는 원이미지에서 합성곱 계층을 만들기 위해 필터를 6개 적용한 경우이다. 이때는 원이미지가 흑백이라고 가정한다. 만약 컬러 이미지라면 R, G, B의 3개 채널로 구성될 것이다.

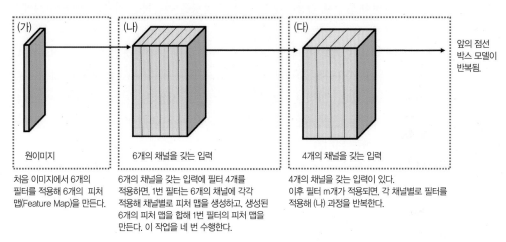

원이미지

6개의 채널을 갖는 입력

4개의 채널을 갖는 입력

앞의 점선 박스 모델이 반복됨.

처음 이미지에서 6개의 필터를 적용해 6개의 피처 맵(Feature Map)을 만든다.

6개의 채널을 갖는 입력에 필터 4개를 적용하면, 1번 필터는 6개의 채널에 각각 적용해 채널별로 피처 맵을 생성하고, 생성된 6개의 피처 맵을 합해 1번 필터의 피처 맵을 만든다. 이 작업을 네 번 수행한다.

4개의 채널을 갖는 입력이 있다. 이후 필터 m개가 적용되면, 각 채널별로 필터를 적용해 (나) 과정을 반복한다.

[그림 3-101] 컨볼루션 계층을 구성하는 방법

- [그림 3-101]의 (가)에서 필터 6개를 적용해 (나)와 같이 6개의 특징 지도를 만든다. 만드는 방법은 [그림 3-98]에 있다. 필터가 6개 적용됐으므로 필터가 적용된 결과(Convolution Result of Channel)를 6개 얻게 된다. 만약, 컬러 이미지라면 각 필터가 R, G, B에 적용돼 각각 특징 지도를 얻고, 3개의 특징 지도를 합해 1개의 특징 지도를 최종적으로 얻는다. 이 과정이 여섯 번 반복된다. 이때 R, G, B별로 별도의 필터를 사용할 수 있다.

- 만약 원이미지가 $8 \times 8(N = 8)$이고, 필터가 $2 \times 2(F = 2)$, 스트라이드가 1(stride = 1)이라면 '$(N - F)/stride + 1$'에 따라 7×7의 이미지가 만들어진다. 여기에 필터를 6개 적용한 경우이므로 결과는 6개의 7×7 이미지가 만들어진다. 이를 '7×7 with 6 채널' 이미지라고 부른다. 만약, 필터를 적용한 결과가 원본과 같은 크기가 되기를 원하면 패딩을 이용하면 된다. 원이미지의 특성에 따라 스트라이드에 1 이외의 다른 수를 적용할 수도 있다.

- (나)는 '7×7 with 6 채널 이미지'에 필터 4개를 적용하는 경우이다. 생성된 6개의 특징 지도에 필터 4개를 적용해야 한다.

- 1번 필터를 6개의 활성화 지도에 적용해 6개의 특징 지도를 구한다. 구해진 6개의 특징 지도 값을 합쳐 1개의 **특징 지도**를 만든다. 합치는 방법은 각 활성화 지도의 (0,0) 값의 합이 특징 지도의 (0,0) 값이 되게 한다. 이와 동일하게 각 결과의 (0,1) 값의 합은 특징 지도의 (0,1) 값이 되는 것이다. 모든 픽셀에 대해 같은 작업을 수행한다.

- 위 작업을 2, 3, 4번 필터에 동일하게 적용한다. 이 과정을 마치면 4개의 이미지가 생성된다. 이때 생성되는 이미지의 크기는 필터와 스트라이드, 패딩의 설정에 따라 결정된다.
- [그림 3 – 95]의 C에서 확인할 수 있는 것처럼, 생성된 특징 지도에 ReLu 등의 활성화 함수를 적용한다. 이때 특징 지도에 활성화 함수가 적용된 결과를 '활동 지도(Activation Map)'라고 한다. 실무에서는 활성화 함수를 적용하지 않고 바로 풀링을 적용하는 경우도 많다(CNN에서 '활성화 함수의 역할' 참조).
- 생성된 활동 지도에 다음 단계의 필터를 적용하기 전에 풀링을 적용하면 더 좋은 결과가 나오는 경우가 많다. 이때 적용하는 풀링은 성격에 따라 최대 풀링(Max Pooling), 평균 풀링(Average Pooling) 등이 있다. [그림 3 – 102]는 최대 풀링을 적용하는 예로, 필터를 통해 얻은 결과를 요약한 특징 지도의 정보를 특정 규정에 따라 요약한 것이다. 이번 필터에 의해 구해진 특징을 다시 한번 정리하는 의미가 있다.
- [그림 3 – 102]는 앞 과정을 통해 얻은 최종 특징 지도가 4×4 크기라고 가정하고, 여기에 2×2 크기의 필터와 스트라이드 2(2칸 이동)를 적용한 후 최대 풀링을 적용해 결과를 구하는 과정을 보여 주고 있다.

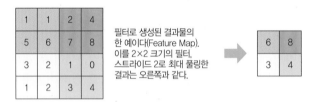

필터로 생성된 결과물의 한 예이다(Feature Map). 이를 2×2 크기의 필터, 스트라이드 2로 최대 풀링한 결과는 오른쪽과 같다.

[그림 3 – 102] 전형적인 CNN의 모습

풀링 계층은 합성곱 계층과 함께 CNN을 구성하는 중요 요소이다. 이미지의 특징을 추출하는 것이 CNN의 목적이라는 것을 생각한다면, 풀링 작업은 필터에 따라 정리된 이미지의 특성을 필요에 따라 정비 또는 보완하는 역할을 수행한다. 풀링 작업을 꼭 해야 하는 것은 아니지만, 좋은 결과를 얻고자 하는 경우에 고려할 필요가 있다.

지금까지 CNN의 원리와 필요성 그리고 각 단계를 구하는 방법을 알아봤다. CNN은 원본 데이터가 갖고 있는 공간적인 특성을 살리는 것에 목적이 있다는 점을 반드시 기억해야 한다. 앞 과정을 반복해 적용하는데, 반복의 횟수는 모델을 설계하는 사람의 의도에 달려 있다. 수십 번 반복할 수도 있다. 이 모든 과정이 끝나면, 이를 풀어 [그림 3 – 95]의 D에 해당하는 부분을 추가로 수행해 결과를 얻는다. 결론적으로 CNN은 기존의 다층 퍼셉트론의 개념에 이미지의 식별을 위한 기능을 추가한 것으로 볼 수 있다. [그림 3 – 95]를 다시 확인해 보고, CNN 모델과 기존 모델의 차이점 및 공통점을 식별하는 것이 중요하다.

CNN에서 활성화 함수의 역할

[그림 3 - 95]의 C를 보면, 합성곱 계층과 폴링 계층 사이에 ReLu라는 활성화 함수를 사용한다. 여기서 활성화 함수의 역할은 합성곱 계층의 결과물에 활성화 함수를 적용한 후 그 결과를 폴링 계층으로 넘겨 주는 것이다.

활성화 함수로 여러 가지 함수를 사용할 수 있는데, 대표적인 것이 ReLU 함수이다. ReLU 함수는 음수는 0, 양수는 그대로 유지하는 역할을 한다. [그림 3 - 103]은 합성곱 계층을 통과한 특징 지도에 활성화 함수로 ReLU를 적용한 예이다.

[그림 3 - 103] CNN에서 활성화 함수의 역할

CNN의 예

[그림 3 - 104]는 웹에 공개된 전형적인 CNN의 모습이다. 그 내용을 자세히 살펴보자.

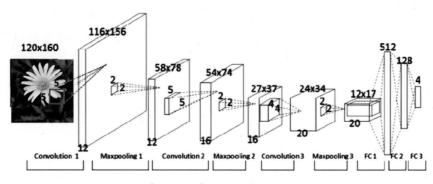

[그림 3 - 104] 전형적인 CNN의 모습

[그림 3 - 104]는 120×160 크기의 흑백 이미지를 대상으로 CNN을 적용한다.

Convolution1 + Maxpooling1 작업의 수행

- 이미지에 5×5 크기의 필터 12개를 적용해 116×156 크기의 특징 지도 12개를 구한다(스트라이드는 1). 이때 필터를 구성하는 값은 분석가가 설정한다(원본이 N×N, 필터가 F×F, 스트라이드가 a이면, 결과 이미지의 크기는 '(N - F)/a + 1'이 된다).
- 12개의 특징 지도에 2×2 크기의 최대 풀링을 적용해 58×78 크기의 결과 12개를 얻는다. 다음 단계의 입력으로 '12채널의 58×78 크기' 이미지가 제공된다.

Convolution2 + Maxpooling2 작업의 수행

- 12채널을 갖는 58×78 크기의 이미지에 5×5 크기의 필터 16개를 적용해 16개의 채널을 갖는 54×74 크기의 이미지를 얻는다([그림 3-101]에서 (나)를 얻는 과정 참조).
- 결과에 최대 풀링을 적용한다. 다음 단계로 16채널을 갖는 27×37 크기의 이미지가 최종 특성 지도의 형태로 변형돼 전달된다.
- 앞 과정을 반복한다.
- **많은 단계를 거쳐 최종적으로 이미지에 대한 특징이 20개의 채널을 갖는 12×17 크기의 이미지를 만든다. 이제부터는 다층 퍼셉트론의 모델을 적용한다.**
- 최종 이미지는 4,080(12×17×20)의 일차원 배열로 정리돼 4,080개의 퍼셉트론이 512개의 노드(퍼셉트론)로 구성된 입력층(Full Connected1, FC1), FC1의 512 노드는 은닉 계층인 128개 노드(퍼셉트론)의 FC2에 완전히 연결된다.
- 은닉 계층인 128개의 노드는 출력으로 4개의 노드와 완전히 연결된다. 여기서 출력이 4라는 것은 식별할 종류가 4가지라는 의미이다.
- 맨 마지막에는 이미지의 식별을 위해 활성화 함수로 소프트맥스 함수를 사용해 이미지가 어떤 것을 말하는지 확률로 예측한다. 가장 높은 확률을 갖는 것이 예측값이다. 예를 들어 0이면 고양이, 1이면 개, 3이면 원숭이, 4이면 고양이이다.

[그림 3-104]를 보고 위와 같은 의미를 추적할 수 있다면, CNN을 어느 정도 이해했다고 볼 수 있다. 아직 내용에 대한 추적이 되지 않고 모델을 이해하기 어렵다면, 앞의 내용을 다시 한번 읽어 보자.

앞서 설명한 내용을 요약하면, CNN은 영상 인식에 중점을 두고 설계된 모델이라는 점을 알 수 있다. CNN을 이용한 영상 인식 대회는 매년 개최되고 있으며, 대표적인 예로는 ILSVRC (Imagenet Large Scale Visual Recognition Chanllege), PASCAL, VOC 등을 들 수 있다. **이 대회들은 CNN에 몇 개의 합성곱 계층을 넣을 것인지, 풀링을 사용할 것인지, 사용한다면 어디에 어떤 풀링을 사용할 것인지 등을 고려한 다양한 CNN 모델이 출품돼 정확한 이미지 식별 경쟁을 하고 있다.**

CNN은 자체가 모델이기도 하지만, 다른 관점에서는 이미지를 식별하기 위한 모델의 기본형이라고 할 수 있다. CNN을 이용한 영상 인식 대회의 목적은 [그림 3-104]에 제시된 형태에 합성곱 계층의 숫자, 필터의 숫자 및 값, 크기, 풀링의 크기 및 수행 시기 등과 같은 다양한 요인을 적용해 최적의 이미지를 식별할 수 있도록 모델을 만들어 보는 것이다.

이 대회에서 우승한 CNN 모델 중 유명한 것으로는 2012년 알렉스넷(AlexNet), 2014년 구글넷 (GoogleNet), 2015년 레스넷(ResNet) 등이 있다. 이들의 구조는 [그림 3 - 104]를 바탕으로 구성 되며, 상세 구조에 대한 정보는 공개돼 있다. ILSVRC 대회에 출품했던 모델 중 가장 정확한 모 델 Top 5는 [그림 3 - 105]와 같다. 최고의 정확도를 보였던 모델은 2016년의 구글넷 모델이다. ILSVRC 시합에서 우승했던 모델들과 인간의 이미지 인식 에러율의 차이를 [그림 3 - 105]에서 확인할 수 있다. 사람의 에러율이 5% 정도라는 것을 고려해 자료를 살펴보면, 앞서 설명한 CNN 을 활용한 레스넷, 구글넷의 정확성이 얼마나 대단한 것인지 확인할 수 있다.

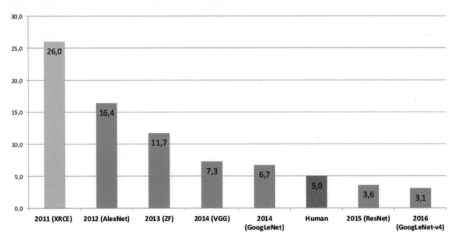

[그림 3 - 105] ILSVRC 대회의 우승 모델 에러율 비교

지금까지 딥러닝의 발전에 크게 이바지했던 CNN을 살펴봤다. [그림 3 - 106]은 [그림 3 - 104]에 제시한 CNN 모델을 케라스를 이용해 프로그램한 것으로, 앞서 설명한 내용이 실제로 어떻게 사 용되는지를 보여 준다.

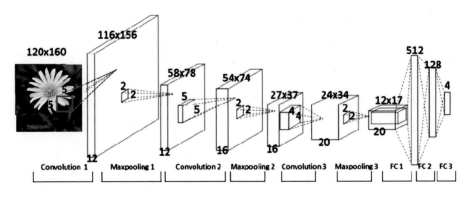

```
from keras.models import Sequential
from keras.layers.convolutional import Conv2D
from keras.layers.convolutional import MaxPooling2D
from keras.layers import Dense
from keras.layers import Flatten

model = Sequential()
model.add(Conv2D(12, kernel_size=(5, 5), activation='relu', input_shape=(120, 60, 1)))
model.add(MaxPooling2D(pool_size=(2, 2)))
model.add(Conv2D(16, kernel_size=(5, 5), activation='relu'))
model.add(MaxPooling2D(pool_size=(2, 2)))
model.add(Conv2D(20, kernel_size=(4, 4), activation='relu'))
model.add(MaxPooling2D(pool_size=(2, 2)))
model.add(Flatten())
model.add(Dense(128, activation='relu'))
model.add(Dense(4, activation='softmax'))
```

[그림 3 – 106] 케라스를 이용한 CNN 모델의 프로그래밍

[그림 3 – 106]에서 확인할 수 있는 점은 [그림 3 – 104]에서 보여 준 모델만 만들 수 있다면, 케라스를 이용한 프로그래밍은 예제에서 확인할 수 있듯이 기계적으로 수행할 수 있다는 것이다. 그리고 케라스로 제작된 프로그램을 실행하면 앞서 설명한 모든 과정(폴링, 특성 지도 계산 등)을 자동으로 수행한 후 결과를 보여 준다. 아마도 결과는 입력된 이미지가 꽃인지, 고양이인지, 집인지를 식별한 것이 될 것이다. 이 시점에서 케라스의 예와 제시된 모델을 비교해 살펴보면 바로 이해할 수 있다.

결국, CNN을 사용하고자 한다면 [그림 3 – 104]에서 제시한 모델을 만드는 작업이 대부분이다. 컨볼루션을 몇 번 할 것인지, 어떻게 할 것인지, 폴링은 어떤 것을 사용할 것인지와 같은 사항이 결정되면 나머지는 큰 어려움 없이 수행할 수 있다. 실제로 [그림 3 – 105]에 나오는 많은 모델은 컨볼루션, 폴링 등의 횟수, 모양, 절차를 변화시켜 구성한 것이다. 즉, 핵심이 되는 모델은 같다.

지금까지 CNN이 왜 개발됐고, 이미지의 특성을 어떤 방식으로 추출하는지에 대한 원리를 알아봤다. CNN을 학습할 때는 [그림 3 – 104]와 같은 모델을 읽는 것이 중요하다. 도구의 사용보다 중요한 것은 원리를 이해하는 것이다. 다른 사람이 만든 프로그램을 읽을 수 있어야만 자신만의 프로그램을 제작할 수 있기 때문이다. 도구의 사용이나 코딩에 대한 부분 등 인공지능 개발 도구를 사용해 CNN을 개발하는 과정을 자세하게 다루지 못한 것은 조금 아쉽지만, 앞서 학습한 원리를 잘 이해하면 도구를 사용해 코딩하는 부분은 단기간에 따라잡을 수 있다. 만일 CNN에 대해 좀 더 깊이 있게 학습하기를 원한다면 CNN에 관련된 책을 읽어 보자.

앞서 살펴본 CNN을 다시 한번 정리하면, 입력 데이터가 갖고 있는 공간적인 특성(사진에서 사람의 식별, 고양이 사진 등)을 식별하기 위해 각 부분을 인식하기 위한 필터를 도입해 각 부분의 특성을 파악(활동 지도)하고, 각 필터에서 얻은 값을 통합해 특성을 강조한 새로운 입력(특징 지도)을 생성한다. 이것이 다른 것의 입력이 되는 과정을 반복한 후 최종 결과를 다층 신경망의 입력으로 넣고, 순전파와 역전파를 통해 변수(w, b)의 값을 최적화한다. 최종 모델에 소프트맥스 함수를 사용해 사진 속의 이미지가 고양이인지, 사람인지를 식별하는 과정을 수행한다.

이처럼 CNN은 입력이 갖고 있는 공간적인 특성을 필터를 통해 반영하는 기능을 제공하지만, 시간적인 특성을 갖고 있는 데이터에는 적합하지 않다. 예를 들어 인간이 사용하는 언어는 1개의 단어만으로는 이해할 수 없고, 시간의 축을 따라 사용된 이전 단어와 현재 단어를 연결할 때 이해할 수 있는 특성을 지닌다([그림 3 – 107] 참조). 이런 데이터를 '연속 데이터(Sequence Data)'라고 하며, 이를 대상으로 학습을 진행하기 위해 개발된 다층 신경망의 응용 모델이 'RNN'이다. RNN은 자연어나 음성 신호, 주식과 같은 연속적인(Sequence) 데이터에 적합한 모델이다. RNN을 재귀 신경망으로 번역하기도 하는데, 의미상으로 보면 RNN이 적당하므로 여기서는 RNN을 사용한다.

RNN의 개념

RNN은 [그림 3 – 107]처럼 시간을 축으로 이어지는 데이터를 대상으로 작동하도록 설계된 모델이다. RNN에서 가장 중점을 두는 부분은 앞의 결과가 뒤의 결과에 영향을 미쳐야 하고, 이것이 시간이나 순서를 축으로 연속적으로 작동해야 한다. RNN도 다층 신경망을 이용한 것이다. 따라서 순방향과 역방향을 통한 가중치의 변화를 통해 최적화의 과정을 수행한다.

[그림 3 – 107] 시간축에 따라 변화하는 데이터의 예

CNN을 포함하고 있는 일반 신경망(Feed-Forward Neural Network, FFNets)은 데이터를 학습과 테스트로 나눠 관리하고, 학습 데이터를 이용해 신경망의 가중치를 학습시키며, 결과를 테스트 데이터를 이용해 확인한다. 그리고 일반 신경망은 데이터를 입력하면 입력층에서 은닉층을 거쳐 출력으로 나아가며, 모든 노드를 한 번만 지나가도록 만든다. **하지만 RNN은 은닉층의 결과가 다시 은닉층의 입력으로 연결되도록 구성해 순서 또는 시간이라는 측면을 고려할 수 있는 특징이 있다. 이런 이유로 RNN의 영문 표기에 'Recuurent(회귀)'라는 단어를 사용한다.** 이 개념을 그림으로 정리하면 [그림 3-108]과 같다.

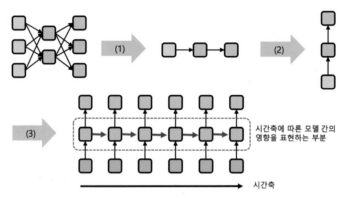

[그림 3-108] RNN과 다층 신경망의 연관성

(1) 다층 신경망을 간단히 표현하기 위해 모양을 바꾼 것이다.

(2) 간단히 표현된 다층 신경망을 수직으로 세워 표현했다.

(3) 다층 신경망을 여러 개 중첩해 시간축에 따른 모델의 변화를 반영하기 위해 각각의 다층 신경망 은닉층의 결과가 자신의 출력(y) 외에 이전에 수행한 다층 신경망의 은닉층에 영향을 미치도록 설계돼 있다. 그림에서 (3)의 빨간색 점선으로 돼 있는 사각형이 감싸고 있는 부분이 각 다층 신경망의 연결을 보여 주고 있다. 중요한 점은 모든 같은 색이라는 것이다. 이는 중간의 녹색이 같은 함수와 기능을 수행한다는 것을 의미한다. 앞의 결과가 피드백돼 들어오므로 출력은 다를 수 있다.

[그림 3-108]은 RNN이 수십 개의 다층 신경망을 은닉층의 결과를 반영해 상호 연계되도록 배치한 것이라는 것을 보여 주고 있다. 이러한 구성을 통해 인간이 갖고 있는 언어의 시간성을 표현할 수 있다. 예를 들어 '사'라는 단어만으로는 의미를 알 수 없지만, '사람'이 되면 의미를 알 수 있게 되고, '사람의 사랑'이 되면 또 다른 의미로 쓰인다. 따라서 하나의 단어마다 하나의 다층 신경망을 구성하고, 이것을 연결해 모델을 구성함으로써 시간의 특성을 갖는 데이터를 학습시킬 수 있다.

RNN은 자체로도 유용하게 사용할 수 있다. 그러나 실무에 각 단어를 구성하는 다층 신경망의 깊이가 깊어지면([그림 3-108]의 녹색이 많아지면), 학습이 잘되지 않는 문제가 발생하기 때문에 **이를 보완하기 위해 장단기 메모리(Long Short Term Memory, LSTM), GRU(Gated Recurrent Unit)와 같은 보완 모델이 개발돼 적용되고 있다.**

▍RNN의 표현

RNN은 여러 개의 다층 신경망을 연결한 것으로, [그림 3-109]처럼 표현할 수 있다.

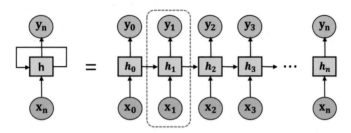

[그림 3-109] RNN의 표현

여러 개가 연결된 망은 [그림 3-109]의 왼쪽과 같이 하나의 그림으로 표현할 수 있다. **여기서 주의할 점은 RNN을 구성하는 여러 개의 층($x_0 - x_t$)을 구성하는 중간 단계인 h는 모두 같은 구조를 가진다는 것이다.** 다만, 진행하면서 값의 변화에 따라 각각의 값은 달리 변할 수 있다. [그림 3-109]의 구성 요소 중 반복되는 부분을 분리해 '$y = w\,x + b$'의 형식으로 표현하면 [그림 3-110]과 같다. 여기서 사용하는 기호의 의미를 파악하는 것이 중요하다.

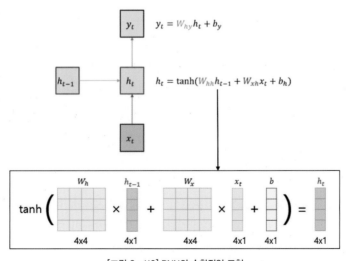

[그림 3-110] RNN의 수학적인 표현

- x_t: 특정 단계에서의 입력
- W_{hh}: h_{t-1}과 h_t 사이의 가중치
- W_{xh}: x_t와 h_t 사이의 가중치
- $tanh$: 활성화 함수
- W_{hy}: h_t와 y_t 사이의 가중치
- 최종값은 $y_t = w \times x + b$이므로 $y_t = W_{hy} \times h_t + b_y$가 된다.
- h_t의 계산은 행렬값이 있으며, 이에 대한 계산 원리는 [그림 3 – 112]를 참조하라.

[그림 3 – 110]까지 RNN의 기본 형태를 살펴봤다. 인공지능 모델에는 기본형이 있고, 여기에 작은 변화를 줘 보다 좋은 결과를 얻어 낼 수 있는 파생 모델이 있다. RNN에도 [그림 3 – 109]에서 보여 준 기본형 외에 사용자의 목적에 맞춰 다양한 형태의 모양이 존재한다. [그림 3 – 111]에는 기본형 외에 다양한 상황에 따른 모델이 제시돼 있다.

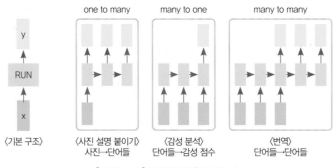

[그림 3 – 111] RNN의 다양한 모델

- **사진 설명 붙이기**: 사진이 입력으로 들어오고, 출력으로 사진과 설명 그리고 다른 정보를 출력할 때 적용하는 모델로, 1개의 입력에 3개의 출력이 생성되는 모델이다.
- **감성 분석**: 여러 입력이 들어오고 그것을 통합해 결론을 출력할 때 적용되는 모델로, 여러 단어가 입력됐을 때 이를 통합해 감성 점수가 나오는 경우에 해당하는 모델이다.
- **번역**: 문자열이 들어오고 여기에 해당하는 다른 문자열을 출력할 때 적용되는 모델로, 구글 번역 등에서 사용하고 있는 모델이다.

▌순환 신경망의 예

[그림 3 – 110]에서 제시한 표준적인 RNN 모델이 어떻게 사용되는지 예를 통해 알아보자. RNN을 사용해 어떤 글자를 줬을 때 다음 글자를 예측하는 문자 기반의 모델을 만들어 보자. [그림 3 – 112]는 RNN에 'hell'을 넣으면, 출력으로 'ello'를 출력하는 모델이다. 즉, 입력 'hell' 다음에 나올 문자가 'o' 라는 것을 맞추는 모델이다.

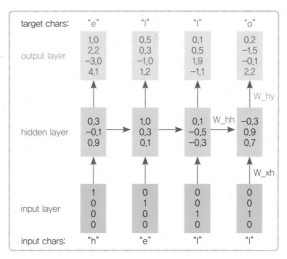

[그림 3-112] RNN의 사례

- [그림 3-112]는 [그림 3-109]의 기본 구조를 바탕으로 구성한다.
- 입력 문자가 'hell'이므로 h는 각각의 입력값을 '1 0 0 0', e는 '0 1 0 0', l은 '0 0 1 0'으로 설정한다. 처음이 1이면 h, 두 번째가 1이면 e가 된다.
- 초기에 가중치에 대한 값은 임의로 선정한다. 그런 다음 이를 이용해 $h_1 - h_4$를 구하고, 출력층인 $y_1 - y_4$를 구한다.
- 은닉 계층이 3×1 크기의 형태를 갖고, $h_1 = \tanh(w_{01} \times h_0 + w_{11} \times x_1 + b)$이므로 h_0을 0으로 정하면 $w_{11} \times x_1$이 3×1 크기여야 하고, x_1이 4×1 크기이므로 w_{11}은 3×4 크기의 형태가 되도록 모양을 잡는다. 나머지는 같은 방법으로 모양을 잡고, 임의의 값(w)을 설정한다. **여기서 은닉층을 3×1 크기의 형태로 만든 이유는 형태에 변화를 주면 결과가 좀 더 정확해지기 때문이다.** 행렬의 곱에서 '$(4 \times 3) \times (3 \times 2) = 4 \times 2$'가 된다. 즉, 두 행렬의 안쪽 값은 3으로 같아야 하고, 바깥쪽 값이 최종 결과의 모습을 결정한다.
- 임의로 설정된 값(w)을 이용해 출력층의 y_1을 계산한다. '$y_t = w_{hy} \times h_t + b_y$'이므로 앞서 구한 h_1에 임의로 설정한 w_{hy}를 곱해 값을 얻는다. y_1은 4×1, h_1은 3×1이므로 w_{hy}는 4×3 크기의 모양이 되도록 설정한다. 결과가 e여야 하므로 출력이 '0 1 0 0'으로 나와야 한다. 임의로 설정한 가중치(w) 값에 따라 계산된 결과는 $(1.0, 2.2, -3.0, 4.1)$이고, 이것에 소프트맥스와 원-핫 인코딩을 적용하면 $(0, 0, 0, 1)$이 된다(**소프트맥스 함수**는 주어진 값의 비율을 유지하면서 모두 합쳐 1이 되도록 변경하는 함수, 원-핫 인코딩은 주어진 값 중 가장 큰 것만 1로 하고 나머지는 0으로 설정하는 함수라는 것을 기억하자).
앞서 구한 $(0, 0, 0, 1)$은 우리가 원하는 $(0, 1, 0, 0)$이 아니다. 아직 w 값에 대한 최적화가 이뤄지지 않아 정확한 결과가 나오지 않았다. 나머지 y 값도 같은 작업을 수행해 결과를 얻는다.

지금까지가 순전파를 이용해 결과를 얻는 과정이다. 순전파의 과정을 그림으로 설명하면 [그림 3 – 113]처럼 표현할 수 있다. [그림 3 – 113]을 이해하기에는 문제가 없을 것이다. 다만, 사용하는 기호가 조금 많다는 것뿐이다. 앞의 설명을 바탕으로 잘 살펴보자.

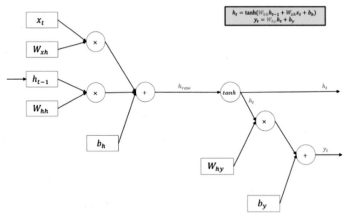

[그림 3 – 113] 순전파를 그림으로 표현

• 순전파로 얻은 결과를 바탕으로 역전파를 적용해 앞서 임의로 설정했던 가중치(w) 값을 개선한다. 역전파에 대한 계산 과정은 앞의 딥러닝에서 이미 살펴봤다. 역전파에 관련된 계산 과정을 그림으로 표현하면 [그림 3 – 114]와 같다.

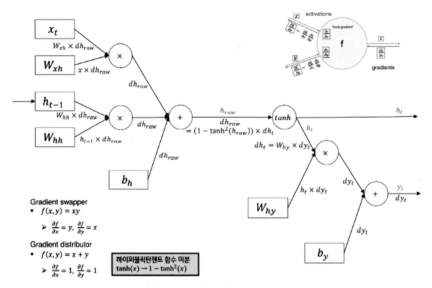

[그림 3 – 114] 역전파를 그림으로 표현

[그림 3 – 114]의 녹색은 순전파에 따른 결과를 보여 주고, 빨간색은 역전파를 위한 계산에 필요한 것이다. 역전파에서는 각 데이터를 미분해 최솟값으로 이동하는 과정을 거치게 되므로 각각의 결괏값을 미분해 구하고, 이를 동적 프로그래밍의 개념을 적용해 이어지는 과정에서 재사용함으로써, 순전파에서 사용했던 파라미터를 계산을 통해 최적화할 수 있게 된다. 이 그림에서 y_i는 미분해 dy_i가 된다. 이것이 그다음 단계의 입력이 돼 단계별로 계산이 수행한다. [그림 3 – 114]의 역전파 도해를 이해하지 못한다고 해서 걱정할 필요는 없다. 역전파가 왜 필요한지 이해하는 것으로 충분하다.

요약하면, 개선된 가중치를 대상으로 순전파를 적용해 y 값을 얻고, 이를 바탕으로 역전파를 적용해 가중치(w) 값을 개선하는 작업을 반복한다. 이 과정을 반복하면 가중치 값이 개선되고, 실제 예측치가 정확해지는 것을 확인할 수 있다. 이것이 바로 RNN 학습의 과정이다.

RNN에서 순전파와 역전파의 적용 과정을 상세히 알려면 직접 계산해 보면 된다. 하지만 이미 순전파와 역전파의 계산 과정과 원리는 이해하고 있으므로 RNN에서 초기 가중치를 임의로 주고, 사전에 정의된 식에 따라 계산한다는 것을 이해하면 된다. RNN을 실무에 사용할 때 순전파와 역전파의 계산은 텐서플로와 같은 기계 학습 라이브러리에서 자동으로 수행하기 때문에 별도의 노력이 필요 없다. 다만, 주어진 데이터에서 원하는 결과를 얻기 위해 어떤 RNN 모델을 어떤 형태로 적용할 것인지만 고려하면 된다.

▍순환 신경망의 응용 사례: LSTM

RNN은 [그림 3 – 115]와 같은 형태를 띠는데, 여기서 h의 개수가 많아지면 기울기 소실 문제로 학습이 잘되지 않은 상황이 발생한다. 이를 '기울기 소멸 문제(Vanishing Gradient Problem)'라고 한다.

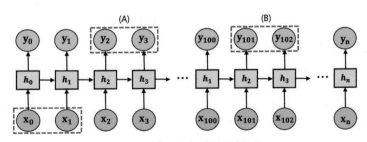

[그림 3 – 115] RNN의 기울기 소멸 문제

[그림 3 – 115]에서 입력 x_0 , x_1가 y_2 , y_3에서 사용되면 학습이 된다. 그런데 y_{101} 또는 y_{102} 정도의 먼 곳에 사용하는 경우에는 학습이 잘되지 않는 '기울기 소멸 문제'가 발생한다. 이 문제를 해결하기 위해 RNN의 은닉층인 h에 셀 상태(Cell – State)를 추가해 중간 단계를 다룰 수 있도록 새롭게 만든 모델이 '장단기 메모리(Long Short – Term Memory, LSTM)'이다.

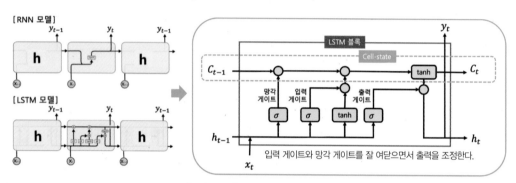

[그림 3 – 116] LSTM 모델의 상세 구조

[그림 3 – 116]에서 확인할 수 있듯이 LSTM 모델은 입력 게이트와 망각 게이트를 조정하거나 기울기 소멸 문제를 조정할 수 있는 기능을 제공한다. 이를 위해 은닉층에 셀 상태를 [그림 3 – 116]과 같은 형태로 위치시킨다. 셀 상태는 망각과 입력 게이트의 조작을 반영하며, 전체 은닉 계층에 걸쳐 영향을 제어하는 역할을 한다. 이를 통해 특정 은닉 계층의 기능을 제어할 수 있고, 기울기 소멸 문제를 조정할 수 있다.

LSTM은 1997년 셉 호흐라이터(Sepp Hochreiter)와 유르겐 슈미트후버(Jurgen Schmidhuber)에 의해 발명됐고, 다양한 분야에서 활용되며 정확한 결과를 나타내고 있는 기법이다. 특히 음성 인식과 음성 합성 분야에서 많이 사용하고 있는데, 2015년 구글의 음성 인식에 LSTM이 적용돼 기존보다 49%나 향상된 성능을 보이고 있다. 이러한 LSTM을 포함한 RNN은 활용도가 많은 모델이다. 여기서는 RNN의 구성과 모델의 다양성, 실제 사례와 LSTM에서의 확장성까지 살펴본다. 이 정도만 알아 두면 RNN을 업무에 적용하는 데는 문제가 없을 것이다.

▌RNN의 적용 분야

마지막으로 RNN을 적용하고 있는 분야는 다음과 같다.
- Language Model: 인터넷의 연관 검색어 기능 지원
- Speech Recognition: 말의 인식 및 처리
- Machine Translation: 기계를 이용한 번역 시스템
- Conversation Model: 대화 기능 지원
- Question Answering: 질의 및 응답 기능 지원

- Image, Video Captioning: 이미지와 비디오의 식별
- Draw, Music, Poetry, Novel Generation: 그림, 음악, 시, 소설의 창작

이 밖에도 단백질 간의 상동성 발견이나 단백질의 세포 내 배치 분석과 같은 생명 공학 분야에서 좋은 결과를 보인다.

RNN이 실무에 어떻게 사용되는지 케라스로 구현한 간단한 예를 잠깐 살펴보자. [그림 3 - 117] 은 케라스를 이용해 RNN 중 LSTM 모델을 만드는 것을 예로 보여 준다. 케라스는 층을 조합해 모델을 만든다(시퀀스의 역할). 선언된 시퀀스(Sequence) 모델에 20개의 셀(Cell)을 가진 LSTM 층을 추가(model.add(LSTM~~))하고, 그 위에 완전 연결층(Dense)을 1개 추가해 모델을 구성 한 다음 구성된 모델을 학습한다(Compile).

```
1    from keras.layers import LSTM
2    from keras.models import Sequential
3    from keras.layers import Dense
4    import keras.backend as K
5    from keras.callbacks import EarlyStopping
6
7    K.clear_session()
8
9    model = Sequential() # Sequeatial Model
10   model.add(LSTM(20, input_shape=(12, 1))) # (timestep, feature)
11   model.add(Dense(1)) # output = 1
12   model.compile(loss='mean_squared_error', optimizer='adam')
13   model.summary()
```

[그림 3 - 117] 케라스로 작성한 LSTM 모델

[그림 3 - 117]의 예에서 확인할 수 있듯이 RNN의 원리만 알면 실무에 RNN, LSTM 모델을 구 성하는 것은 어렵지 않다. **중요한 것은 RNN의 원리와 LSTM에 필요한 파라미터 그리고 학습할 자료의 준비이다.** 이 책에서 살펴본 내용과 원리를 이해하면, 실제 프로그래밍은 생각보다 쉬울 수 있다.

8.10 메모리 확장 신경망 모델과 개발 환경

지금까지 다층 신경망과 이를 응용한 CNN, RNN에 대해 개념을 중심으로 살펴보고, 모델에 대 한 그림과 코드를 알아봤다. 이 정도면 딥러닝 기반의 모델에 대해 대부분을 다룬 것이다. 이제 매우 중요한 것은 아니지만, 기본적으로 알아야 하는 몇 가지 사항을 정리해 보자.

▌메모리 확장 신경망 모델

신경망은 가중치와 은닉 노드의 깊이 등을 사용해 메모리의 기능을 일부 구현하지만, 폰 노이만 구조(Von Neumann Architecture)의 일반 컴퓨터에 있는 메모리와 같은 기능은 갖지 못한다. 기존 신경망보다 복잡한 기능을 구현하기 위해서는 모델의 구성 외에도 신경망에 외부 메모리를 추가한 메모리 확장 신경망(Memory‒Augmented Neural Network) 모델이 필요하며, 실제로 많은 관련 모델이 개발돼 사용되고 있다. 대표적인 예는 다음과 같다.

- 뉴럴 튜링 머신(Neural Turing Machine, NTM) 모델
- 미분 가능 뉴럴 컴퓨터(Differentiable Neural Computer, DNC) 모델
- 메모리 망(Memory Network, MemoryNet) 모델
- 종단간 메모리 망(End‒to End Memory Network, MemN2N) 모델
- 동적 메모리 망(Dynamic Memory Net, DMN) 모델

▌딥러닝 개발 환경

딥러닝에서 많이 사용하는 GPU(Graphic Processing Unit)는 엔비디아(Nvidia)에서 제공하는 API인 CUDA(Compute Unified Device Architecture) 프레임워크를 활용할 수 있다. 이 밖에 구글은 딥러닝을 효과적으로 처리하기 위해 ASIC(Application Specific Integrated Circuit)인 TPU(Tensor Processing Unit)를 개발해 사용하고 있다. 마이크로소프트 사는 딥러닝을 위한 가속기를 개발해 사용하고 있는데, 이는 FPGA(Field Programmable Gate Array)를 바탕으로 개발됐다. 이 밖에 딥러닝 개발을 위한 대표적인 환경은 다음과 같다.

- 텐서플로(Tensorflow)
- 케라스(Keras)
- 카페(Cafe)
- 토치(Torch)
- 테아노(Theano)

- 파이런 2(Pylearn 2)
- 싸이킷런(Scikit‒Learn)
- DL4J
- Cuda‒ConvNet
- RNNLiB

좋은 개발 환경은 사용하기 편리해야 하지만, 참고할 자료와 프로그램이 많은 것이 가장 중요하다. 저자는 통계적 기법의 활용을 위해 파이썬과 싸이킷런, CNN이나 RNN 등의 개발을 위해 케라스와 사이킷런을 함께 사용하고 있다. 최근 파이토치의 사용자가 많이 늘어나는 추세다.

09 인공지능 모델의 평가

지금까지 인공지능의 다양한 분야를 알아봤다. 인공지능의 중요 역할은 분류와 예측 모델을 개발하는 것이다. 다양한 방법으로 개발된 많은 모델의 분류와 예측 결과가 좋은지에 대한 평가가 필요하다. 인공지능 모델의 평가는 지금까지 해 왔던 것처럼 이진 분류와 다층 분류로 나눠 볼 수 있다.

9.1 인공지능 모델의 평가 방법

▌이진 분류의 평가 기법

- 홀드아웃 검증과 교차 검증
- 오차 행렬(Confusion Matrix)을 조사하는 방법: 정밀도와 재현율, PR 곡선
- ROC 곡선

이진 분류의 평가를 위한 기법은 이어지는 부분에서 자세하게 다룬다.

▌다중 분류의 평가 기법

이진 분류는 2개의 클래스를 구별하는 것이지만, 다중 분류기(Multiclass Classifier) 또는 다항 분류기(Multinomial Classifier)는 둘 이상의 클래스를 구별하는 것이다. 랜덤 포레스트 분류기나 나이브 베이즈(Naive Bayes) 분류기 등은 여러 개의 클래스를 직접 처리하지만, 서포트 벡터 머신이나 선형 분류기는 이진 분류를 여러 개 사용해 다중 분류기를 구현한다.

- 일대다(One versus ALL, OvA) 전략: 특정 숫자 하나만 구분하는 숫자별 이진 분류기 10개를 훈련하면, 클래스가 10개인 숫자 이미지 분류 시스템을 만들 수 있다. 각 분류기의 결정 점수 중 가장 높은 것을 선택하는 방식으로 진행한다.
- 일대일(One versus One, OvO) 전략: 0과 1, 0과 2, 1과 2와 같이 각 숫자의 조합마다 이진 분류기를 훈련하는 것이다. 유명한 숫자 데이터인 MNIST의 경우, 이미지 1개를 분류하려면 45개의 분류기 모두를 통과시켜 가장 많이 양성으로 분류된 클래스를 선택해야 한다. 일대일 전략의 장점은 각 분류기의 훈련에 전체 훈련 데이터 중 구별할 두 클래스에 해당하는 데이터만 필요하다는 것이다. 예를 들어, 서포트 벡터 머신은 큰 훈련 데이터에서 몇 개의 분류기를 훈련하는 것보다 작은 훈련 데이터에서 많은 분류기를 훈련시키는 것을 선호한다.

9.2 모델을 평가할 때 알아야 하는 용어

훈련 오차와 테스트 오차

학습 과정에서 발생하는 오차를 '훈련 오차'라고 한다. 즉, 학습기 구축 과정의 목표는 훈련 오차를 적게 만드는 것이다. 학습이 완료된 후 테스트 데이터를 이용할 때 발생하는 오차를 '테스트 오차'라고 한다. 만약, 테스트 오차와 학습 오차의 곡선이 다르면 학습이 안 되고, 과적합(과도한 학습)이 발생할 가능성이 크다.

과적합 문제

딥러닝 모델에서 층이 많아질수록 복잡한 모델을 표현할 수 있지만, 모델의 층이 많아져 복잡해지면 과적합 문제가 발생할 수 있다. 이를 완화하는 방법은 다음과 같다.

- **규제화 기법**: 오차 함수 또는 목적 함수를 오차 항과 모델 복잡도 항의 합으로 규정하는 방법이다.
- **드롭아웃**: 학습할 때 일정 확률로 노드를 무작위로 선택해, 선택된 노드의 앞뒤로 연결된 **가중치선을 없는 것으로 하고 학습을 진행하는 방법이다. 실무에 많이 사용한다.**
- **배치 정규화(Batch Normalization)**: 데이터의 분포 변화를 정규화하는 것이다. 배치 정규화를 사용하면 가중치의 초깃값 설정에 신경 쓰지 않아도 되고, 학습이 빨리 진행되며, 드롭아웃을 사용하지 않아도 과적합을 억제할 수 있다.

9.3 홀드아웃 검증과 교차 검증

모델의 평가에 있어서 가장 기본이 되는 이진 모델을 평가하기 위한 기법 중 홀드아웃 검증과 k 겹 교차 검증, LOOCV를 알아보자.

- 홀드아웃 검증(Holdout Method): 데이터를 훈련 데이터와 테스트 데이터로 나눈 후 학습이나 다른 과정에서 테스트 데이터를 사용하지 않는 검증 방법이다. 개발된 모델에 테스트 데이터를 사용했을 때의 정밀도를 평가해 성능을 판단한다.
- k겹 교차 검증(K - fold Cross Validation): 데이터를 k개의 그룹으로 나눈 후 1개의 그룹을 제외한 나머지 데이터를 훈련 데이터로 설정한다. 이때는 사용하지 않은 그룹을 이용해 테스트를 수행한다. 이때 얻은 정밀도의 평균과 표준편차를 구하는 것으로 평가를 수행한다. k는 5~10으로 설정한다.
- LOOCV(Leave One Out Cross Validation): k겹 교차 검증에서 k가 데이터 개수와 같을 때를 말한다. 데이터가 적을 때 사용한다.

9.4 오차 행렬 조사 방법

오차 행렬 조사는 모델 평가에서 가장 기본이 되는 것으로, 클래스 A에 속하는 샘플이 클래스 B에 속하는 것으로 분류된 횟수를 세는 것이다. 예를 들어, 분류기가 숫자 5의 이미지를 3으로 잘못 분류한 횟수를 세는 것이다.

[그림 3-118]은 파이썬과 싸이킷런을 이용해 오차 행렬을 조사한 예이다. 자세한 명령어에 대한 설명은 생략하고, 마지막에 있는 Confusion_matrix라는 명령어를 살펴보자. 만약, 다른 도구를 사용한다고 하더라도 명령어의 이름은 다르지만, 동일한 결과를 얻을 수 있다. [그림 3-119]는 [그림 3-118]의 마지막에 있는 오차 행렬의 의미를 보여 준다.

```
In [14]: from sklearn.model_selection import cross_val_predict

         y_train_pred = cross_val_predict(sgd_clf, X_train, y_train_5, cv =3)  # 학습된 sgd_clf 모델을 활용한 훈련 세트에 대한 예측을 확보

         from sklearn.metrics import confusion_matrix                          # 실제와 예측을 비교해 매트릭스로 표현
         confusion_matrix(y_train_5, y_train_pred)

Out[14]: array([[53757,   822],
                [ 1983,  3438]], dtype=int64)                                  # 출력된 오차 행렬(5인 이미지에 대해 예측한 결과)
```

[그림 3-118] 파이썬과 싸이킷런을 이용해 오차 행렬을 조사한 예

예측

		음성	양성
실제	음성	TN (True Negative)	FP (False Positive)
	양성	FN (False Negative)	TP (True Positive)

[그림 3-119] 오차 행렬의 의미

[그림 3-119]를 이용해 [그림 3-118]의 의미를 추적해 보면 다음과 같다.
- 5가 아닌 이미지를 5가 아닌 것으로 분류한 것이 53,757건이다(TN).
- 5가 아닌 이미지를 5로 분류한 것이 822건이다(FP).
- 5인 이미지를 5가 아닌 것으로 분류한 것이 1,983건이다(FN).
- 5인 이미지를 5로 분류한 것이 3,438건이다(TP).

[그림 3-119]의 내용으로 오차 행렬의 분석을 위해 사용하는 지표는 다음과 같다.
- 정밀도(Precision) = TP/(TP + FP)
- 재현율(Recall) = TP/(TP + FN)
- F1 점수: 정밀도와 재현율의 조화 평균을 이용해 모델의 성능을 수치로 표현하는 방법이다.

$$F - Score = 2 \times ((정밀도 \times 재현율)/(정밀도 + 재현율))$$

이 지표를 다른 관점으로 살펴보면 다음과 같다.

- 양성 예측의 정확도: 정밀도(Precision)
- 분류기가 정확하게 감지한 양성 샘플의 비율: 재현율(Recall)

만약, 어린아이용 동영상에 대한 분류기를 훈련할 경우, 어린이용 동영상 중 어린아이용 동영상을 잘 식별하는 것이 중요하므로 재현율이 높은 것을 선호한다. 앞의 설명을 그림으로 다시 정리하면 [그림 3 – 120]과 같다.

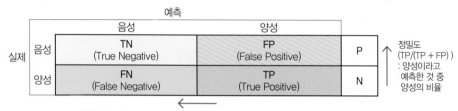

[그림 3 – 120] 재현율과 정밀도의 의미 ❶

[그림 3 – 121]을 통해 정밀도와 재현율에 대한 정확한 내용을 살펴보자. 전체 데이터 12개 중 특정 단계별로 정밀도와 재현율의 값을 계산한 것이다.

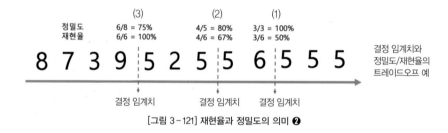

[그림 3 – 121] 재현율과 정밀도의 의미 ❷

[그림 3 – 121]은 전체 데이터 12개 중 5가 6개 있는 상황을 가정한다. 이때 각 단계별로 정밀도와 재현율의 변화를 설명하면 다음과 같다.

(1)은 정밀도가 100%이다. 즉, 5, 5, 5가 나온 시점이므로 5로 분류한 것이 3개 실제 5가 3개라는 의미이다. 하지만 재현율은 전체 데이터에 5가 6개 있는데, 이 중 3개가 나왔으므로 정밀도는 50%가 된다. (2)의 정밀도는 80%이다. 5, 5, 5, 6, 5가 나온 시점이므로 총 5개를 분류했는데, 이 중 5가 4개라는 의미이다. 정밀도는 5가 6개 있는데, 그중 4개가 나왔으므로 67%이다. (3)은 동일하다.

9.5 PR 곡선

[그림 3 - 121]을 통해 정밀도와 재현율이 상호 연관돼 변화되는 것을 확인할 수 있다. 따라서 이들의 연관성을 확인해 어느 시점에서 결정할 것인지를 정해야 한다. 이를 위해 만들어진 것이 PR(Precision Recall) 곡선이다. PR 곡선은 재현율과 정밀도를 연관시키는 그림이다. [그림 3 - 122]에 PR 곡선을 그리는 예를 제공한다. PR 곡선은 '파이썬 + 텐서플로'를 비롯한 다양한 도구에서 제공하므로 필요한 경우에 간단한 명령어로 그림을 그려 활용할 수 있다.

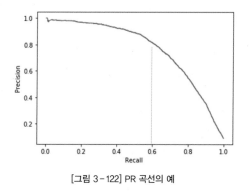

[그림 3 - 122] PR 곡선의 예

[그림 3 - 122]의 PR 곡선은 대략 재현율 60% 정도에서 정밀도가 떨어지고 있다. 따라서 이 시점을 정밀도와 재현율의 균형점(Trade - off)으로 선택하게 될 것이다.

PR 곡선은 분류기의 성능 개선 여지가 얼마나 있는지를 보여 준다. 즉, 곡선이 오른쪽 위 모서리에 가까워질수록 좋은 성능을 보인다. 이는 앞서 설명한 균형점을 생각하면 된다. 따라서 [그림 3 - 122]의 모델은 개선의 여지가 많다는 것을 확인할 수 있다. 이를 이용해 만든 모델의 층을 늘리거나 드롭아웃을 추가하는 등의 변화를 주면 모델을 개선할 수 있다.

9.6 ROC 곡선

수신기 조작 특성(Receiver Operating Characteristic, ROC) 곡선도 이진 분류에서 모델의 평가를 위해 널리 사용하는 도구이다. PR 곡선과 유사하지만, ROC 곡선은 거짓 양성 비율(False Positive Rate, FPR)에 대한 진짜 양성 비율(True Positive Rate, TPR)의 곡선이다. FPR은 '양성으로 잘못 분류된 음성 데이터의 비율 = 1 – 진짜 음성 비율(True Negative Rate, TNR)'이다.

$$FPR = 1 - (FP/(FP + TN)) = ((FP + TN) - FP)/(FP + TN) = TN/(FP + TN) = TN/P$$
$$TPR = TP/N \cdots ([그림 3 - 119] 참조)$$

[그림 3 – 123]은 ROC 곡선의 일반적인 형태를 표현한 것이다.

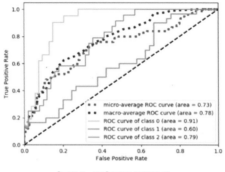

[그림 3 – 123] ROC 곡선의 예

ROC 곡선은 다양한 도구에서 간단한 명령어로 그릴 수 있다. 예를 통해 그림을 읽는 방법을 알아보자. 실제로 그리는 과정이 궁금하다면 관련 분야의 책을 찾아 읽어 보자.

- ROC 곡선은 FPR과 TPR의 관계에 대한 곡선이다.
- 그림에는 총 3개의 모델에 관한 ROC 곡선이 그려 있다(class 0, class 1, class 2).
- 3개의 모델이 중앙의 대각선 위에 있으므로 유효하다.
- 3개의 모델 중 class 0이 가장 잘 분류하고 있다.
- 3개 모델의 평균 분류 성능이 보라색과 파란색 점으로 표시돼 있다.
- 각 모델의 분류 성능을 수치로 표현한 것이 AUC(Area Under Curve)이고, AUC는 각 모델별로 그림에 표시돼 있다. 예를 들어 class 2의 AUC는 0.79이다.
- AUC는 0.9 이상이면 정확도가 높다고 한다. 예에서는 class 0이 정확도가 높다.

9.7 ROC 곡선과 PR 곡선의 용도

모델의 평가에서 대부분의 경우, ROC 곡선을 사용한다. 다만, 양성이 드물거나 거짓 음성(FN) 보다 거짓 양성(FP)이 중요하면 PR 곡선을 사용한다. PR 곡선을 사용하는 대표적인 예로는 아이들이 보는 동영상을 식별하는 경우를 들 수 있다. 이때는 아이들이 볼 수 있는 동영상을 식별하지 못하는 것(FN)보다 성인용 동영상을 잘 못 식별하는 것(FP)이 더 중요하다. 이때는 PR 곡선을 사용하는 것이 더 유용하다.

PRC나 PR 곡선에 대한 설명은 이 정도에서 마친다. 실제로 곡선을 그리는 과정을 구체적으로 설명하면 좋겠지만, 개념을 이해하는 것이 목적이므로 개념 중심으로 살펴봤다. 이 내용만 이해해도 실무에 활용하는 데 아무런 문제가 없다.

실습

본문에 있는 실습 과제를 차근차근 수행해 보자. 원리를 이해하는 데는 많은 예제보다 좋은 예제를 정확하게 이해하는 것이 더 도움이 된다. CNN 모델 분석하기, RNN 모델을 구성하고 계산하기, 순전파와 역전파의 계산 과정 그리고 다층 퍼셉트론에서 학습이 이뤄지는 과정은 인공지능을 이해하는 데 필수이다.

참고 자료

- R에서 ROC 곡선을 그리는 방법은 https://rstatall.tistory.com/46에서 찾을 수 있다.
- 파이썬과 사이킷런에서 ROC 곡선을 그리는 방법은 https://www.delftstack.com/ko/howto/python/plot‑roc‑curve‑python/에서 찾을 수 있다.
- ROC 곡선을 직접 그려 보는 과정은 https://hsm‑edu.tistory.com/1033에서 찾을 수 있다.

요약

- CNN과 관련된 그림을 보고, 케라스와 연결해 생각해 보자.

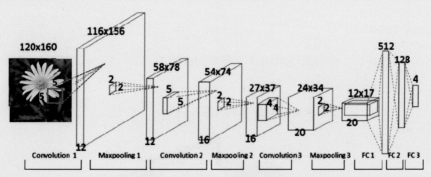

```
from keras.models import Sequential
from keras.layers.convolutional import Conv2D
from keras.layers.convolutional import MaxPooling2D
from keras.layers import Dense
from keras.layers import Flatten

model = Sequential()
model.add(Conv2D(12, kernel_size=(5, 5), activation='relu', input_shape=(120, 60, 1)))
model.add(MaxPooling2D(pool_size=(2, 2)))
model.add(Conv2D(16, kernel_size=(5, 5), activation='relu'))
model.add(MaxPooling2D(pool_size=(2, 2)))
model.add(Conv2D(20, kernel_size=(4, 4), activation='relu'))
model.add(MaxPooling2D(pool_size=(2, 2)))
model.add(Flatten())
model.add(Dense(128, activation='relu'))
model.add(Dense(4, activation='softmax'))
```

- RNN이 DNN을 어떻게 활용해 구성하는지 다음 그림을 이용해 파악해 보자.

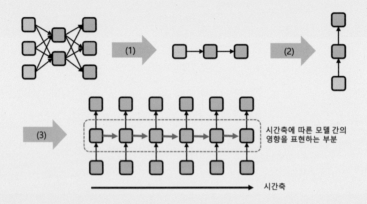

연습 문제

1. 강화학습을 정의하시오.

2. 강화학습에 영향을 미친 알고리즘, 강화학습이 사용하는 분야와 분야별로 어떤 알고리즘이 있는지를 정리하시오.

3. 다음 그림을 보고 강화학습에 관련된 용어를 정리하시오.

4. 신경망과 퍼셉트론의 차이를 설명하시오.

5. 역전파가 지니고 있는 문제점은 무엇이고, 이를 해결한 방법은 무엇인지 설명하시오.

6. 딥러닝 모델을 분류하시오.

7. 오토인코더를 설명하시오.

8. GAN이 무엇인지 설명하시오.

9. 다음과 같은 CNN 모델을 설명하시오.

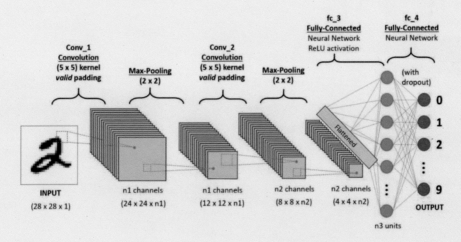

10. RNN을 정의하시오.

11. RNN 모델의 종류를 설명하시오.

12. PR 곡선과 ROC 곡선은 언제 사용하는지 설명하시오.

PART 04
인공지능 기술의 응용

이미지와 음성 패턴 인식

인공지능은 다양한 분야에서 성공적으로 적용되고 있다. 그중 가장 효과적으로 사용하는 것이 자율주행을 포함하는 이미지 인식 분야이다. 1장에서는 인공지능 기술의 응용 분야 중 이미지 인식과 음성 인식에 대해 알아본다. 먼저 기본이 되는 패턴 인식을 알아보고, 이를 바탕으로 개발된 다양한 이미지 인식과 음성 인식 알고리즘을 대해 정리한다.

1.1 패턴 인식

패턴 인식은 계산이 가능한 기계적인 장치가 어떠한 대상을 인식하는 문제를 다루는 인공지능의 한 분야이다. [그림 4-1]은 인공지능을 응용하는 다양한 분야를 정리한 것이다. **인지 과학(Cognitive Science)**은 지능과 인식 문제를 다루는 포괄적인 과학 분야인데, 이 인지 과학을 실현하는 대표적인 기술 분야가 인공지능이다.

[그림 4-1] 인공지능 응용 분야

인공지능은 인지 과학의 한 분야로, 패턴 인식, 기계 학습, 로보틱스, 최적화 이론, 자연어 처리의 분야에서 좋은 성과를 내고 있다. 패턴 인식과 이미지 인식의 기술 발전을 바탕으로 한 자율주행 분야는 이미 보편화됐고, 최근 OpenAI에서 제작한 GPT2, 3이 NLP에서 좋은 성과를 보이고 있다.

패턴 인식의 응용 분야

패턴 인식은 다양한 분야에서 사용되는데, 이를 정리하면 다음과 같다.

- **문자 인식 분야:** 스캐너로 받아들인 텍스트 이미지를 컴퓨터로 편집할 수 있는 코드화된 문자로 변환하는 것을 말한다(**예**차량 번호판 인식, 수표 및 지폐 인식, 우편물 인식 및 분류기, 필기체 문자 인식, 명함 인식).
- **생체 인식과 인간 행동 패턴 분석 분야:** 사람의 음성, 지문, 홍채, 얼굴 인식 또는 DNA 분석, 걸음걸이 분석 등을 말한다.
- **진단 시스템 분야:** 의료 진단, 뇌전도(EEG), 심전도(ECG), 엑스레이(X‒Ray) 판독 시스템을 포함한 진단 시스템을 말한다.
- **예측 시스템 분야:** 날씨나 지진, 주가의 예측 시스템을 말한다.
- **보안과 군사 분야:** 네트워크 패턴을 통한 해킹 감지, 인공 위성 이미지 인식, 물품 자동 검색 시스템 등을 말한다.

패턴과 특징

패턴 인식이 어떻게 수행되는지를 이해하려면 기본 용어를 먼저 이해해야 한다. 패턴 인식에서 사용하는 '**특징(Feature)**'은 어떤 대상이 갖고 있는 고유의 분별 가능한 측면(Aspect), 질(Quality) 또는 특성(Characteristic), '**패턴(Pattern)**'은 개별 대상의 특색(Traits)이나 특징의 집합을 말한다.

패턴을 위한 특징의 분류

패턴을 특징의 관점에서 살펴보면 다음과 같이 3가지로 분류할 수 있다.

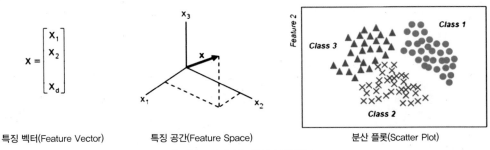

특징 벡터(Feature Vector)　　특징 공간(Feature Space)　　분산 플롯(Scatter Plot)

[그림 4‒2] 패턴을 위한 특징의 분류

- **특징 벡터**: 특정 대상의 특징이 하나 이상의 값을 가질 때 열 벡터로 표현하는 것을 말한다. [그림 4-2]의 왼쪽 예는 d 차원이다. 즉, 특정 대상 x는 d개의 특징을 가진다.
- **특징 공간**: 특정 대상의 특징 벡터가 정의되는 차원의 공간을 말한다. [그림 4-2]의 가운데 예는 3차원이다.
- **분산 플롯**: 인식 대상이 되는 대상을 특징 공간에서 특징 벡터가 형성하는 점으로 표현하는 것을 말한다. [그림 4-2]의 오른쪽 예는 특징이 3개의 클래스로 분리되는 경우이다.

특징 벡터 선정

패턴 인식을 수행하기 위한 전단계는 특징 벡터를 선정하는 것이다. 분석하고자 하는 대상의 특징 벡터 선택은 대상에 대한 최종 인식률에 결정적인 영향을 미친다. 따라서 특징 벡터를 같은 클래스는 유사하고, 다른 클래스는 다르도록 설정해야 한다. [그림 4-3]은 특징 벡터를 잘 설정한 경우와 잘못 설정한 경우의 예이다.

'Good' Features   'Bad' Features

[그림 4-3] 특징 벡터의 중요성

분리 패턴의 모양

특징 벡터를 잘 선정해 대상의 분리가 가능하도록 기준을 설정했다면, 특징 벡터를 사용해 주어진 대상을 분리하는 패턴의 모양을 살펴보자. [그림 4-4]는 선정된 특징 벡터를 사용해 분리된 대상을 구분하는 패턴의 여러 형태를 보여 주고 있다. 실무에서는 대부분 선형 분리를 중심으로 수행하지만, 다양한 형태로 분리하기 위한 패턴이 존재할 수 있다는 것을 보여 준다.

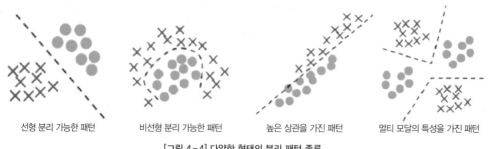

선형 분리 가능한 패턴   비선형 분리 가능한 패턴   높은 상관을 가진 패턴   멀티 모달의 특성을 가진 패턴

[그림 4-4] 다양한 형태의 분리 패턴 종류

패턴 인식 시스템의 구현 단계

패턴을 인식하는 데 필요한 특징과 특징의 분류 그리고 잘 분류되는 특징 벡터의 의미를 살펴봤으므로 이제 패턴 인식 시스템을 만드는 과정을 알아보자. 패턴 인식 시스템을 실제로 구현하기 위해서는 여러 단계를 거쳐야 한다. [그림 4 – 5]는 패턴 인식이 어떤 단계를 거치고, 단계별로 수행해야 하는 업무는 무엇인지를 정리한 것이다.

[그림 4 – 5] 패턴 인식 시스템의 구현 단계

① 현실 세계를 센서, 카메라, 마이크와 같은 측정 장치를 이용해 측정한다.
② 측정된 데이터는 분석의 목적이나 도구를 고려해 전처리한다. 이때 데이터에 있는 이상치나 잘못된 데이터를 보정하는 작업을 '**잡음 제거**', 수집된 데이터의 특징을 추출하는 작업을 '**특징 추출**'이라고 한다. 특징 추출의 과정에서 필요한 경우, 특징을 나타내는 새로운 변수를 만들거나 데이터에서 일부만을 채택하는 과정을 수행한다. 마지막으로, 선택되거나 새로 생성된 데이터를 **정규화**해(정규분포를 하도록 변화하는 것) 모델의 정확성을 높인다. 전처리가 완료된 데이터를 대상으로 패턴을 인식하기 위한 **특징을 선택하고 선택된 특징을 바탕으로 데이터를 그룹화한다**([그림 4 – 3] 참조).
③ 그룹화된 데이터를 대상으로 패턴 인식을 수행하는 목적에 맞춰 적합한 분석 기법을 선택해 수행한다. 이때 선택할 수 있는 **분석 기법에는 분류, 회귀, 군집화, 서술** 등이 있다.
④ 분석된 결과를 바탕으로 모델을 최종 선택하고, 선택된 모델에 대한 검증을 수행한다. 이때 이미 확보된 자료를 바탕으로 작업을 수행한다. 작업에는 앞서 살펴본 교차 검증이나 부트스트랩을 사용한다.
⑤ 검증된 모델을 이용해 분석을 수행하고 결과를 얻는다. 결과에 따라 앞서 수행했던 과정을 반복해 학습을 통한 정확도를 높이는 과정을 수행할 수도 있다.

이와 같은 과정으로 패턴 인식을 통한 분석 작업을 수행한다.

▌패턴 인식의 사용 기법

패턴을 인식하기 위해 사용하는 기법을 살펴보자. 인공지능 분야에서 사용하는 기법의 개념을 이해하면 인공지능에서 패턴 인식이 어떻게 수행되고, 어떤 결과를 얻는지를 이해할 수 있다. 분류기, 템플릿 정합법, 통계적 접근법, 신경망 접근법, 구조적 접근법으로 나눠 설명한다.

분류기

패턴 인식의 분석 방법 중 가장 많이 사용하는 방법이 '분류'이다. **분류 작업은 분류기(Classifier)를 사용해 수행한다.** 분류 작업은 특정 벡터로 이뤄진 특징 공간을 이름이 있는 클래스 간의 결정 영역으로 분리(Partition)하는 것을 말한다. 이때 결정 영역의 경계를 '결정 경계(Decision Boundary)'라고 한다. 즉, **특징 벡터 x의 분류는 어느 결정 영역에 특징 벡터가 속하는지를 결정하고, x를 이 클래스로 할당하는 작업을 말한다.** 결론적으로 분류기는 판별 함수의 집합으로 표현할 수 있다. [그림 4 – 6]은 분류기의 예이다.

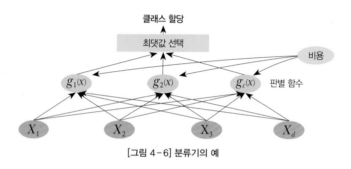

[그림 4 – 6] 분류기의 예

[그림 4 – 6]은 특정 대상이 $x_1 - x_d$의 특징 벡터를 갖는 경우, 판별 함수 $g_1(x) - g_c(x)$를 사용해 비용을 계산할 수 있다. 이 중 최댓값을 선택한다고 가정하면, 이값을 기준으로 해당 특성($x_1 - x_d$) 중 하나를 선택해 특정 클래스에 할당할 수 있다. [그림 4 – 6]의 분류기는 일반적으로 사용하는 형태를 상징적으로 표현한 것이다. 실무에 많이 사용하는 모델이므로 전체 개념을 잘 이해해야 한다.

템플릿 정합법

템플릿 정합법(Template Matching)은 패턴 인식에서 가장 오래되고 쉬운 접근 방법이다. **핵심 아이디어는 비교 대상 패턴에 대한 템플릿(형태)을 미리 마련해 두고, 인식하고자 하는 패턴을 템플릿 구성 조건에 맞추는 정규화 과정을 거쳐 상호 관계나 상호 거리와 같은 유사도를 척도로 해 패턴을 인식하는 방법이다.** 이 기법의 성공적인 적용을 위해서는 같은 카테고리에 속한 다양한 데이터에서 해당 카테고리를 가장 잘 설명하는 일반화된 템플릿을 마련하는 과정이 중요하다. 이 기법은 알고리즘이 간단해서 계산 속도가 빠르지만, 패턴의 특징 변화에 민감하다는 단점이 있다. [그림 4 – 7]은 템플릿 정합법에 대한 예이다.

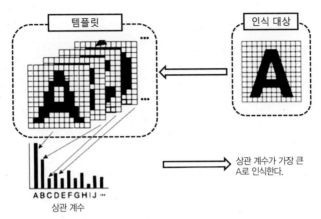

[그림 4-7] 템플릿 정합법의 예

[그림 4-7]은 인식 대상인 A를 픽셀 값으로 표현하고, 영어의 알파벳인 A~Z을 픽셀 템플릿으로 표현한 것과 비교해서 A~Z까지 픽셀별 상관 계수를 계산한다. 상관 계수가 가장 높은 것이 A 템플릿이므로 인식 대상은 A라고 인식한다. 이런 과정을 수행하기 위해서는 인식 대상과 템플릿이 같은 크기의 이미지이고, 픽셀당 값으로 표현돼야 한다는 것에 주의해야 한다. 만약, 크기가 다르면 이를 조정하는 사전 작업이 필요하다. 템플릿이 많으면 다양한 입력을 좀 더 정확하게 인식할 수 있다.

통계적 접근법

통계적 접근법(Statistical Approach)은 각 클래스에 속하는 패턴 집합의 통계적 분포에서 생성되는 결정 경계를 바탕으로 식별하고자 하는 대상의 패턴이 속한 클래스를 결정하는 방식을 말한다. 다시 말해, 각 클래스에 대한 확률 밀도 함수를 학습을 통해 생성하고, 식별하고자 하는 대상의 확률 밀도 함수를 구해 식별하는 방식을 말한다. 개념적으로 많이 사용하지는 않지만, 이러한 방식도 연구 개발돼 있다는 것 정도는 알아 둘 필요가 있다.

신경망 접근법

신경망 접근법(Neural Networks Approach)은 패턴의 분류를 신경망 모델의 응답을 통해 분류하는 접근 방법이다. 신경망은 분류를 수행하기 전에 학습을 통해 신경망을 구성하는 파라미터 값을 최적화해야 한다. 이 방법은 알고리즘을 사용하지 않고, 데이터에 근거한 학습의 진행 여부에 따라 정확한 인식 여부가 결정된다. 데이터에 대한 준비가 어렵고, 신경망 모델의 구성 또한 다양한 형태를 가지므로 많은 노력이 필요한 접근 방법이다. 최근 유행하는 딥러닝이 이에 속한다.

구조적 접근법

구조적 접근법(Structure Approach)은 패턴의 구조적인 유사성을 조사한 후 이를 이용해 분류를 수행하는 방법이다. 이때 패턴의 구조적 정보는 형식 문법 또는 그래프적인 관계 설명으로 표현한다. 구조적 접근법은 유사한 부분 패턴으로부터 구축된 복잡한 패턴의 계층적인 서술을 수식화하는 접근 방법이다. 따라서 해당 객체의 서술에도 사용할 수 있다. 구체적인 예는 다음 예를 참고하기 바란다.

패턴 인식 방법 적용의 개념 정리

지금까지 패턴 인식을 위한 5가지 방법을 개념적으로 정리했다. 이미 대부분의 패턴 인식은 라이브러리화돼 케라스, 파이토치와 같은 인공지능 개발 프레임워크에서 지원하고 있기 때문에 이러한 기법을 실제로 구현해 사용하는 경우는 발생하지 않을 것이다. 여기서는 인식을 위해 인공지능 분야에서 사용하는 방법이 개념적으로 어떤 것인지를 확인하는 것으로 충분하다.

[그림 4 - 8]은 앞서 설명한 5가지 중 분류기를 제외한 4가지 경우를 'A라는 문자를 인식한다'라는 전제하에 어떻게 적용하는 것인지를 나타낸 것이다. 자세한 내용은 앞서 설명한 것을 참고하기 바란다.

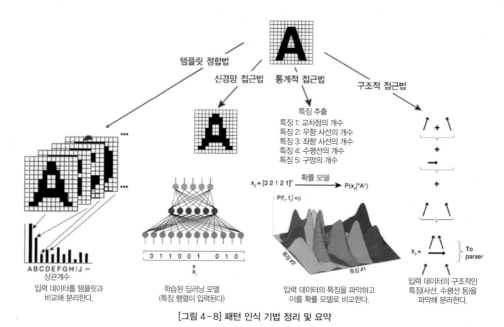

[그림 4 - 8] 패턴 인식 기법 정리 및 요약

패턴 인식 적용의 예

지금까지 패턴 인식이 무엇이고, 패턴 인식에 사용하는 방법이 무엇인지에 대해 살펴봤다. 지금 쯤이면 패턴 인식을 실제로 어떻게 사용하는지 궁금할 것이다. 따라서 **패턴 인식을 사용하는 기본적인 적용의 예를 살펴보자.** 상용화된 도구를 사용하지 않고, 가장 기본적인 방법을 단계별로 설명할 것이다(상용화된 도구의 사용은 아직 중요하지 않다). **영문자를 인식하는 패턴 인식을 예로 들어 살펴보자. 주어진 데이터를 보고 이것이 영문자의 무엇인지를 인식하는 것이다.** 이를 위해 [그림 4-5]의 패턴 인식 적용 단계를 사용해 보자.

- **측정 장치:** 카메라를 이용해 수집된 영문자를 촬영한 후 이미지로 저장한다. 이 과정을 통해 수집된 데이터가 컴퓨터가 이해할 수 있는 형태로 표현된다.
- **전처리:** 특별한 잡음이나 정규화의 과정을 불필요한 것으로 판단한다. 글자를 사진으로 찍어 표현했기 때문에 특이한 이상 자료가 포함되지 않는다. 다만, 데이터의 특징을 추출해 데이터의 패턴 인식을 수행한다.

구조적 접근법의 관점에서 볼 때 영문자 알파벳은 글자이므로 다음과 같은 4가지 특징을 가질 수 있다. 특징은 상황에 따라 변경될 수 있다. 여기서는 다음과 같은 특징을 식별해 적용하기로 한다.

- **특징 1:** 수직선의 개수(Vertical, V)
- **특징 2:** 수평선의 개수(Horizontal, H)
- **특징 3:** 기울어진 수직선(O)
- **특징 4:** 커브의 개수(C)

위 특징을 기준으로 5개의 영문자를 식별해 보면 [표 4-1]과 같다.

문자	특징			
	V	H	O	C
L	1	1	0	0
P	1	0	0	1
O	0	0	0	1
E	1	3	0	0
Q	0	0	1	1

[표 4-1] 영문자별 특징의 적용 예

[표 4-1]을 살펴보면, 영문자 L은 수직선이 1개, 수평선이 1개 있고, 기울어진 수직선이나 커브는 없다.

- **차원 축소:** 이번 예에서는 차원 축소의 과정이 필요하지 않다.
- **인식, 예측:** [그림 4 – 9]는 선정된 특징을 대상으로 데이터를 인식하거나 예측하는 절차를 나타낸 것이다. 정리된 절차는 [표 4 – 1]의 특징을 기준으로 임의로 선정한 것이다. 분석가의 의견에 따라 변경할 수 있다.

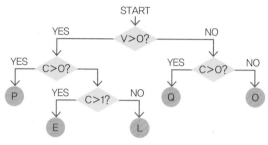

[그림 4 – 9] 패턴을 인식하기 위한 특징의 적용 단계

[그림 4 – 9]는 5개의 영문자를 인식하는 시스템이다. [표 4 – 1]에 정리된 특징을 기준으로 주어진 문자를 인식하는 과정을 수행한다.

- **모델 선택:** [그림 4 – 9]에 정리된 모델을 선택해 데이터를 인식, 예측하는 과정을 수행한다. 이 과정에서 인식이나 예측의 정확성을 확인한다. 정확성이 어느 정도 확인되면 분석 결과의 과정으로 넘어간다.
- **분석 결과:** 분석 결과를 수행한다. 분석된 결과를 이용해 실무에 적용한다. 이 과정에서 문제가 발견되면 앞 과정을 다시 반복 수행해 정확성의 향상을 위해 노력한다.

지금까지 패턴 인식에 대한 개념과 예를 살펴봤다. 패턴 인식이 무엇이며, 어떤 기법이 사용되고 있는지를 확인하고 이를 적용하는 과정에 대해 이해했으므로 응용하는 다음 단계로 넘어가 보자.

1.2 이미지 인식

앞서 패턴 인식에 대해 알아봤다. 이번에는 패턴 인식을 이용하는 분야인 이미지 인식을 살펴보자.

▌컴퓨터 비전

'**컴퓨터 비전(Computer Vision)**'은 픽셀로 구성된 디지털 이미지를 기계가 이해할 수 있게 만드는 연구 영역으로, 이 연구에서는 '이미지 인식'이 중요하다. 여기서 이미지 인식은 이미지 또는 비디오상의 객체를 식별하는 컴퓨터 비전 기술이다.

디지털 이미지의 표현

컴퓨터 비전과 이미지 인식을 이해하려면 디지털 이미지를 이해해야 한다. [그림 4 - 10]은 컴퓨터에 흑백으로 표현된 8이 디지털로 어떻게 표현되는지를 보여 주고 있다. 표현된 이미지는 숫자 8을 18×18의 흑백 픽셀로 표현한 것이다. 컴퓨터에서 흑백은 0(흰색)~255(흑색) 사이의 값으로 표현된다. 컬러일 때는 R, G, B를 각각 표현해야 하므로 크기가 좀 더 커진다. 결론적으로 숫자 8을 흑백 18×18로 표현한 것이 [그림 4 - 10]이다.

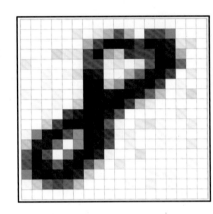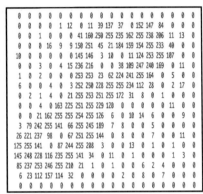

[그림 4 - 10] 숫자 8의 디지털 이미지

컴퓨터에서는 디지털 이미지화된 숫자 8을 다루기 위해 숫자 8을 구성하는 값을 [그림 4 - 11]과 같이 1차원으로 표현하거나 [그림 4 - 10]의 오른쪽 형태와 같이 2차원 행렬(18×18)로 표현해 다룬다.

 = [0, 0, 0, 0, 0, 0, 0, 0, 0, 0, 0, 0, 0, 0, 0, 0, 0, 0, 0, 0, 1, 12, 0, 11, 39, 137, 37, 0, 152, 147, 84, 0, 0, 0, 0, 0, 1, 0, 0, 0, 41, 160, 250, 255, 235, 162, 255, 238, 206, 11, 13, 0, 0, 0, 0, 16, 9, 9, 150, 251, 45, 21, 184, 159, 154, 2 55, 233, 40, 0, 0, 10, 0, 0, 0, 0, 145, 146, 3, 10, 0, 11, 124, 253, 255, 107, 0, 0, 0, 0, 0, 3, 0, 4, 15, 236, 216, 0, 0, 38, 109, 247, 240, 169, 0, 11, 0, 1, 0, 2, 0, 0, 0, 253, 253, 23, 62, 224, 241, 255, 164, 0, 5, 0, 0, 6, 0, 0, 4, 0, 3, 252 , 250, 228, 255, 255, 234, 112, 28, 0, 2, 17, 0, 0, 2, 1, 4, 0, 21, 255, 253, 251, 255, 172, 31, 8, 0, 1, 0, 0, 4, 0, 163, 225, 251, 255, 229, 120, 0, 0, 0, 0, 11, 0, 0, 0, 9, 0, 21, 162, 255, 255, 254, 255, 126, 6, 0, 10, 14, 6, 0, 9, 0, 3, 79, 242, 255, 141, 66, 255, 245, 189, 7, 8, 0, 5, 0, 0, 0, 0, 7, 0, 0, 11, 0, 125, 255, 141, 0, 87, 244, 255, 208, 3, 0, 13, 0, 1, 0, 1, 0, 0, 145, 248, 228, 116, 235, 255, 141, 34 , 0, 11, 0, 1, 0, 0, 1, 3, 0, 85, 237, 253, 246, 255, 210, 21, 1, 0, 1, 0, 6, 2, 4, 0, 0, 6, 23, 112, 157, 114, 32 , 0, 0, 0, 2, 0, 8, 0, 7, 0, 0, 0, 0, 0, 0, 0, 2, 0, 8, 0, 0, 0, 0, 0, 0, 0, 0, 0, 0, 0, 0, 0, 0, 0, 0]

[그림 4 - 11] 숫자 8을 인식하기 위한 표현 예

컴퓨터 비전의 처리 과정

컴퓨터 비전 처리 과정은 일반적으로 2단계로 나눠 진행한다. **첫 번째는 '화상 처리 단계(Image Processing Stage)'**로, 화상을 이용하기 쉬운 형태로 변경한 후 다양한 필터링을 이용해 잡음(Noise)을 줄이고, 이미지를 구분하기 위한 선의 식별 및 영역 발견의 작업을 수행하는 것이다. **두 번째는 '배경 분석 단계(Scene Analysis Stage)'**로, 화상에 필요한 정보를 생성해내는 단계이다.

이미지 인식을 포함하는 컴퓨터 비전의 궁극적인 목적은 정지 이미지와 정지 이미지의 연속 데이터인 동영상이 무엇을 의미하는지를 자동으로 분석하는 것이다. 컴퓨터 비전의 연구 분야 중 대표적인 예를 들면 다음과 같다.

- 사물이나 문자의 식별과 인식
- 음영에서 3차원 모델의 구축
- 사진 설명문 생성
- 동영상 장면의 의미 추정

컴퓨터 비전과 관련 있는 기술에는 패턴 인식, 통계적 학습(Statistical Learning, 사영 기하학(Projective Geometry), 이미지 처리(Image Processing), 그래프 이론(Graph Theory) 등이 있는데, 이 모드는 크게 다르지 않고 서로 유사한 일을 수행한다.

컴퓨터 비전은 영화와 방송의 카메라 추적이나 시각 효과, 의학 및 군사 장비, 보안과 감시(Surveillance), 품질 검사(Quality Inspection), 로봇이나 자율자동차 등에 이용하며, 최근 딥러닝 모델을 이용하는 이미지 인식의 정확성이 인간의 시각보다 우월하게 나타나고 있다.

■ 이미지 인식 알고리즘

이제 패턴 인식 및 이미지 인식에 대한 기본 원리를 바탕으로 개발돼 사용하는 이미지 인식 알고리즘을 알아보자. 전체 알고리즘을 설명하기보다는 많이 사용하는 것을 중심으로 각 알고리즘의 특징과 원리를 살펴본다. 여기서 설명하는 대부분의 알고리즘은 OpenCV와 같은 제품에 이미 구현돼 있으므로 실제 사용하려면 무료로 배포되는 OpenCV를 설치해 실행하면 된다.

최근 딥러닝의 바람이 거세게 불고 있고, 이미지 인식에서도 딥러닝을 이용한 이미지 인식이 점차 많이 사용되고 있다. 하지만 여기서는 딥러닝 외에 다양한 알고리즘에 대해서도 알아봄으로써 편향된 시각을 갖지 않도록 하고자 한다. 딥러닝을 이용한 영상 인식은 최근 인공지능의 주목받는 주제로, 앞서 살펴본 CNN, RNN 등을 이용해 수행할 수 있다.

이미지 인식의 주요 분야는 얼굴 및 사물의 인식이며, 실제 작업의 수행을 위해 다음 3가지 방법을 사용한다.

- 주어진 이미지의 경계선(Edge) 정보를 이용하는 방법으로, SIFT, HOG 알고리즘이 있다.
- 주어진 이미지의 영역 간의 밝기 차를 이용하는 방법으로, Haar Features, Ferns, LBP, MCT 알고리즘이 있다.
- 딥러닝을 이용하는 것이다. 아마도 CNN이 적합한 모델이 될 것이다. 혹시 이유를 잘 모르겠다면, CNN의 개념 부분을 참고하기 바란다.

이제 앞서 언급한 알고리즘의 핵심 아이디어와 특징 그리고 사용하는 경우를 살펴보자.

SIFT

SIFT(Scale Invariant Feature Transform)는 2004년 데이비드 로(David Lowe)가 처음 제안한 것으로, **이미지의 크기와 회전에서 변하지 않는 특징을 추출하는 알고리즘이다.** [그림 4-12]를 살펴보면 2개의 사진에 빨간색 차가 함께 존재하는 것을 확인할 수 있다. SIFT 알고리즘을 사용하면 이를 찾아 내 매칭한다. SIFT 알고리즘의 수행 절차는 다음과 같다.

- Scale Space 만들기
- Difference of Gaussian(DoG) 연산 수행하기
- Key Point 찾기
- 나쁜 Key Point 제거하기
- Key Point에 방향 할당하기
- 최종적으로 SIFT의 특징 산출하기

[그림 4-12] SIFT 알고리즘을 활용한 매칭의 예

SIFT를 개인적으로 구현해 사용할 수도 있지만, OpenCV에서 SIFT를 위해 `cv2.xfeatures2d.SIFT_create( )`와 `cv2.drawKey points`를 제공하므로 이를 이용해 테스트할 수 있다. 구체적인 수행 예제나 알고리즘 소스는 이 책의 범위를 벗어나므로 생략하지만, 웹에서 쉽게 구할 수 있다.

HOG

HOG(Histogram of Oriented Gradient) 알고리즘은 2005년 다랄(N. Dalal)과 트릭스(B. Triggs)가 발표했다. OpenCV에서 HOG Descriptor 클래스로 제공하기 때문에 실무에 사용할 수 있다. **HOG는 대상 영역을 일정 크기의 셀로 분할하고, 셀마다 Edge 픽셀(Gradient Magnitude가 일정값 이상인 픽셀)의 방향에 대한 히스토그램을 구한 후 히스토그램 바이너리 값을 일렬로 연결한 벡터이다.** [그림 4-13]은 HOG 값을 구하는 과정을 나타낸 것이다.

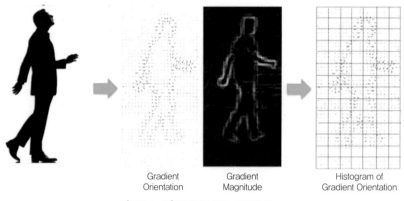

Gradient   Gradient   Histogram of
Orientation   Magnitude   Gradient Orientation

[그림 4-13] HOG를 구하는 과정의 예

HOG는 템플릿 매칭과 히스토그램 매칭의 중간 단계에 있는 매칭 방법이다. 블록 단위로는 기하학적인 정보(사람의 모양 등)를 유지하고 블록 내부에서는 히스토그램을 사용해 지역적인 변화에 어느 정도 대응하는 방법이다.

- **템플릿 매칭(Template Matching)**: 원래 영상의 기하학적 정보를 그대로 유지하면서 매칭을 수행하는 방법이다. 이 방법은 쉽게 사용할 수 있지만, 대상의 형태나 위치가 조금만 바뀌어도 매칭이 안 되는 문제가 있다.
- **히스토그램 매칭(Histogram Matching)**: 대상의 형태가 바뀌어도 매칭할 수 있지만, 대상의 기하학적인 정보는 잃어버리고 분포 정보만을 가지므로 잘못된 대상과도 매칭 되는 문제가 있다.

앞서 이미지 인식을 위해 사용하는 첫 번째 방법으로 주어진 이미지의 경계선 정보를 이용하는 SIFT와 HOG를 살펴봤다. **HOG는 템플릿 매칭이므로 물체가 회전하거나 형태 변화가 발생하면 검출하기 어렵다. SIFT는 매칭이 입력 영상의 특장점을 단위로 이루어지므로 물체의 형태, 크기 변화, 회전 등과 무관하게 검출할 수 있다. 따라서 HOG는 물체의 형태 변화가 심하지 않고, 윤곽선을 식별할 수 있는 경우, SIFT는 액자 그림처럼 내부 패턴이 복잡하고 특장점이 풍부한 경우에 적합하다.**

Haar Features

Haar Features는 헝가리 수학자 알프레드 하(Alfred Haar)가 1909년에 발표한 개념으로, 영상의 영역과 영역의 밝기 차를 이용하는 방법이다. [그림 4-14]처럼 Edge, Line, Center-surround와 같은 기본 특성(Element Feature)을 다수 조합해 대상 문제나 이미지에 대한 특징을 추출한다. [그림 4-14]는 주어진 이미지의 특징을 Line Features를 이용해 추출한 예이다.

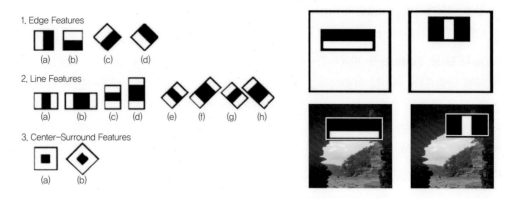

[그림 4-14] Haar Features를 적용하는 예

Haar Features는 이미지의 기하학적 정보를 유지하면서 영역 단위 밝기 차이를 이용하기 때문에 영역 내부에서의 형태 변화, 위치 변화에 대응할 수 있다. 특히, 이미지가 갖고 있는 잡음에 강하고 속도가 빠르다. 하지만 밝기 차이를 이용하므로 이미지의 대비 변화, 광원의 방향 변화, 회전 변화는 검출하기 어렵다.

Ferns

'Ferns'라는 말은 영어 'Ferns(식물, 고사리)'에서 따온 것으로, 알고리즘의 구조가 고사리와 유사해 붙인 이름이다. 2007년 무스타파 오즈살(Mustafa Ozuysal)이 개발한 알고리즘이다. **Ferns는 영상에서 특장점을 뽑고, 각 특장점을 중심으로 지역 반점(Local Patch) 내에서 임의의 2점을 잡은 후 '2점의 픽셀 밝기 차이가 플러스(+)인지, 마이너스(−)인지'를 특징(Features)으로 사용한다.** [그림 4-15]는 Ferns의 특징을 뽑는 과정의 예이다.

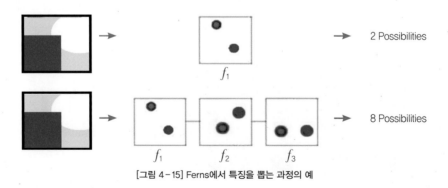

[그림 4-15] Ferns에서 특징을 뽑는 과정의 예

[그림 4-15]에서 알 수 있듯이 Ferns에서 3개의 특징을 뽑아 사용한다면, 이미지는 000~111까지 8개의 특성 분류가 가능하다.

Ferns와 Haar Features를 비교하면, Haar Features가 영역 단위 밝기 차이를 이용하고 Ferns는 픽셀 단위 밝기 차이를 이용한다는 점이 다르다. Ferns는 값이 아닌 부호를 사용하므로 대비 변화, 밝기 변화에 강한 특성이 있다. 또 **SIFT와 Ferns를 비교**하면, SIFT는 히스토그램 측면, Ferns는 템플릿 측면이 강하다. 따라서 Ferns가 SIFT보다 인식 성능과 속도 모두 뛰어나다. 하지만 SIFT는 별도의 학습 과정이 필요 없고, Ferns는 파라미터의 설정에 따라 수십 분 이상의 오프라인 학습 과정이 필요하다는 단점이 있다.

LBP

LBP(Local Binary Pattern)는 영상의 모든 픽셀에 대해 계산되는 값으로, 각 픽셀의 주변 3×3 영역의 상대적인 밝기 변화를 이진수로 코딩한 인덱스 값이다. 즉, 중앙 픽셀보다 밝으면 1, 어두우면 0으로 설정한 후 이 값을 연결한 이진수를 해당 픽셀의 인덱스로 사용한다. [그림 4-16]은 이 과정을 나타낸 것이다.

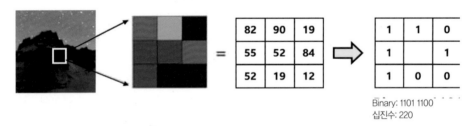

[그림 4-16] LBP에서의 인덱스 생성 과정

위와 같이 각 픽셀에 대해 계산된 인덱스 값으로 히스토그램을 그린 후 히스토그램을 해당 영상 영역에 대한 기본 모델로 사용한다. [그림 4-17]은 LBP를 사용해 영상 인식을 수행하는 예이다.

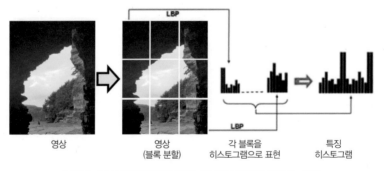

[그림 4-17] LBP에서 인식을 위해 특징 히스토그램을 생성하는 과정

2009년에는 MB‑LBP 방법이 제안됐는데, LBP가 3×3을 사용하므로 너무 지역적인 특성을 추출하는 문제가 있어서 이를 9×9를 적용하도록 확장하는 방법이다. OpenCV에서는 MB‑LBP를 사용하고 있다. MB‑LBP는 Haar Features와 큰 차이는 없지만, Haar Features보다 복잡한 패턴 변화를 표현할 수 있다.

MCT

MCT(Modified Census Transform)는 현재 얼굴 검출(Face Detection) 분야에서 가장 대표적인 알고리즘으로, 검출 성능이 좋다. 영상에서 한 픽셀에 대한 CT(Census Transform)는 그 픽셀 주변 영역의 밝기 변화를 중심 픽셀보다 밝으면 0, 어두우면 1로 설정하고, 그 결과를 비트 스트링으로 연결한 값이다.

만약, 주변 영역을 3×3으로 잡으면 LBP와 방법이 같다. 하지만 MCT는 중심 픽셀과의 밝기 차이를 인식하는 대신, 로컬 영역의 평균과의 밝기 차이를 인식함으로써 **중심 픽셀에도 0 또는 1을 부여할 수 있도록 개선한 것이다.**

[그림 4‑18]에 2개의 영상을 MCT로 변환한 예를 제시했다. 위 원본은 조명의 차이 때문에 이미지 인식에 차이가 나지만, MCT로 변환한 결과는 거의 동일하다. 즉, MCT는 영상에 있는 물체의 순수 패턴을 보존하는 성질이 있다.

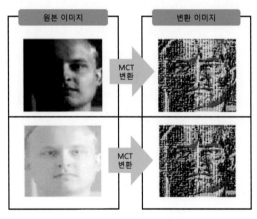

[그림 4‑18] MCT 변환의 예

딥러닝 이용하기

앞서 다음과 같은 영상 인식을 위한 기법을 알아봤다.

- 주어진 이미지의 경계선 정보를 이용하는 SIFT, HOG
- 주어진 이미지의 영역 간 밝기 차를 이용하는 Haar Features, Ferns, LBP, MCT

이번에는 최근의 기술 동향인 딥러닝을 사용하는 방법을 알아보자. 딥러닝을 이용한 이미지 인식은 단일 레벨 인식에서 벗어나 좀 더 복잡하고 세부적인 인식을 할 수 있는 방향으로 발전하고 있다. 예를 들면 1장의 사진에서 여러 사물을 동시에 인식하는 것이나 연속 사진에서 3차원, 4차원 이미지 또는 영상을 인식하는 것을 말한다. 딥러닝을 이용한 영상 인식은 대부분 CNN이나 CNN의 변형을 사용해 수행한다. 실제로 알렉스넷, 구글넷, 레스넷 등과 같은 CNN을 이용한 딥러닝 모델은 이미지 인식 경진 대회에서 우수한 성과를 보이고 있다.

딥러닝을 이용한 영상 인식은 앞서 설명한 알렉스넷, 구글넷 등에서 사용한 CNN 외에도 특정 영역을 설정해 사물을 인식하는 모델인 R-CNN(Region-based CNN)이 있다. R-CNN은 일반적인 CNN과 달리, 고전적인 사물 인식 방법으로 사용하는 영역 자르기(Crooping)를 전처리한 것이다. 이는 사물의 영역을 추측해 자르는 방법으로, BING(Binarized Normed Gradients for Objectness Estimation), Geddesic K-평균, 선택 검색(Selective Search) 등이 있다. R-CNN을 개선한 것으로는 Fast R-CNN, Faster R-CNN 등이 있다.

딥러닝을 이용한 이미지 인식은 실제 예제보다는 텐서플로에서 제공하는 이미지 인식의 정확성을 시각화하는 프로그램의 예를 살펴본다. [그림 4-19]는 텐서플로를 이용해 대상에 대한 인식을 수행 과정을 살펴보는 예이다. [그림 4-19]는 텐서플로로 제작한 것으로, 주어진 이미지를 인식하기 위해 파라미터를 조정하고, 이에 따라 이미지를 인식하는 결과가 어떻게 변화하는지를 시각적으로 보여 주는 프로그램이다. playground.tensorflow.org에서 확인할 수 있다.

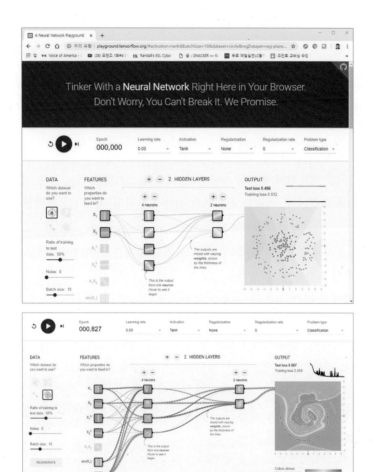

[그림 4-19] playground.tensorflow.org의 화면 및 수행 예

[그림 4-19]는 데이터를 선택한 후 Test data, Noise, Batch Size를 설정하고(기본값 사용), Features를 선택한 후 왼쪽 중간의 [실행] 버튼을 누르면 실행하면서 주어진 이미지를 색깔에 따라 분류하는 것을 확인할 수 있다. 4가지 데이터가 주어지고, 각각이 다른 특성을 가지므로 Feature의 설정을 변경하면서 이미지를 특성에 맞춰 분리하는 과정을 확인해 보자. [그림 4-19] 의 위쪽은 첫 번째 이미지를 대상으로 2개의 Feature만 선택해 식별하는 것이고, 아래쪽은 네 번째 이미지를 대상으로 6개의 특성을 선택해 식별하는 것이다. 정확한 식별 능력을 갖추고 있다는 것을 확인할 수 있다.

최근 이미지 인식에 딥러닝을 사용하는 것이 중요한 흐름이므로 [그림 4-19]를 통해 딥러닝을 통한 이미지 인식 과정에 대한 이해가 중요하다. 해당 웹 사이트를 방문해 실제 수행 결과를 확인해 보자.

음성 인식은 인간의 음성을 글자로 표현하는 'Speech‑to‑Text'와 글자를 음성으로 표현하는 'Text‑to‑Speech'로 나눠 볼 수 있다.

▌음성 인식 방법

인간의 소리는 공기를 진동시켜 정보를 전달한다. 따라서 소리의 크기는 진폭, 소리의 높이는 단위 시간당 진동수로 결정된다. 소리를 분석하기 위해서는 파형 데이터를 처리할 수 있는 프로그램이 필요하다.

- 사람이 말하는 소리에는 특정 주파수가 있다. 소리의 진폭을 푸리에 변환(Fourier Transform, FT)하면 주파수의 특징을 알 수 있다.
- 어떤 시간 영역에서 뽑은 진폭을 주파수 영역으로 변환했을 때 볼 수 있는 피크를 '포먼트(Formant)'라고 한다. 피크 주파수가 낮은 쪽부터 '1포먼트, 2포먼트, …'라고 하는데, 한국어는 1~3포먼트 주파수의 조합에 따라 모음의 음소를 알 수 있다.
- 목소리는 성대의 진동으로 발생하는데, 성도(목구멍과 구강 안, Vocal Tract)를 통과하면서 필터에 걸린다. 그 결과, 공기의 진동이 발생해 목소리가 울린다.
- 음원의 성대는 소스가 되고, 필터의 조합으로 소리가 들리므로 이를 '소스‑필터 이론(Source‑Filter Theory)'이라고 한다.
- 음성을 텍스트로 인식하려면 음성을 분해하는 모델(음성 모델)과 분해된 음성을 문장으로 변환하는 모델(언어 모델)을 구성해야 한다. 일반적으로 Speech‑to‑Text는 음성 모델과 언어 모델로 구성돼 있다. [그림 4‑20]은 이 구성을 나타낸 것이다.

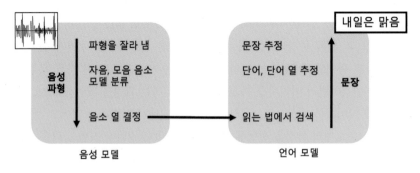

[그림 4‑20] 음성 모델과 언어 모델의 연결

▌음성 인식 시스템의 작업 흐름

앞서 설명한 음성 인식 시스템을 실제로 구현한 사례는 미국 방위고등연구계획국(DARPA)이 **1975~1980년에 걸쳐 개발한 Hearsay–II이다.** 음성 인식 시스템으로 개발된 것으로, 실무에 사용할 수 있는 수준의 성능을 보유하고 있다. [그림 4–21]은 실제 작업의 흐름을 나타낸 것이다.

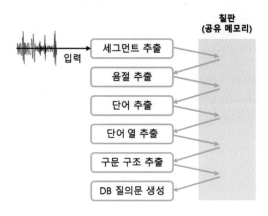

[그림 4–21] Hearsay–II 시스템의 작업 흐름도

[그림 4–21]에서 음성 인식 시스템이 수행하는 업무의 내용과 단계를 확인할 수 있다. Hearsay–II 시스템은 상용화가 가능한 수준의 기능을 지원하지만, 최근 딥러닝을 이용해 구글 클라우드에서 정교한 수준의 Speech–to–Text 서비스를 제공하고 있다. 이 서비스는 웹에서 직접 사용할 수 있고, 개발자가 원하면 해당하는 라이브러리를 이용해 자신의 음성 인식 시스템을 개발할 수 있다.

여기서는 개발 소스나 라이브러리의 사용법에 대해 다루지 않지만, 음성 인식에 대해 구글 클라우드가 제공하는 환경을 사용해 음성 인식 시스템의 의미와 가치를 확인할 수 있다. 구글 클라우드에서 제공하는 음성 인식 시스템은 **cloud.google.com/speech–to–text/**에서 확인할 수 있지만, 최근에 유료화되는 과정에 있으므로 무료로 실습할 수 있는 곳으로 **speechnotes.co**를 소개한다.

[그림 4 - 22] 구글 클라우드의 Speech - to - Text 서비스 화면

[그림 4 - 22]의 화면에서 빨간색 마이크를 누르고, 영어로 이야기하면 텍스트가 실시간으로 표현되는 것을 확인할 수 있다. 별도의 설치나 등록 절차 없이도 가능하므로 음성 인식에 대해 좀 더 이해하고자 한다면 수행해 보자.

스케일

- 동일한 그림에서 스케일에 따라 전혀 다른 것을 보게 된다(예 나무에서 작은 스케일은 나뭇잎이나 가지, 큰 스케일은 나무가 포함된 숲을 볼 수 있다).

 왼쪽 그림에서 큰 스케일(붉은색)은 코너 점을 인식할 수 있지만, 작은 스케일(연두색)은 완만한 곡선 또는 직선으로밖에 인식할 수 없다.

- 스케일 문제의 해결책은 대상을 여러 스케일에 걸쳐 표현(Multi-scale Representation)하고 분석하는 것이다. 대표적인 예로, '이미지 피라미드(Image Pyramid)' 방법과 '스케일 스페이스(Scale Space)' 방법이 있다.

이미지 피라미드

입력 이미지를 단계적으로 변화(축소)시키면서 필요한 분석 작업을 수행하는 것을 말한다. 이렇게 생성된 이미지 집합을 '이미지 피라미드'라고 한다.

image pyramid

sliding window

왼쪽 그림에서 보행자를 검출하고자 하는 경우, 이미지 피라미드를 생성한 후 각 스케일의 영상에서 고정된 크기의 윈도우를 이동시키면서 윈도우 내의 영역이 보행자인지를 판단하는 방법이다. 일반적으로 이미지 피라미드를 생성하기 위한 스케일의 단계는 1.1배인데, 가우시안 피라미드(Gaussian Pyramid)의 경우, 50% 축소하면서 피라미드를 생성한다.

스케일 스페이스

- 어떤 대상을 볼 때 하나의 스케일 또는 현재의 스케일만 보는 것이 아니라 대상이 가질 수 있는 다양한 스케일의 범위를 한꺼번에 표현하는 공간을 '스케일 스페이스(Scale Space)'라고 한다.

f(x,y) (원본 이미지)   f₀(x,y), σ=1   f₀(x,y), σ=2   f₀(x,y), σ=4   f₀(x,y), σ=8   f₀(x,y), σ=16

- 위 그림과 같이 어떤 이미지의 Scale Space는 Gaussian Blurring[가우시안 필터를 사용한 블러링(흐르게 하는 효과)]를 통해 생성되는 일련의 이미지로 구성된다. 즉, 이미지를 확대, 축소하지 않고 블러링을 통해 세부 디테일을 제거하고 큰 스케일의 이미지 구조를 파악하는 것이다.
- 이미지를 블러링시키는 방법 중 가우시안 필터를 이용한 방법이 Scale Space를 제대로 생성하는 유일한 방법이다.

실습

- [그림 4 – 19]의 실습을 수행해 보시오.
- [그림 4 – 22]의 실습을 수행해 보시오.

요약

패턴 인식 시스템의 구현 단계

현실 세계	→	측정 장치	→	전처리	→	차원 축소	→	인식, 예측	→	모델 선택	→	분석 결과
		센서, 카메라 마이크		잡음 제거, 특징 추출, 정규화		특징 선택, 특징 그룹화		분류, 회귀, 군집		교차 검증, 부트스트랩		

패턴 인식에 사용하는 기법 정리

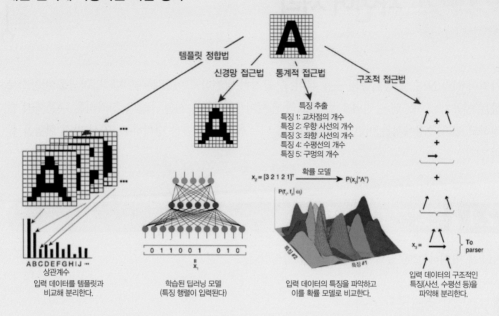

이미지 인식 알고리즘의 종류

- 첫 번째는 주어진 이미지의 경계선 정보를 이용하는 방법으로, SIFT, HOG가 이에 속한다.
- 두 번째 방법은 주어진 이미지의 영역 간의 밝기 차를 이용하는 방법으로 Haar Features, Ferns, LBP, MCT가 있다. 이제 각 방법을 핵심 아이디어와 특징을 중심으로 살펴보자.
- 세 번째는 딥러닝을 이용하는 것이다. 아마도 CNN이 적합한 모델이 될 것이다. 혹시 이유를 잘 모르겠다면 CNN의 개념 부분을 참조하기 바란다.

연습 문제

1. 인공지능과 패턴 인식의 관계를 설명하시오.

2. 특징과 패턴을 설명하시오.

3. 컴퓨터 비전과 이미지 인식이 무엇인지 설명하시오.

4. 음성 인식이 무엇인지 설명하시오.

5. 템플릿 매칭과 히스토그램 매칭이 무엇인지 설명하시오.

02 자연어 처리

자연어 처리(NLP) 인공지능의 응용 분야 중 급격히 발전하고 있는 분야이다. 딥러닝을 바탕으로 하는 인공지능 시스템은 번역을 넘어 요리 레시피를 만들고, 시와 소설을 창작하는 수준까지 발전하고 있다. 2장에서는 이런 발전의 기본이 되는 NLP의 개념을 정리하고, 최신 발전 현황을 살펴본다.

2.1 문장 구조의 이해

NLP를 이해하는 데 필요한 기본 개념을 정리한다.

▌자연어 처리의 정의

NLP는 기계가 자연어를 분석하고 해석해 의미를 이해한 후 그 결과를 바탕으로 사람에게 도움이나 피드백을 주는 것을 말한다. 이때 언어는 '자연어', '인공어', '컴퓨터 언어'의 3가지로 나눌 수 있다. 자연어는 일반적인 대화에서 사용하는 언어를 말한다. 인공어는 효과적인 의사소통을 위해 공통어로 개발된 것으로, 대표적인 예로 '에스페란토어'를 들 수 있다. 컴퓨터 언어는 기계를 제어하기 위해 만든 언어로, '프로그래밍 언어'나 XML, HTML 같은 마크업 언어를 들 수 있다.

▌문장 이해를 위한 선행 작업

앞서 정의한 NLP를 수행하기 위해서는, 즉 **문장을 이해하기 위해서는 '띄어쓰기'와 '형태소 분석'이 수행돼야 한다. '띄어쓰기'는 공백을 기준으로 쓰인 문장의 단어를 구분하는 것이다.** 일본어나 중국어는 띄어쓰기가 없으므로 단어를 구분하는 작업을 별도로 수행한다. **'형태소 분석'은 띄어쓰기로 분리한 단어의 품사를 인식하는 작업이다.** 형태소 분석을 위해 개발된 제품에는 MeCab, KoNLPy와 자바 기반의 한국어 형태소 분석기인 KOMORAN, 한나눔, Kkma 등이 있다.

형태소 분석

[그림 4 – 23]은 KOMORAN(shineware.co.kr/products/komoran의 아래쪽에 있는 KOMORAN Demo를 사용)을 이용한 형태소 분석의 결과이다. '컴퓨터를 구성하는 것'이라는 문장을 입력으로 받아 형태소를 분석한 후 품사로 분류한 결과를 보여 준다.

[그림 4 – 23] 형태소 분석의 예

N – Gram

형태소 분석과 같은 개념이지만, 이와 달리 단어를 나눠 주는 방법으로 N – Gram이 있다. N – Gram은 주어진 문장을 문자나 단어의 주어진 길이로 나눠 처리하는 방식이다. [그림 4 – 24]는 문자 단위로 처리하면서 문장을 'n = 2', 'n = 3'으로 나눈 N – Gram 분석의 예이다.

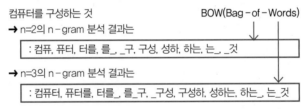

[그림 4 – 24] N – Gram 분석의 예

N – Gram으로 분석된 것을 통칭하는 개념이 'BOW(Bag of Words)'이다. [그림 4 – 24]에서 'n = 2'를 적용한 N – Gram의 BOW는 '컴퓨, 퓨터, 터를, 를_, _구, 구성, 성하, 하는, 는_, _것'이 된다. 만약 'This is a demo bag.'이라는 문장을 대상으로 단어 단위로 'n = 2'를 적용하면 결과는 'This is', 'is a', 'a demo', 'demo bag'이 될 것이다.

앞서 설명한 띄어쓰기와 형태소 분석 그리고 형태소 분석의 다른 기법인 N – Gram 외에도 고안된 다른 방법이 있다. 실제로 많이 사용하지는 않지만, 인공지능에 대한 수많은 노력을 이해하기 위해 간단히 정리한다.

- 비모수 베이지안 모델(Bayesian Nonparametric Models)에 근거한 자율 단어 분할법
- 피트만 – 요(Pitman – Yor) 과정: N – Gram을 확장한 방법
- 계층 피트만 – 요 과정, 중첩 피트만 – 요 과정: 공백 없는 영어나 고문 등에 사용하는 방법

2.2 자연어 처리 기법

띄어쓰기와 형태소 분석, N-Gram을 이해했다면, 이제 본격적으로 NLP 기법에 대해 알아보자.

▌자연어 처리 기법의 종류

NLP 기법의 종류는 크게 '횟수 기반'과 '예측 바탕'으로 나눌 수 있으며, 세부적으로 다양한 기법이 있다.

- **워드 임베딩(Word Embedding) 기법**: 빈도수를 이용한 방법
  - 횟수 기반 임베딩(Frequency-based Embedding): 단어의 빈도수를 바탕으로 하는 NLP 방법으로, BOW, Count Vector, TF-IDF Vector 기법이 있다.
  - 예측 기반 벡터(Prediction-based Vector, Feed-forward 신경망 언어 모형): 단어의 빈도를 바탕으로 하는 NLP 방법은 문서에 나타난 단어를 통해 특징을 파악할 수 있지만, 단어 간의 유사성을 찾기는 어렵다. 단어 간의 관계를 벡터로 표현된 다차원 공간에서 유사도를 측정하고, 수치적 계산을 이용해 추론하는 방법이 '예측 기반 벡터'이다. 구체적으로 Word2Vec, CBOW, Skip-Gram 등과 같은 방법이 개발돼 사용되고 있다.

- **구조 분석**: 문장의 구조 분석을 이용한 방법
  - 단어 열로 구성된 어구를 통해 구조를 파악하는 방법으로, **'어구 구조 분석', '할당 분석', '술어절 구조 분석'** 등과 같은 방법이 개발돼 사용되고 있다. 이 중 할당 분석에는 최소 신트리와 이동 감축법이 개발돼 사용되고 있다.

학습 및 예측을 통한 텍스트 생성

NLP 기법은 앞서 살펴본 바와 같이 워드 임베딩, 구조 분석, 학습 및 예측을 통한 텍스트 생성으로 구분할 수 있다. 분리된 기준에 속하는 구체적인 기법은 BOW, Count Vector, TF-IDF Vector, Word2Vec, CBOW, Skip-Gram, 어구 구조 분석, 최소 신장 트리(MST), 이동 감축법 등이다. 이를 하나씩 살펴보자. 참고로 술어절 구조 분석은 할당 분석과 유사하므로 할당 분석으로 대신하고, 학습 및 예측을 통한 텍스트 생성은 별도로 분리해 다음에 살펴본다.

2.3 횟수 기반 임베딩

횟수 기반 임베딩(**Frequency-based Embedding**)은 단어의 빈도수를 바탕으로 하는 NLP 방법으로, BOW, Count Vector, TF-IDF Vector 기법이 있다. 각 기법을 정리해 보자.

▌BOW

[그림 4-24]에서 설명했던 것처럼 **주어진 문장을 형태소 분석을 통해 문자나 단어로 분리하고, 분리된 문자나 단어에 인덱스 정수를 할당한 후 빈도수로 벡터를 만드는 방법**을 말한다. 예를 들어, 다음과 같이 단어별로 인덱스를 부여했다고 가정해 보자. 이를 'BOW를 정의했다'라고 한다.

```
"I"---------- 0
"teacher"------ 1
"am"--------- 2
"top"-------- 3
"a"--------- 4
"girl"------- 5
"minho" ------- 6
```

그다음으로 "I am a girl, I am Minho."라는 문장에 설정한 BOW를 이용해 벡터를 생성하면 [2, 0, 2, 0, 2, 0, 1, 1]로 표현할 수 있다. 즉, I는 2번 나왔고, teacher는 나오지 않았으며, 'am'은 2번 나왔다는 뜻이다. 주어진 문장을 이렇게 표현하면 문장에서 특정 단어가 몇 번 나왔는지 파악할 수 있다. 이 방법은 단어의 등장 빈도가 중요한 경우에 사용할 수 있다. 다만, 단어의 순서는 전혀 고려하지 않는다.

BOW는 많은 문서 중 특정 단어를 포함하는 문서를 찾을 때 유용하다. 예를 들어 세금에 관련된 문서를 찾고 있는데, '세금'이라는 단어가 많이 포함될수록 내가 찾는 문서일 가능성이 크다고 보는 것이다. BOW는 단어가 많은 경우, 특정 문장을 벡터로 표현하면 0으로 표현되는 것이 많아져 계산하거나 처리할 때 비효율적이다.

▌Count Vector

BOW의 개념을 확장해 여러 문서가 있을 때 문서마다 설정된 단어를 세어 이를 행렬로 나타내는 방법이다. 여러 문서를 비교할 수 있는 기준을 제공한다. 예를 들어, 설정된 단어(토큰)가 He, She, love, boy, Minho, person이라고 가정해 보자.

문서 1: He is a love boy, She is also love.

문서 2: Minho is a love person.

	He	She	love	boy	Minho	person
문서 1	1	1	2	1	0	0
문서 2	0	0	1	0	1	1

위와 같이 표현하면, 각 문서가 관심 있는 단어(토큰)를 갖는 특성을 파악할 수 있다. 내가 사람 사이의 사랑에 대한 자료를 찾는다면, 위 결과를 기준으로 할 때 문서 1이 찾고자 하는 문서일 가능성이 크다고 볼 수 있다. 하지만 Count Vector도 BOW와 같이 문서가 커지면 행렬도 거치고 0으로 설정되는 값이 많아지기 때문에 계산하거나 처리할 때 비효율적이다.

▌TF-IDF Vector

BOW의 개념을 확장해 Count Vector 방법이 도입됐지만, 아직도 부족한 점이 많다. 따라서 **Count Vector 기법처럼 각각의 문서에서 단어의 수를 세는 것 외에 전체 문서에서 단어의 개수를 함께 세는 방법이 고안됐는데, 이것이 바로 'TF-IDF Vector'이다.**

- **TF(Term Frequency, 단어 빈도): 특정 문서에서 단어가 나타난 수/특정 문서의 전체 단어 수**
- **IDF(Inverse Document Frequency, 역문서 빈도):** log(전체 문서의 개수/해당 단어가 나타난 문서의 수)
- **특징량 = TF×IDF: 특징량은 여러 문서에 나타나는 단어보다 소수의 문서에 나타나는 단어의 특징량이 더 커지는 속성을 가진다.**

TF-IDF는 여러 문서에서 원하는 단어를 갖는 것(내가 원하는 문서)을 찾는 과정에서 특수한 단어(일반적으로 사용되지 않는 단어)를 갖는 문서를 찾을 때 유용하다. 다음은 TF-IDF를 계산하는 예이다. Count Vector를 이용해 문서별로 계산한 결과가 다음과 같다고 가정해 보자.

Doc1	This	is	about	Minho
	1	1	2	4

Doc2	This	is	about	Juyeon
	1	2	1	1

- **TF의 계산**

  Doc1에서 This: 1/8

  Doc2에서 This: 1/5

  Doc1에서 Minho: 4/8, …

- **IDF의 계산**

  This의 IDF: $\log(2/2) = 0$

  Minho의 IDF: $\log(2/1) = 0.301$, …

- 결과를 이용해 평가하면,

    Doc1의 This의 TF – IDF = $(1/8) \times 0 = 0$

    Doc1의 Minho의 TF – IDF = $(4/8) \times 0.301 = 0.15$

따라서 Doc1의 This보다 Minho가 특정 문서의 탐색(원하는 문서의 탐색)에서 더 중요한 역할을 한다는 것을 알 수 있다.

단어의 빈도를 이용해 많은 문서 중 내가 원하는 문서를 찾는 방법을 살펴봤다. 횟수 기반 임베딩은 문서의 의미나 내가 찾고자 하는 문서를 발견하기 위해 기존에 있는 문서를 빈도 (Frequency)를 기준으로 분류하는 방법을 고안한 것이다. 문서를 단어 기반의 형태소 분석으로 분류하고, 분류된 단어에 인덱스 정수를 할당한 후 분석의 대상이 되는 문서를 분류된 단어의 빈도를 기준으로 표현하는 것이 BOW 방법이다. BOW 방법을 여러 문서로 확장해 적용한 것이 Count Vector 방법이고, Count Vector 방법에 전체 문서에서 단어의 개수를 추가한 것이 TF – IDF Vector 방법이다.

2.4 예측 기반 벡터

앞에서는 단어의 빈도를 바탕으로 하는 NLP 방법을 살펴봤다. 단어의 빈도를 바탕으로 문서의 특징은 어느 정도 파악할 수 있지만, 단어 간의 유사성이나 의미를 찾기는 어렵다. 띄어쓰기와 형태소 분석, N – Gram을 통해 식별한 단어의 의미를 알기 위해서는 전체 문장의 내용을 이해해야 한다. 예를 들어 '파리'라는 단어를 식별했을 때 이것이 '날아다니는 파리'인지, '프랑스의 수도인 파리'인지를 식별해야 한다. 인간은 문맥의 흐름을 통해 식별할 수 있지만, 컴퓨터를 포함한 기계는 불가능하다. 또한 사람은 '아인슈타인'을 검색할 때, '물리학자'와 '상대성 이론'과 같은 단어와의 의미적 관계성을 바로 인식할 수 있지만, 컴퓨터를 포함한 기계는 불가능하다. 그래서 나온 것이 '예측 기반 벡터(Prediction-based Vector)'이다.

▌워드 임베딩

단어를 수치적으로 표현해 기계가 문맥의 흐름과 단어 간의 연관성을 이해할 수 있도록 개발된 방법이 '워드 임베딩(Word Embedding)'이다. 워드 임베딩의 수행 과정을 살펴보자. 예를 들어, "The dog bark in the garden."을 기계가 이해할 수 있도록 수치적으로 표현하면(워드 임베딩을 적용하면) 다음과 같다. The, dog, bark, in, the, garden과 같이 언어별로 분류한 후(형태소 분석) 특정 위치만 1로 나타내는 원 – 핫 인코딩을 통해 다음과 같이 표현할 수 있다.

```
The      -->[ 1, 0, 0, 0, 0, 0 ]
dog      -->[ 0, 1, 0, 0, 0, 0 ]
bark     -->[ 0, 0, 1, 0, 0, 0 ]
in       -->[ 0, 0, 0, 1, 0, 0 ]
the      -->[ 0, 0, 0, 0, 1, 0 ]
garden   -->[ 0, 0, 0, 0, 0, 1 ]
```

문장을 구성하는 단어를 위와 같이 벡터를 사용해 숫자로 표현하면, 분류, 회귀 등의 다양한 기법을 적용할 수 있고, 원하는 분석을 수행할 수도 있다.

▍Word2Vec

Word2Vec은 앞서 설명한 Word Embedding을 확장해 C++ 라이브러리로 개발한 것이다. 라이브러리의 구현 방법은 CBOW Embedding과 Skip – Gram의 2가지가 있다.

- **CBOW(Continuous Bag of Words) Embedding: 주변에 있는 단어를 이용해 중간에 있는 단어를 예측하는 방법**
- **Skip – Gram: 중간에 있는 단어로 주변 단어를 예측하는 방법**

문장을 구성하는 단어를 워드 임베딩 개념처럼 원 – 핫 인코딩으로 표현하면 단어의 의미가 표현되지 않는다. 이를 가능하게 한 것이 Word2Vec이다. [그림 4 – 25]를 이용해 Word2Vec을 살펴보자.

[그림 4 – 25] Word2Vec의 데모 화면

[그림 4 – 25]는 Word2Vec의 가치를 파악하기 위해 데모로 개발한 것을 수행한 것이다. 즉, 웹에서 **word2vec.kr/을 수행한 화면이다.** 왼쪽 화면의 입력 창에 '컴퓨터공학 + 기계 공학'이라고 입력한 후 실행하면 결과 화면인 오른쪽에 '전자공학'을 보여 준다. 이를 통해 컴퓨터가 '컴퓨터공학'과 '기계 공학'이라는 단어의 의미를 파악하고, 이를 합친 '전자공학'을 보여 줬다는 것을 확인할 수 있다.

[그림 4-26]에서 Word2Vec이 단어와 단어 간의 의미를 파악할 수 있다는 것을 확인할 수 있다. 즉, Word2Vec은 단어의 의미와 연관성에 대해 인간과 유사하게 작동하고 있다는 것을 보여 준다. CBOW와 Skip-Gram을 이용해 구현된 Word2Vec 시스템은 입력으로 '한국'과 '경기도'를 넣으면 '대한민국', '한국'과 '서울'을 넣으면 '부산'을 출력한다. 시스템이 마치 인간인 듯 입력된 단어와 단어 사이의 관계를 추정해 이들 단어를 연계하는 새로운 단어를 제시할 수 있다는 것을 확인할 수 있다. 실제로 수행해 다양한 단어를 입력하면 어느 정도 기대에 부응하는 결과를 얻을 수 있다.

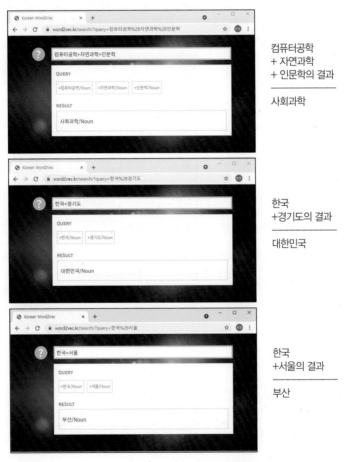

[그림 4-26] Word2Vec의 성능 확인

CBOW Embedding

신경망 언어 모형(Neural Network Language Model, NNLM)은 1개의 단어로부터 다음에 오는 단어를 예측할 때(Single Word Context) 주로 사용한다. **CBOW Embedding은 신경망 언어 모형을 사용하면서 복수 단어 문맥(Multi - Word Context)에 대한 문제, 즉 여러 개의 단어를 나열한 후 이와 관련된 단어를 추정하는 문제를 해결하기 위해 고안된 방법이다.**

예를 들어, "The fat cat sat on the mat."라는 문장에서 the, fat, cat, on, the, mat이라는 단어가 주어지면 단어 사이의 연관성이나 문맥을 통해 'jumped'라는 단어를 예측해야 한다. [그림 4 - 27]은 CBOW Embedding을 위해 데이터 세트를 만드는 과정이다.

	중심 단어	주변 단어
The fat **cat** sat on the mat	[1, 0, 0, 0, 0, 0, 0]	[0, 1, 0, 0, 0, 0, 0], [0, 0, 1, 0, 0, 0, 0]
The **fat** cat sat on the mat	[0, 1, 0, 0, 0, 0, 0]	[1, 0, 0, 0, 0, 0, 0], [0, 0, 1, 0, 0, 0, 0], [0, 0, 0, 1, 0, 0, 0]
The fat **cat** sat on the mat	[0, 0, 1, 0, 0, 0, 0]	[1, 0, 0, 0, 0, 0, 0], [0, 1, 0, 0, 0, 0, 0], [0, 0, 0, 1, 0, 0, 0], [0, 0, 0, 0, 1, 0, 0]
The fat cat **sat** on the mat	[0, 0, 0, 1, 0, 0, 0]	[0, 1, 0, 0, 0, 0, 0], [0, 0, 1, 0, 0, 0, 0], [0, 0, 0, 0, 1, 0, 0], [0, 0, 0, 0, 0, 1, 0]
The fat **cat** sat on the mat	[0, 0, 0, 0, 1, 0, 0]	[0, 0, 1, 0, 0, 0, 0], [0, 0, 0, 1, 0, 0, 0], [0, 0, 0, 0, 0, 1, 0], [0, 0, 0, 0, 0, 0, 1]
The fat **cat sat** on the mat	[0, 0, 0, 0, 0, 1, 0]	[0, 0, 0, 1, 0, 0, 0], [0, 0, 0, 0, 1, 0, 0], [0, 0, 0, 0, 0, 0, 1]
The fat **cat sat** on the mat	[0, 0, 0, 0, 0, 0, 1]	[0, 0, 0, 0, 1, 0, 0], [0, 0, 0, 0, 0, 1, 0]

[그림 4 - 27] CBOW Embedding 데이터 세트를 만드는 과정

[그림 4 - 27]은 윈도우의 크기(중심 단어를 예측하기 위해 앞, 뒤로 몇 개의 단어를 살펴볼 것인지의 크기, n)가 2인 경우의 중심 단어와 주변 단어의 원 - 핫 인코딩의 예이다. 이 경우, 'n = 2'에 해당하는 모델이라고 할 수 있다. 윈도우 크기를 정한 후 윈도우를 계속 움직여 중심 단어 선택을 변경하면서 학습을 위한 데이터 세트를 만들 수 있다. 이를 '**슬라이딩 윈도우(Sliding Window)**'라고 한다.

[그림 4 - 27]은 "The fat cat sat on the mat."라는 문장을 대상으로 중심 단어를 The에서 mat까지 이동하면서 학습을 위한 데이터를 생성하고 있다. 첫 줄을 설명하면, 중심 단어는 The, 윈도우의 크기는 2이므로 fat, cat이 주변 단어가 된다. 만약, cat이 중심 단어가 되는 순서에서는 주변 단어가 The, fat 그리고 sat, on이 될 것이다.

중심 단어와 주변 단어가 정해지면, 이에 맞춰 원–핫 인코딩을 수행한다. 첫 줄을 대상으로 살펴보면 중심 단어가 The이므로 중심 단어의 원–핫 인코딩은 [1, 0, 0, 0, 0, 0, 0]이 될 것이다. 주변 단어는 fat, cat이므로 각각 [0, 1, 0, 0, 0, 0, 0], [0, 0, 1, 0, 0, 0, 0]이 된다. [그림 4 – 27]은 이 과정을 문장의 단어를 이동(Sliding Window)하면서 작업한 결과이다.

신경망 모델에서 데이터를 생성하는 과정은 가장 중요하고 시간이 많이 소요되는 부분이다. 이 부분을 이해했다면, 이를 이용해 CBOW Embedding을 위해 개발된 신경망 모델을 살펴보자.

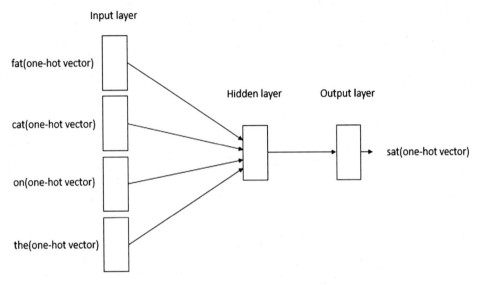

[그림 4 – 28] CBOW Embedding 신경망 모델

[그림 4 – 28]은 CBOW Embedding을 위해 개발된 신경망의 일부이다. 이 모델은 입력층으로, 중심 단어의 앞뒤에 존재하는 주변 단어가 원–핫 인코딩의 형태로 들어가고, 출력층은 예측하고자 하는 단어의 원–핫 인코딩 형태로 나오게 된다. [그림 4 – 28]은 'n = 2'에 해당하는 모델을 신경망으로 표현한 것이다. 그중 중심 단어가 sat인 경우를 표현하고 있다. 당연히 입력은 주변 단어로서 fat, cat, on, the가 될 것이다.

[그림 4 – 27]의 7가지 경우에 대해 [그림 4 – 28]과 같은 모델을 만든 후 이를 반복해 학습하면서 모델에 있는 가중치를 학습한다. 여기서 가중치의 개념을 명확하게 이해하려면 [그림 4 – 29]를 살펴보자.

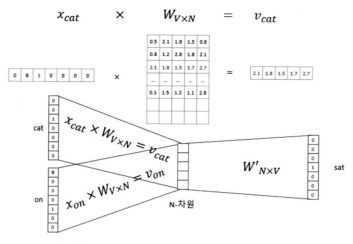

[그림 4 – 29] CBOW Embedding 신경망 모델의 가중치 개념

[그림 4 – 29]는 [그림 4 – 28]의 가중치 개념을 설명하기 위한 것이다. [그림 4 – 28] 중 입력인 cat, on과 출력인 sat의 원 – 핫 인코딩을 표현하고, 입력이 출력에 반영될 수 있는 가중치를 입력 층과 은닉 계층 사이의 $W_{V \times N}$과 은닉 계층와 출력층 사이의 $W'_{N \times V}$로 분리해 계산하는 과정을 보여 준다. 신경망 모델에서 학습은 가중치를 최적화하는 과정이므로 [그림 4 – 29]와 같은 행렬의 곱을 통해 가중치를 최적화할 수 있다.

[그림 4 – 28]의 모델에 [그림 4 – 27]의 데이터를 반복적으로 입력하면 모델을 학습시킬 수 있다. [그림 4 – 29]는 학습의 과정을 나타낸 것이다. 이 과정을 거쳐 최적화된 모델을 이용해 주어진 입력에서 원하는 결과를 얻을 수 있다. 이것이 CBOW Embedding의 수행 과정이다. **현재 수준에서는 CBOW Embedding의 개념을 이해하고, 이를 모델화하고 프로그램으로 제작해 최적화한 결과 [그림 4 – 25], [그림 4 – 26]을 확인하는 것으로 충분하다.** 실제로 구현해 보고 싶다면 Word2vec에서 예로 제시한 곳에 관련된 소스를 구해 학습해 보기 바란다.

▌Skip – Gram

[그림 4 – 28]의 CBOW Embedding 신경망 언어 모형(Neural Network Language Model, NNLM)을 이해했다면 Skip – Gram은 단순하다. Skip – Gram은 중심 단어를 이용해 주변 단어를 예측하는 방법으로, 앞서 살펴본 CBOW Embedding과 같은 개념을 반대로 사용한다.

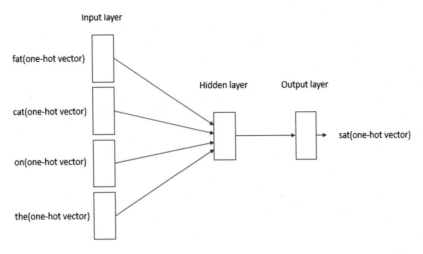

[그림 4 – 30] Skip – Gram 모델의 예

[그림 4 – 30]은 중심 단어인 sat을 원 – 핫 인코딩 형태로 표현해 입력으로 삼고, 이를 바탕으로 주변 단어인 fat, cat, on, the의 원 – 핫 인코딩을 얻는 것이다. 학습에 관련된 상세한 내용은 [그림 4 – 29]와 같으므로 별도의 설명은 생략한다.

지금까지 단어의 의미를 표현하기 위한 CBOW Encoding과 Skip – Gram 기법을 알아봤다. 이 기법을 사용해 구현된 Word2Vec에 대한 수행의 예도 [그림 4 – 25], [그림 4 – 26]으로 살펴봤다. 지금까지의 연구 개발 결과는 아주 만족스럽지는 않지만, 어느 정도는 인간이 인지하는 단어의 의미를 파악하는 수준에 이르고 있다고 할 수 있다. **단순한 단어의 빈도를 이용해 문서를 특성화 하던 수준에서 단어를 원 – 핫 인코딩으로 변경한 후 신경망 모델을 적용해 중심 단어와 주변 단 어 간의 관계를 파악할 수 있는 수준으로 발전하고 있으며, 인공지능 기술은 앞으로도 계속 발전 할 것이다.**

2.5 구조 분석

구조 분석은 주어진 문장의 구조를 파악해 단어의 관계나 의미를 파악하고자 하는 목표를 달성 하고자 개발된 방법이다. 이에는 다음과 같은 기법이 있다.

- **어구 구조 분석:** 단어 열로 구성된 어구를 통해 문장의 구조를 파악하는 방법이다.
- **할당 분석:** 할당은 단어와 단어 사이의 관계를 나타내는 것이다. 단어와 단어 사이의 관계를 수치로 나타내고, 이를 분석하면 문장의 의미를 파악할 수 있다. 이때 주어진 문장을 구성하 는 단어와 단어 사이의 관계를 수치화된 구조로 표현하고, 이를 바탕으로 기계적으로 처리해

관계를 파악하는 방법을 '할당 분석'이라고 한다. 여기에 사용하는 기법에는 '최소 신장 트리 (Minimum Spanning Tree, MST)'와 '이동 감축법(Shift – Reduce)'이 있다.

- **술어절 구조 분석:** 한국어에 해당하는 것으로, 주격, 서술격, 목적격, 보격, 관형격, 부사격, 감탄격의 7가지로 구성되며, '격구조'라고도 한다. 문장의 의미는 술어와 대상을 나타내는 명사구로 표현할 수 있으므로 이를 식별하는 처리를 '술어절 구조 분석'이라고 한다. 상세 분석 기법은 할당 분석과 유사하다.
- **딥러닝을 이용하는 방법:** 딥러닝의 개념을 적용해 구조 분석을 수행하는 것을 말한다. 구체적으로 RNN이 구조 분석에 사용되는데, 단어 열의 나열을 시계열상의 입력 데이터로 취급해 분석을 수행하고, 이를 보완, 확장한 것이 LSTM을 이용한 것이다. 이 밖에 어구 구조 분석의 결과로 생성된 트리 구조를 구성한 단어를 다루기 위해 재귀 신경망(Recursive Neural Network)을 사용하는 예도 있다.

여기서는 앞의 방법 중 어구 구조 분석과 할당 분석에 속하는 최소 생성 트리와 이동 감축법에 대해서만 살펴보고, 술어절 구조 분석이나 딥러닝을 이용하는 방법에 대해서는 생각보다 많이 사용되지 않고, 다른 기법과 유사하기 때문에 별도의 설명을 하지 않는다.

▌어구 구조 분석

어구 구조 분석은 단어 열로 구성된 어구를 통해 문장의 구조를 파악하는 방법으로, 동사구, 명사구, 형용사구, 조사구 등을 기준으로 트리 구조를 만든다. 분석을 위해 명사는 N, 형용사는 ADJ, 조사는 P, 명사구는 NP, 형용사구는 ADJP, 조사구는 PP로 표현한다.

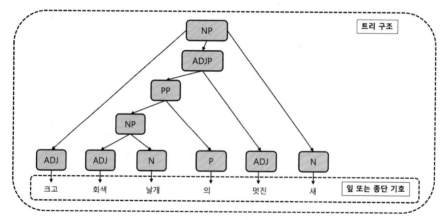

[그림 4 – 31] 어구 구조 분석의 예

[그림 4 – 31]은 어구 구조 분석의 이해를 돕기 위해 '크고, 회색 날개의 멋진 새'라는 문장으로 어구 구조 분석을 수행한 것이다. 그 내용을 살펴보면 다음과 같다.

- 분석 대상이 되는 문장은 전체가 명사구의 형태를 지닌다.
- 전체를 구성하는 명사구는 '형용사 + 형용사구 + 명사'의 형태를 가진다. 형용사는 '크고', 형용사구는 '회색 날개의 멋진' 그리고 명사는 '새'이다.
- 형용사구는 '조사구 + 형용사'로 구성된다. 조사구는 '회색 날개의', 형용사는 '멋진'이다.
- 조사구는 명사구와 조사로 구성된다. 명사구는 "회색 날개", 조사는 "의"이다.
- 명사구는 형용사와 명사로 구성된다.

이처럼 **어구 구조 분석을 통해 주어진 문장을 동사, 명사, 형용사, 조사 등으로 식별할 수 있으며, 이는 빈도나 주변 단어, 중심 단어와는 다른 측면에서 문장의 의미를 파악할 수 있는 방법을 찾기 위한 기본 환경을 제공한다. 실제로 어구 구조 분석이 가장 많이 사용하는 것은 프로그램 언어를 해석하는 컴파일러(Compiler)**이며, 이 밖에도 다양한 곳에 사용한다.

▌최소 신장 트리(할당 분석)

이번에는 단어와 단어 사이의 관계를 수치로 나타내고 이것의 관계를 파악하며 문장의 의미를 파악하는 2가지 방법 중 하나인 최소 신장 트리를 알아보자. **'신장 트리(Spanning Tree)'**는 그래프 중 모든 정점이 간선으로 연결돼 있으며, 간선 간에 사이클이 없는 그래프를 말한다. 예를 들어, 1, 2, 3, 4로 구성되는 4개의 정점에 대한 신장 트리에는 4가지가 있다. 이때 '정점의 수 = 간선의 수 + 1'이 된다.

[그림 4 – 32] 신장 트리의 예시

'최소 신장 트리(Minimum Spanning Tree)'는 신장 트리의 간선에 비용이 있을 때, 이 비용을 최소화하는 신장 트리를 말한다. [그림 4 – 33]에서는 3번째가 최소 신장 트리가 된다.

  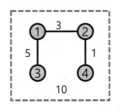

[그림 4 – 33] 신장 트리의 예에서 최소 신장 트리

신장 트리에서 각 간선의 비용(가중치)이 동일하지 않을 때, 단순히 가장 적은 간선을 사용한다고 해서 최소 비용이 얻어지는 것은 아니다. **최소 신장 트리는 간선의 비용을 고려해 최소 비용의 신장 트리를 선택하는 것을 말한다.** 즉, 네트워크에 있는 모든 정점을 가장 적은 수의 간선과 비용으로 연결하는 것이다. **구조 분석의 측면에서 보면, 문장을 구성하는 단어(정점)와 단어 사이의 관계(간선) 그리고 각 단어 사이 관계의 중요성(비용)도 분해해 그래프로 표현할 수 있고, 이렇게 표현된 결과를 이용해 최소 신장 트리를 구하는 것은 문자의 의미를 파악하는 또 다른 방법이 될 것이다.**

최소 신장 트리를 위해 고안된 알고리즘으로는 '프림(Prim) 알고리즘'과 '크루스칼(Kruskal) 알고리즘'을 들 수 있다.

프림 알고리즘

프림 알고리즘을 설명하기 위해 다음 예를 살펴보자. 예는 7개의 정점(단어)이 11개의 간선(중요성)으로 연결돼 있으며, 각 간선의 비용은 다르다. 이 상황에서 프림 알고리즘을 이용해 최소 신장 트리를 구해 보자.

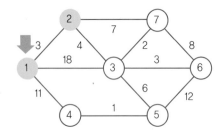

- 1번에서 시작한다.
- 먼저, 1번 정점에 연결된 모든 간선 중 가장 적은 비용을 가진 간선을 선택해 연결한다. → 2번 선택

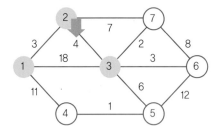

- 1, 2번 정점에 연결한 모든 간선을 대상으로 가장 낮은 비용을 가진 간선을 선택한다. → 3번 선택

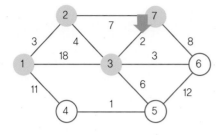

· 1, 2, 3번 정점에 연결된 모든 간선을 대상으로 가장 낮은 비용을 가진 간선을 선택한다. → 7번 선택

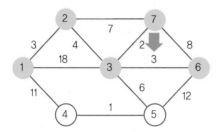

· 1, 2, 3, 7번 정점에 연결된 모든 간선을 대상으로 가장 낮은 비용을 가진 간선을 선택한다. → 6번 선택

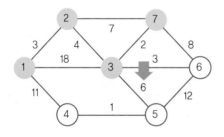

· 1, 2, 3, 7, 6번 정점에 연결된 모든 간선을 대상으로 가장 낮은 비용을 가진 간선을 선택한다. → 5번 선택

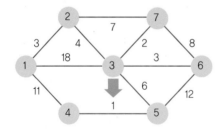

· 1, 2, 3, 7, 6, 5번 정점에 연결된 모든 간선을 대상으로 가장 낮은 비용을 가진 간선을 선택한다. → 4번 선택

앞의 예를 통해 프림 알고리즘은 시작점을 기준으로 최소의 비용을 갖는 간선을 선택하고, 선택된 간선에 따라 연결된 정점에 연결된 간선 중 최솟값을 갖는 간선을 선택하는 방식을 계속해 모든 정점이 연결되는 시점에서 종료된다. 위 예를 통해 모든 정점을 지나는 최소의 간선은 [그림 4-34]와 같다. **만약 [그림 4-34]가 단어와 단어 간의 중요성으로 연결된 것으로 생각한다면, 주어진 문장에 대해 알고리즘을 적용한 최종 결과와 같은 순서로 평가할 수 있다.**

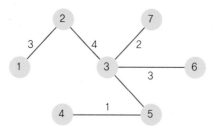

[그림 4-34] 프림 알고리즘을 적용한 최종 결과

② 크루스칼 알고리즘

크루스칼 알고리즘은 주어진 네트워크에서 무조건 최솟값을 갖는 간선만을 선택하는 방법으로, 간선이 노드 수(N)-1개가 되면 종료한다. 7개의 정점과 10개의 간선을 갖는 예를 통해 크루스칼 알고리즘을 적용해 보고, 그 내용을 살펴보자.

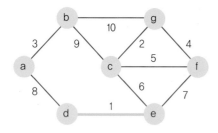

- 가장 낮은 de를 선택한다.
- 간선의 가중치를 오름차순으로 정렬한 후 시작하는 것이 일반적이다.

여기서는 간단하므로 정렬하지 않고 예를 제시한다.

ab	ad	bc	bg	ce	cf	cg	de	ef	fg
3	8	9	10	6	5	2	1	7	4

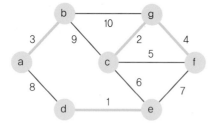

- 가장 낮은 cg, ab, fg를 순서대로 선택한다.

ab	ad	bc	bg	ce	cf	cg	de	ef	fg
3	8	9	10	6	5	2	1	7	4

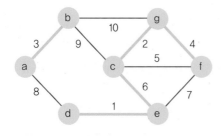

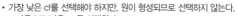

- 가장 낮은 cf를 선택해야 하지만, 원이 형성되므로 선택하지 않는다.
- 그다음으로 낮은 ce를 선택한다.

ab	ad	bc	bg	ce	cf	cg	de	ef	fg
3	8	9	10	6	5	2	1	7	4

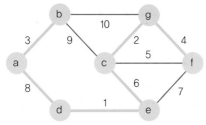

- 가장 낮은 ef를 선택해야 하지만, 원이 형성되므로 선택하지 않는다.
- 그다음으로 낮은 ad를 선택한다.
- n−1인 6개의 간선이 선택됐으므로 알고리즘을 종료한다.

ab	ad	bc	bg	ce	cf	cg	de	ef	fg
3	8	9	10	6	5	2	1	7	4

앞의 예를 통해 크루스칼 알고리즘에 대해 알아봤다. 크루스칼 알고리즘은 적용할 때 간선의 가중치를 기준으로 정렬한 다음에 수행하는 경우가 많다. 알고리즘을 적용해 모든 정점을 지나는 최소의 경로는 [그림 4 – 35]와 같이 표현할 수 있다.

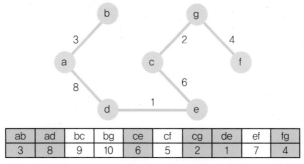

ab	ad	bc	bg	ce	cf	cg	de	ef	fg
3	8	9	10	6	5	2	1	7	4

[그림 4 – 35] 크루스칼 알고리즘을 적용한 최종 결과

프림 알고리즘과 크루스칼 알고리즘은 문장을 구성하는 단어와 단어 간의 연결에 대한 중요성을 기준으로 문장을 표현하고, 이를 대상으로 분석하는 방법이다. 이를 통해 주어진 문장을 이해하는 새로운 방법을 알 수 있다.

▌이동 감축법(할당 분석)

할당 분석을 위해서는 주어진 문장의 구조를 파악해야 한다. 문장의 구조를 파악하기 위해서는 구문 분석 트리를 생성해야 하는데, 생성하는 방법은 하향식(Top‐Down)과 상향식(Bottom‐Up)이 있다. 구문 분석 트리의 생성을 위한 파서(Parser)의 구조에 따라 드리븐‐테이블 (Driven‐Table) 방식과 하드와이어(Hard‐Wired) 방식으로 구분한다.

	Top‐Down	Bottom‐Up
Table‐Driven	LL 구문 분석	LR 구문 분석
Hard‐Wired	재귀 하향 구문 분석	

테이블 드리븐 방식에 상향식으로 수행하는 구문 분석이 LR 구문 분석인데, 다른 말로 '이동‐감축 구문 분석(Shift‐Reduce Parsing)'이라고 한다. 이동‐감축 구문 분석은 파싱(Parsing) 과정이 진행되면서 지시자(Indicator)가 왼쪽에서 오른쪽으로 이동(Shift)하며 이뤄진다. 참고로 진행하는 구문 분석 방식이 '왼쪽에서 오른쪽으로(Left‐to‐Right)' 진행하는 형식을 취하며, 문법 적용 시에는 '오른쪽 우선 유도(Rightmost Deviation)'를 수행하기 때문에 다른 말로 'LR 구문 분석 (LR Parser)'이라고 한다. 다른 방식은 많이 사용되지 않으므로 LR 구문 분석만 알아보자.

LR 구문 분석

LR 구문 분석을 이해하기 위해 특정 수식을 대상으로 분석의 단계를 정리해 보자. 비록 수식을 이용한 예를 제시하지만, 문장이라고 해도 크게 다른 것은 없다. 다음 예를 이해한 후 한글 문장을 대상으로 LR 구문 분석을 해 보는 것도 좋다.

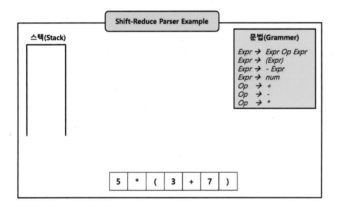

- 오른쪽 위에 Grammer가 정의돼 있다.
- 분석할 문장 또는 식은 아래쪽에 있다. 이 예에서는 이 문장 대신 수식을 사용한다.
- Shift Reduce 방법에 사용하는 스택은 왼쪽에 있다.

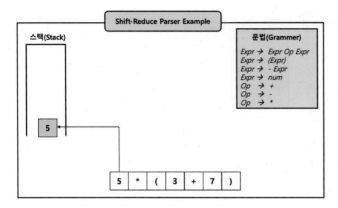

- 문장이나 수식은 왼쪽에서 오른쪽으로 읽는다(Left-to-Right).
- 주어진 문장이나 식의 왼쪽에서 하나를 읽어 스택으로 이동한다(Shift). 여기에서는 5를 읽어 스택으로 이동한다.
- 스택으로 이동된 것을 문법에서 확인해 변화한다(Reduce).
- reduce된 결과는 다음에 있다.

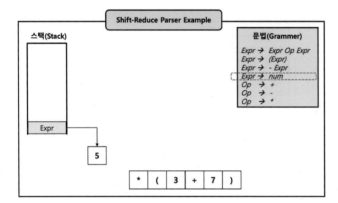

- 문법 중 num에 대한 것이 있는지 찾아본다(5는 number이다).
- Expr → num을 발견한다
- num인 5가 pop되면서 스택에 Expr이 들어간다(Reduce라고 한다).

주어진 문장이나 수식에 대해 Shift와 Reduce를 반복하므로 'Shift-Reduce' 파서라고 한다.

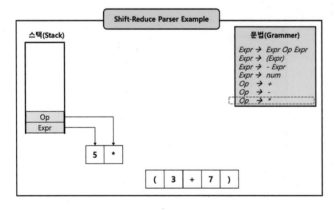

- 다음으로 지시자가 오른쪽으로이동한다.
- * 을 발견하고 스택으로 이동한다(Shift).
- 문법 중 *에 대한 것을 찾아본다.
- Op → *을 발견한다.
- * 이 pop되고 스택에 Op가 들어간다(Reduce).

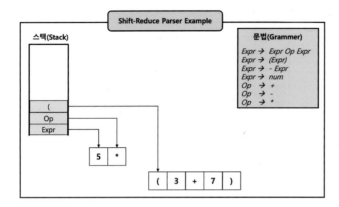

- 다음으로 지시자가 오른쪽으로 이동한다.
- (을 발견한다.
- 문법 중 * 에 대한 것을 찾아본다. 해당하는 것이 없다.
- (이 pop되고 스택에 (가 들어간다. 나머지들도 동일한 과정을 수행하면 왼쪽과 같은 결과를 얻는다.

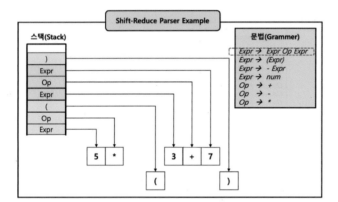

- 전체 문장이나 수식에 대한 Shift-Reduce 파싱을 완료했다.
- 이제는 스택을 대상으로 파싱을 수행한다.
  ➜ 오른쪽 우선 유도 방식(Rightmost Deviation)을 사용한다.
- 스택에 있는 Expr Op Expr은 Expr로 대신할 수 있다.
- 따라서 왼쪽과 같은 결과를 가진다.

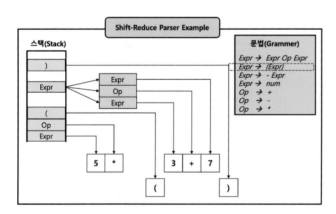

- 스택에 있는 (Expr)은 Expr로 대신할 수 있다.
  ➜ 오른쪽 우선 유도 방식(rightmost deviation)을 사용한다.
- 따라서 왼쪽과 같은 결과를 가진다.

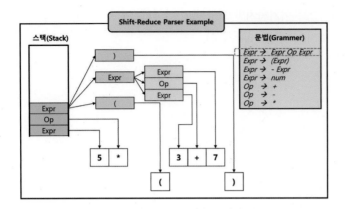

- 스택에 있는 Expr Op Expr은 Expr로 대신할 수 있다. ➜ 오른쪽 우선 유도 방식(Rightmost Deviation)을 사용한다.
- 따라서 다음 페이지와 같은 결과를 가진다.

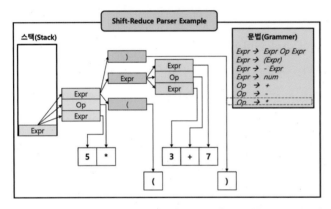

- 이제 최종적으로 파싱이 완료됐다.
- 최종 파싱된 결과를 트리 구조로 표현하면 왼쪽과 같다.

[그림 4 - 36] 이동 감축법의 단계별 수행과정

여기까지 LR 구문 분석을 수행해봤다. [그림 4 - 37]은 특정 수식을 대상으로 구문 분석을 수행한 것이다.

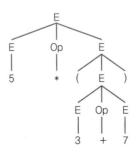

[그림 4 - 37] LR 구문 분석 결과

NLP를 위해 구문 분석을 알아본 것이므로 여기까지만 설명하고, 마지막으로 한국어를 대상으로 LR 구문 분석을 수행한 결과를 살펴보자([그림 4 - 38] 참조).

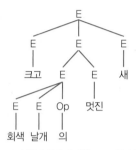

[그림 4 - 38] 한글 문장에 대한 LR 구문 분석 결과

[그림 4 - 38]은 '크고 회색 날개의 멋진 새'라는 문장을 LR 구조 분석을 이용해 분석한 것이다. 이 결과를 이용하면 단어 사이의 관계와 단어 의미의 계층적 구조를 파악할 수 있다. 이러한 정보는 NLP를 위한 좋은 기반을 제공한다.

지금까지 어구 구조 분석의 개념과 할당 분석 그리고 할당 분석에서 사용하는 기법인 최소 생성 트리, 이동 감축법을 알아봤다. **컴퓨터에서 인간이 사용하는 자연어의 처리를 위해 사용하는 방법은 빈도를 이용하는 방법, CBOW Embedding 신경망 모델 그리고 문장의 구조 분석을 통한 단어 간의 연계성 파악으로 요약할 수 있다. LR 구문 분석은 문장을 구성하는 단어 간의 연계성을 파악하기 위한 도구를 포함해 여러 곳에 사용하고 있다.**

2.6 **텍스트 생성**

이제 NLP의 마지막 주제로 '텍스트 생성'에 대해 알아보자. 인공지능의 응용 분야 중 많은 주목을 받는 부분으로, 구글 번역기와 네이버의 파파고와 같은 '기계 번역' 그리고 '자동 요약'이나 '이미지에 설명 추가' 등의 분야를 말한다. 특히, OpenAI가 만든 GPT 시리즈는 딥러닝을 이용해 인간다운 텍스트를 만들어 내는 자기 회귀 모델(Auto Regressive Model)이다. 최근 외부에 공개돼 많은 파장을 일으킨 GPT - 2와 GPT - 2보다 2배 이상 많은 1,750억 개의 변수를 갖는 GPT - 3이 공개됐다. GPT - 3은 생성되는 문장이 인간이 작성한 것과 거의 구별하기 어려울 정도로 발전된 모델이다. **https://tech.10000lab.xyz/naturallanguageprocessing/how - to - run - gpt - 2.html**에서 GPT를 설치한 후에 실행할 수 있는 가이드를 제공한다.

▌기계 번역

'기계 번역(Machine Translation)'은 자동화된 번역을 말하며, 언어를 또 다른 언어로 번역하는 기능을 제공한다. 기계 번역을 수행하는 방법은 '구문 기반의 기계 번역'과 '문장 구조를 이용하는 기계 번역'으로 나눠 살펴볼 수 있다.

- 구문 기반의 기계 번역: 번역기를 '디코더(Decoder)', 번역문 생성을 '디코딩(Decoding)'이라고 하며, 디코더는 생성한 번역문의 후보 중 점수가 높은 것을 번역 결과로 출력한다. 구문 기반의 기계 번역은 '번역 모델', '정렬 모델' 그리고 '언어 모델'의 3가지 조합으로 작동한다.

  번역 모델은 원래 언어 구문과 목적 언어 구분을 대조하는 사전이 있고, 대조 구문 각 쌍에 각각의 점수를 부여한 상태로 저장돼 있다. **정렬 모델은** 디코딩할 때 정렬하는 것이 자연스러운 형태인지 확률로 추정한 후 필요에 따라 정렬한다. **언어 모델**은 출력할 구문을 유려한 문장으로 만드는 작업을 수행한다.

- 문장 구조를 이용하는 기계 번역: 목적 언어의 구조 정보를 이용하는 방법(String‒to‒Tree)과 원래 언어의 구조 정보를 이용하는 방법(Tree‒to String) 그리고 양쪽 언어의 구조 정보를 이용하는 방법(Tree‒to‒Tree)으로 나눌 수 있다.

- 기계 번역 수행의 예: 기계 번역에 대해서는 이 정도로 마무리하고, 현재 제공되고 있는 구글 번역과 파파고의 수행 화면을 살펴보자([그림 4‒39] 참조).

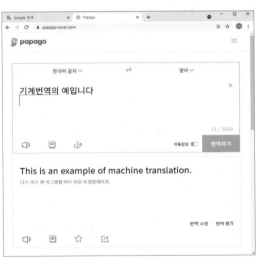

[그림 4‒39] 구글 번역과 파파고의 수행 화면

▌자동 요약

기계 번역이 주어진 문장을 다른 언어로 변환하는 것이라면, 자동 요약은 같은 언어 안에서 문장을 변환하는 것이다. 자동 요약은 단일 문서를 대상으로 하는 경우와 여러 문서를 대상으로 하는 경우로 나눌 수 있으며, 선택된 문서에서 내용을 추출해 요약하는 경우와 새로 생성해 요약하는 경우로 나눠 살펴볼 수 있다.

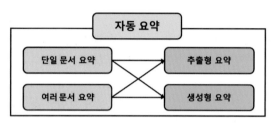

[그림 4-40] 자동 요약의 환경 분석

자동 요약은 단일 문서에 적용할 때 주로 사용하는 추출형 요약을 위한 기법으로 리드(Lead) 법이 있다. 이는 주어진 문장에서 최초의 몇 문장을 추출하는 방법이다. 일반적으로 문장의 핵심 내용은 앞에 있다는 가정하에 개발된 방법이다. 여러 문서를 대상으로 자동 요약을 수행할 때는 **통계 요약(Maximal Marginal Relevance, MMR) 알고리즘**을 사용한다. 이는 유사성이 높은 대표 문자를 선택한 후 선택한 문장과 유사성이 낮은 문장을 선택해 요약문을 작성한다.

자동 요약은 증가하는 문서를 효과적으로 정리하는 방안으로 도입된 것으로, 향후 활용도가 무한한 분야이다. 예를 들어 특정 분야에 관한 재판 사례를 추출형 요약을 통해 정리할 수 있다면, 관련된 문서를 찾는 시간이 대폭 감축될 것이다. 자동 요약은 아직도 연구 중인 분야이고, 특별하게 소개할 만한 연구 결과가 부족하기 때문에 이 정도만 살펴본다.

▌이미지의 설명 추가 및 기타 분야

- 집중 메커니즘(Attention Mechanism): 기계 번역에서 원래 언어와 목적 언어의 데이터를 오토 인코더처럼 학습하는 방식을 '인코더 – 디코더(Encoder – Decoder) 접근 방식'이라고 한다. 입력(Encoder)과 출력(Decoder)에 각각 RNN이 있고, 입출력 과정에서 문맥 벡터라는 중간 노드에 데이터를 압축해 번역의 정확도를 높이는 것을 '**집중 메커니즘**'이라고 한다. **이미지에 설명을 추가하는 캡션 생성**은 이미지나 동영상에 있는 이미지에 발생하는 것에 대한 이해를 연구하는 분야이다. 이를 위해 집중 메커니즘을 이용하며, CNN, RNN, LSTM을 결합해 이미지와 동영상에 대한 캡션을 자동으로 생성한다. 캡션의 생성은 늘어나는 동영상을 효과적으로 활용하는 데 필요한 분야이다. 하지만 아직 많은 연구가 필요한 분야이기도 하다.

• 음악 생성: 2016년 김지성이 공개한 재즈 작곡 프로그램인 딥재즈(Deep Jazz)가 있다. [그림 4 – 41]에서 보여 주는 개발 환경은 JazzML을 바탕으로 한 케라스(Keras)와 테아노(Theano)이고, LSTM을 사용했다(deepjazz.io에서 확인 가능).

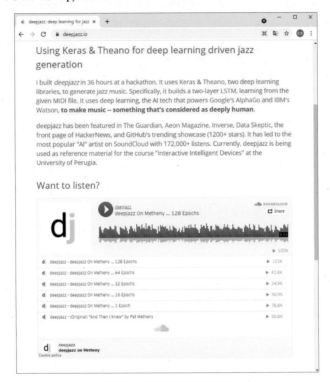

[그림 4 – 41] 재즈 작곡 프로그램

• RNN을 이용한 영화 각본 생성: AI를 이용한 영화 각본의 생성은 AI 벤자민이 만든 영화 〈SunSprin〉으로 확인할 수 있다(https://www.youtube.com/watch?v = LY7x2Ihqjmc).

이 밖에도 인공지능을 이용한 소설 창작 분야를 포함한 자율 문장 자동 생성 시스템이 개발 중이며, **애플 사의 '시리(Siri)'와 마이크로소프트 사의 '린나(Rinna)'가 캐릭터 설정과 다양한 대화가 가능한 자율 문장 자동 시스템의 예이다.** 참고로 '린나'는 앞서 배운 TF – IDF와 Word2Vec, RNN을 이용해 구현했고, 마이크로소프트 사가 나라별로 구현한 일상 대화 챗봇 중 일본판의 이름이다. 미국판은 '조(Zo)', 중국판은 '샤오이스(Xiaoice)'이다.

█ 텍스트 생성에 관한 구현 사례: GPT-2

앞서 설명한 GPT를 자세히 살펴보자. NLP의 연구 결과로 많은 분야를 살펴봤지만, 가장 화제가 되는 것은 Bert, GPT-2, GPT-3, Transformer라고 할 수 있다. **Transformer는 번역 기능을 수행하고, Bert, GPT-2, GPT-3은 특정 주제에 대한 텍스트를 생성하는 기능을 수행한다. 이 중 OpenAI에서 파이토치(Pytorch)를 이용해 개발한 GPT-2는 자연어 생성**(Natural Language Generation, NLG)**에서 탁월한 성능을 보인다. 특히, 소설을 작성하거나 음식 레시피를 작성하는 데모를 통해 좋은 결과를 보여 준다.**

[그림 4-42]는 GPT-2를 이용해 오믈렛 요리에 대한 레시피를 컴퓨터가 스스로 작성한 것이다. [그림 4-42]의 웹 사이트(app.inferkit.com/demo)에 접속한 후 메뉴에서 'Cooking Instructions'을 선택하면 AI가 스스로 알아서 오믈렛을 만드는 레시피를 생성한다. 메뉴에는 'Cooking Instruction' 외에도 여러 가지가 있으며, 각각의 주제를 선택하면서 주제에 맞는 내용이 자동으로 생성되는데, 내용을 살펴보면 사람이 만든 것과 큰 차이가 없다는 것을 확인할 수 있다.

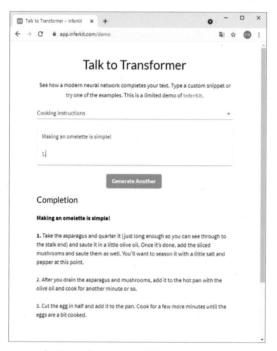

[그림 4-42] GPT-2를 이용한 레시피 작성 화면

GPT-2, 3은 자연어 생성에서 놀라운 결과를 보인다. 인공지능 전문가로서 GPT-2, 3과 같은 모델을 만드는 것도 의미가 있지만, 현실에 잘 적용하는 것도 큰 가치가 있다.

2.7 자연어 처리의 도구

NLP는 음성 명령, 음성 및 텍스트 번역, 텍스트 요약 및 생성, 시나리오 작성 등 앞서 살펴본 많은 작업을 수행한다. 여기서는 NLP를 위해 사용할 수 있는 다양한 도구를 알아보자. 도구가 많기 때문에 파이썬을 사용한다는 전제하에 이와 관련된 도구를 살펴본다.

- CoreNLP: 스탠퍼드대학교에서 만든 것으로, NLP의 예측 및 분석을 대규모로 수행할 수 있게 해 주는 실용 단계의 라이브러리이다. 자바로 작성됐고, 파이썬에서도 사용할 수 있다. 문법 태깅, 명명 엔티티(Entity) 인식, 파싱, 구문 분석 등 많은 도구가 포함돼 있으며, 다양한 언어를 지원한다. 자바를 이용해 개발했기 때문에 Spring, Maven을 기반으로 사용하는 것이 일반적이다. stanfordnlp.github.io/CoreNLP/에서 다운로드해 사용할 수 있다.

- Gensim: 문서의 구조를 분석한 후 문서 사이의 유사도를 계산하고, 이를 바탕으로 다른 문서에 점수를 부여해 텍스트 분석을 돕는 기능을 제공한다. 다시 말해 자연어를 벡터로 변환하는 데 필요한 대부분의 편의 기능을 제공하는 라이브러리이다. **https://radimrehurek.com/gensim/models/word2vec.html**에서 자세한 내용을 확인할 수 있다.

- NLTK(Natural Language Toolkit): 가장 많이 사용하는 파이썬 NLP 라이브러리이다. 텍스트를 다루기 위한 다양한 도구를 제공한다. 분류, 토큰화, 태깅, 파싱 등이 이에 속한다. 명령어 `>pip install nltk//`를 실행하면 자동으로 설치한다.

- Pattern: 웹 사이트를 스크래핑(Scraping)해 분석하는 기능을 제공한다. 작은 크기의 파이썬 모듈로 이용할 수 있다. https://github.com/clips/pattern에서 라이브러리와 관련 문서를 얻을 수 있다.

- KoNLPy: 한글에 특화된 NLP 라이브러리이다. 자바와 JPype를 설치한 후 명령어 `>pip install konlpy//`를 실행하면 자동으로 설치된다.

- Scikit-Learn: 인공지능이나 통계적 처리에 관련된 기능을 종합적으로 제공한다. 이 밖에 NLP에 관련된 기능과 BOW 벡터를 만들거나 처리하는 기능도 제공한다.

NLP를 할 때 사용하는 용어

- Document: 문서
- Corpus(말뭉치): 문자의 집합
- Token(토큰): 문자의 집합 중 단어와 같은 의미를 지니고 있는 요소
- Morphemes(형태소): 언어에서 의미를 지니고 있는 최소 단위
- POS: 단어의 품사(명사, 동사 등)
- Stopword(불용어): 조사, 접미사처럼 자주 보이지만, 실제 의미에는 큰 기여를 하지 못하는 단어
- Stemming(어간 추출): 어간만 추출하는 것(예 goes, going, go → go 추출)
- Lemmmatization(음소 표기법): 앞뒤 문맥을 보고 단어를 식별하는 방법

- KOMORAN을 수행해 한국어와 영어 문장에 대한 형태소 분석을 수행하시오.
- Word2Vec의 데모를 위해 웹에서 word2vec.kr/을 수행해 결과를 확인하시오.
- LR 구문 분석의 과정을 확인하시오.
- GPT2를 설치한 후 수행하시오. 상세 절차 및 과정은 https://tech.10000lab.xyz/naturallanguageprocessing/how-to-run-gpt-2.html을 참조하시오.
- 구글 번역과 파파고 번역을 비교한 후 어떤 점이 다른지 확인하시오.
  - 구글 번역: translate.google.co.kr
  - 파파고 번역: papago.naver.com
- 재즈 작곡 프로그램인 deepjazz.io를 수행해 컴퓨터가 작곡하는 재즈 음악을 확인하시오.
- 컴퓨터가 만든 시나리오를 바탕으로 제작한 영화를 확인하시오.
  https://www.youtube.com/watch?v=LY7x2Ihqjmc
- 컴퓨터가 만드는 레시피나 시 등을 알아보기 위해 GPT2를 테스트할 수 있는 app.inferkit.com/demo를 방문해 확인하시오.

NLP의 절차

① 띄어쓰기와 형태소 분석(N-Gram)

② 워드 임베딩 작업

③ 기법 적용

- 빈도를 중심으로 하는 방법(워드 임베딩 기법): Frequency-based Embedding, Prediction-based Vector

- 문장의 구조를 중심으로 하는 방법(구조 분석): 어구 구조 분석, 할당 분석, 술어절 구조 분석

- 학습 및 예측을 통한 텍스트 생성

NLP의 응용 분야

- Word2Vec
- 컴파일러에서의 어구 구조 분석
- 기계 번역
- 자동 요약
- 이미지에 설명 추가
- 음악, 영화 각본, 시, 소설, 레시피의 작성

연습 문제

1. NLP를 정의하고, 단어의 의미를 알기 위해 사용하는 방법을 쓰시오.

2. 워드 임베딩 기법 중 횟수 기반 임베딩, 예측 기반 벡터의 차이를 설명하시오.

3. 예측 기반 벡터에 속하는 기법에는 어떤 것이 있는지 설명하시오.

4. 구조 분석 중 할당 분석에 속하는 기법에는 어떤 것이 있는지 설명하시오.

5. Word2Vec과 워드 임베딩의 관계를 설명하시오.

6. 어구 구조 분석에 대해 설명하고, 주로 사용하는 분야를 서술하시오.

7. 프림 알고리즘과 크루스칼 알고리즘을 비교하시오.

8. 기계 번역을 정의하고, 번역 방법에는 어떤 것이 있는지 쓰시오.

9. 자동 요약의 다양한 형태를 정리하시오.

03 지능 로봇

인공지능의 응용 분야 중 가장 오랫동안 관심을 받아온 분야가 로봇 분야이다. 3장에는 로봇 중 인공지능 기술을 접목한 지능 로봇 분야를 알아보자. 현시점에서 로봇의 용도는 생산 자동화 분야에 치우쳐 있기는 하지만, 인간을 닮은 모습으로 호텔이나 식당, 행사장에서 지정된 역할을 하는 로봇도 많다. 로봇에 관련된 개념에서부터 시스템 구성, 제어 기술 및 개발 도구에 이르기까지 자세한 내용을 알아보자. 다만, 분야의 특성상 실제 구현에 대한 부분은 다루지 않고 로봇 개발에 관련된 내용을 이론 중심으로 살펴본다. 만약, 로봇을 실습하고 싶다면 개발 키트를 구매해 로봇을 제작해 볼 수 있다.

3.1 로봇 개론

로봇(Robot)에 대한 정의는 다음과 같다.

- 웹스터 사전: 로봇은 사람처럼 걷기, 말하기 등 다양하고 복잡한 행동을 하는 기계 또는 자동이나 컴퓨터 제어에 따라 사람의 일을 하는 기계이다.
- 미국 로봇 협회: 로봇은 다양한 직업을 위해 프로그래밍한 동작을 통해 자재, 부품, 도구, 장치 등을 움직이도록 설계되고, 필요에 따라 다시 프로그래밍될 수 있는 다기능 매니플레이터(Manipulator)이다.

로봇은 용도를 기준으로 '산업용 로봇'과 '서비스 로봇'으로 구분할 수 있다. 산업용 로봇은 생산 설비에서 반복적이고 정해진 작업을 수행하는 로봇(로봇 팔, 매니플레이터 등)을 말한다. 서비스 로봇은 서비스 환경과 상황을 인식해 적합한 행동을 수행하는 로봇으로, '개인용 로봇'과 '전문 직업용 로봇'으로 구분한다. **로봇 기술에 인공지능이 결합한 것을 '지능 로봇(Intelligent Robot)'이라고 한다.** 로봇이 지켜야 하는 3가지 원칙과 로봇을 제작하는 데 필요한 기술 분야를 살펴보자.

아이작 아시모프(Issac Asimov)가 제안한, 로봇이 지켜야 할 3가지 원칙은 다음과 같다.
- 원칙 1: 로봇은 인간을 다치게 해서는 안 되며, 인간이 다치도록 방관해서도 안 된다.
- 원칙 2: 원칙 1에 위배되지 않는 한, 로봇은 인간의 명령에 복종해야 한다.
- 원칙 3: 원칙 1, 2에 위배되지 않는 한, 로봇은 스스로를 보호해야 한다.

▌로봇을 제작할 때 사용하는 기술 분야

- 위치 결정: 관측 데이터와 내부적인 정보를 사용해 로봇의 현위치를 결정하는 기술
- 센서 처리, 인식, 결합: 센서 데이터를 처리하고 해석하는 기술 또는 여러 센서에서 취합된 데이터를 결합하는 기술
- 불확실성 관리: 센서 데이터와 로봇의 행동 특성을 고려한 추정 및 판단 결과의 불확실성을 표현하거나 처리하는 기술
- 환경 모델링: 로봇의 주변 환경에 대한 가정과 환경 변화를 표현하는 기술
- 관심 집중: 로봇이 집중해야 하는 대상의 설정 및 추적 기술
- 제어 구조: 로봇의 반응을 위한 제어 전략 및 구현 기술, 작업의 진행 상황에 대한 추론과 완수를 위한 의사결정 기술
- 경로 계획 및 항법: 로봇의 목적지 설정, 이동 경로 설정, 이동 과정의 관리 기술
- 행동 선택: 현상황에서 가능한 행동 중 최적의 행동을 선택하는 기술
- 학습 및 적응: 환경 변화에 따라 로봇의 동작 특성 및 지식이 개선되도록 학습하는 기술
- 은닉 상태 모델링: 같은 상황으로 추정되는 상태에서 어떤 행동이 이전과 다른 결과가 나오면 관측되지 않은 은닉 상태를 고려해 로봇의 환경과 동작 특성을 위한 모델링을 조정하는 기술
- 다중 로봇 협업 및 통신: 로봇들의 협업을 위한 조정과 정보 교환 기술

▌로봇 시스템의 구성

로봇을 제작할 때 사용하는 기술 분야를 살펴봤다. 이번에는 이를 바탕으로 로봇 시스템이 어떻게 구성되는지 알아보자. 로봇 시스템에는 '지능 기술', '제어 기술', '부품 기술'로 구분되는 3가지 구성 요소가 있다.

- 지능 기술: 인공 시각, 인공 청각, 인지 추론을 포함하는 개념으로, 로봇의 운영 체제에서 제공한다. 상세한 내용은 '로봇을 제작할 때 사용하는 기술 분야'를 참고하면 확인할 수 있다.
- 제어 기술: 로봇을 구성하는 팔, 다리, 배터리, 센서의 제어를 위한 소프트웨어 프로그램을 말한다.
- 부품 기술: 로봇을 구성하는 부품인 로봇 팔, 로봇 다리 및 몸체, 센서, 모터, 배터리, 바퀴 등을 말한다.

앞서 설명한 로봇 시스템의 구성을 요약하면 [그림 4 – 43]과 같다.

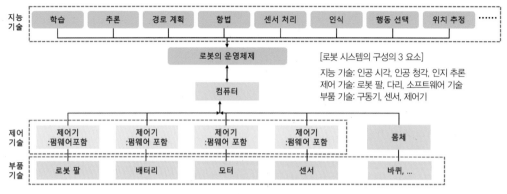

[그림 4 – 43] 로봇 시스템의 구성

로봇 시스템은 지능 기술, 제어 기술, 부품 기술 모두가 중요하지만, 특히 로봇의 제어 기술은 어렵기도 하고, 로봇의 성공적 운영을 위해 중요한 분야이다. 이번에는 로봇 제어 기술에 관련된 분야를 알아보자.

▌ 로봇 제어 기술의 소개

• 기구학(Kinematics): 로봇의 관절, 바퀴의 회전, 로봇의 움직임을 결정하는 데 사용하는 이론이다. 특정 대상이 움직이기 위해 고려해야 하는 요소를 100가지라고 하면, 100가지마다 조건을 설정해 적용한다. 물론 대부분은 행렬 연산을 수행한다. 인공지능에서도 이와 비슷하게 행렬을 많이 사용한다. [그림 4 – 27]의 CBOW Embedding 데이터 세트를 만드는 과정을 참고하면 이해를 하는 데 많은 도움이 될 것이다.

• 동역학(Dynamics): 로봇의 움직이는 힘과 운동, 속도를 해석하는 분야이다.

• 센서(Sensor): 장비의 내 · 외부 조건 및 상황을 계측하기 위해 사용하는 장치로, 자체적으로 데이터를 수집하거나 처리할 수 있는 센서를 '스마트 센서'라고 한다. 로봇은 수많은 센서로 구성돼 있으며, 이를 정리하면 [표 4 – 2]와 같다.

센서	설명
인코더(Encoder)	모터에 장착돼 모터의 회전 각도 및 속도를 측정하는 센서이다.
GPS (Global Positioning System)	위성을 이용해 위치, 속도 및 시간 측정 서비스를 제공하는 시스템이다.
자이로스코프 (Gyroscope)	움직이는 대상의 자세를 확인하는 데 사용하는 시스템으로, 시간 단위당 회전 각도의 변화인 각속도를 감지하는 장치이다. 다시 말해, 중력을 이용해 방향을 결정하는 장치이다.
가속도 센서 (Accelerometer)	선형 가속도와 기울임 각도를 측정하는 센서로, 모션 감지에 사용한다.
관성 측정 장비 (Inertial Measurement Unit)	이동 관성을 측정하는 가속도계, 회전 관성을 측정하는 자이로계, 방위각을 측정하는 지자기계를 하나로 통합한 센서로, 이동 거리를 측정할 수 있다.
자세 방위 기준 장치 (Attitude Heading Reference System)	가속도계의 가속도, 자이로스코프의 자세, 지자기계의 방향 정보를 이용해 3차원 공간상에 자세(Attitude)와 방위각(Heading)에 대한 정보를 출력한다.
적외선 센서 (Infrared Sensor)	거리 측정이나 움직임 감지에 사용한다.
초음파 센서 (Ultrasonic Sensor)	이동 로봇의 장애물 감지, 자동차의 후방 감지 등에 사용한다.
레이더 (RAdio Detection And Ranging, Radar)	강한 전자기파를 발사해, 반사되는 것을 분석한다. 대상물과의 거리 측정에 사용한다.
라이다 (Light Detection And Ranging, LIDAR)	빛이나 레이저를 발사해 반사되는 것을 분석한다. 거리를 측정하는 데 사용한다.
소나 (SOund Navigation And Ranging, SONAR)	음파를 이용해 수중 목표의 방위 및 거리를 알아 내는 데 사용한다.
비전 센서 (영상 카메라)	RGB 영상이나 열화상 영상을 획득하는 데 사용한다.
움직임 감지 센서 (Motion Sensor)	외부 대상의 움직임이나 센서 자체의 움직임을 측정한다.
마이크로폰 (Microphone)	외부 환경의 소리를 받아들이는 역할을 수행한다.

[표 4 - 2] 로봇용 센서의 종류

- 구동기: 로봇의 관절이나 바퀴 등에 제어 신호에 따라 반응하는 움직임을 주는 장치로, 전기식, 유압식, 공기압식이 있다.
- 제어: **로봇의 임무 수행을 위해 미리 위치와 시간에 따른 궤적을 생성하는데, 이를 '궤적 생성(Trajectory Generation)'이라고 한다.** 생성된 궤적을 따라갈 때 기계적 정밀도, 오작동, 미끄러짐과 같은 환경 요인의 영향으로 동작이 궤적과 다를 수 있다. 이 차이를 보정해 목표한 대로 만드는 것을 '제어'라고 한다. 제어에는 **개루프 제어(Open - Loop Control)와 폐루프 제어(Close - Loop Control)**가 있다. 개루프 제어는 위치 궤적 및 속도 정보에 대한 제어 프로파일을 미리 계산한 후 로봇을 동작하는 방식으로, 중간에 목표값과 차이가 있더라도 보정하지 않는다. 폐루프 제어는 센서를 통해 현상태를 입력받아 목표와의 차이를 줄이도록 제어 입력을 지속적으로 생성하는 방식이다.
- 통신: 로봇 구성 요소의 상호 작용을 위해 데이터와 신호를 주고받는 동작을 말한다.

	통신 방식	설명
하드웨어 요소 간의 통신	UART (Universal Asynchronous Receiver Transmitter)	GND(기준 전압), TX(송신선), RX(수신선) 등의 통신선을 이용한 직렬 통신의 표준이다. 비동기 통신이고, 근거리에서만 사용한다.
	RS-232/422/485	UART를 보완한 것으로, TTL 전압인 12V ~ -12V 또는 12V ~ -25V를 사용해 먼 거리 통신이 가능하다. 232는 1대, 422는 1대 다, 485는 다대다 통신을 지원한다.
	SPI(Serial Peripheral Interface)와 I2C(Inter-Integrated Circuit)	근거리 통신으로 1대다를 지원하며, 같은 보드 내의 MCU 연결이나 MCU와 센서를 연결하는 데 사용한다.
	USB(Universal Serial Bus)	다양한 병렬 및 직렬 기기를 연결하는 표준이다. 주로 외부 장치를 연결하는데 사용한다.
소프트웨어 요소 간의 통신	프로세스 간 통신 (Inter-Process Communication, IPC)	같은 컴퓨터의 소프트웨어 간 통신에 사용한다. 공유 메모리를 사용하고, 여러 컴퓨터가 네트워크로 연결되는 소켓을 이용한다.
	RPC(Remote Procedure Call)	다른 컴퓨터의 프로그램에 있는 프로시저를 사용하고자 할 때 사용한다. RPC를 운영하기 위한 별도의 미들웨어가 필요하다.

[표 4-3] 통신 방식의 종류

▌로봇 제어 패러다임

로봇 제어 패러다임은 로봇이 상황에 맞게 행동하도록 제어하는 소프트웨어 시스템을 구성, 적용하는 데 필요한 철학, 가정, 기법을 말한다. 로봇 제어 패러다임은 감지(Sense), 계획(Plan), 행동(Act)을 어떻게 구성하는지에 따라 구분할 수 있다. 좀 더 구체적으로는 계층형 패러다임, 반응형 패러다임, 혼합형 패러다임으로 구분한다.

• 계층형 패러다임(Hierarchical Paradigm): 감지, 계획, 행동의 과정을 반복하도록 구성한 것을 말한다. 대표적인 예로는 중첩 계층 제어기 NHC 구조, NIST 실시간 제어 시스템 RCS 구조 등을 들 수 있다.

• 반응형 패러다임(Reactive Paradigm): 계획 수립 단계 없이 센서를 통해 감지된 상황별로 어떤 행동을 할 것인지 실시간으로 대응하는 것을 말한다. 즉, 로봇 제어 프로그램을 병렬적인 행위 집합으로 구성한다. 이 방법을 적용할 때는 실행 가능한 행위 충돌을 중재하는 방법이 필요하다. 대표적인 예로 포섭 구조와 전위장을 들 수 있다.

  - 포섭 구조(Subsumption Architecture): 하위 계층은 기본적인 역할을 하는 모듈, 상위 계층은 섬세한 제어로 구성된다. 보통 때는 하위 계층에 따라 행동하다가 특정 조건을 만족하면 상위 계층의 제어를 수행하는 개념이다.

  - 전위장(Potential Field): 로봇이 위치하고 있는 2차원 공간을 일정 크기의 그리드(Grid)로 나눠 표현하고, 그리드별로 목표 위치를 향하는 인력장(Attractive Field)과 장애물을 피하는 척력장(Repulsive Field)을 구성한 후 이를 합해 모션 벡터(Motion Vector)를 계산한다. 모션 벡터를 이용해 최종 모션 벡터를 결정하는 방식이다.

• 혼합형 패러다임(Hybrid Paradigm): 센서 데이터가 행위 모듈뿐만 아니라 계획 모듈에도 전달돼, 행위를 하면서 대상 모델을 최신 상태로 갱신하도록 하는 것을 말한다.

로봇 제어 패러다임의 예

NHC 구조는 로봇의 주행을 위해 제안된 계층형 구조이다. 계획 수립과 행동을 번갈아 수행하는데, 계획을 실행하는 과정에서 예상과 다른 상황이 생기면 계획을 변경한다. 이때 계획을 구성하는 임무 계획기, 항법기, 조정 등의 3가지 부분은 자신의 새로운 계획을 생성하기 위해 세계 모델에 있는 정보를 참고한다.

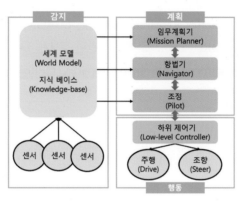

[그림 4 - 44] NHC의 구성

3.3 로봇 소프트웨어 개발 프레임워크

로봇 소프트웨어 개발 프레임워크는 '소프트웨어 개발 + 하드웨어 추상화(Hardware Abstraction)'로 구성된다. 하드웨어 추상화는 다양한 하드웨어를 공통의 함수를 이용해 제어할 수 있도록 하는 것으로, 장치 독립적인 프로그램 작성을 가능하게 하고, 다양한 하드웨어에 대한 제어 프로그래밍을 쉽게 할 수 있게 하는 기능이다. 로봇 소프트웨어 개발 프레임워크의 종류는 다음과 같다.

- 미국 에볼루션 로보틱스(Evolution Robotics)의 ERSP(Evolution Robotics Software Platform)는 사용 로봇 라이브러리로, 주행뿐만 아니라 컴퓨터 비전 및 HCI 기능을 포함한다. 현재는 업데이트가 되지 않는 상태이다.
- 미국 카네기멜론대학교(Carnegie Mellon University, CMU)의 CARMEN(Canegie Mellon Robot Navigation Toolkit)은 오픈 소스 라이브러리로, http://www.cs.cmu.edu/~carmen/links.html에서 확인할 수 있다.
- 미국 SRI(Stanford Research Institute) 사의 Karto SDK. SLAM 알고리즘 중심의 상용 주행 라이브러리이다. http://www.kartorobotics.com에서 확인할 수 있다.
- 미국 모바일로보츠(MobileRobots) 사의 ARIA(Advanced Robot Interface for Applications)와 ARNL은 지도 작성 기능 중심의 로봇 주행 라이브러리로, ARIA는 오픈 소스이고, ARNL은

상용화됐다. 자료는 **https://github.com/cinvesrob/Aria**에서 얻을 수 있다.

- 일본 산업기술종합연구소(National Institute of Advanced Industrial Science and Technology, AIST)가 주도하는 RT 미들웨어(RT‑Middleware, RTM)에 관련된 다양한 정보는 **https://www.aist.go.jp/index_en.html**에서 얻을 수 있다.
- 윌로 개러지(Willow Garage)가 지원하는 ROS(Robot Operating System)의 관련 정보는 **www.ros.org**에서 얻을 수 있다.
- 유럽의 유론(European Robotics Research Network, EURON)이 지원하는 오로코스(Open Robot COntrol Software, OROCOS) 프로젝트의 관련 정보는 orocos.org에서 얻을 수 있다.
- 한국의 오프로스(Open Platform for RobOtic Services, OPRoS) 관련 정보는 www.opros.or.kr에서 얻을 수 있다.

3.4 로봇 개발 단계

로봇을 실제로 개발하는 단계를 살펴보자. 앞서 로봇에 사용하는 기술, 로봇의 구성, 로봇 제어 및 제어 패러다임과 개발 프레임워크의 종류까지 살펴봤다. 이번에는 실제 로봇의 개발 단계를 분리해 단계별로 수행하는 작업을 살펴보자.

▌로봇 계획 수립

로봇 개발의 첫 단계는 로봇 계획 수립이다. 로봇 계획 수립은 다음과 같이 나눠볼 수 있다.

- 움직임 계획 수립(Motion Planning): 로봇이 원하는 작업을 수행할 수 있도록 제약 조건을 만족하는 이산적인 움직임(Discrete Motion)을 찾는 것이다.
- 경로 계획 수립(Path Planning): 로봇이 목표로 이동하기 위해 이동 공간 내에서의 시간적 순서에 따른 위치를 찾는 것이다.
- 궤적 계획 수립(Trajectory Planning): 경로, 제약 조건, 기계적 특성을 고려해 매 시점의 관절, 바퀴의 위치, 속도, 가속도값을 결정하는 것이다.

앞서 언급한 것 중 경로, 궤적 계획 수립을 수학 모델로 구현하려면 많은 시간과 노력이 필요하다. 따라서 실무, 특히 산업용 로봇은 교시 조작기(Teach Pendent)를 이용해 수작업으로 조정해야 한다. 산업용 로봇 제어의 3대 핵심 부품은 교시 조작기와 로봇 모션 제어기 그리고 안전 제어 장치(Safety Controller)이다. 이 중 교시 조작기는 실무 상황에 맞춰 설정하는 과정을 수동으로 진행할 수 있게 해 주는 것이다.

▌위치 결정과 지도 작성

로봇 계획이 수립됐다면 로봇의 위치를 결정하는 과정이 중요하다. 로봇의 위치를 결정하는 방식에는 다음 2가지가 있다.

- 지도의 환경 정보를 이용해 위치를 확인하는 방법
- 주변을 배회하면서 지도를 작성해 위치를 확인하는 방법: 동시적 위치 결정과 지도 작성 (Simultaneous Localization And Mapping, SLAM)

로봇의 위치를 결정하는 데 널리 사용하는 방법은 칼만 필터(Kalman Filter)이다. 칼만 필터를 적용하기 어려울 때는 파티클 필터(Particle Filter)를 사용한다.

로봇의 위치 파악에 많이 사용하는 SLAM 알고리즘은 주로 2가지로 나눌 수 있다. 첫 번째는 **EKF SLAM**으로, 로봇의 위치를 평균 벡터와 공분산 행렬을 이용해 표현하는 칼만 필터를 사용해 지도를 작성하고, 로봇의 위치를 결정하는 방법이다. 두 번째는 **GraphSLAM**으로, 로봇이 이동하면서 방향 전환 등을 하는 시점의 포즈(Pose)를 노드로, 인접 포즈 간의 움직임에 대한 관측 정보를 간선으로 하는 그래프를 만들어 나간다. 작성된 그래프 정보를 이용해 이전에 방문했던 지역의 재방문 상황을 파악하고 지도를 보완, 수정한다. 이 과정을 '루프 결합(Loop Closure)'이라고 하며, 이를 이용해 로봇의 위치를 파악한다.

SLAM은 많이 사용하는 알고리즘으로, 지매핑(Gmapping)과 카토그래퍼(Cartographer)를 이용해 실무에 사용할 수 있다. 지매핑은 조르지오 그리세티(Giorgio Grisetti)가 공개한 라이브러리로, 파티클 필터를 사용한다. C++로 이뤄져 있고, 2차원 지도만 생성할 수 있다. **Cartographer**는 구글이 공개한 라이브러리로, C++로 이뤄져 있으며, 2차원은 물론 3차원 지도도 실시간으로 생성할 수 있다.

▌항법

'항법(Navigation)'은 앞의 과정을 완료한 후 로봇이 설정된 위치로 이동하는 것을 말한다. 이를 위해서는 로봇이 움직이는 공간에 대한 지도와 로봇의 위치 측정과 추정 기능, 벽이나 물체를 포함하는 장애물 탐지 기능과 설정된 위치까지의 최적 경로를 설정하고 이동하는 기능이 필요하다.

- 움직이는 공간에 대한 지도: SLAM에 따라 생성한다.
- 위치 측정 및 추정 기능: 지도 또는 실시간 지도를 제작한 후 수행한다.
- 장애물 탐지: 센서를 이용해 수행한다.
- 최적 경로 설정: 로봇 계획 수립에서 미리 설정한다.

- 이동 수행: 충돌 가능한 장애물을 피해 이동할 수 있도록 속도, 회전 등을 고려한 최적 조건을 탐색해 수행한다.

지금까지 로봇과 지능 로봇을 살펴봤다. 로봇 분야는 매우 방대하고 다양한 기술이 적용되기 때문에 전체를 모두 살펴보기는 어렵지만, 초심자가 알아야 하는 부분은 대부분 다뤘다. 이 내용을 잘 이해한 후 로봇 소프트웨어 개발 프레임워크 중 하나를 선택해 로봇을 직접 만들어 보는 것도 좋은 방법이다. 예를 들어, 아두이노(Arduino)는 오픈 소스를 바탕으로 한 단일 보드 마이크로 컨트롤러로 완성된 보드와 관련된 개발 도구 및 환경을 제공하므로 적당한 것을 구매해 테스트해 보는 것도 로봇에 대한 이해를 높이는 데 도움이 된다. 만약, 운영 체제를 바탕으로 제어하는 것을 연습하고 싶다면 라즈베리파이(Raspberrypi)를 사용해 보자. 이들 제품에 관련된 정보는 웹에서 쉽게 찾을 수 있다.

04 인공지능 관련 도구의 소개

인공지능의 다양한 기술을 실무에 적용하기 위해서는 기본 원리의 이해가 매우 중요하다. 하지만 기본 원리의 이해만으로는 실무에 필요한 것을 제작하거나 적용하기 어렵다. 즉, 정확한 원리의 이해를 바탕으로 이를 제품화 또는 상용화할 수 있도록 해 주는 도구의 사용이 필수적이다. 최근 인기 있는 딥러닝을 실무에 사용하기 위해서는 딥러닝 원리를 이해하는 것이 중요하지만, 이를 실무에 사용할 수 있도록 구체화해 주는 파이썬, 케라스, 텐서플로, 파이토치 등이 필요하다.

이번에는 인공지능에 관련된 다양한 도구 중 분야별로 대표적인 것을 선정해 개론적인 설명을 제공한다. 물론 실무에 사용하기 위해서는 도구별 학습을 위한 시간이 필요하다. 각 도구에 대한 설명은 기능의 학습보다는 도구의 역할, 가치, 용도와 비전 등에 대해 살펴본다. 이를 바탕으로 하고자 하는 일에 맞는 도구를 선정할 수 있고, 선정된 도구를 어떤 방향으로 학습할 것인지를 결정할 수 있다.

4.1 규칙 기반 시스템 개발 도구, 제스

규칙 기반 시스템(Rule-based System)은 앞서 이미 살펴봤다. 초기 인공지능 시스템을 구현하기 위해서는 추론 엔진, 규칙 베이스, 작업 관리 및 사용자 환경 등 많은 부분을 개발해야 한다. **이러한 개발의 어려움을 극복하고자 규칙 기반 시스템이 개발됐는데, 이를 '전문가 시스템 개발 도구(Expert System Shell)'라고 한다.** 현재 다음과 같은 전문가 시스템 개발 도구가 개발돼 사용되고 있다.

- Jess(**Java Expert System Shell**)
- CLIPS: clipsrules.net이나 clipsrules.sourceforge.net에서 관련 정보를 얻을 수 있다.
- EXSYS: www.exsys.com에서 관련 정보를 얻을 수 있다.

이 중 대표적인 전문가 시스템 개발 도구인 제스(Jess)에 대해 알아보자.

▌제스

제스는 규칙 기반 시스템을 개발하기 위해 규칙(Rule)과 환경에 대한 사실(Fact)을 설명할 수 있는 요소들로 구성된 규칙 엔진(Rule Engine)이다. 1990년 샌디아국립연구소(Sandia National Laboratories)의 어니스트 프리드만 힐(Ernest Friedman-Hill)에 의해 자바 언어로 개발됐다. 제스는 사용자가 입력한 규칙과 사실을 사용해 전방 연쇄 추론(Forward Chaining Inference) 방법으로 새로운 사실을 추론하고, 기존의 사실을 변경한다. 제스는 작고 가벼우며, 빠른 수행 속도를 보인다. 또한 자바로 개발돼 여러 환경에 사용하기 편하다.

제스는 상용 제품이지만 비영리일 때 무료이므로 편리하게 사용할 수 있다. **www.jessrules.com**에서 제품을 다운로드할 수 있다. 제스의 설치 및 수행을 위해서는 자바와 이클립스(Eclipse)가 설치돼 있어야 한다.

▌제스의 특징 및 예

제스의 구성에서 알아야 할 사항은 다음과 같다.

- 사실을 기술할 때 템플릿을 사용해 기본 틀을 정의하고, 사실을 리스트의 형태로 표현한다.
- 규칙은 조건부와 결론부로 구성되며, 결론부는 스크립트를 사용해 작업을 기술할 수 있다.
- 조건, 반복과 같은 제어 구조를 사용할 수 있기 때문에 규칙에 대한 추론 과정에서 다양한 작업을 할 수 있다.

[그림 4-45]는 제스를 설치 완료한 후 제스를 수행하는 화면이다.

```
// 다음에 person이라는 템플릿을 정의한다. person 템플릿은 firstname, lastname, age의 속성이 있다.
Jess> (deftemplate person (slot firstname) (slot lastname) (slot age))
TRUE
Jess> (watch all)                              // 정의한 속성을 확인한다.
TRUE
Jess> (reset)                                  // 속성의 정의를 완료한다.
==> Focus MAIN
==> f-0 (MAIN::initial-fact)
TRUE
Jess>
Jess> (defrule match-three-items              // 규칙을 생성한다.
        (grocery-list ? ? ?)                   // 규칙은 3개의 값을 갖는 grocery-list 변수이다.
        =>                                     // 만약 조건이 맞는다면
        (printout t "Found a three-item-list" crlf))  // printout문이 수행한다.
TRUE
Jess> (assert (grocery-list eggs milk bacon)   // assert를 이용해 grocery-list에 값을 대입한다.
<Fact-0>
Jess> (run)                                    // 실행하면 규칙이 적용돼 printout이 수행된다.
```

```
Found a three-item-list
1
Jess>
Jess> (defrule match-whole-list           // 규칙을 생성한다.
        (grocery-list $?list)             // 앞서 정의한 grocery-list가 list인지를 확인한다.
        =>                                // 만약 조건이 맞다면
        (printout t "I need to buy " ?list crlf)) // printout문이 수행한다.
TRUE
Jess> (run)                               // 실행하면 규칙이 적용돼 printout이 수행한다.
I need to buy (eggs milk bacon)
1
Jess>
```

[그림 4-45] 제스의 수행 화면

[그림 4-45]는 제스에 대한 독자들이 기본적인 이해하기 위해 간단한 제스 프로그래밍 화면을 보여 주고 있다. 그 내용은 다음과 같다.

- 처음에 제스의 기본이 되는 템플릿을 만드는 과정을 보여 준다. 2번 줄의 `deftemplate` 명령어가 이 기능을 수행한다.
- 다음에는 규칙을 만드는 과정과 규칙의 모양을 만족하면 어떤 작업을 해야 하는지 서술하는 과정을 보여 주고 있다. 11번 줄의 `defrule` 부분을 살펴보면 된다.
- 마지막 세 번째는 규칙에 특정 조건을 넣어 조건을 만족하면 어떤 작업을 해야 하는지를 보여 주고 있다. 22번 줄의 `defrule` 부분을 살펴보면 된다.

제스는 이 외에 많은 기능을 제공한다. 제스에 대해 좀 더 알고 싶다면 **https://www.cs.rochester. edu/u/brown/242/jessDocs/JessTutorial.html**에서 제공하는 Basic Jess Tutorial을 살펴보면 된다. 이 밖에 **https://vision.unipv.it/IA1/jess-tutorial.pdf**에서 제공하는 튜토리얼도 실무적 수준에서 자세한 설명을 제공한다.

4.2 데이터 마이닝 도구, 웨카

웨카(Weka)는 'Waikato Environment for Knowledge Analysis'의 약자로, 뉴질랜드 와이카도 대학의 이안 비텐(Ian Witten) 교수가 개발한 데이터 마이닝과 기계 학습을 위한 오픈 소스 소프트웨어이다. 웨카는 자바로 제작됐으며, 관련 정보는 www.cs.waikato.ac.nz/ml/index.html에서 얻을 수 있다. 웨카는 데이터 마이닝, 기계 학습, 데이터 전처리 기능이 있으며, 성능 테스트와 시각화를 위한 기능을 지원한다. 웨카는 고유의 ARFF 형식 외에 CSV, XRFF, Binary 등과 같은 다양한 파일 형식을 지원하며, JDBC를 이용해 SQL 데이터베이스도 연결할 수 있다.

웨카를 실행하면 Explorer, Experimenter, KnowledgeFlow, Simple CLI의 4가지 프로그램을 선택하게 한다. Explorer는 GUI를 이용해 데이터 분석을 수행하는 환경인 Experimemter라는 통계 분석과 학습 알고리즘을 수행하는 환경, KnowledgeFlow는 drag-and-drop 방식으로 Explorer에서와 같은 일을 할 수 있는 환경, Simple CLI는 명령형 인터페이스를 사용해 웨카를 수행하는 환경이다.

▌웨카의 수행

[그림 4-46]은 웨카를 설치한 후 실행하고 화면을 조작하는 과정과 선택된 데이터를 이용해 의사결정 트리를 생성하는 과정을 보여 준다. 그림을 살펴보면 웨카의 수행에 대한 개념을 잡을 수 있다.

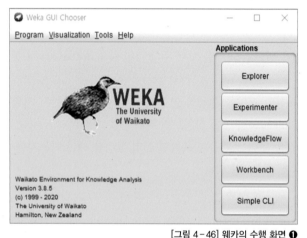

웨카 수행 첫 화면.
실습을 위해 메뉴에서
[Explorer]를 선택한다.

[그림 4-46] 웨카의 수행 화면 ❶

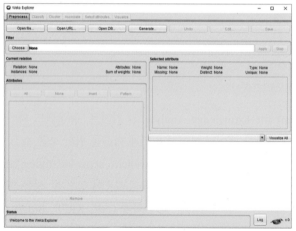

Explorer를 수행한 화면.

[Open File]을 선택한 후 C:\Program Files\Weka-3-8-5\data\iris.arff를 선택하고 IRIS 데이터를 선택한다.

[그림 4-47] 웨카의 수행 화면 ❷

IRIS 데이터가 5개의 열로 구성돼 있다. 그중 sepallength의 최대, 최소, 평균, 표준편차를 구하고 각 클래스별 분포 상황을 그래프로 보여 준다.

화면 왼쪽 중간에서 다른 열을 선택하면 데이터에 맞춰 화면 오른쪽의 데이터 정보와 그림이 변경된다.

화면에서 [Edit]를 누르면 모든 데이터를 볼 수 있다.
[Visual All]을 누르면 데이터 분석 결과를 그림으로 볼 수 있다.

[그림 4 - 48] 웨카의 수행 화면 ❸

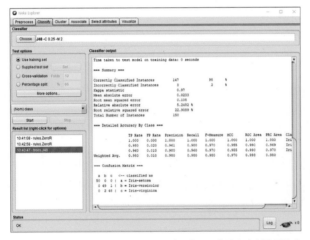

선택된 IRIS 데이터를 이용해 트리 분석을 수행해 보자(의사결정 트리).

화면에서 다음 작업을 순서대로 수행한다.
· [Classify]를 선택한다.
· [Use training set]를 선택한다.
· [Start] 버튼을 클릭한다.
· 분석 결과가 출력된다.

결과 화면에서 아래의 작업을 순서대로 수행하면 글자 형태의 결과를 그림으로 볼 수 있다.
· [Choose]를 선택한다.
· [tree 〉 J48]을 선택한다.
· [Result List]에서 결과를 선택한 후 오른쪽 버튼을 누른다.
· [Visualize Tree]를 선택한다.

[그림 4 - 49] 웨카의 수행 화면 ❹

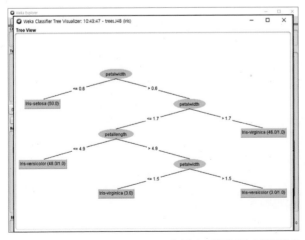

[Visualize Tree]를 선택한 결과

[그림 4 - 50] 웨카의 수행 화면 ❺

통계 분석 도구, R

R은 웨카와 기능적으로 유사한 점이 많다. 다만, 웨카보다 많은 기능을 지원하고, 유연한 조작이 가능하다는 점에 차이가 있다. R은 오클랜드대학교(The University of Auckland)의 로스 이하카(Rose Ihaka)와 로버트 젠틀맨(Robert Gentleman)이 개발한 통계 분석 프로그램이다. 프로그램은 www.r-project.org에서 다운로드할 수 있다. R은 오픈 소스 제품으로, 기능의 다양성과 사용의 편리성 때문에 많이 사용되고 있다.

R이 제공하는 중요 기능은 다음과 같다.

- 다양한 데이터 유형 지원
- 다양한 데이터 조작 기능과 프로그래밍 기능 지원
- 빅데이터 시대에 반드시 필요한 데이터 전처리 기능 지원
- 가장 강력한 데이터 시각화 기능 지원
- 통계 분석 기능 지원
- 데이터 마이닝 기능 지원: 의사결정 트리, 앙상블, 서포트 벡터 머신, 군집, 주성분, 인자, 독립 성분 분석, 연관 규칙 분석, 판별 분석, 베이지안 추론 등
- 회귀, 시계열 분석 지원
- 소셜 네트워크, 구조 방정식, 워드 클라우드, 신경망 분석의 지원

[그림 4-51]은 R을 설치한 후의 화면이다. R을 수행한 후 화면에서 배치 처리를 수행하는 것을 보여 주고 있다. 별도의 윈도우를 열어 수행할 명령어를 순서대로 입력한 후에 실행하면 명령어가 순서대로 수행한다. R에서 많이 사용하는 기능이다.

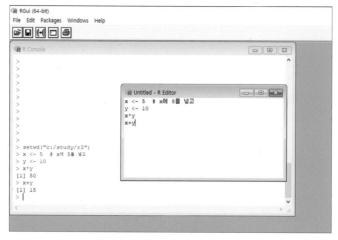

[그림 4-51] R의 수행 화면

R을 사용한 군집 분석의 수행

R을 수행하는 예로, Iris 데이터를 이용해 군집 분석을 수행해 본다. 다음은 [그림 4-43]의 화면에 입력한 내용을 그대로 표현한 것이다. 상세한 내용은 주석을 참고하기 바란다.

```
> library(fpc)                 # 필요한 패키지를 로드한다.

# iris2 데이터를 이용해 k-Medoids 군집 분석을 수행한다.
# 기본은 2개의 군집으로 분리한다. pamk(iris2, 3)으로 하면 3개의 군집으로 나눈다.
> pamk_result <- pamk(iris2)
> pamk_result                  # 결과를 확인한다.
$pamobject
Medoids
        ID   Sepal.Length   Sepal.Width   Petal.Length   Petal.Width
[1,]     8          5.0           3.4            1.5           0.2
[2,]   127          6.2           2.8            4.8           1.8
Clustering vector :            # 2개의 군집으로 나눠졌다는 것을 확인한다.
  [1] 1 1 1 1 1 1 1 1 1 1 1 1 1 1 1 1 1 1 1 1 1 1 1 1 1 1 1 1 1 1 1 1 1 1 1 1 1 1 1 1 1 1 1 1 1 1
 [47] 1 1 1 1 2 2 2 2 2 2 2 2 2 2 2 2 2 2 2 2 2 2 2 2 2 2 2 2 2 2 2 2 2 2 2 2 2 2 2 2 2 2 2 2 2 2
 [93] 2 2 2 2 2 2 2 1 2 2 2 2 2 2 2 2 2 2 2 2 2 2 2 2 2 2 2 2 2 2 2 2 2 2 2 2 2 2 2 2 2 2 2 2 2 2
[139] 2 2 2 2 2 2 2 2 2 2 2 2
Objective function :
    build       swap
0.9901187 0.8622026

Available components :
 [1] "medoids"    "id.med"    "clustering" "objective"  "isolation" "clusinfo"   "silinfo"
 [8] "diss"       "call"      "data"

$nc
[1] 2

$crit
 [1] 0.0000000 0.6857882 0.5528190 0.4896972 0.4867481 0.4703951 0.3390116 0.3318516 0.2918520
[10] 0.2918482

> pamk_result$nc               # 몇 개의 군집으로 나눴는지를 확인하는 명령이다.
[1] 2

# iris의 Species가 2개의 군집의 어디에, 어떻게 포함되는지를 요약해 보여 준다.
> table(pamk_result$pamobject$clustering, iris$Species)

    setosa   versicolor   virginica
  1    50          1           0
  2     0         49          50

# split.screen이나 par(mfrow)를 이용하지 않고 다른 방식으로 한 윈도우에서 여러 개의
# 그림을 그려 본다([그림 4-52] 참조).
> layout(matrix(c(1,2),1,2))
> plot(pamk_result$pamobject)
```

[그림 4-52]와 같은 그림을 이용해 주어진 데이터를 2, 3, 4,…로 나눌 때 어떤 것이 바람직한지를 결정해야 한다. 데이터 분석가의 입장에서 이것이 모든 분석의 출발점이 된다.

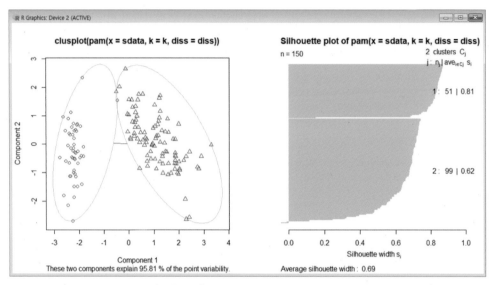

[그림 4-52] K-Medoids 군집법의 결과 그래프

[그림 4-52]를 살펴보면 2개의 군집으로 분리했을 때 상호 혼재되지 않고 정확히 분리되는 것과 좋은 결과를 보여 주고 있다는 것을 확인할 수 있다.

4.4 딥러닝 개발 도구

인공지능 분야 중 가장 인기 있고, 효과가 좋으며, 많이 사용하는 것이 딥러닝이다. 요즘 유행하는 이미지 인식, 자동 번역 등이 경이적인 정확도를 보여 주는 이유는 모두 딥러닝 기술의 발전 덕분이다. 딥러닝을 위한 개발 도구는 많지만, 여기서는 가장 많이 사용하는 텐서플로와 케라스 그리고 최근 GPT-2, 3으로 각광받고 있는 파이토치를 소개한다.

텐서플로

텐서플로(Tensorflow)는 구글에서 공개한 기계 학습 라이브러리이다. 2015년에 공개된 이후 지속적인 기능 확장과 지원이 수행돼 현재 가장 많은 사용자를 확보하고 있다. 텐서플로는 딥러닝을 포함한 기계 학습 알고리즘을 손쉽게 구현하고 모델을 학습, 활용할 수 있게 해 주는 라이브러리이다. 개발 언어는 파이썬이지만, 다른 언어에서도 사용할 수 있다.

텐서플로를 이용해 개발할 때는 일반적으로 아나콘다(Anaconda)나 파이참(Pycharm)을 이용하지만, 구글의 콜랩(Colab, Colab.research.google.com/)을 이용해 개발할 수도 있다. 이때 화면의 구성 및 조작은 주피터 노트북 (Jupyter Notebook) 방식을 사용한다([그림 4-53] 참조).

[그림 4-53] 콜랩 초기 화면

콜랩을 이용하면 파이썬, 텐서플로, 케라스, 아나콘다, 주피터 노트북 등을 나의 컴퓨터에 설치할 필요가 없다. 콜랩에서 프로그램을 입력하고 실행하면 구글에서 수행한 후 결과를 받아볼 수 있다. 개인적으로 학습할 때 추천한다.

텐서플로는 파이썬 같은 언어와 함께 사용하므로 언어에서 제공하는 유연성과 다양한 라이브러리를 사용할 수 있다는 장점이 있다. GPU를 지원하며, 텐서보드(TensorBoard)를 통해 모델과 결과를 그래프로 표현하거나 확인할 수 있다. 텐서플로가 제공하는 기능으로는 선형 회귀, 군집 분석, 다중 퍼셉트론, CNN, RNN, 오토인코더, 대립 쌍 신경망 등이 있다.

▌케라스

케라스(Keras)는 모든 종류의 신경망을 만들고, 훈련하고, 평가하며, 사용할 수 있는 고수준 딥러닝 API이다. 케라스는 프랑수아 숄레(François Chollet)가 연구 프로젝트로 개발해 2015년 3월에 오픈 소스로 공개했다. 케라스는 백앤드(Backend)로, 3가지 딥러닝 라이브러리 중 하나를 선택할 수 있다([그림 4-54] 참조).

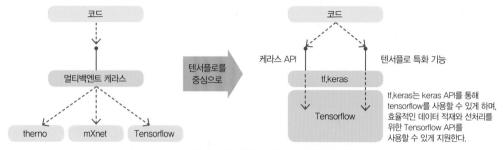

[그림 4-54] 케라스와 백앤드 라이브러리의 연계 개념

텐서플로는 2.0 버전부터 케라스를 기본으로 제공해 모델의 구성이나 훈련, 평가의 과정을 간단 명료하게 구성할 수 있게 됐다.

파이토치

파이토치(Pytorch)는 GPT - 2, 3의 엄청난 성공에 힘입어 크게 확산되고 있는 기계 학습 라이브 러리이다. 2016년 페이스북(Facebook) 연구팀이 오픈했다. 파이토치 공식 튜토리얼에는 파이토 치가 넘파이(Numpy)를 대체하면서 GPU를 이용한 연산이 필요한 경우와 최대한의 유연성과 속 도를 제공하는 딥러닝 연구 플랫폼이 필요한 경우에 유용하다고 명시돼 있다. 파이토치의 장점 은 간단한 설치와 직관적인 코드, 'Define by Run 방식'을 바탕으로 하는 실시간 결괏값의 확인 및 시각화, 빠른 학습 및 속도 등이다.

참고로 **Define by Run** 방식은 코드를 직접 수행하는 환경인 세션을 만들고, 플레이스홀더 (Placeholder)를 선언하며, 이것으로 계산 그래프를 만들고(Define), 코드를 실행하는 시점에 데 이터를 넣어 실행하는 방식(Run)을 말한다.

텐서플로와 케라스를 이용한 이미지 인식 모델 개발

다음 예는 텐서플로와 케라스를 이용해 특정 이미지를 인식하는 모델을 개발하는 과정을 콜랩 (Colab)을 이용해 수행한 것이다. 콜랩은 크롬 웹 브라우저에서 수행되며, 주피터 노트북의 화 면을 이용한다. 이를 위해 별도의 소프트웨어를 설치할 필요는 없다. 크롬 웹 브라우저를 수행한 후 콜랩으로 들어가 다음과 같은 소스를 입력하면 실행된다. 각 라인의 역할은 라인별로 제공되 는 설명을 확인하기 바란다.

먼저 텐서플로와 케라스를 임포트합니다.

```
[3]  import tensorflow as tf
     from tensorflow import keras
```

```
[5]  tf.__version__
```

```
[→  '2.2.0'
```

```
[6]  keras.__version__
```

```
[→  '2.3.0-tf'
```

먼저 MNIST 데이터셋을 로드하겠습니다. 케라스는 keras.datasets에 널리 사용하는 데이터셋을 로드하기 위한 함수를 제공합니다. 이 데이터셋은 이미 훈련 세트와 테스트 세트로 나누어져 있습니다. 훈련 세트를 더 나누어 검증 세트를 만드는 것이 좋습니다:

```
●  fashion_mnist = keras.datasets.fashion_mnist   # 손글씨 MNIST와 동일하지만 패션 아이템에 대한 데이터를 정의한다
   (X_train_full, y_train_full), (X_test, y_test) = fashion_mnist.load_data()   # 정의된 데이터를 읽어서 학습과 테스트버전으로 분리하여 저장한다
```

```
[→  Downloading data from https://storage.googleapis.com/tensorflow/tf-keras-datasets/train-labels-idx1-ubyte.gz
    32768/29515 [==============================] - 0s 0us/step
    Downloading data from https://storage.googleapis.com/tensorflow/tf-keras-datasets/train-images-idx3-ubyte.gz
    26427392/26421880 [==============================] - 0s 0us/step
    Downloading data from https://storage.googleapis.com/tensorflow/tf-keras-datasets/t10k-labels-idx1-ubyte.gz
    8192/5148 [==============================] - 0s 0us/step
    Downloading data from https://storage.googleapis.com/tensorflow/tf-keras-datasets/t10k-images-idx3-ubyte.gz
    4423680/4422102 [==============================] - 0s 0us/step
```

훈련 세트는 60,000개의 흑백 이미지입니다. 각 이미지의 크기는 28x28 픽셀입니다:

```
[8]  X_train_full.shape
```

```
[→  (60000, 28, 28)
```

각 픽셀의 강도는 바이트(0~255)로 표현됩니다:

```
[9]  X_train_full.dtype
```

```
[→  dtype('uint8')
```

전체 훈련 세트를 검증 세트와 (조금 더 작은) 훈련 세트로 나누어 보죠. 또한 픽셀 강도를 255로 나누어 0~1 범위의 실수로 바꾸겠습니다.

```
[11]  X_valid, X_train = X_train_full[:5000] / 255., X_train_full[5000:] / 255.,
      y_valid, y_train = y_train_full[:5000], y_train_full[5000:]
      X_test = X_test / 255.
```

맷플롯립의 imshow() 함수와 'binary' 컬러맵을 사용해 이미지를 출력할 수 있습니다:

```
[12]  plt.imshow(X_train[0], cmap="binary")
      plt.axis('off')
      plt.show()
```

[→

레이블은 0에서 9까지 (uint8로 표현된) 클래스 아이디입니다:

```
[13]  y_train
```

```
[→  array([4, 0, 7, ..., 3, 0, 5], dtype=uint8)
```

클래스 이름은 다음과 같습니다:

```
[14]  class_names = ["T-shirt/top", "Trouser", "Pullover", "Dress", "Coat",
                     "Sandal", "Shirt", "Sneaker", "Bag", "Ankle boot"]
```

훈련 세트에 있는 첫 번째 이미지는 코트입니다:

```
[15]  class_names[y_train[0]]
```

> 'Coat'

검증 세트는 5,000개의 이미지를 담고 있고 테스트 세트는 10,000개의 이미지를 가집니다:

```
[ ]  X_valid.shape
```

> (5000, 28, 28)

```
[ ]  X_test.shape
```

> (10000, 28, 28)

```
[19]  n_rows = 4
      n_cols = 10
      plt.figure(figsize=(n_cols * 1.2, n_rows * 1.2))   # 그림의 크기를 정한다
      for row in range(n_rows):   # row에는 0, 1, 2, 3 이 차례로 입력된다
          for col in range(n_cols):   # col에는 0 ~ 9가 차례로 입력된다
              index = n_cols * row + col  # 처음의 인덱스는 10*0 + 0 이므로 0, 다음의 인덱스는 1....
              plt.subplot(n_rows, n_cols, index + 1)  # 처음에는 0, 0, 1의 위치에 그림을 그리라고 설정한다
              plt.imshow(X_train[index], cmap="binary", interpolation="nearest") # 앞에서 설정한 위치에 그림을 그린다
              plt.axis('off')
              plt.title(class_names[y_train[index]], fontsize=12) # 그림에 이름을 부친다
      plt.subplots_adjust(wspace=0.2, hspace=0.5) # 전체 그림의 공간을 조절한다
      save_fig('fashion_mnist_plot', tight_layout=False)
      plt.show()
```

> 그림 저장: fashion_mnist_plot

[그림 4-55] 이미지를 인식하는 텐서플로 모델의 예

시퀀셜 API(Sequential API)를 사용해 모델 만들기

```
[20]  model = keras.models.Sequential()  # 케라스의 Sequential 모델. 순서대로 연결된 층을 일렬로 쌓아서 구성한다
      model.add(keras.layers.Flatten(input_shape=[28, 28])) # Flatten은 입력이미지(28x28)를 1D 배열로 변환한다. 즉 X.reshape(-1, 1)을 수행한다
      model.add(keras.layers.Dense(300, activation="relu")) # 뉴런 300개를 가진 은닉층 추가. ReLU 함수 사용. 가중치 행렬과 편향을 벡터로 관리한다.
      model.add(keras.layers.Dense(100, activation="relu")) # 뉴런 200개를 가진 은닉층 추가
      model.add(keras.layers.Dense(10, activation="softmax")) # 마지막으로 뉴런 10개를 가진 층을 추가하고, 소프트맥스 함수 적용
```

```
[21]  keras.backend.clear_session()
      np.random.seed(42)
      tf.random.set_seed(42)
```

```
[ ]  model = keras.models.Sequential([  # 앞의 모델 선언을 다른 모양으로 한 것
          keras.layers.Flatten(input_shape=[28, 28]),
          keras.layers.Dense(300, activation="relu"),
          keras.layers.Dense(100, activation="relu"),
          keras.layers.Dense(10, activation="softmax")
      ])
```

[22] model.layers

[→] [<tensorflow.python.keras.layers.core.Flatten at 0x7f3a52760390>,
 <tensorflow.python.keras.layers.core.Dense at 0x7f3a5271a4e0>,
 <tensorflow.python.keras.layers.core.Dense at 0x7f3a52754208>,
 <tensorflow.python.keras.layers.core.Dense at 0x7f3a5271af28>]

[23] model.summary()

[✗] Model: "sequential"

```
_____
Layer (type)                 Output Shape              Param #
=================================================================
flatten (Flatten)            (None, 784)               0
_____
dense (Dense)                (None, 300)               235500
_____
dense_1 (Dense)              (None, 100)               30100
_____
dense_2 (Dense)              (None, 10)                1010
=================================================================
Total params: 266,610
Trainable params: 266,610
Non-trainable params: 0
_____
```

[○] keras.utils.plot_model(model, "my_fashion_mnist_model.png", show_shapes=True)

[→]

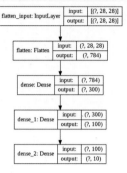

[25] hidden1 = model.layers[1]
 hidden1.name

[→] 'dense'

[26] model.get_layer(hidden1.name) is hidden1

[→] True

[27] weights, biases = hidden1.get_weights()

[28] weights

[→] array([[-0.05509842, 0.0052221 , -0.03168211, ..., 0.02096754,
        -0.03866412, -0.05813578],
       [0.01795106, 0.07226269, -0.01521292, ..., -0.07379588,
         0.01772666, 0.02201145],
       [-0.06911583, -0.04396462, -0.00799282, ..., -0.03268221,
        -0.06466592, -0.00682504],
       ...,
       [-0.06840871, 0.07014337, -0.0694142 , ..., 0.0553547 ,
         0.06001365, -0.00290129],
       [-0.04697213, -0.05367766, 0.02876616, ..., -0.06331679,
         0.01826546, -0.03071609],
       [-0.03586205, 0.01699606, 0.05206047, ..., 0.03577523,
        -0.06122267, -0.06013636]], dtype=float32)

[29] weights.shape

[→] (784, 300)

[30] biases

```
array([0., 0., 0., 0., 0., 0., 0., 0., 0., 0., 0., 0., 0., 0., 0., 0., 0.,
       0., 0., 0., 0., 0., 0., 0., 0., 0., 0., 0., 0., 0., 0., 0., 0., 0.,
       0., 0., 0., 0., 0., 0., 0., 0., 0., 0., 0., 0., 0., 0., 0., 0., 0.,
       0., 0., 0., 0., 0., 0., 0., 0., 0., 0., 0., 0., 0., 0., 0., 0., 0.,
       0., 0., 0., 0., 0., 0., 0., 0., 0., 0., 0., 0., 0., 0., 0., 0., 0.,
       0., 0., 0., 0., 0., 0., 0., 0., 0., 0., 0., 0., 0., 0., 0., 0., 0.,
       0., 0., 0., 0., 0., 0., 0., 0., 0., 0., 0., 0., 0., 0., 0., 0., 0.,
       0., 0., 0., 0., 0., 0., 0., 0., 0., 0., 0., 0., 0., 0., 0., 0., 0.,
       0., 0., 0., 0., 0., 0., 0., 0., 0., 0., 0., 0., 0., 0., 0., 0., 0.,
       0., 0., 0., 0., 0., 0., 0., 0., 0., 0., 0., 0., 0., 0., 0., 0., 0.,
       0., 0., 0., 0., 0., 0., 0., 0., 0., 0., 0., 0., 0., 0., 0., 0., 0.,
       0., 0., 0., 0., 0., 0., 0., 0., 0., 0., 0., 0., 0., 0., 0., 0., 0.,
       0., 0., 0., 0., 0., 0., 0., 0., 0., 0., 0., 0., 0., 0., 0., 0., 0.,
       0., 0., 0., 0., 0., 0., 0., 0., 0., 0., 0., 0., 0., 0., 0., 0., 0.,
       0., 0., 0., 0., 0., 0., 0., 0., 0., 0., 0., 0., 0., 0., 0., 0., 0.,
       0., 0., 0., 0., 0., 0., 0., 0., 0., 0., 0., 0., 0., 0., 0., 0., 0.,
       0., 0., 0., 0., 0., 0., 0., 0., 0., 0., 0., 0., 0., 0., 0., 0., 0.,
       0., 0., 0., 0., 0., 0., 0., 0., 0.], dtype=float32)
```

[31] biases.shape

```
(300,)
```

[그림 4 – 56] 이미지를 인식하는 텐서플로 모델의 컴파일 예

모델 컴파일(Model Compile)

```
[36] model.compile(loss="sparse_categorical_crossentropy", # 샘플마다 타겟 클래스가 있는 경우에 사용한다(예: 0-9)  만약 One-Hot의 형태이면 categorical_crossentropy 를 사용한다
                   optimizer="sgd",    # 모델의 훈련은 경사하강법을 사용한다
                   metrics=["accuracy"]) # 훈련과 평가에서 정확도를 측정하기 위해 설정하는 부분
```

위 코드는 다음과 같습니다:

```
model.compile(loss=keras.losses.sparse_categorical_crossentropy,
              optimizer=keras.optimizers.SGD(),
              metrics=[keras.metrics.sparse_categorical_accuracy])
```

[그림 4 – 57] 이미지를 인식하는 텐서플로 모델의 학습 예

모델 훈련과 평가

```
[37] history = model.fit(X_train, y_train, epochs=30,    # 학습을 수행한다
                         validation_data=(X_valid, y_valid))
     1719/1719 [==============================] - 6s 3ms/step - loss: 0.4391 - accuracy: 0.8458 - val_loss: 0.5304 - val_accuracy: 0.7996
     Epoch 4/30
     1719/1719 [==============================] - 5s 3ms/step - loss: 0.4123 - accuracy: 0.8566 - val_loss: 0.3916 - val_accuracy: 0.8650
     Epoch 5/30
     1719/1719 [==============================] - 5s 3ms/step - loss: 0.3939 - accuracy: 0.8622 - val_loss: 0.3745 - val_accuracy: 0.8690
     Epoch 6/30
     1719/1719 [==============================] - 5s 3ms/step - loss: 0.3752 - accuracy: 0.8675 - val_loss: 0.3718 - val_accuracy: 0.8724
     Epoch 7/30
     1719/1719 [==============================] - 5s 3ms/step - loss: 0.3631 - accuracy: 0.8716 - val_loss: 0.3616 - val_accuracy: 0.8736
     Epoch 8/30
     1719/1719 [==============================] - 5s 3ms/step - loss: 0.3514 - accuracy: 0.8747 - val_loss: 0.3853 - val_accuracy: 0.8608
     Epoch 9/30
```

[35] history.params

```
{'epochs': 30, 'steps': 1719, 'verbose': 1}         # 전체데이터 60000에서 검증데이터(5000), 훈련데이터(55000) 테스트데이터(10000)
                                                    # 30x1719는 51700으로 훈련데이터의 크기이다
```

[36] print(history.epoch)

```
[0, 1, 2, 3, 4, 5, 6, 7, 8, 9, 10, 11, 12, 13, 14, 15, 16, 17, 18, 19, 20, 21, 22, 23, 24, 25, 26, 27, 28, 29]
```

[37] history.history.keys() # history가 가지는 값의 종류, 훈련손실(loss), 훈련 정확도(accuracy), 검증 손실(val_loss), 검증정확도(val_accuracy)

```
dict_keys(['loss', 'accuracy', 'val_loss', 'val_accuracy'])
```

```
[41]  import pandas as pd

      pd.DataFrame(history.history).plot(figsize=(8, 5))    # 학습된 결과(history)를 그림으로 표현한다
      plt.grid(True)
      plt.gca().set_ylim(0, 1)
      save_fig("keras_learning_curves_plot")
      plt.show()
```

그림 저장: keras_learning_curves_plot

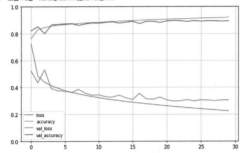

```
[43]  test_loss, test_acc = model.evaluate(X_test, y_test) # 미리 구성한 테스트 셋으로 모델을 평가한다.  10000개의 데이터로 구성된다
```

313/313 [==============================] - 1s 2ms/step - loss: 0.3382 - accuracy: 0.8822

```
[44]  X_test.shape
```

(10000, 28, 28)

> model.evaluate(X_test, y_test)
>
> 313/313 [==============================] - 0s 2ms/step - loss: 0.3428 - accuracy: 0.8816
> [0.3427654206752777, 0.881600022315979]

[그림 4-58] 이미지를 인식하는 텐서플로 모델의 평가 예

모델을 사용해 예측하기

```
X_new = X_test[:3]   # 테스트 데이터의 처음 3개를 꺼내서 X_new에 넣는다
y_proba = model.predict(X_new) # 모델을 이용하여 X_new가 무엇인지 예측한다
y_proba.round(2)
```

```
array([[0.  , 0.  , 0.  , 0.  , 0.  , 0.01, 0.  , 0.03, 0.  , 0.96],
       [0.  , 0.  , 0.99, 0.  , 0.01, 0.  , 0.  , 0.  , 0.  , 0.  ],
       [0.  , 1.  , 0.  , 0.  , 0.  , 0.  , 0.  , 0.  , 0.  , 0.  ]],
      dtype=float32)
```

[ ]

```
[46]  y_pred = model.predict_classes(X_new) # 예측한 값의 클래스를 구한다  (9, 2, 1) ==> 위의 결과와 동일하다
      y_pred
```

```
WARNING:tensorflow:From <ipython-input-46-81ace37e545f>:1: Sequential.predict_classes (from tensorflow.python.l
Instructions for updating:
Please use instead:* `np.argmax(model.predict(x), axis=-1)`,   if your model does multi-class classification
array([9, 2, 1])
```

```
[47]  np.array(class_names)[y_pred] # 예측된 클래스의 이름을 확인한다
```

array(['Ankle boot', 'Pullover', 'Trouser'], dtype='<U11')

```
[48]  y_new = y_test[:3]   # 원 데이터의 값을 확인한다.  예측된 값과 같다.
      y_new
```

array([9, 2, 1], dtype=uint8)

```
[49]  plt.figure(figsize=(7.2, 2.4))
      for index, image in enumerate(X_new):    # 예측된 것의 이미지를 출력한다
          plt.subplot(1, 3, index + 1)
          plt.imshow(image, cmap="binary", interpolation="nearest")
          plt.axis('off')
          plt.title(class_names[y_test[index]], fontsize=12)
      plt.subplots_adjust(wspace=0.2, hspace=0.5)
      save_fig('fashion_mnist_images_plot', tight_layout=False)
      plt.show()

 ⌐→  그림 저장: fashion_mnist_images_plot
```

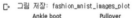

[그림 4-59] 이미지를 인식하는 텐서플로 모델의 예측 예

여기까지 Fashion_Mnist 데이터 세트를 이용해 모델을 훈련시키고, 실제로 훈련된 모델을 이용해 이미지를 인식하는 과정을 텐서플로와 케라스로 딥러닝 모델을 적용해 구현 및 실습했다.

딥러닝은 위 예와 같이 간단한 것은 잘 구현되고, 정확한 예측을 수행하지만, 일반 환경에서는 많은 시행착오와 조정을 거쳐야 원하는 결과를 얻을 수 있다. 독자들이 딥러닝에 관심이 있다면 앞서 제시한 예를 수행함으로써 딥러닝이 어떤 과정을 거쳐 진행되는지 확인할 수 있다.

4.5 인공지능 언어, 파이썬

파이썬(Python)은 1991년 귀도 반 로섬(Guido van Rossum)이 발표한 인터프리터 언어(Interpreter Language)이다. 구글이 자신의 표준 언어로 채택한 이후 구글에서 다양한 분야의 라이브러리를 파이썬과 연결함으로써 인공지능과 빅데이터 처리 분야에서 많은 사용자를 확보하고 있다.
파이썬은 다양한 패키지를 통해 언어의 기능과 활용도를 증가시킬 수 있는데, 가장 많이 사용하는 패키지는 다음과 같다.

- 사이킷런 패키지: 통계 및 기계 학습에 대한 기능을 제공하는 패키지로, 데이터 전처리, 지도·비지도학습, 모델의 선택, 검증, 오차 기준 등과 같은 기계 학습에 관련된 거의 모든 기능을 지원한다. R에서 지원하는 기능과 많은 부분이 중복된다.
- 넘파이(Numpy) 패키지: 트라비스 올리펀트(Travis Oliphant)가 개발한 것으로, 행렬 형태의 자료를 다루는 기능을 제공하며, 기계 학습에서 많이 사용한다.
- 사이파이(Scipy) 패키지: 트라비스 올리펀트, 에릭 존스(Eric Jones), 페루 피터슨(Pearu Peterson)이 개발한 것으로, 넘파이 기능을 보완해 선형 대수, 희소 행렬, 신호 및 이미지 처리, 급속 푸리에 변환(Fast Fourier Transform, FFT) 등과 같은 기능을 제공한다.

- 판다스(Pandas) 패키지: 넘파이, 사이파이를 보완하는 패키지로, 데이터의 분할, 정제, 추가, 병합, 변환을 지원한다.
- 맷플롯립(Matplotlib) 패키지: 배열로부터 고품질 그래프를 생성하고, 도표를 대화형으로 시각화하기 위한 기능을 제공한다.
- NLTK 패키지: 텍스트를 분석하기 위한 기능을 제공한다. 한글의 형태소 분석 및 품사 태깅(Tagging)을 위해서는 KoNLPy가 별도로 준비돼 있어야 한다.

이 밖에 Gensim, H2O, XGBoost, Theano, Sknn Library, Theanets, Keras 등 무수히 많은 패키지가 제공돼 개발자가 필요할 때마다 사용할 수 있다.

4.6 컴퓨터 비전 라이브러리, OpenCV

OpenCV(Open source Computer Vision)는 영상 처리 및 컴퓨터 비전에서 사용하는 대표적인 오픈 소스 라이브러리이다. 거의 모든 언어에서 사용할 수 있고, 소스 코드 전체를 제공한다. OpenCV는 영상 처리, 얼굴 인식, 물체 감지, 비디오 캡처 등과 같은 기능을 수행한다. 중요 지원 기능은 [그림 4-60]과 같다.

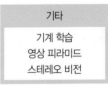

영상 처리	특징 분석	기타
필터링 에지 검출 변환	물체 감지 트래킹 얼굴 인식	기계 학습 영상 피라미드 스테레오 비전

[그림 4-60] OpenCV의 중요 기능

OpenCV로 할 수 있는 작업은 다음과 같다.

- 영상 파일의 읽기 및 쓰기
- 비디오 캡처 및 저장
- 영상 처리(필터 및 교환)
- 영상이나 비디오에서 얼굴, 눈, 자동차와 같은 특정 물체를 감지
- 비디오를 분석해 움직임을 추정하고, 배경을 없애고, 특정 문제를 추적
- 기계 학습을 사용해 물체를 인식

OpenCV는 게리 브레드스키(Gary Bradski)가 1999년에 시작한 CPU 집약적인 응용 프로그램을 위한 인텔의 연구에서 시작됐고, Intel IPL(Image Processing Library)로 발표된 이후 2014년 3.0이 발표됐다. 2012년 이후 OpenCV.org에서 개발 및 지원을 수행하면서 C++로 작성됐다.

[그림 4-61]은 OpenCV에서 지원하는 라이브러리이다.

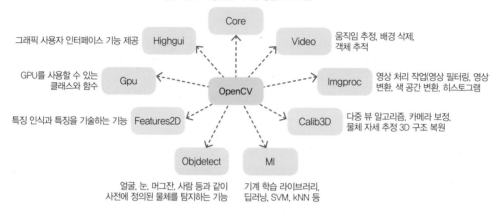

[그림 4-61] OpenCV의 라이브러리

Visual Studio에서 OpenCV 라이브러리를 이용해 이미지를 읽고, 이미를 흑백으로 바꾸며, 이미지를 뒤집는 프로그램과 결과를 [그림 4-62]에서 보여 준다.

```cpp
#include <opencv2/opencv.hpp>
#include <iostream>
using namespace cv;
using namespace std;

int main()
{
    Mat src = imread("c: /opencv/study/lenna.jpg", IMREAD_COLOR);
    if (src.empty()) { cout << "영상을 읽을 수 없음" << endl; }
    imshow("src", src);

    Mat gray, edge, output;
    cvtColor(src, gray, CV_BGR2GRAY); //흑백으로 변환한다.

    imshow("gray", gray);
    imwrite("d: /gray.jpg", gray);

        Mat change;
        flip(src, change, 1);           //좌우로 뒤집는다.
        imshow("change", change)
        imwrite("c: /opencv/study/change.jpg", change);

    waitKey(0);
    return 0;
}
```

[그림 4-62] OpenCV의 프로그램 예

4.7 로봇 소프트웨어 개발 프레임워크, ROS

ROS(Robot Operating System)는 구조적인 통신 계층을 통해 이 기종의 로봇 개체를 운용할 수 있도록 해 주는 오픈 소스 로봇 소프트웨어 프레임워크이다. 2007년 모건 퀴글리(Morgan Quigley)의 스탠퍼드인공지능 연구소(Stanford Artificial Intelligence Lab)가 진행하던 STAIR(Standford AI Robot) 프로젝트인 '스위치야드(Switchyard)'라는 시스템에서 시작했다. 이후 PCL과 OpenCV 소프트웨어 등을 운영하는 윌로 개러지(Willow Garage)에서 ROS라는 이름으로 개발을 진행했고, 2010년 ROS 1.0을 출시했다. 이후 2013년부터 오픈소스 로보틱스 재단(Open Source Robotics Foundation, OSRF)이 개발 및 관리하고 있으며, 2017년에는 이름을 'Open Robotics'로 변경했다. BSD 라이선스를 가진 오픈 소스 소프트웨어로 배포하고 있으며, 2017년 ROS 2.0이 발표됐다.

ROS의 주요 목표는 로봇의 연구 개발에 사용된 코드의 재사용을 지원하는 것이다. ROS의 코드는 다른 로봇 소프트웨어 프레임워크와 통합할 수 있는데, 이미 OpenRAVE, Orocos 그리고 Player와 통합할 수 있다. 또한 ROS 프레임워크는 언어의 독립성을 가지므로 어떤 언어(Python, C++, Lisp)와도 쉽게 구현할 수 있으며, 아울러 ROS는 대규모 실행 시스템이나 대형 개발 장치에 적합하다.

구글은 이미 다양한 방향에서 서비스 로봇의 상용화에 다가서고 있다. 구글이 투자한 윌로 개러지를 통해 로봇 플랫폼 ROS를 세계적인 로봇 플랫폼으로 성장시켰으며, 실제로 하드웨어 로봇 PR2를 통해 ROS 관련 기술 및 서비스 모델의 개발을 진행하고 있다. 또한 안드로이드 플랫폼과 ROS의 결합을 통한 클라우드 로보틱스(Cloud Robotics)의 구현도 시도하고 있다. ROS에 관련된 정보는 **http://wiki.ros.org/ko/ROS/Tutorials**에서 얻을 수 있다.

:::ROS.org

About | Support | Discussion Forum | Service Status | Q&A answers.ros.org

Documentation   **Browse Software**   **News**   **Download**

ko/ ROS/ Tutorials

초보자가 아닌 경우: 이미 fuerte나 그 이전의 버전에 익숙해져 있고, groovy의 새로운 빌드 시스템인 catkin을 알아보고자 할 뿐이라면 catkin 자습서 링크를 참조해서 자세한 정보를 얻을 수 있습니다. 그렇지만 groovy의 새로운 기능에 익숙해 지도록 모든 '초보자 수준' 자습서를 살펴 보는 것을 권장합니다.

1. 초보자 수준

◉ ROS Tutorial Video Demos at ANU

1. ROS 환경 설치와 설정

   이 자습서는 ROS의 설치와 설정 방법에 대해 보여줍니다.

2. ROS 파일시스템의 탐색

   이 자습서는 ROS의 파일시스템 개념과, 명령행 도구인 roscd, rosls, rospack을 다루고 있습니다.

3. ROS 패키지의 작성

   이 자습서는 roscreate-pkg 또는 catkin을 이용해 새로운 패키지를 작성하는 방법에 대해 설명합니다. 또한 rospack을 이용해 패키지의 의존성을 확인하는 법도 알아봅니다.

4. catkin 환경에서 작업공간 만들기

   이 자습서는 catkin 작업공간을 어떻게 설정하는지에 대하여 다루고 있습니다.

5. ROS Package 빌드하기

   이 자습서는 패키지를 빌드하는 툴체인들을 다루고 있습니다.

6. ROS Node 이해하기

   이 자습서는 ROS graph의 개념을 소개하고 roscore, rosnode, rosrun을 다루고 있습니다.

7. ROS Topics 이해하기

   This tutorial introduces ROS topics as well as using the rostopic and rqt_plot commandline tools.

8. ROS Service와 Parameter 이해하기

   이 예제는 ROS service와 parameter를 소개할뿐만 아니라 rosservice와 rosparam 명령어 도구를 소개합니다.

9. rosed로 파일 수정하기

   이 예제는 rosed를 사용하여 쉽게 수정하는 법을 소개합니다.

10. Creating a ROS msg and srv

    This tutorial covers how to create and build msg and srv files as well as the rosmsg, rossrv and roscp commandline tools.

11. No Title

    No Description

ROS 2 Documentation

The ROS Wiki is for ROS 1. Are you using ROS 2 (Dashing/Foxy/Rolling)? Check out the ROS 2 Documentation

Wiki
Distributions
ROS/Installation
ROS/Tutorials
RecentChanges
ko/ROS/Tutorials

Page
Immutable Page
Info
Attachments

More Actions:
Raw Text ▼
Do

User
Login

[그림 4 – 63] ROS 관련 웹 사이트

05 인공지능 숲의 여행을 마치고

이 책에서 인공지능에 관여된 거의 전 분야를 살펴봤다. 하지만 이는 인공지능을 제대로 공부하기 위한 개념 정리의 단계일 뿐이다. 가장 중요한 것은 특정 분야를 선정해 공부하는 것이다.

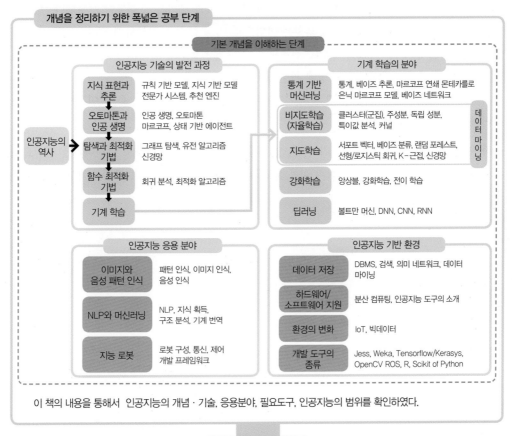

만약 이미지 인식에 관심이 있다면, 이 책을 공부한 후 OpenCV, 케라스, 텐서플로, 파이토치를 이용한 CNN을 공부해야 한다. 또한 NLP에 관심이 있다면 RNN, GPT 2, 3을 공부하고, 이를 바탕으로 확장할 수 있도록 공부하면 된다. 이 책에서 다룬 내용을 모두 이해했다면 어떤 인공지능 분야도 문제가 없을 것이다. 이제 기본기는 충분히 연마했다고 볼 수 있다.

인공지능을 계속 공부하고자 하는 독자에게 도움이 되기를 바라는 마음에서 저자의 공부 경험을 공유하고자 한다. 저자는 원래 데이터 분석에 관심이 많아 SPSS, SAS를 공부했다. 이런 경험과 지식을 바탕으로 멋진 그래픽과 인터페이스를 제공하는 R과 웨카를 오랫동안 사용했다. 오랫동안 데이터 분석을 하다 보니 통계적 분석을 바탕으로 기계 학습을 공부하게 됐다. 이후 기계 학습 중 딥러닝을 공부할 필요를 느꼈고, 딥러닝을 위해 텐서플로와 케라스를 사용해 공부하고 있다. 이 책이 출판된 이후에도 딥러닝에 관한 공부는 계속할 것이다. 아마도 '파이썬 + 케라스 + 텐서플로'를 이용해 공부하게 될 것 같다. 그 이유는 이미지 처리 분야를 좀 더 연구하고 싶기 때문이다.

독자 여러분이 인공지능의 사용자가 아닌, 인공지능을 창조하는 전문가로 발전하기를 진심으로 기원한다. 가능하다면 CNN, RNN과 같은 모델을 응용하는 수준이 아닌, 모델을 개발할 수 있는 전문가로 성장할 수 있기를 바란다.

연습문제 정답
—
찾아보기

연습문제 정답

1 인공지능에 대해 정의하시오.

인공지능은 인간의 지능을 만들고 싶다는 욕구에서 시작된 학문으로, 인지 과학, 로보틱스, 기계 학습, 최적화 이론, 패턴 인식, 자연어 처리와 같은 다양한 분야를 포함한다.

2 인공지능, 기계 학습, 인공 신경망, 딥러닝을 구별하시오.

- 인공지능은 모든 것을 포함하는 개념이다.
- 기계 학습은 인공지능의 한 분야로, 컴퓨터가 학습할 수 있도록 하는 알고리즘과 기술을 개발하는 분야이다.
- 인공 신경망은 기계 학습의 한 분야로, 퍼셉트론을 활용한 인공지능 분야를 말한다.
- 딥러닝은 인공 신경망의 한 분야로, 퍼셉트론을 여러 층으로 쌓아 학습하는 분야를 말한다.

3 인공지능의 각 발전 단계에서 가장 중요한 활동은 무엇인지 서술하시오.

- 여명기: 인공지능 개념 정립, 규칙 기반 시스템의 발전
- 전문가 시스템과 1차 인공지능 붐: 전문가 시스템의 발전, 퍼셉트론을 활용한 신경망 분야의 XOR 문제가 발생
- 2차 인공지능 붐과 신경망의 암흑기: 퍼지, 유전, 복잡계, 인공 생명 등 다양한 연관 분야의 발전, 퍼셉트론을 활용한 신경망 분야가 층이 깊어지면 학습이 되지 않는 문제 발생
- 통계 기반 기계 학습과 분산 처리 기술의 발전: 1990년 후반 서포트 벡터 머신의 가치가 입증된 이후 앙상블 기법, 의사결정 트리, 군집 분석, 랜덤 포레스트 등과 같은 수많은 기법이 개발 및 적용돼 인공지능의 발전에 기여, 분산 처리 발달
- 딥러닝 기반 3차 인공지능 붐: 신경망 분야의 층이 깊어지면 학습되지 않는 문제를 LeLU 함수와 가중치 초기화로 해결, 분산 처리의 발달로 딥러닝의 발전과 3차 인공지능 붐

4 인공지능의 요소 기술을 쓰시오.

탐색, 지식 표현, 추론, 학습, 딥러닝, 계획 수립

5 인공지능을 응용한 대표적인 분야를 쓰시오.

전문가 시스템, 데이터 마이닝, 패턴 인식, 자연어 처리, 컴퓨터 비전, 음성 인식, 로보틱스, 에이전트 시스템

6 인공지능 기술을 활용하는 예를 쓰시오.

자율주행, 광고나 뉴스의 추천, 자동 번역, 의료 지원, 대화형 프로그램(보험 상담), 로봇을 이용한 생산 및 서비스, 대규모 데이터 분석 시스템

1 인간의 지식 종류를 쓰고, 그 차이를 설명하시오.

- 데이터: 누구나 접근할 수 있는 형태로 사실이 표현된 것
- 정보: 필요할 때 얻은 데이터
- 지식: 정보에 경험이 추가된 것
- 지혜: 지식이 유용하게 사용된 경우

2 규칙, 프레임, 논리, 의미망, 스크립트가 표현하는 지식이 무엇인지 정리하시오.

- 규칙: A이면 B와 같은 형태의 인간 지식 관리 방안
- 프레임: 구성 요소를 모아 만들어지는 지식에 대한 관리 방안
- 논리: 추론에 따라 만들어지는 지식에 대한 관리 방안

- 의미망: 단어들 간의 관계에 따라 만들어지는 지식에 대한 관리 방안
- 스크립트: 일의 처리 방안이나 단계에 관한 지식의 관리 방안

3 온톨로지를 정의하고, 웹 온톨로지를 위한 기술인 XML, RDF, RDFS, OWL은 어떤 역할을 하는지 쓰시오.
- 온톨로지: 주어진 단어의 의미를 정의하는 기술이다.
- XML: 웹 문서 작성 표준
- RDF: 메타 데이터를 기술하는 표준
- RDFS: RDF를 사용해 온톨로지를 정의할 때 사용하는 메타데이터 정의 표준
- OWL: 온톨로지를 사용하는 언어

4 불명확한 지식을 표현하는 방법에는 어떤 것이 있는지 쓰시오.
확신도, 확률을 이용한 방법, 퍼지 이론, 확률 그래프 모델

5 퍼지 이론이 무엇인지 쓰고, 퍼지 함수(소속 함수), 퍼지 규칙, 퍼지 추론이 무엇이며, 각각 어떤 역할을 하는지 설명하시오.
정상적인 표현을 정량화해야 할 필요가 있을 때 사용하는 것이 퍼지 이론이다. 퍼지 이론은 정성적인 대상을 표현하기 위해 소속 함수를 사용한다. 이렇게 소속 함수로 표현된 규칙을 '퍼지 규칙'이라고 한다. 퍼지 규칙을 이용해 수치값의 결과를 얻어 내는 과정을 '퍼지 추론'이라고 한다.

6 마르코프 랜덤 필드와 베이지안 망은 어떻게 다르며, 무엇을 위해 사용하는 개념인지 서술하시오.
둘 다 확률 그래프 모델을 사용한 불확실한 지식 표현에 사용한다. 베이지안 망은 노드와 방향이 있는 간선, 마르코프 랜덤 필드는 노드와 방향이 없는 간선으로 표현한다.

7 규칙 기반 시스템에서 전방 추론과 후방 추론의 단계를 명시하시오.
전방 추론
- 조건부에서 결론부 방향으로 추론을 진행한다.

- 조건부에 있는 사실과 매칭되는 규칙이 있는지 결정한다.
- 이 과정을 반복해 결론을 이끌어 낸다.

후방 추론
- 동일한 결론부를 갖는 규칙을 확인한다.
- 규칙에 있는 조건이 제시된 조건을 만족하는지 확인한다.
- 확인하는 과정에서 다른 규칙을 이용할 수 있다.

Part 2.2   60쪽

1 인공 생명을 정의하고, 4가지 특성을 적으시오.
인공 생명은 생명 현상의 재창조 또는 모방을 통해 생명에 관해 연구하는 학문이다. 복잡계, 창발성, 자기 조직 그리고 카오스 이론의 특징을 가진다.

2 [그림 2-16]에서 라이프 게임의 규정에 따라 각 단계가 바뀌어가는 것을 설명하시오.
- 1번 → 2번
- 가운데는 4 이상이므로 없어진다.
- 왼쪽 위는 주변이 3이고 비어 있으므로 새로 생성된다.

3 오토마톤을 정의하시오.
오토마톤은 시간의 경과와 상태의 변화를 표현하고, 시간의 흐름에 따른 공간적인 구조 변화를 연구하는 것이다.

4 유한 오토마톤과 마르코프 모델의 차이를 설명하시오.
유한 오토마톤에서는 오토마톤의 동작 주체가 유한 개수의 상태가 있는 상태 기계이다. 이 경우, 상태 기계에 입력한 데이터가 있다면 규칙에 따라 다음 단계를 진행하면서 상태가 변화하게 될 것이다. 이때 확률에 기반을 두고 상태가 변하는 것을 표현한 것이 마르코프 모델이다.

5 확률 과정, 마르코프 과정, 이산 상태 마르코프 과정, 마르코프 연쇄의 차이를 설명하시오.
- 확률 과정: 오토마톤(시간의 경과에 따른 변화) 개념에 상태 변화가 일어날 확률을 더한 것이다. 이를 '마르코프 모델'이라고 한다. 즉, '마르

코프 모델=오토마톤 개념+확률'로 정리할 수 있다(예 유한 오토마톤(오토마톤 중 동작 주체가 유한 개수의 상태가 있고, 입력 데이터에 따른 규칙에 의해 상태가 변하는 것)에서 0에서 1로 바뀌는 경우+확률).

- 마르코프 과정: 마르코프 성질(현상태에만 의존)이 있는 확률 과정
- 이산 상태 마르코프 과정: 확률 과정 중 마르코프 과정의 성질을 가지면서 확률이 연속이 아닌 이산값을 갖는 경우
- 마르코프 연쇄: 이산 상태 마르코프 과정을 나타내는 확률값들의 모임

6 상태 기반 에이전트를 정의하시오.

게임을 예로 들면, 게임의 등장 인물이나 필드의 구성 요소를 유한 오토마타(유한 상태 기계)로 설정한 후 게임을 구현하는 것을 말한다.

Part 2.3   124쪽

1 탐색을 정의하시오.

문제를 상태의 개념으로 표현하고, 상태의 변화를 통해 문제의 해를 찾는 과정을 '탐색'이라고 한다.

2 상태 공간 그래프가 무엇인지 정의하시오.

상태 공간의 특정 상태에서 특정 행동이나 동작을 하면 다른 상태로 변할 수 있다. 이때 변하는 상태를 표현한 그래프를 '상태 공간 그래프'라고 한다.

3 깊이우선 탐색, 넓이우선 탐색을 사용할 때 어떤 자료 구조를 이용하는지 설명하시오.

- 깊이우선 탐색: 스택 구조
- 넓이우선 탐색: 큐 구조

4 언덕 오르기 방법, 최상우선 탐색, 빔 탐색의 연관성을 설명하시오.

빔 탐색은 w의 값에 따라 탐색의 효율이 조정되는 기법이다. w의 값이 크다면 최상우선 탐색과 동일하게 작동할 것이고, w의 값이 1이라면 언덕 오르기 방법과 같이 작동할 것이다.

5 다익스트라와 A* 알고리즘이 활용되는 곳을 설명하시오.

- A* 알고리즘은 출발지와 목적지 간의 최단 경로를 찾는 것이다.
- 다익스트라 알고리즘은 출발지에서 모든 노드를 방문하는 최단 경로를 찾는 것이다.

6 몬테카를로 트리 탐색이 미니맥스 알파베타 가지치기 방법의 어떤 한계를 극복하기 위해 개발됐는지 설명하시오.

게임 트리(게임을 구성하는 각 노드 선택의 값이 정해진 트리)를 만드는 것은 사실상 어렵다. 그래서 게임 트리의 점수를 정하기 위한 함수를 구성하는 대신, 노드를 무작위로 선택하고 진행시킨 후 결과를 다시 처음으로 피드백하는 과정을 반복해 게임 트리를 만드는 것이다.

7 미니맥스 알파베타 가지치기가 필요한 이유를 설명하시오.

게임 트리를 구성한 경우, 불필요한 연산의 수행을 막기 위해 필요한 알고리즘이다. 게임 트리가 커지면 30% 이상의 시간적 효과를 거둘 수 있다.

8 백트래킹 방법과 제약 조건 전파 방법의 공통점과 차이점을 설명하시오.

- 공통점: 제약 조건 만족 문제에 대한 알고리즘으로, 주어진 제약 조건을 만족하는 해를 찾는 것이다.
- 차이점: 제약 조건 전파 방법은 제약 조건이 진행하면서 계속 변경될 때 이를 고려해 해를 찾고자 하는 경우에 사용하는 방법이다. 이런 점에서 백트래킹 탐색과는 용도가 다르다고 할 수 있다.

9 최적화를 하기 위한 알고리즘의 종류와 개념을 설명하시오.

- 조합 최적화: 대표적인 방법은 유전 알고리즘이다.
- 계산 과정의 최적화: 대표적인 방법은 동적 프로그래밍이다.
- 함수 최적화: 대표적인 방법으로는 목적 함수와 제약 조건 함수들을 선형 결합한 라그랑지 함수

를 사용하는 방법, 최소 제곱 평균법 그리고 경사 하강법이 있다.

10 분할 정복과 동적 프로그래밍의 차이를 설명하시오.
분할 정복 알고리즘은 하나의 문제를 겹치지 않는 문제들로 분할해 해당 문제를 해결한 후 각각의 결과를 다시 결합해 문제를 해결하는 방법을 말한다. 하지만 동적 프로그래밍은 하나의 문제를 분할했을 때 분할된 문제가 서로 중복되거나 다른 부분 문제를 공유하는 경우에 사용하는 방법이다.

Part 2.4　　　　　141쪽

1 회귀 분석을 정의하시오.
회귀 분석은 주어진 데이터를 기반으로 이들을 가장 잘 설명할 수 있는 함수(모형)를 만들고, 이 함수를 이용해 예측하는 과정을 말한다. 이때 만들어진 함수(모형)는 함수에서 발생하는 값과 실제 데이터의 차이(잔차)가 최소화되도록 조정한다.

2 로지스틱 회귀는 무엇인지 설명하시오.
종속변수가 범주형인 경우에 사용하는 회귀 모델로, 이항 로지스틱 회귀와 다항 로지스틱 회귀로 분류할 수 있다.

3 경사 하강법의 원리를 설명하시오.

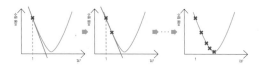

- 임의의 w 값을 선정해 비용 함수를 구한다.
- 비용 함수를 w에 대하여 편미분하면 그 점의 기울기를 나타내므로 현재 그래프로 보면 음수의 값을 가진다.
- 음수의 값에 $\propto$를 곱한다.
- 이 값을 기존의 w에 더하면 w 값은 커진다. → 두 번째 그래프
- 위의 작업을 계속한다. → 세 번째 그래프
- 우리가 원하는 최적값이 됐을 때 편미분 값이 0이 된다.

- 이후에는 w 값의 변화가 없다. → 볼록 함수이므로 w 값의 변화가 없으면 우리가 원하는 최적값이라는 것을 확인할 수 있다.

4 경사 하강법이 최적값을 보장하지 못하는 경우에 대해 설명하시오.
지역 최저점에서도 기울기가 0이기 때문이다.

5 최소 제곱법과 LOWESS 분석의 관계를 설명하시오.
선형이나 로지스틱 회귀에서는 최소 제곱법을 이용해 회귀식을 구하는데, 최소 제곱법은 특이값이 있는 경우에 틀린 결과를 낼 가능성이 높다. 이를 개선하는 방법으로 고안된 것이 LOWESS 분석이다.

6 L1 정규화(일반화)에 대해 설명하시오.
기존의 비용 함수에 가중치의 절댓값을 더하는 개념을 말한다. 기존 비용 함수에 가중치의 크기가 포함되면서(L1 Norm) 가중치가 너무 크지 않은 방향으로(정해진 크기 내에) 학습되도록 한다. L1 정규화를 사용하는 회귀 모델을 'LASSO 회귀'라고 한다.

Part 3.1~3.4　　　　　175쪽

1 통계를 정의하고 목적을 적으시오.
통계는 샘플을 통해 전체 데이터를 평가하는 것이고, 평가하는 것은 차이 검정과 인과 관계 파악으로 분리해 생각할 수 있다.

2 베이지안 확률을 기계 학습에서 중요하게 사용하는 이유를 설명하시오.
기계 학습의 목적은 데이터 세트가 주어졌을 때 특정 사건 또는 가설의 확률을 높여줄 수 있는 최적의 모델을 찾는 것이다. 따라서 베이지안 모델이 주어진 정보를 업데이트해 나가면서 최적의 사후 확률을 계산하는 방식과 일맥상통한다.

3 베이지안 모델이 사용하는 알고리즘을 나열하시오.
- 베이지안 추론
- 분류를 위한 MLE, MAP
- EM, 판별 분석 등

4 MLE와 MAP의 차이를 설명하시오.

주어진 데이터를 통해 모집단의 확률을 추정하는 것이 MLE이다. MLE는 사전의 가정이나 전체를 염두에 두지 않는다. MAP는 MLE에 사전 확률을 추가한 것이다.

5 EM 알고리즘의 수행 단계를 정리하시오.

EM 알고리즘은 특정 문서가 특정 주제에 더 가까운지를 평가하기 위한 분야에서 사용된다. 이를 위해 특정 주제에 해당하는 범주를 정한 후($t1$, $t2, \cdots tn$) 각 문서의 단어가 범주에 속하는 확률을 Expectation/Maximization 단계의 반복을 통해 조정해 나가는 것이다.

6 판별 분석은 무엇인지 설명하시오.

판별 분석은 2개 이상의 모집단에서 추출된 표본들이 지니고 있는 정보를 이용해 이 표본들이 어느 모집단에서 추출된 것인지를 결정해 줄 수 있는 기준을 찾는 분석법이다.

7 은닉 마르코프 체인과 동적 프로그래밍의 관계를 설명하시오.

은닉 마르코프 체인의 계산 과정에서 이전 단계의 결과를 재활용해 계산하므로 동적 프로그래밍의 개념을 사용하고 있다고 이야기한다.

8 몬테카를로 알고리즘은 언제 사용하는지 설명하시오.

수식만으로 계산하기 어려운 문제가 있을 때 데이터의 무작위 샘플을 얻은 후 그 샘플을 이용해 답을 구하는 방법이다.

9 MCMC와 부트스트랩에 대해 설명하시오.

• MCMC 알고리즘은 어떤 목표 확률 분포(Target Probability Distribution)로부터 랜덤 샘플을 얻는 방법을 말한다. 이렇게 얻는 샘플에 알고리즘을 적용하고 초깃값의 영향을 받는 시기(Burn-in Period)를 지나면, 목표 분포에 따른 샘플을 만들게 된다. 즉, 목표 누적 확률 분포를 얻을 수 있다.

• 부트스트랩은 확률 분포도 모르는 상황에서 부트스트랩 방법을 사용한다. 부트스트랩은 실제 데이터를 반복 복원 추출해 분포를 추정하는 방법이다.

1 지도학습과 비지도학습의 차이점에 대해 설명하시오.

• 지도학습: 훈련 데이터에 따라 학습을 진행해 모델을 구성하고, 이 모델을 이용해 분류나 예측을 수행하는 것

　– 예측하는 모델: 선형 회귀, 로지스틱 회귀

　– 분류하는 모델: 의사결정 트리, 랜덤 포레스트, 서포트 벡터 머신, 신경망, 베이지안 추론

• 비지도학습: 훈련 없이 데이터를 분류하거나 중요 요인을 식별하는 방식으로, 데이터에 레이블이 없다. 군집 분석, 차원 축소(주성분 분석, 인자 분석, 독립 성분 분석, 다차원 척도법), 연관 규칙 학습, 자기 조직화 지도, 판별 분석이 있다.

2 의사결정 트리에 사용하는 알고리즘의 종류에는 무엇이 있는지 설명하시오.

• CART: 가장 많이 사용하는 알고리즘이다.

• C4.5와 C5.0: CART와 달리, 각 마디에서 다지 분리(Multiple Split)가 가능하다.

• CHAID: 범주형 변수에 적용한다.

• ID3: 엔트로피를 기준으로 트리를 구성하는 알고리즘이다.

3 앙상블과 랜덤 포레스트의 관계를 설명하시오.

앙상블은 주어진 자료로부터 여러 개의 예측 모형을 만든 후 이를 결합해 하나의 최종적인 예측 모형을 만드는 방법을 통칭하는 것이다. 앙상블 기법을 사용해 개발된 방법 중 최초로 제안된 것은 브레이만의 배깅이다. 이후에 부스팅(Boosting)이 도입되고 랜덤 포레스트가 개발됐다.

4 서포트 벡터 머신에서 사용하는 파라미터 2개의 의미를 설명하시오.

• 코스트: 오차 허용 정도의 파라미터

• 감마: 초평면이 아닌 커널과 관련된 파라미터

5 군집 분석 방법과 기법을 정리하시오.
- 분할적 군집: 특정 점을 기준으로 가까운 것끼리 묶는 것
  - K-평균 군집법: 사례 제공
  - The K-Medoids 군집법: K-Mean과 유사하지만, K-Mean이 임의의 좌표를 중심점으로 잡는 반면, K-Medoids는 실제 K 하나를 중심점으로 잡아 계산을 수행한다. 이때 Partitioning Around Mediods 알고리즘을 사용한다.
- 계층적 군집: 트리 구조처럼 분리하는 것
  - 밀도 기반 군집법: 특정 기준에 의거해 많이 모여 있는 것을 군집으로 파악하는 방법이다.

6 주성분 분석과 인자 분석의 차이를 설명하시오.
- 주성분 분석: 많은 변수로 구성된 데이터에 대해 주성분이라는 새로운 변수를 생성한 후 기존 변수보다 차원을 축소해 분석을 수행하는 방법을 말한다. 예를 들어 설문지 데이터 $x1$~$x10$의 10개 변수를 $P1$, $P2$의 2개로 줄이는 경우에 사용한다.
- 인자 분석: 여러 개의 서로 관련 있는 변수들로 구성된 데이터에서 이 변수를 설명할 수 있는 새로운 공통 변수를 파악하는 통계적 분석 방법을 말한다.
- 인자 분석과 주성분 분석의 공통점과 차이점
  - 공통점: 데이터를 구성하는 여러 개의 변수로부터 적은 수의 새로운 변수를 생성하는 것
  - 차이점: 주성분 분석은 각 변수가 중요하므로 제1주성분, 제2주성분 등으로 구분되지만, 인자 분석은 변수들이 기본적으로 대등한 관계를 가진다.

7 연관 규칙 분석을 빅데이터 분석에 자주 사용하는 이유를 설명하시오.
연관 규칙 분석은 변수들 간의 관계를 탐색하기 위해 개발된 방법이다. 상품의 구매, 서비스 등 일련의 거래 또는 사건들 간의 연관성에 대한 규칙을 발견하기 위해 사용한다. 빅데이터에 숨어 있는 의미를 파악하는 데 도움이 된다.

1 강화학습을 정의하시오.
기계 학습 기법 중 강화학습은 미래의 가치를 극대화하기 위한 방법이다. 즉, 시행착오를 통해 보상받아 행동 패턴을 학습하는 과정을 모델화한 것이다. 시행착오와 지연 보상이라는 특징이 있다.

2 강화학습에 영향을 미친 알고리즘, 강화학습이 사용하는 분야와 분야별로 어떤 알고리즘이 있는지를 정리하시오.

3 다음 그림을 보고 강화학습에 관련된 용어를 정리하시오.

사람이 게임을 하는 모습이다. 여기에서 강화학습의 개념을 정리할 수 있다.
- 게임: 환경
- 게임 화면: 상태
- 게임에서의 상, 벌: 보상
- 게임하는 사람: 에이전트
- 게임하는 사람의 판단: 정책
- 게임하는 사람의 조작: 행동

환경인 게임은 보상과 상태를 에이전트에게 제공하고 과거의 보상이나 상태가 아닌 바로 전의 보상이나 상태에 따라 MDP 정책을 강화하고 선택

된 정책에 따라 게임을 진행한다. 이 모든 순환에서 제한된 같은 동작이 반복적으로 수행된다(동적 프로그래밍). 게임은 상태만 고려해 행동이 결정될 수도 있고(상태 가치 함수), 게임하는 사람이 갖고 있는 정책을 고려해 행동이 결정될 수도 있다(벨만 기대 방정식). 특이한 상황으로 게임하는 사람이 갖고 있는 스타일이나 고집을 행동에 반영할 수도 있다(시간차 예측).

4 신경망과 퍼셉트론의 차이를 설명하시오.

뉴런을 여러 개 이어서 '수학적인 신경 회로'를 구성한 것이 신경망이고, 신경망을 구성하는 뉴런의 모델을 다음과 같이 정의한 것이 퍼셉트론이다.

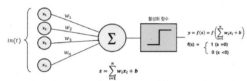

5 역전파가 지니고 있는 문제점은 무엇이고, 이를 해결한 방법은 무엇인지 설명하시오.

층이 깊어지면 학습이 되지 않는 문제가 있다. 이를 해결하는 방법은 초깃값의 설정과 활성화 함수의 도입이다.

6 딥러닝 모델을 분류하시오.

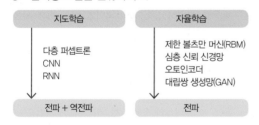

7 오토인코더를 설명하시오.

- 오토인코더는 인코더와 디코더의 두 부분으로 구성된다.
- 오토인코더는 입력층과 출력층의 뉴런 수가 동일하다.
- 히든 레이어의 뉴런이 입력층보다 작은 것을 '불완전 오토인코더'라고 한다. 출력이 입력과 동일하려면 학습이 필요하다. 이러한 학습 과정을 통해 입력 데이터의 가장 중요한 특성을 학습한다.

8 GAN이 무엇인지 설명하시오.

GAN은 생성자와 감별자의 두 신경망 모델이 경쟁을 통해 학습하고 결과를 만들어 낸다. 생성자는 실제 데이터를 학습하고, 이를 바탕으로 실제와 가까운 거짓 데이터를 생성한다. 감별자는 생성자가 내놓은 데이터가 참인지, 거짓인지를 판별하도록 학습한다. 이 과정이 반복되면서 점점 더 실제에 가까운 거짓 데이터를 만들 수 있다.

9 다음과 같은 CNN 모델을 설명하시오.

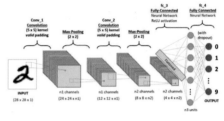

- 28×28 크기의 이미지를 대상으로 합성곱 신경망을 적용한다.

Convolution1 + Maxpooling1 작업의 수행

- 이미지에 5×5 크기의 필터 n1개를 적용해 24×24 크기의 특징 지도를 n1개 구한다(스트라이드는 1). 이때 필터를 구성하는 값은 분석가가 설정한다. 보충) 원본이 N×N, 필터가 F×F, 스트라이드가 a이면 결과 이미지의 크기는 '(N−F)/a+1'이 된다. 특징 지도를 구하기 전에 필터마다 활성화 지도를 구하는 과정은 생략한다.
- n1개의 특징 지도에 2×2 Maxpooling을 적용해 12×12의 결과 n1개를 얻는다. 다음 단계의 입력으로 'n1 채널의 12×12' 이미지가 제공된다.

Convolution2 + Maxpooling2 작업의 수행

- 나머지는 위와 동일
- 맨 마지막에는 이미지를 식별하기 위해 활성화 함수로 Softmax+원-핫 인코딩 함수를 사용해 이미지가 어떤 것을 말하는지 예측하도록 한다.

10 RNN을 정의하시오.

1개의 단어만으로는 이해할 수 없고 그 전의 단어와 현재의 단어를 연결할 때 이해할 수 있는 데이터를 대상으로 학습을 진행하고자 하는 경우에 적

용하는 기법이다. 실무에서는 LSTM과 이것을 보완한 모델이 사용된다.

11 RNN 모델의 종류를 설명하시오.

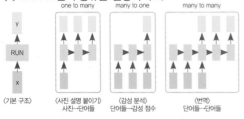

12 PR 곡선과 ROC 곡선은 언제 사용하는지 설명하시오.

모델의 평가에서 대부분 ROC 곡선을 사용하게 된다. 다만, 양성이 드물거나 거짓 음성(FN)보다 거짓 양성(FP)이 중요하면 PR 곡선을 사용한다. PR 곡선을 사용하는 대표적인 예로는 아이들이 보는 동영상을 식별하는 경우를 들 수 있다.

Part 4.1   341쪽

1 인공지능과 패턴 인식의 관계를 설명하시오.

2 특징과 패턴을 설명하시오.
- 특징: 어떤 대상이 갖고 있는 고유의 분별 가능한 측면, 질 또는 특성
- 패턴: 개별 대상의 특색이나 특징들의 집합

3 컴퓨터 비전과 이미지 인식이 무엇인지 설명하시오.

컴퓨터 비전은 픽셀로 구성된 디지털 이미지를 기계가 이해할 수 있게 만드는 연구 분야이고, 이미지 인식은 이미지 또는 비디오상의 객체를 식별하는 컴퓨터 비전의 기술이다.

4 음성 인식이 무엇인지 설명하시오.

음성 인식은 인간의 음성을 글자로 표현하는 Speech-to-Text와 글자를 음성으로 표현하는 Text-to-Speech로 나눌 수 있다.

5 템플릿 매칭과 히스토그램 매칭이 무엇인지 설명하시오.
- 템플릿 매칭: 원래 영상의 기하학적 정보를 그대로 유지하면서 매칭을 수행한다. 대상의 형태나 위치가 조금만 바뀌어도 매칭되지 않는다.
- 히스토그램 매칭: 대상의 형태가 바뀌어도 매칭할 수 있지만, 대상의 기하학적 정보는 잃어버리고 분포 정보만을 가지므로 잘못된 대상과도 매칭되는 문제가 있다.

Part 4.2   371쪽

1 NLP를 정의하고, 단어의 의미를 알기 위해 사용하는 방법을 쓰시오.

자연어 처리는 기계가 자연어를 분석하고 해석해 의미를 이해한 결과로 사람에게 도움이나 피드백을 주는 것을 말한다. 단어의 의미를 알기 위해서는 문장을 이해해야 하는데, 이를 위한 기법은 띄어쓰기, 형태소 분석, N-Gram 그리고 N-Gram을 보완한 피트만-요 과정이 있다.

2 워드 임베딩 기법 중 횟수 기반 임베딩, 예측 기반 벡터의 차이를 설명하시오.
- 횟수 기반 임베딩: 단어의 빈도를 기반으로 하는 방법
- 예측 기반 벡터: 단어 간의 유사성이나 관계를 분석하는 방법

3 예측 기반 벡터에 속하는 기법에는 어떤 것이 있는지 설명하시오.

Word2Vec, CBOW, Skip-gram

4 구조 분석 중 할당 분석에 속하는 기법에는 어떤 것이 있는지 설명하시오.

최소 생성 트리(MST), 이동 감축법(Shift-Reduce)

5 Word2Vec과 워드 임베딩의 관계를 설명하시오.

Word2Vec은 워드 임베딩을 확장해 C++ 라이브러리로 개발한 것이다. 라이브러리의 구현 방법은 CBOW Embedding와 Skip-gram의 2가지가 있다. 문장을 구성하는 단어를 워드 임베딩 개념처럼 원-핫 인코딩으로 표현하면 단어의 의미가 표현되지 않는다. 이를 가능하게 한 것이 Word2Vec이다.

6 어구 구조 분석에 대해 설명하고, 주로 사용하는 분야를 서술하시오.

어구 구조 분석을 통해 주어진 문장을 동사, 명사, 형용사, 조사 등으로 식별할 수 있으며, 이는 빈도나 주변 단어, 중심 단어와는 다른 측면에서 문장의 의미를 파악할 수 있는 방법을 제시한다. 실제로 어구 구조 분석을 가장 많이 사용하는 것은 프로그램 언어를 해석하는 컴파일러이다.

7 프림 알고리즘과 크루스칼 알고리즘을 비교하시오.

- 프림 알고리즘은 시작점을 기준으로 최소의 비용을 갖는 간선을 선택하고, 선택된 간선에 의해 연결된 정점들에 연결된 간선 중 최솟값을 갖는 간선을 선택하는 방식을 계속해 모든 정점이 연결되는 시점에서 종료된다.
- 크루스칼 알고리즘은 주어진 네트워크에서 무조건 최솟값을 갖는 간선만을 선택하는 방법으로, 노드 수(N)가 -1개가 되면 간선이 종료된다.

8 기계 번역을 정의하고, 번역 방법에는 어떤 것이 있는지 쓰시오.

기계 번역은 자동화된 번역을 말한다. 언어를 또 다른 언어로 번역하는 기능을 제공한다. 기계 번역을 수행하는 방법은 구문 기반의 기계 번역과 문장 구조를 이용하는 기계 번역으로 나눌 수 있다.

9 자동 요약의 다양한 형태를 정리하시오.

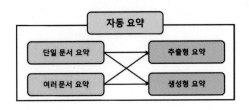

찾아보기